Michael Fröhlich
Geschichte Großbritanniens

Michael Fröhlich

Geschichte Großbritanniens

Von 1500 bis heute

PRIMUS
VERLAG

Für Friederike

Dieser Band erscheint im Rahmen
der von Michael Fröhlich
herausgegebenen Reihe „Grundzüge"

Die Deutsche Bibliothek verzeichnet diese Publikation
in der Deutschen Nationalbibliografie;
detaillierte bibliografische Daten sind im Internet über
http://dnb.ddb.de abrufbar.

© 2004 by Wissenschaftliche Buchgesellschaft, Darmstadt
Umschlaggestaltung: Jutta Schneider, Frankfurt a. M.
Umschlagabbildung: London, Tower Bridge
Foto: picture alliance/akg-images/Richard Booth
Gedruckt auf säurefreiem und alterungsbeständigem Papier
Printed in Germany

www.primusverlag.de

ISBN 3-89678-504-4

Inhalt

1. England zu Beginn der Neuzeit

1485 bis 1509: Heinrich VII., erster Tudor-Herrscher

1509 bis 1547: Heinrich VIII.

1534 Suprematsakte

1547 bis 1553: Eduard VI.

1553 bis 1558: Maria Tudor, „Maria die Katholische"

1558 bis 1603: Elisabeth I.

1603 bis 1625: Jakob I.

1625 bis 1649: Karl I.

1628 7. Juni: Petition of Right

1629 ab 11. März: Auflösung des Parlaments für elf Jahre

1640 13. April–5. Mai: Das Kurze Parlament – 22 Tage – soll Geldmittel für einen Krieg gegen Schottland bereitstellen und wird wieder aufgelöst.

3. November: Das Lange Parlament tritt zusammen – formal bis 1660.

1641 16. Februar: Triennial Act

23. Oktober: „Irish Rebellion"

1. Dezember: Die Great Remonstrance löst die Bischofskirche auf und verankert die Souveränität beim Parlament.

1642 bis 1646: Erster Bürgerkrieg

4. Januar: Radikale Repräsentanten des Unterhauses sollen auf Befehl des Königs verhaftet werden.

10. Januar: Der Monarch flieht aus London.

18. Juni: „Nineteen Propositions" fordern parlamentarisches Regierungssystem.

1645 14. Juni: Niederlage der Royalisten bei Naseby nördlich von Northampton

1647 26. Juli: Gegenrevolution der presbyterianischen Parlamentsmehrheit

4. August: Machtübernahme der Armee in London

1648 Zweiter Bürgerkrieg. Januar: Cromwells Truppen besetzen Edinburgh.

17./18. August: Cromwell siegt bei Preston nördlich von Liverpool.

6./7. Dezember: „Säuberung" des Parlaments („Pride's Purge" – Rumpfparlament)

28. Dezember: Einleitung eines Gerichtsverfahrens gegen Karl I.

1649 4. Januar: Verkündung der Volkssouveränität als Grundlage der englischen Staatsverfassung

30. Januar: Öffentliche Hinrichtung Karls I.

6./7. Februar: Abschaffung des Oberhauses

17. März: Ausrufung der Republik

19. Mai: Proklamation einer „englischen Republik" durch einen Staatsrat. England wird „freies Commonwealth".

1651   3. September: Invasionsversuch des Thronprätendenten Karl scheitert.
       9. Oktober: Navigationsakte unterbindet holländischen Zwischenhandel.
       „Leviathan": Thomas Hobbes verteidigt in seiner Schrift die absolutistische Mon-
       archie als vernünftige Staatsform.
1653   bis 1658: Oliver Cromwell ist Lord Protektor.
1658   bis 1659: Richard Cromwell ist Lord Protektor.

Land und Menschen

Die Bevölkerung lässt sich nur schätzen. Um 1600 lebten in England und Wales ungefähr
vier Millionen Menschen. Ihre Zahl änderte sich rasch. Nach einem Jahrhundert war sie
bereits auf 5,5 Millionen gestiegen. Noch rasanter nahm sie in London und Westminster
zu – um 100%. In der Metropole lebten zu dieser Zeit 550 000 Menschen.[1] Das Gesicht
der Stadt änderte sich täglich. Sie war das Zentrum der Wirtschaft, ihre Straßen beher-
bergten ein Zehntel der Bevölkerung des Landes. Der erste „first mayor of London",
Henry Fitzailwyn, übernahm wahrscheinlich um 1192 sein Amt. Schon um 1300 erhielt
die frühere römische Niederlassung ihre Nahrungsmittel aus einem Umkreis von 40 bis
60 Meilen, „sea coal" kam über See aus Newcastle-upon-Tyne, 300 Meilen entfernt. Früh
wurde die Luftverschmutzung ein Problem. Um 1348/49 fielen ungefähr 10 000 Londoner
dem „Black Death", der Pest, zum Opfer. Von diesem Verlust erholte sich die Stadt nur
langsam, regenerierte sich jedoch bis 1520. In der Mitte des 16. Jahrhunderts verzeichnete
London ein gewaltiges Wirtschaftswachstum, das sich unter anderem aus der Gründung
der Muscovy Company (1555), der Turkey Company (1581) und der East India Company
(1600) erklärte. Der Bevölkerungszuwachs kannte keine Grenzen. Die Gründungsväter
versuchten, durch Verbote eine Unterteilung der Häuser in kleinere zu verhindern. Neue
Wirtschaftszentren – für Seide und Glas – konnten nur außerhalb der Stadtmauern entstehen. Dasselbe galt für Schlachthäuser und Produktionszweige, die die Umwelt ver-
schmutzten. Unter Heinrich VIII. nahm die City of Westminster deutlichere Konturen an.
Und zwischen Westminster und der City of London entstanden vornehme Häuser der
Adligen. Ihre Gärten blickten zur Themse, und die meisten hatten ein eigenes „water
gate". Die Herrschaft Elisabeths I. bildete den Höhepunkt der städtischen Herrschaft über
das Land. Die Königin stützte sich auf Bürgerwehr, Geld und die Zuneigung der Städter.
Die wirtschaftlichen Interessen Londons zu verletzen, war kein leichtes Vergehen. Karl I.
beging es und hatte fortan wenig Freunde in der Stadt. In der Folge bildete die City das
Herz der parlamentarischen Opposition. Der Erfolg des Parlaments im Bürgerkrieg erklärt sich zu einem erheblichen Teil aus seinem Rückhalt in der Stadt. Um 1664/65 starben ungefähr 70 000 Bewohner an den Folgen der Pest, ein Jahr später zerstörte das „Great
Fire" fünf Sechstel der Metropole. Zwischen 1667 und 1671 erstand wieder ein Haus nach
dem anderen. Sir Christopher Wren – Mathematiker, Astronom, Physiker und nebenbei
Architekt – spielte beim Wiederaufbau eine große Rolle. Um 1700 lebten in London mehr
Menschen als in Paris. Im westlichen Teil waren diejenigen zu Hause, die gehobene Berufe

hatten, also in Regierung, Wirtschaft oder vergleichbaren Bereichen tätig waren. In der Regel handelte es sich um Kaufleute, Rechtsanwälte, Ärzte, 'Schriftsteller' oder 'Politiker'. Soziale Begegnungsstätten waren die „coffee-houses". Die Besucher unterschieden sich durch berufliche, politische oder religiöse Überzeugung. In der Lombard Street beispielsweise lag „Edward Lloyd's coffee-house". Hierhin kamen Kaufleute und Seekapitäne. In den engen Straßen des East End hingegen lebte eine ganz andere Bevölkerungsschicht, die nur selten die Sonnenseiten des Lebens sah. Von sanitären Verhältnissen zu sprechen, wäre Hohn. Die Lebensbedingungen waren menschenunwürdig, Verbrechen an der Tagesordnung, von Polizei im heutigen Sinne konnte keine Rede sein. Krankheit war die Regel, die Sterblichkeitsrate unter Kindern hoch, nach Schätzungen wurde kaum die Hälfte älter als fünf Jahre. London war und blieb indes das soziale, wirtschaftliche und finanzielle Zentrum des Königreichs. Zwischen dem Ende des 18. Jahrhunderts und dem Beginn des Ersten Weltkriegs war die Stadt das Zentrum der Weltwirtschaft, eine Funktion, die sie von Amsterdam übernommen hatte. In London blühten Theater, Literatur und Künste. Im 18. Jahrhundert war London die Stadt des Schauspielers David Garrick, der Schriftsteller Oliver Goldsmith und Samuel Johnson sowie des Malers Sir Joshua Reynolds. Auch ausländische Musiker fanden hier – zeitweise – ein Zuhause, Georg Friedrich Händel, Joseph Haydn und Wolfgang Amadeus Mozart. Im Jahr der großen Weltausstellung – 1851 – hatte die Stadt über 2 685 000 Bewohner, ein Fünftel der Bevölkerung von England und Wales lebte an der Themse. In der Frühen Neuzeit gab es nur wenige vergleichbare Zentren. Bristol verfügte zwar über den zweitgrößten Hafen des Landes, zählte indes nur 20 000 Einwohner. York und Newcastle waren durchaus bedeutende Städte, aber auch sie hielten den Vergleich mit der Metropole in keiner Weise stand. Um 1600 gab es in England ungefähr 25 Städte, 641 Stadtgemeinden oder Landstädte.[2]

Andere bekannte Städte waren Norwich und Bristol, vergleichbar mit Edinburgh, dem Sitz der schottischen Regierung. Kein Forscher geht davon aus, dass in diesen Städten mehr als 50 000 Menschen lebten. In den heutigen Großstädten Birmingham, Newcastle, Liverpool, Hull, Leeds und Manchester waren vermutlich nicht mehr als zehntausend zu Hause. Manche Städte hatten mit Handel und Wirtschaft wenig gemein, waren aber dennoch wichtige regionale Zentren, beispielsweise Exeter und Chester. Dort lebten Angehörige der Gentry, die sich vergleichbare Häuser in London nicht leisten konnten. Ein gesellschaftlicher Anziehungspunkt für „fashionable living" im 18. Jahrhundert war Bath, eine Stadt, die von dem „Master of Ceremonies" und Dandy Richard „Beau" Nash geprägt wurde.

Für vier Fünftel der Bevölkerung bildeten Landwirtschaft und Schafzucht die Lebensgrundlage. Da der Verdienst karg war, übten viele mehrere Beschäftigungen aus. Landwirte wurden in ihrer 'Freizeit' zu Spinnern, Webern und Bergleuten. Die Kohleproduktion war in dieser Zeit besonders wichtig. Zwischen 1550 und 1700 stieg sie auf das Vierzehnfache. Kohle war ein beliebtes Heizmittel, vor allem als in England Holz immer knapper wurde. Die Gewinnung von Erz war ein bedeutender Wirtschaftszweig. Im Mittelpunkt stand indes die Tucherzeugung. Yorkshire und Lancashire waren hierfür erste Adressen. Tuche bildeten einen Hauptbestandteil des Exports. Sie wurden auf dem Wasserweg transportiert, vorbei an Manufakturen, die an billigem Transport interessiert waren.

Ungefähr ein Drittel der Bevölkerung lebte im Südosten. Hier war das Land am dichtesten besiedelt, vor allem zwischen den Flüssen Severn und Themse. Dort gab es den fruchtbarsten Boden, die Landwirtschaft bildete eine natürliche Existenzgrundlage. Das Klima war mild, alles in allem also eine Region, die vergleichsweise angenehme Lebensverhältnisse bot.

Große Familien waren die Regel. Die Lebenserwartung war allerdings niedrig, weil nach wie vor Pocken, Ruhr, Schwindsucht und Typhus verbreitet waren. Die Armen waren die ersten Opfer, sie litten unter der schlechten Ernährung und besaßen nur wenig Widerstandskräfte. Glaubt man den Quellen, dann bestimmte auch ein beträchtlicher Alkoholkonsum das Leben. Billiger Gin fand großen Absatz. Allein im Jahr 1750 waren ein Viertel der Häuser in den Slumvierteln um Holborn in London „gin-shops". Mit einer hohen Alkoholsteuer ließ sich das Problem allerdings nicht lösen. Der Künstler William Hogarth verurteilte den Alkoholkonsum in berühmten Stichen, „Beer Street" und „Gin Lane" sind die bekanntesten. Not und Krankheit trafen aber nicht nur Arme. Königin Anna beispielsweise brachte siebzehn Kinder auf die Welt, keines erreichte das Erwachsenenalter. In der zweiten Hälfte des 18. Jahrhunderts änderten sich die Verhältnisse. Die Sterberate sank, die Bevölkerung stieg 1801 – dem ersten Jahr offizieller Zählungen – auf 9 Millionen an. Diese dramatischen Veränderungen erklären sich aus den besseren Lebensbedingungen. Sie waren sicher auch der besseren medizinischen Versorgung zu verdanken, doch nur zum Teil. Die Experten sind in der Analyse der Ursachen zurückhaltend.

Die Bevölkerung lebte überwiegend in Dörfern. Der größte Teil war in der Landwirtschaft und im Handwerk tätig, unter ihnen Schmiede, Zimmerleute, Dachdecker und Müller. Die Dörfer lebten für sich, Bescheidenheit und Selbstgenügsamkeit waren geboten. Nur wenige konnten sich auf Reisen begeben, ein Luxus, der allenfalls möglich war, um Überschussprodukte zu verkaufen oder Schuhe und Kleidung zu kaufen. Überwiegend erzeugte die Dorfgemeinschaft die lebensnotwendigen Produkte selbst. Neben Wolle gehörten dazu Fleisch, Obst und Gemüse. Fleisch stand allerdings nur selten auf der Speisekarte. Alles in allem fristeten die Menschen ein ärmliches Dasein, das bisweilen durch zusätzliche Beschäftigung ein Minimum an Lebensqualität erhielt. Im Zentrum des Dorfes war häufig ein „green", ein Dorfanger. Die Häuser umgaben die Kirche, sie lagen an Hauptverkehrswegen und geizten mit der Einrichtung. Teppiche, Vorhänge, bequeme Möbel waren Luxus. In nur wenigen Fällen gehörte den Menschen das Land, das sie bearbeiteten. Die meisten Kleinbauern hatten es gepachtet, von dem Adel bzw. der Gentry. Die Ausnahme waren „freeholders", Besitzer eines Allods oder eines Freisassenguts. Ihr Eigentum verlieh ihnen eine höhere soziale Stellung.

Es war Landbesitz, der Prestige und Einfluss gewährte. Meist besetzten Adlige die höchsten politischen Ämter, sie bildeten die Spitze der Kirche, des Staates und der Armee. Der Adel teilte sich in den Hochadel, die „peerage", und den niederen Adel, die „gentry". Mitglieder der „peerage" waren „dukes", „earls", „marquesses", „viscounts" oder „barons".

Der niedere Adel oder die „gentry" ist kaum präzise zu bestimmen. Nach einer berühmten Definition war ein Gentleman, „who can live idly and without manual labour and will bear the port, charge and countenance of a gentleman"[3]. Quantitative Erfassungen sind schwer. Fachleute gehen davon aus, dass der gesamte Anteil der adligen Oberschicht an der englischen Bevölkerung im 17. und 18. Jahrhundert zwischen 1,2 und 3 % lag. Zu den wichtigen Persönlichkeiten in einem Dorf zählte aber auch der Geistliche. Ob die Menschen aus sozialer Gewohnheit oder religiöser Überzeugung die Kirche besuchten, ist nicht leicht zu sagen. Fest steht, dass die Religion für sie eine große Bedeutung hatte. Gewöhnlich verfügte der Geistliche über ein Stück Pfarrland, „the glebe"; darüber hinaus erhielt er den zehnten Teil der Produkte der Bauern. Der Geistliche lebte von seinem Stück Land und der Unterstützung des Dorfes.

Die tiefe Kluft zwischen Reichen und Armen war eher in den Städten als auf dem Land sichtbar. Viele lebten in feuchten – „waterlogged" – Kellern, in baufälligen Holzhütten – „ramshackle wooden huts" – oder in großen Häusern und mussten gemeinsam mit anderen Familien ihr Leben am Rande des Existenzminimums fristen. Die reichen Bevölkerungsteile in der Stadt lebten zum Teil in einem Luxus, der auf dem Land seinesgleichen suchte.

Seit dem Mittelalter gehörte die Textilerzeugung („woollen cloth manufacture") zu Englands wichtigsten Wirtschaftszweigen. Englische Tuche fanden in ganz Europa Absatz. Noch heute sitzt der Lord Chancellor im House of Lords auf einem „woolsack". Der größere Teil der gröberen Tücher wurde in Yorkshire hergestellt, die feineren Sorten dagegen in East Anglia. Eisen wurde in den Regionen bearbeitet, in denen man auf Holz zurückgreifen konnte. In den West Midlands und in Birmingham stellten die Menschen Metallwaren her. Sheffield hatte einen Ruf für Schneidewaren („cutlery"), Newcastle für Kohlebergbau („coal-mining"). Der Gütertransport über weite Strecken war mühsam. Es gab nur wenige befahrbare Flüsse. Und auf dem Landweg ließen sich „bulky goods" nur unter großen Mühen von Ort zu Ort schaffen. Die Qualität der Straßen war schlecht, ein zügiger Transport nicht möglich. Allgemein lässt sich feststellen, dass Transportmöglichkeiten und Verkehrsbedingungen einen Warenaustausch in großem Umfang kaum zuließen.

Die englische Gesellschaft war hierarchisch strukturiert, es gab klar definierte Privilegien und Verantwortungen. Diese Hierarchie fand sich auch in der Familie. Häufig bestimmten die Männer das Geschehen. Sie herrschten über ihre Frauen, die Frauen wiederum über Diener, Eltern über Kinder. Doch diese Hierarchie war nicht unveränderlich. Wer Reichtum erwarb, dem wurde auch ein höherer Status zuerkannt. Die englische Gesellschaft war daher in gewisser Weise offen, zumindest nicht so starr wie die meisten europäischen. Alter Reichtum musste sich neuem Reichtum stellen, neue Titel traten in Konkurrenz zu alten.

Um 1800 hatten England und Wales 8,9 bis 9,2 Millionen Einwohner. In Irland lebten 4,5 Millionen, in Schottland 1,6 Millionen. London zählte 1801 860 000 Einwohner, nur wenige Jahre später waren es mehr als eine Million. In der Skala folgten Manchester, Glasgow und Edinburgh. Die heftig umstrittene „Industrielle Revolution" veränderte das Land in bisher unvorstellbarer Weise. Dazu gehörte aber auch, dass um 1800 der Fabrikant, Politiker und Sozialist Robert Owen die ersten Sozialreformen in seiner Spinnerei in New Lanark, Schottland, durchführte.

Krone, Parlament, Kirche

Die Regierung des 17. Jahrhunderts basierte auf einer sozialen Hierarchie. Über den Dienst am Hof oder in den Grafschaften („counties") entschieden Rang, Status und Ruf, den die Mitglieder der lokalen Elite für sich in Anspruch nehmen konnten. Die Gesellschaft wurde häufig als „body politic" beschrieben: Regierung und Gesellschaft waren wie der menschliche Körper organisch und im Einzelnen miteinander verknüpft. Versagten einzelne Elemente, dann krankte der gesamte „body". An der Spitze stand der König. Seine Herrschaft stützte sich im Wesentlichen auf das „divine right". Für ihn war der Staat fast persönlicher Besitz. Ihm dienten ein Großteil der Aristokratie und der Gentry. Die Letztere umfasste schätzungsweise drei Prozent der ländlichen Bevölkerung und hatte vielfältige Aufgaben: Gastfreundschaft gegenüber Nachbarn, väterliche Betreuung der Pächter, Durchsetzung des königlichen Rechts und Verwaltung der „counties". Die Mitglieder der Gentry dienten als „deputy lieutenants" – stellvertretende Grafschaftsvorsteher – und als „justices of the peace", als Friedensrichter. Sie vermittelten in lokalen Streitigkeiten und verurteilten gemeinsam geringere Verstöße gegen das Gesetz. Der König wiederum beanspruchte, Gottes Vizeregent auf Erden zu sein, seine Rolle war nicht ernsthaft umstritten. Denn es war auch seine Pflicht, im Notfall für die Untertanen zu sorgen. Der König musste die Gesetze des Landes akzeptieren, das Eigentum seiner Untertanen durfte er nicht beschlagnahmen.[4]

Im frühen 18. Jahrhundert war der König keineswegs eine Randfigur, die sich auf unwichtige, repräsentative Aufgaben beschränkte. Die Umgebung erwartete von ihm Führung, eine sorgfältige Auswahl der Minister und auch eine außenpolitische Konzeption. Gleichwohl waren ihm Grenzen gesetzt. Sein Einkommen bestimmte das Parlament[5], es verfügte sozusagen über die „power of the purse" und somit über ein Mittel des Protestes. Wenn für Armee und Flotte zusätzliche Summen nötig waren, dann bestimmten die Commons darüber.[6] Natürlich stand es dem König frei, die Minister nach seiner Wahl auszusuchen. Doch die Praxis legte es nahe, Persönlichkeiten zu wählen, die im Parlament Statur bewiesen. Seine wichtigsten Minister waren der Schatzmeister, der „First Lord of the Treasury", und zwei Staatssekretäre, „Secretaries of State", die für die Außen- und Innenpolitik zuständig waren. In letzter Konsequenz bestimmten Persönlichkeit und Erfahrung den Erfolg des Monarchen. Dabei legten die englischen Monarchen ganz unterschiedliche Interessen an den Tag. William III. beispielsweise galt als erfahrener Staatsmann, er nahm die Außenpolitik selbst in die Hand und hörte selten auf die schrillen Töne im Parlament. Ganz anders verhielt es sich mit Königin Anna. Sie vertraute ihren Ministern und legte die Regierung in deren Hände.

Die Stellung und das Ansehen des Königs stellte niemand grundsätzlich in Frage. Gleichwohl konnte er seine tatsächliche Macht ohne Einschränkung nur in einigen Bereichen ausüben. Der König bestimmte die Aktivitäten am Hof, er führte den Haushalt und verlieh Ämter. Seine Macht endete bei dem Besitz anderer. Im 17. Jahrhundert konnte er es sich nicht mehr erlauben, das „property" der Landbesitzer zu beschränken und ihren Besitz zu schmälern. Diese Tatsache stärkte das Bewusstsein der Landbesitzer, sie traten den Repräsentanten der Krone sehr selbstsicher gegenüber. Dem Parlament fiel in dieser Dreiecksbeziehung häufig genug die Vermittlung zu. Und die Allianzen bestanden nicht für immer. Hier gaben Interessen, nicht Gesetzmäßigkeiten den Ausschlag.

Das Wesen der Regierung zehrte von der Prärogative des Königs, vor allem von den Rechten, die nur er für sich in Anspruch nahm, von dem Jus Divinum, dem göttlichen Recht, das seine Herrschaft legitimierte. Die Regierungsgeschäfte standen im Prinzip stets unter dem Vorbehalt der königlichen Prärogative. Sie wurden von dem engen Kreis des Staats- bzw. Kronrats („privy council"[7]) wahrgenommen, von den State Departments und last but not least den königlichen Gerichtshöfen. Die Angehörigen der State Departments nahmen die alltäglichen Aufgaben der Regierung wahr, sie hatten Einfluss auf die Außenpolitik, beeinflussten Handel und Wirtschaft und regelten finanzielle Fragen.

Der „privy council" setzte sich meist aus 30 bis 40 Persönlichkeiten zusammen, die der König ausgewählt hatte. Die Zahl der Mitglieder war nicht fixiert, die Größe schwankte. Vertreten waren meist die wichtigsten Würdenträger des Staates. Zu ihnen gehörte der „lord treasurer", also der Schatzmeister, der „lord chancellor", der den Ruf eines Rechtsexperten genoss, und der „lord chamberlain", verantwortlich für den Haushalt. Zum Beratergremium zählte der Erzbischof von Canterbury, er war der Ratgeber des Königs, der als Oberhaupt der Kirche galt. Im Grunde übernahm der „privy council" fast alle Funktionen, er diskutierte innen- und außenpolitische Fragen, und in seine Zuständigkeit fiel auch die „administration of the government", also die Verwaltung der Regierung. Der „privy council" war kein isoliertes Gremium, das in theoretischer Abgehobenheit die Probleme des Landes reflektierte. Er pflegte den Kontakt zu „local officials". Die Autorität der Mitglieder des „privy council" speiste sich aus ihrem Ansehen. Niemand machte dem König Vorschriften zu den Persönlichkeiten, und über ein verhaltenes Grollen konnte er sich souverän hinwegsetzen. Gleichwohl riet ihm die Vernunft, Berater zu wählen, die über Autorität verfügten und in eiserner Disziplin sowohl lokale Erfordernisse wie auch überregionale Probleme im Blick hatten.

Zwei Hauptgerichtshöfe unterstützten den König. Die so genannte Sternkammer war für Verwaltung und öffentliche Angelegenheiten zuständig, der Court of High Commission sprach das letzte Wort in religiösen und sittlichen Fragen. Es gab noch andere Gerichtshöfe, die alles in allem die Herrschaft des Königs wirksam abstützten. War eine Einigung nicht möglich, dann wurden der Lordkanzler des Oberhauses, der Kronanwalt oder der Lordoberrichter angerufen. Sie versuchten zu vermitteln, ihr Einfluss war groß. Bis 1688 hatte der König zudem die Dispens- und Suspensionsgewalt in Händen. Die Bischofskirche stand an seiner Seite. Sie stand für die Einheit des Glaubens. Ihre Bischöfe und Pfarrer hatten den Eid auf die Krone abgelegt, im Prinzip nahmen sie die Interessen des Königs wahr.

Der König wurde von einem Hof unterstützt, der aus königlichen Dienern, Amtsträgern und Ehrgeizlingen bestand. Das Streben nach neuen Ämtern trieb sie an. Der Dienst für den König galt als Auszeichnung. Eine besondere Vorbereitung gab es für den Einzelnen aber nicht. Die Mitglieder der Elite hatten Universitäten besucht, sie kannten große Teile Europas, seine Sprachen, seine Kultur(en). Doch die Bewerbung um den königlichen Dienst stand nicht jedermann frei. In der Regel entschied die Patronage der Familienmitglieder, meist waren es Beziehungen, die zum Hof führten, selten persönliche Fähigkeiten.

Allmählich bildete sich eine Art Kabinett. Ungefähr 12 Minister trafen sich mehrfach in der Woche. Gemeinsam mit dem Monarchen besprachen sie die anliegenden Aufgaben. Doch der König zog sich bald aus dem Gremium zurück. Georg I. hatte in Hannover die englische Sprache nicht so gut gelernt, als dass er hätte mitreden können.[8] Der Kreis der Minister bekam mehr und mehr elitäre Züge, in der Regentschaft Georgs II. war er fest etabliert. In den Sitzungen ergriff der 'erste' Minister, der „prime minister" das Wort. Diese Bezeichnung wurde aber erst ab 1905 ein offizieller Titel. In der englischen Geschichte wird Sir Robert Walpole[9] häufig als der erste „prime minister" bezeichnet, obwohl er diesen Titel nie für sich in Anspruch nahm. Walpole schrieb den Frieden auf seine Fahnen und regelte die Beziehungen zu den Nachbarn. Aber auch in der Innenpolitik versuchte er, Kollisionen zu vermeiden. Es gelang ihm sogar, finanzielle Reformen umzusetzen, ohne dass sie an dem Widerstand der Krone, des Parlaments oder anderer Interessengruppierungen gescheitert wären.

Das Parlament blickte auf eine längere Geschichte zurück. Seit dem Mittelalter setzte es sich aus zwei getrennten Häusern zusammen: dem „House of Lords" und dem „House of Commons". Im 18. Jahrhundert zählte man nicht weniger als 200 Lords und ungefähr 550 Commons, die gewählt wurden, allerdings nur von einem Bruchteil der Bevölkerung. Das Wort 'Parlament' darf nicht darüber hinwegtäuschen: Eine Demokratie im modernen Sinne existierte nicht. Das Wahlrecht stand keineswegs jedermann zu, es war ein Privileg, das nur ungefähr 250 000 männliche Persönlichkeiten für sich in Anspruch nehmen konnten. Frauen waren vor 1918 noch nicht wahlberechtigt.[10] Die Parlamentarier wurden für ihre Tätigkeit nicht bezahlt. Sie mussten daher vermögend und finanziell unabhängig sein. Die meisten von ihnen kamen zunächst aus der Gruppe der Landbesitzer, doch allmählich änderte sich die soziale Zusammensetzung, auch Vertreter von Handel und Bankwesen fanden ihren Platz im Parlament. Sie sprachen oder handelten für Grafschaften und „boroughs", für Städte oder Wahlbezirke mit eigener Vertretung im Parlament, die unterschiedlich groß waren. Keinen Einfluss auf die Entsendung der 'Abgeordneten' hatte beispielsweise die Dichte der Bevölkerung. Es gab Städte, die gar nicht vertreten waren, wie Leeds, Manchester, Birmingham oder Sheffield. Andere Regionen des Landes, vor allem im Süden, waren durch so viele Parlamentarier vertreten, dass man sogar von einer Überrepräsentation reden konnte. Außerdem waren die Wahlrechte in den „boroughs" sehr verschieden. In dem einen war jeder Mann aufgerufen, seine Stimme abzugeben, in dem anderen durfte dies nur der „freeman" der „trade guilds" tun.

In dieser Zeit kamen zwei Bezeichnungen auf, die Geschichte machten: Die Mitglieder des Parlaments bezeichneten sich immer häufiger entweder als „Whigs" oder aber als „Tories". Sie kennzeichneten damit ihre vage, sich immer wieder verändernde politische Grundhaltung und ihre Einstellung gegenüber Kirche und Monarchie. Doch sie bildeten keine Parteien im heutigen Sinn. Für den Ausgang der Wahlen waren Reichtum und Einfluss entscheidend, von einem geheimen Wahlrecht war keine Rede. Dass Bestechung häufig an der Tagesordnung war, daran nahmen nur wenige Anstoß. Manche „boroughs" wurden auch als „pocket boroughs" bezeichnet, sie waren in der Hand des lokalen Grundbesitzers, der allen Einfluss geltend machte, um politisch tätig sein zu können. Trotz der schreienden Ungerechtigkeiten überlebte dieses Wahlsystem lange Jahrhunderte. Zu Änderungen kam es erst 1832. Auch sie waren keine Revolution, aber sie bewirkten langfristige Verbesserungen.[11]

Die Macht der Krone und die Einschränkungen der Untertanen könnten erklären, warum sich allmählich ein Konflikt zwischen dem Monarchen und dem Parlament auftat. Die Experten sind sich in der Bewertung uneins. Das Parlament stand keineswegs auf einem festen Fundament. Es konnte sich nicht auf einen gesetzlichen Schutz berufen. Immer wieder litten die Angehörigen unter der königlichen Willkür, die sich auf verschiedensten Gebieten zeigte. So bestimmte der Monarch die Berufung, Dauer und Auflösung, niemand konnte mit einer festgelegten Periodizität rechnen. Die Bevölkerung war sich über die Schwäche dieses Parlaments im Klaren. Im Grunde betrachtete sie es überwiegend als Anhängsel zur Regierungsarbeit. Zwischen 1603 und 1640 tagte das Parlament nur selten, insgesamt waren es nicht mehr als viereinhalb Jahre. Man konnte also nicht gut von einer einflussreichen und gesetzlich gesicherten Institution sprechen, ganz zu schweigen von einer Einflussnahme oder Kontrolle der Regierung. Gefragt wurde es allerdings in finanziellen Angelegenheiten. Häufig waren es diese Krisen, die den Monarchen veranlassten, das ungeliebte Parlament einzuberufen. Von Respekt oder Einsicht in die Notwendigkeit dieser Institution war ansonsten nicht viel zu spüren.

Da sich der Monarch mit dem Selbstverständnis des Parlaments schwer tat, kam es auch in den Zeiten zu Konflikten, in denen die Mitglieder des Parlaments sich nicht trafen. Die lokale Verwaltung und die Rechtspflege boten genug Anlass für Zerwürfnisse. Das Parlament sah sich als Gerichtshof und als Anwalt des Common Law. Es stellte Ansprüche, die nicht auf Gegenliebe stießen, und ließ sich von Widerspruch nicht abhalten, die Möglichkeiten auszuloten. Doch die Chancen, diese Ansprüche auch zu realisieren, waren nicht zuletzt in Anbetracht der kurzen und seltenen Sitzungsperioden minimal. Und auf eine Immunität konnten sich die Parlamentarier nicht verlassen, in den sitzungsfreien Zeiten mussten sie sich selbst oft genug gegen Übergriffe schützen. Ein langer und schwelender Prozess zwischen Monarch und Parlament zeichnete sich ab. Im Jahr 1604 meldete das Parlament mit der „Apology of the Commons" noch einmal massiv den Anspruch an, die eigenen Freiheiten, Interessen und Privilegien zu respektieren. Diese Feststellung war sehr knapp, aber dem Kenner der Verhältnisse suggerierte sie einen sehr weitreichenden Forderungskatalog, der Veränderungen und Konflikte bedeuten würde. Man forderte: das Recht auf Redefreiheit, auf politische Partizipation, auf Mitwirkung in der kirchlichen Gesetzgebung. Das Parlament schien die Herausforderung zu suchen. Es war deutlich, dass das Verhältnis zwischen Krone und Parlament in einer Krise steckte. Gab es eine

Alternative? Die zentrale Forderung der Parlamentarier klang so schlicht wie sinnvoll: Mitgestaltung des politischen Lebens, das war der Kern des Programms. Noch sah der Monarch keinen Anlass, seine Regierung neu zu organisieren und Reformen zuzulassen. Für ihn gab es nur die Beharrung auf den älteren, bewährten Strukturen. Die Zuständigkeitsbereiche und das hohe Ansehen der Monarchie waren Zweifeln nicht mehr gänzlich entzogen. Der König war alles andere als ein wackelnder Alleinherrscher, doch seine Selbstherrlichkeit erhielt allmählich Risse, die von den Zeitgenossen gesehen und erweitert wurden. Es gab Gerüchte und Forderungen, eine Sammlungsbewegung der Unangepassten, die ihre Zweifel auch auf die Staatskirche übertrugen.

Das Parlament stand vor vielfältigen, zum Teil widersprüchlichen Aufgaben. Zum einen galt es, das lokale Geschehen im Visier zu haben, zum anderen waren die Interessen des Staates in der Gesamtheit zu beachten. Das Parlament galt lange als Helfer des Königs, das ernsthafte Nothilfe nicht verweigern konnte und bisweilen auch gegen die eigene Bevölkerung die Stimme erheben musste. Es war ein königliches Beratungsgremium, das immer dann seinen Auftritt hatte, wenn Finanzinfarkte oder Kriege drohten. Den Abgeordneten mochten viele Eigenarten des Königs nicht gefallen, doch sie standen in der Pflicht, wenn allgemeine Gefahr im Verzug war, der König Hilfe benötigte, neue Gesetze verabschiedet werden sollten oder andere Herausforderungen den Alltag sprengten.

Analog zur englischen Gesellschaft verzichtete auch das Parlament nicht auf eine hierarchische Grundordnung, König, Lords und Commons bildeten die entscheidenden Elemente. Den Peers war es zur Auflage gemacht, im House of Lords präsent zu sein. Das Unterhaus lebte von den Vertretern der „counties" und „boroughs". 1604 zählte es 464 Mitglieder, in der Mitte des Jahrhunderts waren es 507. Mitglied im House of Commons zu sein, wurde als Ehre gesehen, und viele „communities" machten sich ein Rotationssystem zu Eigen, um den wichtigsten Bürgern abwechselnd diese Ehre zukommen zu lassen. Von Wettbewerb war keine Rede.

Als kühler Kopf konnte sich Karl I. bis 1640 noch einer beachtlichen Regierungsmacht erfreuen. Wie das Parlament über ihn dachte, konnte ihn im Grunde gleichgültig lassen. Allerdings drohte er die Macht in kleinen Raten zu verlieren, wenn ein finanzieller Notstand ausbrach. Dann musste der Monarch einem ganz anderen Kalkül gehorchen, das ihn auf die Beteiligung des Parlaments verwies. Geld war nötig für den Krieg. Dieser Fall trat mit den Bishops' Wars (1639, 1640) ein: In zwei kurzen Auseinandersetzungen bekämpfte Karl I. die Schotten, vor allem um anglikanische Gepflogenheiten („observances") in der schottischen Kirche durchzusetzen und um die schottische Entschlossenheit zur Abschaffung des Episkopats zu brechen. Schottland und England überwarfen sich. Friedenszeiten gaben dem Monarchen wenig Gelegenheiten, sich zu bewähren. Sicher, er war Grundeigentümer und Herr über die Zolleinnahmen. Damit verfügte er über Quellen zur Herrschaftssicherung. Zum Konflikt kam es, als der König sich in endlose Herrschaftsansprüche verstrickte, die weder Maß noch Mäßigung kannten. Als er diese absolutistischen Züge nicht mehr ablegte, fühlte sich das Parlament herausgefordert. Es ging dem Konflikt nicht mehr aus dem Weg und setzte hinter die theologischen und staatskirchlichen Überzeugungen des Monarchen ein Fragezeichen. Diese lange und in der Forschung sehr unterschiedlich beurteilte Protestbewegung führte zu einer Revolution, die das Parlament am Ende für sich entscheiden konnte. Die Revolution hatte viele verschiedene Ursachen, historisches Recht, Naturrecht und das christliche Freiheits- und Entscheidungsrecht spielten bei diesen Ereignissen eine entscheidende Rolle und bewirkten im 17. Jahrhundert eine Verfassungsänderung. Als der Sturm der Revolte durch die Straßen fegte, ertönte immer wieder unerschrocken der Ruf nach der Freiheit des Individuums, der schwelende Machtkampf konzentrierte sich auf dieses Recht. Als der Konflikt in voller Schärfe entbrannte, lenkte der König indes nicht ein; so mündete die Kraftprobe in eine Revolution von unten, das Machtgefüge des 17. Jahrhunderts unterzog sich einem grundlegenden Wandel.

Die Kirche im europäischen Mittelalter repräsentierte kein einheitliches, universales Christentum. Besonders die englische Kirche stand Entscheidungen und Einmischungen des Papstes traditionell kritisch gegenüber, wie immer sie auch im Einzelnen gerechtfertigt wurden. Hinzu kam der große Einfluss, den die Krone im kirchlichen Leben ausübte, beispielsweise bei der Ernennung der Bischöfe. Der König ernannte Bischöfe und kirchliche Würdenträger. Die Suprematsakte von 1534 machte den König zum „einzigen Oberhaupt auf Erden der Kirche von England". Dies markierte den Beginn der anglikanischen Staatskirche. Der Klerus akzeptierte diese Regelung. Damit bestand eine legale Herrschaft der zivilen über die geistliche Gewalt. Von großer Bedeutung waren nach wie vor die Provinzialsynoden von Canterbury und York, das mittelalterliche kanonische Recht galt ohne Einschränkung, doch de facto war nicht zu übersehen, dass die Krone das Geschehen in der Kirche bestimmte. Der „King in Parliament"[12] schulterte die Verantwortung für die Religion. Das Parlament galt als Versammlung christlicher Nichtkleriker. Die Bischöfe hatten ihren Platz im Oberhaus. Damit trug auch das Parlament Verantwortung für das Kirchenwesen. Wenn es dieser Verantwortung nicht gerecht wurde, war es Aufgabe der Krone, die religiösen Interessen wahrzunehmen.

Es gab mehrere Gründe, warum die Bevölkerung bzw. das Parlament der Trennung von Rom zustimmte.[13] Die allgemeine antirömische Einstellung hatte eine lange Geschichte, sie hatte immer wieder zur Empörung geführt, ausgelöst durch tatsächliche oder vermeintliche kirchliche Missstände. Viele Gemeinden mussten ohne einen eigenen Geistlichen leben. Die Ausbildung der Priester ließ zu wünschen übrig. Der Reichtum hoher kirchlicher Würdenträger, oft zur Schau gestellt, war der Kirche und ihrem Ansehen nicht dienlich. Niemand liebte den Arm der kirchlichen Gerichtsbarkeit. Alle Gründe zusammen erklären, warum die antirömische Einstellung des Monarchen Resonanz fand.

Aber auch die Kirche von England war nicht homogen. Das Wort „Puritaner" war ursprünglich eine polemische Bezeichnung zur Kennzeichnung einer Reformbewegung, die ungefähr seit 1570 von sich reden machte.[14] Ihr Ziel war die Entfernung von vermeintlich unbiblischen und katholisierenden Merkmalen, die sich in Verfassung, Kultur und Leben fanden. Die Puritaner schrieben einen strengen Biblizismus auf ihre Fahnen, verschrieben sich der Gewissenstheologie und pflegten eine konsequente Sonntagsheiligung. Es dauerte nicht lange, und sie zeichneten sich durch eine ausgedehnte Erbauungs- und Predigtliteratur aus, die kontinentale reformatorische, mittelalterlich-ethische und französische wie spanische Einflüsse miteinander verknüpfte. Doch sie konnten erst dann auf Einfluss im öffentlichen Leben hoffen, als Jakob I. aus dem presbyterianischen Schottland den Thron bestieg.[15] Zunächst wartete jedoch nur Enttäuschung auf sie. Ihre „Millenary Petition", angeblich von 1000 Befürwortern unterschrieben, fand keine Zustimmung. Viele Puritaner sahen ihr Heil jetzt nur noch in der Emigration, und sie wanderten nach Amerika aus. Wer sich auf die Seite der politischen Opposition schlug, sah sich erst mit dem Sieg Cromwells am Ziel einiger seiner Wünsche. Die Puritaner schafften das Common Prayer Book ab, hoben das Bischofsamt auf und verjagten Tausende anglikanischer Pfarrer aus den Gemeinden. Die Kirchen mussten auf ihre Orgeln verzichten, vorübergehend schlossen die Theater. Die Restauration der Stuarts 1660 brachte den Puritanern eine neue zusätzliche Bezeichnung ein, fortan wurden sie auch „Dissenters" oder „Nonconformists" genannt. Jetzt wurden sie Opfer der Vertreibung, fanden aber in Richard Baxter, John Bunyan und John Owen hervorragende Repräsentanten und Verfechter ihres Glaubens. Die Toleranzakte von 1689 verschaffte ihnen in England endgültig Sicherheit.

1700 konnte die britische Bevölkerung auf 200 Jahre großer religiöser Aktivitäten zurückblicken. Sie hatten allerdings auch viel Grausamkeit und Verbitterung ausgelöst. Schon Anselm von Canterbury hatte sich erfolgreich für die Freiheit der Kirche eingesetzt und vermittelte der mittelalterlichen Theologie viele Anregungen. John Wyclif protestierte heftig gegen das Papsttum, verband Reformideen mit konkreter Kirchenpolitik und beeinflusste die so genannte Vorreformation. Heinrich VIII. setzte eine entscheidende Zäsur, indem er die spätmittelalterliche Tendenz zur Nationalkirche in die Tat umsetzte und dabei vom Parlament unterstützt wurde. Die Folge war der Bruch mit Rom. Der König bzw. der Erzbischof von Canterbury beanspruchten in der Folge die Vollmachten des Papstes. Elemente der Reformation[16] hielten nur langsam Einzug, Ideen Luthers, Calvins und anderer wurden lediglich zögernd von der Bevölkerung akzeptiert. Unter Eduard VI. folgten weitere Reformen. Da der König minderjährig war, führte Edward Seymour die Regentschaft. Er verhalf 1549 dem Common Prayer Book zum Durchbruch. Das amtliche liturgische Buch vereinfachte die Liturgie und wies schon in seiner zweiten Ausgabe (1552) eine Reihe calvinistischer Züge auf. Maria die Katholische versuchte das Rad noch einmal zu bremsen, doch Elisabeth I. schuf vollendete Tatsachen, die englische Kirche unterlag nun endgültig der Oberhoheit der Krone. Der Protestantismus wurde zur Volksreligion. Viele politische und kirchliche Auseinandersetzungen folgten, am Ende verdrängten die Puritaner die anglokatholische Tendenz und verwirklichten eine presbyterianisch-republikanische Herrschaftsform. Die Restauration der Stuarts belebte die alte Stellung der englischen Kirche. Im 18. Jahrhundert entstand eine urchristliche Erweckungsbewegung, die von den Methodisten getragen wurde und in der Bewegung der „Evangelicals" ihre Spuren hinterließ. Im 19. Jahrhundert blühte der Anglokatholizismus noch einmal in der Oxfordbewegung auf. Dieser legte hochkirchliche Neigungen an den Tag und stand für das konservative Element in der englischen Kirche.

Quäkertum, Methodismus und Heilsarmee waren drei bedeutende Strömungen, die außerhalb der religiösen Kultur der Nationalkirche für Anhänger warben. In der Mitte des 17. Jahrhunderts machten die Quäker von sich reden und kritisierten das Gefüge der traditionellen Kirche. Zu ihnen gehörten Persönlichkeiten wie der Wanderprediger George Fox. Die Quäker lebten für eine unmittelbare Beziehung zu Gott und verzichteten auf Unterrichtung und Vermittlung durch weltlich-religiöse Persönlichkeiten. Sie hielten sich allerdings fern von den Ausschreitungen und Exzessen anderer (religiöser) Bewegungen, wie beispielsweise der „Diggers", „Level(l)ers" oder „Ranters". Diese Tendenz sicherte mit ihr Überleben im englischen und amerikanischen Christentum. Der Methodismus schuf sich sein Fundament in der Mitte des 18. Jahrhunderts. Er entstand als Reformbewegung innerhalb der englischen Kirche. 1784 tagte der Geistliche John Wesley erstmals mit seinen Anhängern. Das war ihm nicht leicht gefallen, da er die Loyalität mit der englischen Kirche immer betont hatte. Noch Anfang des 19. Jahrhunderts plädierten die Methodisten für den Verband mit der Kirche, ihren Gottesdiensten legten sie das Allgemeine Gebetbuch zugrunde. Doch das Eigenleben einzelner Strömungen spaltete den Methodismus schließlich in unterschiedliche Gruppierungen, die alle großen Wert auf eine konfessionelle Eigenständigkeit legten. Die Heilsarmee schließlich, zu der William Booth 1878 den Anstoß gab, entwickelte sich weder als Sekte noch als selbständige Glaubensrichtung. Sie stellte sich auf die Seite all derer, die bei der Kirche keinen Schutz fanden. Sie war kein Ausdruck sozialen oder religiösen Protestes gegen die Kirche oder ihre Religion, sie warb vielmehr um diejenigen, die der „institutionelle Glauben" nicht erreichte. Die Zahl ihrer Anhänger war klein, doch es gelang ihr, den Respekt der Öffentlichkeit zu gewinnen.

Ein Kennzeichen der englischen Religion war immer ein gerüttelt Maß an Antiklerikalismus. Die Bevölkerung misstraute den Ansprüchen der Geistlichkeit, und diese Abneigung erstreckte sich auch auf die kirchliche Jurisdiktion. Über viele Jahrhunderte hinweg zogen die Pfarrer Spott und Argwohn auf sich, sie fanden sich als Gegenstand der Karikatur wieder und sahen in einen Spiegel von Inkonsequenz und Ungeschicklichkeit. Doch gerade die Tatsache, dass der Klerus mit den Nichtklerikern in vielen Lebensbereichen eng verbunden war, bewirkte eine der größten Leistungen des englischen Christentums. Und das waren die Organisation und Übernahme erzieherischer und sozialer Dienste; die Geistlichen kannten die Bedürfnisse besser, als wenn sie in einer Klausur gelebt hätten. Die Geschichte der englischen Kirche mündete in eine große Zahl sehr unterschiedlicher Bewegungen und Institutionen: Die anglikanische Kirche ist nach wie vor Staatskirche, in Schottland hat sich die presbyterianische Kirche durchgesetzt; Methodisten, Baptisten und Kongregationalisten prägen ebenso das öffentliche Bild wie die römisch-katholische Kirche, die im 20. Jahrhundert eine gewaltige Stärkung erfahren hat.

Monarchen in ihrer Zeit

Die englische Geschichte der Frühen Neuzeit beginnt mit der Throngewalt der Tudors im 16. Jahrhundert. Nach den Rosenkriegen des 15. Jahrhunderts stabilisierte ihre Dynastie das Land. Aufstandsversuche scheiterten. Eine innenpolitische Opposition gab es nicht mehr. Der König wurde der größte Grundherr, er stützte sich auf Kroneinnahmen und eine gewaltige Hausmacht. In den dreißiger Jahren des 16. Jahrhunderts bildete sich ein neues staatliches Fundament heraus. Die Behörden erfuhren eine straffe Organisation, das Rechtswesen wurde neu organisiert.[17] Für diese „Tudor-Revolution" war Thomas Cromwell[18] verantwortlich, ein Vertrauter Heinrichs VIII. Das Unterhaus spielte im politischen Geschehen eine immer größere Rolle, doch auch hier galt das Wort des Königs. Der mittlere, grundbesitzende Adel, die Gentry, konnte in dieser Zeit Macht und Einfluss ausdehnen, im Unterhaus hatte sie ihren festen Platz. Die besitzenden Schichten zeichneten sich durch soziale Mobilität aus. Landbesitz war die Grundlage politischer Macht.[19]

Die Tudors waren eine Familie aus Anglesey. Heinrich VII.[20] war stolz auf sein walisisches Blut. Im Zentrum seines Banners stand ein roter Drachen. Unmittelbar nach der Schlacht bei Bosworth (nördlich von Leicester) wurde Heinrich VII. zum ersten Tudor-Herrscher erhoben. Sofort begann er, seine Stellung im Lande politisch zu festigen und den Erbgang der Dynastie zu schützen. Zwar hatte der König keine Schwestern, um Heiratsverbindungen herzustellen, doch er instrumentalisierte Söhne und Töchter, die das Haus Tudor mit Schottland, Frankreich und Spanien verbanden. Der Act of Resumption (1485) sicherte die territoriale Machtgrundlage der Krone, der Act of Attainder (1485) enteignete wohlhabende Gegner. Dem Königtum verschaffte Heinrich VII. einen kaum zu überbietenden äußeren Glanz: Der Monarch personifizierte den Staat. Der Hof wurde das Zentrum des geistigen und gesellschaftlichen Lebens. Der König stützte sich auf den Staatsrat, auf Unterausschüsse und auf die Erkenntnis, dass nur eine starke Rechtsordnung Wohlstand und Überleben garantiere. Daher festigte er die zentralen Gerichtshöfe und stärkte die Friedensrichter. Langfristig wurden sie zu Säulen der Rechtsprechung und Verwaltung. Die Finanzverwaltung erfuhr in seiner Zeit eine Neuorganisation. Die jährlichen Einkünfte der Krone stiegen fast auf das Dreifache, von 52 000 Pfund auf 142 000 Pfund. Voraussetzung war eine solide Handels- und Wirtschaftspolitik. Dazu trugen Verträge mit Dänemark (1490), den Niederlanden (1496) und Riga (1499) bei. Heinrich förderte die großen Handelskompanien und den Aufbau der Flotte. Außenpolitisch vermied er Konflikte. Als der Monarch 1509 starb, hatte er für die Sicherheit seiner Dynastie viel getan. Seine Herrschaft war am Ende unangefochten, Frieden bestimmte das Land, das Finanzwesen war solide. Das Ausland hatte ihn akzeptiert.

Sein Nachfolger Heinrich VIII. war vielseitig. 1521 verfasste er beispielsweise eine Schrift gegen Luther über die Sieben Sakramente, der Papst dankte und verlieh ihm den Titel des „Defensor Fidei". Heinrich hatte den Ehrgeiz, in der europäischen Politik eine große Rolle zu spielen. Der fehlende männliche Erbe war dabei allerdings ein Problem. Nur eines seiner sieben Kinder, Maria, überlebte. Der König dachte an Scheidung, Anne Boleyn sollte seine neue Frau werden. Es kam zu langen diplomatischen Verhandlungen mit dem Papst. Am Ende zerriss das Band zwischen England und Rom. Der König vermählte sich mit Anne, Erzbischof Thomas Cranmer sprach die Scheidung von Katharina von Aragón aus. Neben persönlichen Motiven spielten religions- und staatspolitische Aspekte eine nicht zu übersehende Rolle bei der Errichtung der von Rom unabhängigen anglikanischen Kirche. Innerhalb eines Jahrzehnts vollzog sich eine der größten Umwälzungen der englischen Geschichte. Die vielfältigen Bindungen an Rom wurden aufgehoben, der König war fortan weltliches und geistliches Oberhaupt. Das Parlament akzeptierte diese Entscheidungen und steigerte sein Ansehen. Die Reformation des Glaubens blieb indes in Ansätzen stecken. Und wer den Suprematseid verweigerte, mit dem Beamte und Geistliche den König als Oberhaupt der englischen Kirche anerkannten, musste mit Verfolgung rechnen. Ein Opfer der neuen Verhältnisse wurde der Philosoph Thomas More, der 1535 hingerichtet wurde. Die Klöster[21], letzte Stützpunkte des Papstes auf der Insel, wurden aufgelöst, die Krone vergrößerte ihren Reichtum dadurch gewaltig. Doch der kleine Landadel, die Gentry, und die aufstrebende kaufmännische Mittelschicht blieben nicht untätig. Sie erwarben einen Großteil des klösterlichen Besitzes, den der König verkaufen musste, um Kriege gegen Frankreich und Konflikte mit Schottland zu finanzieren. Als König von England stand Heinrich VIII. am Anfang der englischen Reformation.[22] Er konnte sich auf brillante Minister stützen, zögerte jedoch nicht, sie brutal aus seinen Diensten zu entlassen, wenn es geboten schien. Humanistische Bildung hatte für ihn durchaus Bedeutung, in gewisser Weise konnte er auch als Intellektueller gelten, der als Herrscher vor gewaltsamen Lösungen allerdings nicht zurückschreckte. Heinrich VIII. verkörperte die Monarchie. Unter seiner Regentschaft hatte die Regierung substantiellere Züge angenommen, eine Flotte wurde gebaut, religiöse Reformen und soziale Verbesserungen waren auf den Weg gebracht. Gleichwohl gilt und galt er weder als unumstrittener Staatsmann noch als Prophet. Er hinterließ seinem neunjährigen Erben ein Bündel an Problemen, das sich durch brutale Gewalt und rationales Kalkül nicht hatte auflösen lassen.

Eduard VI. wurde mit neun Jahren König und daher von einem Vormund, Eduard Seymour, vertreten. Dieser forcierte die Reformierung des Glaubens und die Veränderung der anglikanischen Kirche. Die Hochkirche – High Church – entwickelte sich. Sie bekannte sich zu einer protestantischen Lehre, ihre bischöfliche Verfassung und ihr Gottesdienst trugen indes katholische Züge. Doch die Verhältnisse erfuhren einen herben Rückschlag. Maria Tudor – „Maria die Katholische" – folgte ihrem Bruder auf den Thron und heiratete 1554 König Philipp II. von Spanien. Fanatisch warb sie für den katholischen Glauben und versuchte, die Entwicklung unter Heinrich VIII. und seinem Nachfolger wieder rückgängig zu machen („Bloody Mary"). Ungefähr 300 Andersgläubige und politische Gegner starben eines gewaltsamen Todes.

Heinrich VII. hatte die Machtposition der Krone gefestigt, Heinrich VIII. den Ausbau der Macht fortgesetzt. Maria I. wollte das Rad wieder zurückdrehen, Elisabeth I.[23] machte es sich nun zur Aufgabe, den souveränen Staat zu konsolidieren. Vier Jahrzehnte wirkte unter ihr William Cecil als Leiter der Politik. Die endgültige Durchsetzung der Reformation war sein Verdienst. 1559 stellte das Parlament die volle staatliche Kirchenhoheit – Erneuerung der Suprematsakte und der Uniformitätsakte – wieder her und sorgte durch Wiedereinführung des leicht geänderten Common Prayer Book von 1552 für die Glaubenseinheit der von Rom losgelösten Kirche. Rekatholisierungsbestrebungen des Papstes wies Elisabeth energisch zurück. Mit der Enthauptung der ehemaligen schottischen Königin Maria Stuart (1587), die als Urenkelin Heinrichs VII. Anspruch auf den Thron erhoben hatte, verlor die römisch-katholische Partei ihr politisches Gewicht. Als 1588 die spanische Armada im Ärmelkanal besiegt wurde, war der letzte äußere Versuch gescheitert, den Katholizismus wieder zu restaurieren.

So genanntes 'Armada-Porträt' von Elisabeth I. Gemälde von Marcus Geeraerts, 1588. Durch die Fenster im Bildhintergrund sieht man den Aufzug der englischen Flotte und den Untergang der spanischen Armada im Sturm. Foto AKG.

Die Konsequenzen waren gewaltig: Spaniens Vormachtstellung war gebrochen, Englands Aufstieg zur Weltgeltung begann. Die Küsten Nordamerikas lagen für die englische Kolonisation offen, der neue territoriale Besitz wurde „Virginia" genannt – nach der unverheirateten Königin. Elisabeth förderte Entdeckungsreisen, unterstützte den Aufbau einer Handelsflotte und begünstigte den Außenhandel durch Gründung neuer Handelskompanien. Ihre nach merkantilistischen Grundsätzen geführte Wirtschaftspolitik verhalf dem Bürgertum in den Städten und dem Adel auf dem Lande zu gesteigertem Wohlstand. Gleichzeitig stärkte sie den politischen Einfluss dieser Schicht im Parlament. Im 17. Jahrhundert gehörten etwa 75 Prozent der Unterhausmitglieder der Gentry an. Fast die gesamte Lokalverwaltung lag in ihren Händen. Der Hochadel war nach wie vor bedeutsam, doch er verlor an Einfluss. Neben Königin und Regierung wurde das Unterhaus zum Träger politischer Entscheidungen. Es nahm sich erstmals der Arbeits- und Armengesetzgebung an.

Doch Elisabeth stand nicht nur für eine Erfolgsgeschichte. Finanzielle Schwierigkeiten waren ein Symptom für die verschärften politischen Krisen, die unter ihren Nachfolgern das System der Tudor-Regierung zerstören sollten. Die neunziger Jahre des 16. Jahrhunderts waren Jahre der Depression und der zunehmenden parlamentarischen Kritik an der Wirtschaftspolitik der Königin und ihrer politischen Führungskraft. Allmählich wurde das House of Commons ein Instrument, mit dem der grundbesitzende Adel („landed classes") Interessen anmeldete. Nach den Tudor-Vorstellungen war dies eine völlige Verzerrung der Aufgaben des Parlaments. Es sollte ersuchen und erflehen, aber nicht befehlen und initiieren. Drei Gründe zwangen die Theorie allerdings, der Realität zu weichen. Die finanzielle Abhängigkeit der Regierung von den Commons war nicht mehr zu übersehen. Außerdem war das Parlament so oft zusammengerufen worden, um über grundlegende Fragen zu befinden, dass die Commons sich an dieses Verfahren gewöhnt hatten. Wenn das Parlament der Krone Autorität geben sollte, konnte es sie auch wieder nehmen. Und schließlich: Die Gentry hatte an Bedeutung gewonnen, und das House of Commons war größer geworden. Elisabeth war klug genug, um einen „showdown" mit den Commons zu vermeiden. Alles in allem vermochte sie das House of Commons noch zu zähmen. Mit ihrem Königreich war sie eine „love affair" eingegangen, und ihre „womanhood" war eher ein Vor- als ein Nachteil.

Elisabeths Königreich war zeitweilig von schweren inneren Konflikten bedroht. Doch es gelang ihr immer wieder, an die Loyalität ihrer Untertanen zu appellieren und die Nation gegen ausländische Gegner zu einen. Die Königin verstand sich als strahlendes Symbol der Nation. Dieser politische Symbolismus hatte mehr Substanz, als dies gemeinhin der Fall war. Die Königin war nicht nur eine Repräsentationsfigur. Sie übte sicher keine absolute Macht aus, von der die Herrscher der Renaissance träumen mochten. Doch sie hielt ihre Autorität aufrecht, traf schwierige Entscheidungen und nahm zentrale Anliegen von Staat und Kirche in Angriff. Die zweite Hälfte des 16. Jahrhunderts wird daher zu Recht als Elisabethanisches Zeitalter charakterisiert. In der letzten Dekade ihrer Regentschaft entglitten ihr jedoch mehr und mehr die Zügel bei den politischen, religiösen und wirtschaftlichen Fragen und Problemen. Schlechte Ernten, andauernde Inflation und Arbeitslosigkeit verursachten Elend und einen Verlust an öffentlicher Moral. Korruption und Habgier zogen in ihrem Umfeld weitere Kreise. Dennoch war sie auch in dieser Phase für brillante Reden bekannt, die sie nutzte, um ihre Autorität zu unterstreichen. Doch in den Worten ihres Günstlings Sir Walter Raleigh war sie eine „lady surprised by time", und ihre lange Herrschaft neigte sich dem Ende zu. Sie litt zunehmend unter Melancholie, schlechter Gesundheit und allgemeiner Schwäche. Am Ende ihrer Herrschaft hatte sich England konsolidiert – trotz aller Konflikte. Die Regierung war effektiv, Eigeninteressen, Partikularismus und Vorrechte wurden erheblich eingegrenzt. Der Gedanke eines nationalen Gemeinwesens verbreitete sich. Der Krieg mit Spanien (1585–1603) warf indes ein dunkles Licht auf ihre Herrschaft. Mit den finanziellen Folgen mussten die Stuarts noch erheblich kämpfen. Elisabeth starb am 24. März 1603. Die Nation begrüßte den Nachfolger, doch es dauerte nicht lange, bis sich eine gewisse Nostalgie für die Herrschaft der „Good Queen Bess" entwickelte.

Das Zeitalter Elisabeths wahrte die revolutionären Veränderungen Heinrichs VIII. Es schuf ein eigenständiges nationales Kirchenwesen; der Staat gewann an Souveränität, ein

zentrales Klientelsystem entstand. Elisabeth konnte sich auf die Einwohner Londons stüt-
zen und versuchte erfolgreich, die Kräfte der Vergangenheit und Zukunft zu vereinen.
Nach den politischen Ordnungsvorstellungen hatte jeder seinen vorbestimmten Platz.
Das änderte sich erst nach der Tudor-Zeit, als Sir Walter Raleigh seine „History of the
World" – im Tower geschrieben – vorstellte und der Philosoph Sir Francis Bacon mit dem
„Novum Organum" eine rationalistische Weltsicht anbot. In Elisabeths Zeit wurde es als
Selbstverständlichkeit gesehen, dass Krone und Parlament gemeinsam den „body politic"
bildeten. In der zweiten Jahrhunderthälfte mehrten sich die Stimmen, die im „King in
Parliament"[24] das einzige und bestimmende Organ des Staates sahen. In 45 Regierungsjahren berief Elisabeth das Parlament (allerdings nur) dreizehnmal. Dabei ging es weniger
um neue Gesetze als um die Realisierung bestehender Vorgaben. Vorsorglich verzichtete
sie darauf, ihre Kompetenz bzw. Prärogative genau zu bestimmen. Zwei gegensätzliche
Strömungen bestimmten die Tudor-Zeit[25]: Der Staat stabilisierte sich zunehmend, Gesetze und Verwaltungsmaßnahmen nahmen zu, der Staat war allgegenwärtig. Auf der anderen Seite lockerten sich die Bande der Gesellschaft. Ein reges geistiges Leben entwickelte
sich. Neue Thesen zur Religion, Welt und Politik wurden diskutiert und damit immer
wieder die Fragen nach ihrer Legitimität aufgeworfen. Ein bürgerliches Selbstwertgefühl
entwickelte sich, Bildung und Verantwortlichkeit gingen eine Allianz ein. In diese Zeit fällt
das Aufkommen des Gentleman-Ideals. Der Staatssekretär Sir Thomas Smith verwarf den
alten Moralismus, er schob das Verständnis der sozialen Kräfte in den Vordergrund und
deutete das wirtschaftliche System alles in allem als eine Wechselbeziehung anonymer
Kräfte. Empfehlenswert schien, was (wirtschaftlich) den meisten nutzte. Die Tudor-Ge-
sellschaft war alles andere als eine hierarchisch fest fixierte Gesellschaft. Natürlich gab es
Rangunterschiede, doch diese mündeten nicht in präzise definierte und unaufhebbare
Klassenunterschiede.[26] Viele sahen den Landedelmann als das Ideal. Und als „Gentleman"
konnte sich jeder betrachten, der nicht arbeiten musste, also von seinen Renten lebte und
ein Ehrenamt wahrnehmen konnte. Das Wort Gentry beschrieb nicht eine Kaste, sondern
eine Lebensform.

Im dritten Jahrzehnt des 16. Jahrhunderts wurde das Verseschreiben zu einer Kunst, die
sich Höflinge aneigneten. Die Gedichte von Sir Thomas Wyat(t) entspringen dieser Tradition. Wyat(t) wurde durch Petrarca-Übersetzungen bekannt, er stellte das Sonett in England vor und wurde durch Satiren und Psalmen populär. Für viele elisabethanische Dichter war er Inspiration und Vorbild. In den ersten Jahren ihrer Herrschaft konnte sich Elisabeth I. kaum auf hervorragende Dichter stützen. Die Ausnahme war vielleicht Thomas
Sackville, der durch „A Myrrour for Magistrates" (1563) und die Tragödie „The Tragedie
of Gorboduc" – das früheste englische Drama in Blankversen – einen Namen erhielt.
Fachleute erklären das Fehlen der literarischen Größen in den ersten zwanzig Jahren der
elisabethanischen Zeit mit dem Hinweis auf die vorangegangenen Unruhen, auf die lange
Zeit, die für die Ausbildung eines nationalen Bewusstseins nötig war. Einen Beitrag für
den neuen literarischen Impuls dürften auch die neuen Lateinschulen geleistet haben. Sie
wurden nach Auflösung der Klöster ins Leben gerufen und stellten einem neuen Mittelstand Literatur und Dichtung vor. In diese Zeit fiel die Freundschaft der Dichter Edmund

Spenser und Sir Philip Sidney. Für viele verkörperte Sidney die „gentlemanly virtue" des Elisabethanischen Zeitalters. Die Freundschaft zwischen beiden Dichtern wird vielfach mit der zwischen William Wordsworth und Samuel Taylor Coleridge verglichen. Spenser wie Sidney machten sich französische und italienische Vorbilder zu Eigen. Sidneys „Astrophel and Stella" (1591) wies durchaus erzählerischen Glanz auf. Die insgesamt 108 Sonette und 11 Lieder beschreiben Astrophels Konflikte zwischen „reason" und „passion". Literaturwissenschaftler weisen allerdings darauf hin, dass Sidney das petrarkistische Modell des erfolglos um eine Dame werbenden Liebhabers nicht einfach übernahm und in formaler Hinsicht über das Vorbild hinausging. Dennoch erhielt Sidney den Beinamen „englischer Petrarca". Mit der „Defence of Poesie" stellte Sidney dem englischen Leser die kritischen Gedanken der Renaissance vor. Spenser schrieb ein bekanntes – aber unvollendetes – Gedicht über „The Faerie Queen" (1590). Im Mittelpunkt stehen die öffentlichen und persönlichen Tugenden der Königin. Elisabeth wird als wahre christliche Herrscherin charakterisiert. Die Vorlage dürfte der legendäre König Arthur gewesen sein.

Der literarische Neubeginn erschöpfte sich nicht in Versen. Die Prosa glänzte allmählich durch Vielfalt. John Lyly – „the first English prose stylist" – zeichnete sich durch einen neuen künstlichen Stil aus, vor allem in „Euphues, or the Anatomy of Wit" (1578) und „Euphues and His England" (1580). Sidney machte sich neue Freunde mit der didaktischen Romanze „Arcadia" (1590), vor allem durch komplexe Handlungsstränge. Thomas Nash glänzte durch Witz und Schimpfreden, auch in „The unfortunate traveller, or, The life of Jacke Wilton" (1594). Robert Greene, einer der frühesten englischen Autobiographen, warb für sprachliche Ungezwungenheit und schrieb die erste erfolgreiche romantische Komödie der englischen Literatur („The Honorable Historie of frier Bacon, and frier Bongay", veröffentlicht 1594). Thomas Dekker beobachtete die Zeitgenossen sehr genau, der Theologe Richard Hooker – ein „master of English prose" – schrieb „Of the lawes of ecclesiastical politie". Hooker verteidigte die Kirche von England gegen römische Katholiken und Puritaner. Die anglikanische Tradition betrachtete er als „threefold cord not quickly broken", gemeint waren das Bündnis von Bibel, Kirche und Vernunft. Der Philosoph Bacon klassifizierte die Wissenschaften, unterschied „memory", „imagination" und „reason" und ordnete ihnen „history", „poesy" und „philosophy" zu. Bacon warb für ein „Advancement of Learning" (1605) und schrieb damit das erste wirklich wichtige Buch der englischen Philosophie. Später machte John Donne durch dramatische Predigten auf sich aufmerksam und wurde nebenbei der größte „love poet". Nach Ansicht vieler Fachleute fußt die englische Literatur auf der „Authorized Version" der Bibel (1611) und der „First Folio" (1623) von Shakespeares Stücken.

Jakob VI. von Schottland – nun auch Jakob I. von England – galt als einer der erfahrensten Herrscher, die den englischen Thron seit Wilhelm dem Eroberer bestiegen hatten. Er griff häufig zur Feder, verfasste politische Essays, schrieb über das Wesen einer „Free monarchy" und suchte den theologischen Diskurs mit Gelehrten und Philosophen. Staatsführung bedeutete für ihn nicht nur praktische Machtausübung, sondern auch theoretische Reflexion ihrer Grenzen und Möglichkeiten. Jakob herrschte in Edinburgh nicht über eine reiche Nation. Er war um einen Ausgleich der Parteien bemüht, und er bremste allzu enthusiastische Kirchenführer.

Jakob mochte ein Intellektueller, ein scharfsinniger politischer Analytiker sein. Dennoch schenkten ihm diese Eigenschaften nicht die Sympathie seiner neuen Untertanen. Beide Nationen blickten auf eine konfliktreiche Vergangenheit zurück, und diese spiegelte sich in der Wahrnehmung und Beschreibung des neuen Königs. Dabei waren englische Stimmen sehr respektlos, sie beschrieben ihn als bucklig und hässlich, seine Zunge sei zu groß für seinen Mund. Jakob stellte sein Licht nicht unter den Scheffel. Viele ließ er an seinen königlichen Rechten teilhaben, verhalf den Eliten zu Ehrungen und Auszeichnungen, machte Hunderte zu Rittern und versuchte mit großem Spürsinn und Freigebigkeit, die Sympathie seiner neuen Untertanen zu gewinnen. Schon auf dem Weg nach London spielte er dieses taktische Geschick aus und nahm schließlich eine Petition entgegen, die das Selbstbewusstsein der Kirche in den Mittelpunkt stellte.

Diese Bittschrift – angeblich von tausend „Puritan ministers" unterschrieben – verlangte moderate Änderungen in der englischen Kirche. Der König brachte einen neuen Ton in die öffentliche Debatte. Er berief eine Reihe von wichtigen Bischöfen und übertrug ihnen die Aufgabe, mit den Reformanhängern eine förmliche Disputation abzuhalten. Diese fand auf der Hampton-Court-Konferenz im Januar 1604 statt. Hier konnte der König Politik machen, leidenschaftlicher als jeder andere. Er beobachtete nicht nur, sondern nahm an den Diskussionen mit dem Erzbischof von Canterbury, John Whitgift, zehn Bischöfen und vier Vertretern der Puritaner in Gegenwart des „privy council" teil. Der Monarch tat kund, dass in seiner Kirche alle eine Heimat finden sollten. Dabei dachte er allerdings nicht an Extremisten. Eine bessere Ausbildung der Kirchenleute war ihm ein Bedürfnis, und er schreckte auch vor besserer Bezahlung nicht zurück. Dennoch fanden die Diskussionen keine breite Entsprechung in den Ergebnissen der Konferenz. Das wichtigste Ergebnis war möglicherweise eine neue Kommission mit der Aufgabe, eine anglikanische Bibelübersetzung auf den Weg zu bringen – die „King James Version" (1611). Doch das „Book of Canons" legte dem Klerus in 141 Artikeln in den Mund, was und wie zu predigen war. Dreihundert puritanische Geistliche mussten ihre Ämter niederlegen. Ein großer Erfolg war die Konferenz nicht.

Ein wichtiges Anliegen in Jakobs Leben war in der Tat, dass die Moderaten aller Glaubensrichtungen – und er dachte an Römisch-Katholische wie Protestanten – in einer geeinten Kirche leben konnten. Dafür wollte er Verständnis wecken und eine entsprechende Voraussetzung schaffen. Doch es gelang ihm nicht, diesen Plan geradlinig zu verfolgen. Der Katholik Guy Fawkes und seine Anhänger versperrten diesen Weg, sie planten die Ermordung von König, Lords und Commons durch Sprengung der Parlamentsgebäude (4./5. 11. 1605). Dieser „Gunpowder plot" wurde indes frühzeitig erkannt. Die Verantwortlichen wurden festgenommen, die Katholiken in der Folge unterdrückt, und Jakobs Ziel erfuhr einen herben Rückschlag. Dennoch schlug sich Jakob nicht auf die Seite der Zweifler, Prüfer und Sucher. Sein ökumenischer Anspruch hatte geholfen, die religiösen Konflikte zu mildern. In diesem Punkte war Jakob fest, nicht aus Pazifismus, sondern aus realistischer Einsicht und Sorge um die Zukunft. Jakob hatte Steine ins Wasser geworfen, die noch lange Kreise zogen.

Als Jakob den englischen Thron am 24. März 1603 (Krönung im Juli) bestieg, hatte er ein vergleichsweise armes Land verlassen, in dem sein Budget lediglich 50 000 Pfund betrug. In England herrschten dagegen gleichsam paradiesische Verhältnisse – aber nur auf den ersten Blick. Denn Jakob musste gewaltige finanzielle Altlasten schultern. Und diese Verpflichtungen wurden durch seine Großzügigkeit keineswegs geringer. Elisabeths Schulden betrugen 400 000 Pfund, und Jakobs Haushalt war weitaus größer als der einer unverheirateten Königin. Einzelne Sparmaßnahmen griffen durchaus, doch das große Problem der Inflation und der Freigebigkeit des Königs ließ sich auf diese Weise nicht lösen. 1606 waren die Schulden immerhin auf 600 000 Pfund angestiegen, für damalige Verhältnisse eine horrende Summe. Verzweifelte Berater rieten zu Finanzierungsmethoden, die Eigentum und Freiheit der Untertanen nicht unberührt gelassen hätten. Ein Protestschrei war die Folge. Andere Vorwürfe gesellten sich hinzu: Der König verstehe das Parlament nicht, vor allem zeige er keine Sensibilität für die Privilegien des Hauses. Von 1607 bis 1610 und von 1611 bis 1620 trat das Parlament nicht zusammen.

Am Hof herrschten verschiedene Gruppen, die durch Verwandtschaft und Interesse miteinander verbunden oder aber entzweit waren. Zur bekanntesten Familie gehörten die Howards. Einige waren sogar Mitglieder der Regierung. Sie wünschten eine Verbesserung der Beziehungen mit Spanien und günstigere Verhältnisse für die englischen Katholiken. Ihnen stand eine antispanische Gruppe gegenüber. Zu ihrem prominentesten Mitglied gehörte die Königin Anna. Sie wurde von George Abbot, dem Erzbischof von Canterbury, unterstützt und von William Herbert, dem Earl of Pembroke. Diese Fraktion verfolgte eine aggressivere protestantische Außenpolitik. Kompromisse waren nicht in Sicht. Erschwerend kam hinzu, dass Jakob schon seit langem mit dem Gedanken spielte, erst seinen Sohn Heinrich, dann – nach dessen Tod – Karl mit einer spanischen Prinzessin zu vermählen. Die Konsequenzen waren allerdings nur schwer absehbar. Der Papst vertrat die Ansicht, dass eine solche Heirat England wieder zum römischen Katholizismus führen werde. Das Problem schien nicht lösbar. Ein drittes Parlament sollte Geld für die spanische Sache bewilligen. Dieser Wunsch löste folgenreiche Missverständnisse aus.

Dem Parlament drängte sich der Schluss auf, dass Jakob nunmehr einen Handelskrieg gegen Spanien befürworte, und bewilligte die Gelder. Einige Parlamentarier gingen in ihren Schlüssen aber noch weiter. Sie glaubten, dass der König auch die Ansicht und den Rat des Unterhauses in militärischen und außenpolitischen Fragen hören wollte, und sahen eine Sternstunde des Parlaments gekommen. Nichts lag dem Monarchen ferner als ein solches Ansinnen. Empört machte er dem Haus den Vorwurf, bewusst seine königlichen Rechte zu verletzen. Die Parlamentarier wiederum legten die „Great Protestation" (Dezember 1621) vor, verwahrten sich gegen die Vorwürfe und bekräftigten ihr Recht auf Kritik und auf die Kontrolle über alle Bereiche des Königreiches. Jakob kümmerte das wenig. Eigenhändig entfernte er die entsprechende Seite aus dem Journal des Hauses und erklärte nachdrücklich, dass nur er über Heirat und Außenpolitik entscheide. Im Januar 1622 löste der König das Parlament auf und warf seinen parlamentarischen Widersacher, Sir Edward Coke, in den Tower.

Das Parlament des Jahres 1621 war alles andere als erfolgreich gewesen. Es konnte auf keine substantielle Gesetzgebung zurückblicken. Ein Missverständnis hatte zu einem schweren Konflikt mit dem König geführt. Auch in außenpolitischen Angelegenheiten waren keine Silberstreifen am Horizont zu erkennen. Das Verhältnis zu Spanien hatte sich nicht gebessert. Die Schulden der Monarchie beliefen sich 1624 auf 1 Million Pfund, Macht und Einfluss des Monarchen nahmen spürbar ab. Seine Gesundheit verschlechterte sich. Noch einmal tagte das Parlament, um Maßnahmen gegen Spanien zu beraten und am Ende den Krieg zu erklären. Als Gegenleistung konzedierte der König die Anstellung von Beamten, die das Vertrauen der Commons besaßen, die Aufhebung aller Monopole, die parlamentarische Kontrolle neuer Finanz- und Steuervorlagen und das Mitspracherecht des Parlaments bei der Einsetzung von Schatzmeistern. Am 27. März 1625 starb Jakob. Als er 1603 den englischen Thron bestiegen hatte, war er bereits ein „alter" König. Doch seine schottischen Erfahrungen halfen ihm wenig bei den Problemen des neuen Königreiches. Am schwersten wog möglicherweise die Tatsache, dass Jakob wenig Geschick im Umgang mit dem Parlament entwickelte.

Karl I. unterschied sich grundlegend von seinem Vater. Rhetorisch war er wenig gewandt, zudem litt er unter einem sprachlichen Defekt und es fiel ihm schwer, die Aufmerksamkeit der Zuhörer lange in Anspruch zu nehmen. Zum Regieren fehlten ihm viele Eigenschaften und Erfahrungen, er war im Schatten seines Bruders groß geworden. Karl liebte keine Gesellschaften, im Grunde war er sehr in sich gekehrt. Ihm reichte ein kleiner Kreis von Beratern und Freunden. Andere Probleme kamen hinzu. Seine Frau, Henrietta Maria, war die Tochter Heinrichs IV. von Frankreich, sie war darüber hinaus römischkatholisch und wenig beliebt. Diese Umstände kosteten den Monarchen viel Sympathie.

Von Anfang an kämpfte Karl mit vielen Problemen. Den Auftakt bildete eine ökonomische Krise, hinzu kam der Krieg mit Spanien, der sich in die Länge zog. Die Landwirtschaft bereitete Sorgen, die Bevölkerung litt unter schlechten Ernten, der Handel ließ zu wünschen übrig. Der militärische Konflikt mit Spanien brachte nur negative Schlagzeilen, das Parlament plante, das Recht der Krone zu begrenzen, Abgaben zu verlangen. Doch auch ein neues Parlament brachte keiner Seite einen Fortschritt. Die Parlamentarier legten im Juni 1628 eine „Petition of Right" vor, die zentrale Freiheiten forderte: keine zusätzlichen Besteuerungen ohne Zustimmung des Parlaments, keine Zwangseinquartierungen in Privathäuser, Aufhebung des Kriegsrechts, keine Verhaftungen ohne Angabe des Grundes, Garantie für ein ordentliches Gerichtsverfahren. Widerwillig stimmte der König zu, in erster Linie um dem finanziellen Debakel zu entgehen. Die Ermordung (23. 8. 1628) von George Villiers, des Dukes of Buckingham, der lange die rechte Hand des Monarchen war, riss in die Regierung eine schwer zu schließende Lücke. Der Monarch nahm das Zepter jetzt selbst in die Hand, die Folge war eine Eskalation der Konflikte.

Im Jahr 1629 setzten sich die verfassungs-, religions- und finanzpolitischen Konflikte zwischen König und Parlament fort. Am Ende standen die Auflösung und parlamentslose Zeit bis 1640. Friedensverträge beendeten die kontinentalen Kriege, Reformen brachten die Untertanen zur Ruhe, und eine freiwillige finanzielle Selbstbeschränkung stimmte die Gemüter friedlich. Der europäische und nordamerikanische Handel blühte.[27] Das königliche Einkommen ließ nur wenig zu wünschen übrig. Und dennoch gab es Krisen im

Land. Schon lange hatte der Zustand der Kirche Bedenken geweckt. Auch in England traten Anhänger des holländischen Theologen Jacobus Arminius auf den Plan. Sie waren radikale Reformer und verlangten, dass der freie Wille der Mittelpunkt der Theologie sein
solle. Einer ihrer Repräsentanten, William Laud, wurde 1633 Erzbischof von Canterbury.
Laud betonte den Vorrang der Zeremonie gegenüber der Predigt. Er ließ Kirchen schmü-
cken und rückte sie in den Augen vieler in die Nähe des römischen Katholizismus. Außerdem wünschte er eine Kirche, die frei von parlamentarischem Einfluss war. Lauds Bewegung fand bald auch in Schottland Anklang, die Protestanten fürchteten um ihre Stellung.
Karl stand an der Spitze von drei Königreichen – Irland, England, Schottland –, die sich
durch mancherlei Gepflogenheiten unterschieden. Als 1637 in Schottland dank Lauds Initiative ein neues Gebetbuch („Book of Canons") eingeführt und die Anerkennung des
königlichen Supremats bestätigt werden sollte, löste der Versuch Aufstände und Rebellio-
nen aus. Der „Scottish National Covenant" von 1638 verpflichtete die Nation, religiöse
Neuerungen abzulehnen.

Die „Bishops' Wars" (1639–40) beendeten den Frieden der dreißiger Jahre. Gewalt stieß
auf Gegengewalt, Karl verlangte von dem Parlament mehr Geld und unterschätzte gleichzeitig die Aversion, die viele Engländer gegenüber Lauds Neuerungen empfanden. Die
englischen Truppen unterlagen, die Schotten drangen bis Newcastle vor. Im Herbst willigte Karl ein, einen demütigenden Vertrag zu unterzeichnen, der ihn dazu verpflichtete, die
schottische Armee zu bezahlen. Und er gab unter Zwang seine Zustimmung für die Einberufung eines neuen Parlaments – für den König und sein Selbstverständnis ein un-
erhörter Affront. Der König war in einer wenig beneidenswerten Lage. Das Parlament
stand ihm mit großem Misstrauen gegenüber. Die konstitutionelle Autorität des Königs
sollte begrenzt werden, um Parlament und Untertanen zu schützen. Gleichzeitig musste
aber die Kirche wieder aufgerichtet werden. Im Februar 1641 einigten sich die Parlamentarier auf einen „Triennial Act", der die Einberufung des Parlaments alle drei Jahre vorsah.
Im Mai folgte ein weiterer Schritt. Es wurde dem König untersagt, das „Lange Parlament"
aufzulösen. Karl stimmte zu. Doch die Leidenszeit hatte für ihn noch kein Ende. Das
Schiffsgeld – „ship money" – und der Entzug der Ritterwürde – „distraints of knight-
hood" – waren fortan illegal. Der Umfang der königlichen Wälder wurde genau festgelegt, und die „prerogative courts" der High Commission und der Star Chamber, des nur
dem König verantwortlichen Gerichtshofes, wurden aufgelöst.

Eigentlich waren die Aussichten friedlich. Doch am 23. Oktober kam es zur „Irish Rebellion": Tausende englische und schottische Neusiedler in Ulster wurden Opfer eines
irisch-katholischen Massakers. Gerüchte kursierten, nach denen der Papst den Aufstand
unterstützte. In dieser Situation mochte jedoch niemand dem König militärische Macht
in die Hände legen, zu groß war die Sorge, dass er sie missbrauchen würde. Die Führer
des „Langen Parlaments" (1640–1653 bzw. März 1660) diskutierten stattdessen die
„Grand Remonstrance" (1. 12. 1641). Sie war ein Katalog von Beschwerden und Forderungen (Selbstbezichtigung der Krone, Abhängigkeit der königlichen Beamten vom Parlament, Auflösung der Episkopalkirche, Oberbefehl über das Heer, Übernahme der Miliz)
und führte zu einer Spaltung des Parlaments, wie sie die Geschichte bisher noch nicht

kannte. Es bildeten sich unterschiedliche Gruppierungen, eine Fraktion der Royalisten („Cavaliers") und eine der Parlamentarier („Roundheads"). Vorrangig war es nun, die Armee der parlamentarischen Kontrolle zu unterwerfen und das Recht zu erwerben, Offiziere zu ernennen. Es gab Gerüchte, die einen Angriff des Königs auf das Parlament meldeten. Am 4. Januar 1642 begab sich Karl nach Westminster, um die gefährlichsten Parlamentsführer – John Pym, John Hampden, Sir Arthur Haselrig, William Strode und Denzil Holles – verhaften zu lassen. Mit diesem Verfassungsbruch verspielte er das letzte Vertrauen, das einige moderate Kräfte im Parlament noch in ihn gesetzt hatten. Karl flüchtete nach Norden und lehnte alle Vorschläge ab, die den Wünschen des Parlaments entsprachen. Von 1642 bis 1646 wurde Oxford die neue Residenz des Monarchen. Die Berater des Königs waren überzeugt, dass das Parlament keinen Mut für eine Rebellion habe. Politisch-religiöse Motive und die komplexen englisch-irisch-schottischen Verflechtungen lösten jedoch einen gewaltsamen Konflikt aus, der schließlich in den Bürgerkrieg mündete. Am 2. März rief das Parlament zur Verteidigung des Landes auf.

Karl I. regierte von 1629 bis 1640 ohne Parlament. Die Diskussion über die innere Konstitution des Landes nahm sechzig Jahre in Anspruch, von 1629 bis zu dem Zeitpunkt, als Jakob II. 1688 aus dem Land flüchtete. In dieser Zeit erlitt die Bevölkerung den Bürgerkrieg, sie beobachtete die Hinrichtung des Königs, sie verfolgte die Abschaffung des Oberhauses und erlebte erlöst die Restauration der Stuarts durch Karl II. Die Zeit jagte einen Schrecken nach dem anderen durchs Land. Am Ende stand eine konstitutionelle Monarchie. Das 17. Jahrhundert war *die* prägende Epoche in der Geschichte des Parlaments. Die politischen Wege waren verschlungen, doch ein Kern des Konflikts blieb die Frage, ob der König allein mit seinen Vorrechten – den Prärogativen – oder in abgeschwächter Form als „King in Parliament" die Souveränität vertrat. Die Lancashire-Herrscher und die Revolution Heinrichs VIII. hatten die Rolle des „King in Parliament" betont, während Eduard VI. und seine ältere Tochter Maria I. die entgegengesetzte Tendenz verkörperten. Elisabeth I. wiederum ließ das Parlament sprechen und begünstigte seine Arbeit. Am Ende der Regierungszeit Jakobs I. hatten sich viele parlamentarische Gepflogenheiten entwickelt: die Beratung einer Gesetzesvorlage in beiden Häusern in dreimaliger Lesung, das Recht der Festlegung der eigenen Geschäftsordnung, die Möglichkeit, im Oberhaus Stellvertreter abstimmen und Proteste in ein Protokollbuch eintragen zu lassen. Seit 1547 hatten die Commons zudem eine neue Wirkungsstätte erhalten, in der früheren Stephanskapelle des alten Palastes von Westminster. Der Speaker saß auf einem erhöhten Stuhl des alten Altars, für die Abgeordneten standen zwei gegenüberliegende Stuhlreihen bereit. Dieser Ort war für viele Jahrhunderte die Tagungsstätte – bis zum Brand von 1834. Im Prinzip wählten die Commons den Speaker, tatsächlich wählte ihn lange der König aus – bis zur Regentschaft Karls I. Dann entwickelte das Amt des Speakers seine eigene Stärke.[28]

Ab 1629 begann die Position des Monarchen zu bröckeln. Im Prinzip konnte er sich nur noch auf den „privy council", die Star Chamber und den High Commission Court verlassen. Was er früher an Einfluss besessen hatte, war in andere Hände übergegangen. Karls Herrschaft stand damit nicht auf schwankenden Pfeilern, aber er musste die Fakten anerkennen. Häufig beriet er sich mit William Laud, ab 1633 Erzbischof von Canterbury, und mit Sir Thomas Wentworth, dem Earl of Strafford, einem erklärten Royalisten, der den Commons oft genug widersprochen hatte. Doch hinter den Kulissen schwelten die Konflikte weiter. Der Konflikt zwischen Krone und Parlament, in der Forschung unterschiedlich akzentuiert, erfasste allmählich auch das kirchlich-religiöse Leben. Jakob I. hatte noch machtvoll verkünden können, dass der monarchische Staat das Höchste auf Erden sei. Für ihn wurde die Thronfolge durch göttliches Gesetz geregelt, Revolutionen waren Kainsmerkmale und hatten in seiner Lebensphilosophie keinen Platz. Karl I. konnte sich diese viel beschriebene Lebensweise nicht mehr leisten. Viele sahen ihn als frommen Mann mit künstlerischem Geschmack, doch im Zweifel siegte selten seine politische Urteilsfähigkeit. Er war unbeständig und überzeugte seine Umgebung nicht. Mit spektakulären Entscheidungen wartete er nicht auf. Der Monarchie war noch nicht das Rückgrat gebrochen, doch mit der Ausdehnung der Auseinandersetzung auf religiöse Fragen erhielt der schwelende Konflikt eine beachtliche Brisanz. Die Agitation und Ziele der Arminianer führten zu einer tief greifenden Polarisierung. Sollte es wirklich eine Kirche geben, die frei von parlamentarischen Einflüssen war? Die Arminianer wünschten sich dies.

Noch machte sich der König trotzig ans Werk. Doch die Jahre seiner Herrschaft lesen sich wie ein Katalog an Krisen, wie die Geschichte eines großen historischen Irrtums. Viele Konflikte gaben sich die Hand. Ein allmählicher Preisanstieg ab 1634 verärgerte und schwächte den Außenhandel, die Überseepolitik war nicht Karls Lieblingsbeschäftigung. Wer am Hof Bilanz zog, musste erkennen, dass die Einkünfte des Königs nicht mehr ausreichten, um den Lebensunterhalt zu decken. Die wirtschaftlichen Notlösungen waren für viele kein Ausdruck hoher Professionalität, sie verursachten Unfrieden. Außenpolitisch hatte Karl den Frieden auf seine Fahnen geschrieben, innenpolitisch war sein Hauptanliegen, neue Finanzquellen zu finden. Hier konnte er durchaus auf Erfolge zurückblicken. Der Monarch lebte von Zöllen, er untersagte die Ablehnung von Adelstiteln und gewährte Handelsmonopole. Außerdem machte er sich die Unterstützung der Armen zu Eigen, für sie waren die Jahre seiner Herrschaft ein Gewinn. Nach zeitgenössischen Quellen prägte relativer Wohlstand das Land. Dennoch wurden die politischen Gebilde immer brüchiger. Die zeitgeschichtlichen Dokumente spiegeln, dass unter Karl I. Einheit und Einheitlichkeit zunehmend zerfielen. Die Kolonisation von Ulster in Irland[29] trug zu dieser schlechten Großwetterlage bei, ebenso wie die schrillen Dissonanzen, die sich zwischen den schottischen Autoritäten und Karl entwickelten. Karl war allmählich auf der Talsohle seiner Reputation. Die Beziehung zwischen den drei Königreichen war nie unberührt von Kontroversen, doch nunmehr waren die Grundfesten bedroht.

Ulster war seit langem das irische Nervenzentrum. Dafür gab es politische wie kulturelle Gründe. In Ulster war der Stamm beheimatet, der für die Kolonisation Schottlands gekämpft hatte, Ulster war aber auch die Bühne für viele Epen. Es gehörte zu den Widerborstigkeiten der Geschichte, dass die Kolonisation nicht einseitig betrieben wurde, sondern auch von Schottland nach Irland. Dies hatte eine lange Geschichte. Dank englischem und schottischem Engagement entwickelte sich in Ulster eine neue Gesellschaft. Es wurde mehr und mehr zu einer protestantischen Hochburg. Die Beziehungen zwischen den Einheimischen waren alles andere als friedlich. Ausgleichsversuche scheiterten immer wieder, am Ende fiel die Bilanz vernichtend aus, alle Gruppen opponierten nun gegen den König von England. Auch in Schottland wurde über ähnliche Ereignisse geschrieben. Zum Porträt Jakobs I. gehörte, dass er immer eine vollständige Union der drei Länder gewünscht hatte – unter der Herrschaft eines absoluten Monarchen in Verbindung mit einer protestantischen Episkopalkirche. Karl I. konnte von solchen Verhältnissen noch nicht einmal mehr träumen. Er provozierte den Widerstand des schottischen Adels und der Geistlichkeit des Landes. Doch die Krise erreichte ihren Höhepunkt, als Krone und Parlament in England, Irland und Schottland jeweils um Unterstützung nachsuchten. Dass Karl darüber hinaus missliebige Personen und Gegner im Parlament verhaften ließ, stärkte seine Position nicht. Aus diesem zähen Dickicht entwickelte sich eine Revolution, ein Konflikt, der aus finanziellen, religiösen und verfassungspolitischen Fragen resultierte. Die Inkubationszeit war lang, das Parlament tat sich mit der königlichen Ratio schwer, am Ende stand die Spaltung des Unterhauses. Der Historiker ist auf Schätzungen angewiesen. Vermutlich standen zwei Drittel des Oberhauses und ein Drittel des Unterhauses auf der Seite des Königs. Die so genannten 'Kavaliere' (spätere Tories) lebten von der Unterstützung der Grundbesitzeraristokratie, die 'Rundköpfe' (spätere Whigs) dagegen speisten ihre Kraft aus dem Überseehandel und der Wirtschaft. Niemand mochte in dieser Situation einen Wechsel auf die Zukunft des Landes ausstellen. Geographisch gesprochen unterstützten der Norden und Westen den König, der Süden und Osten stellten sich hinter das Parlament. London stimmte überwiegend gegen den König.

Bürgerkrieg und Revolution

1642 begann der Bürgerkrieg.[30] Niemand hatte ihn gewollt. Für alle Beteiligten waren die Gefahren des Krieges groß. Die Fiktion der Parlamentarier war, dass sie für die Sicherheit des Königs kämpften, während die Fraktion des Königs sich dem Glauben verschrieb, gegen eine Rebellion anzugehen. Der größte Teil der Nation hielt sich von den Auseinandersetzungen fern, die meisten hofften, dass die Kämpfe nur von kurzer Dauer sein würden. Das Parlament beherrschte London und die Marine. Der König stützte sich überwiegend auf die Aristokratie. Die erste Konfrontation fand bei Edgehill (1642) statt. Die Soldaten des Königs besiegten die Truppen der Parlamentarier. Bei Brentford in der Nähe von London kam es im selben Jahr zu einer weiteren Auseinandersetzung, die Soldaten des Parlaments entgingen nur knapp der Niederlage. In den folgenden zwei Jahren ruhte der Krieg fast. Das Parlament war sich über seine Ziele uneins. Eine Gruppe glaubte, dass nur die Erfahrung einer militärischen Niederlage den König veranlassen könne, mit dem Parlament vertrauenswürdig umzugehen. Eine andere Gruppe hielt dem entgegen, dass ein langer Krieg den Widerstand des Königs nur erhärten werde. In dieser Situation nahm John Pym, ein Freisasse, ein Yeoman aus Somerset, eine Schlüsselrolle ein. Er war moderat und vermittelte zwischen beiden Gruppen. Pym verfolgte eine doppelte Strategie. Zum einen befürwortete er die so genannte Oxford Proposition für Frieden, auf der anderen Seite unterstützte er alle Maßnahmen, die die Armee finanziell stärkten.

1643 nahmen die Feindseligkeiten wieder zu. Karl gelang es, irische Truppen nach England zu bringen, während sich das Parlament an die Schotten wandte, die eine Armee schickten – gegen religiöse Zugeständnisse. Bei Marston Moor mussten die Royalisten 1644 eine Niederlage hinnehmen. Doch die Allianz zwischen schottischen Presbyterianern und englischen Independenten war nur von kurzer Dauer. Die Folge waren Niederlagen bei Lostwithiel (1644) und Newbury (1644). Das Parlament rief eine neue Armee ins Leben, die „New Model Army". Ihr Anführer war Sir Thomas Fairfax, ihre Kavallerie wurde von Cromwell befehligt. Obwohl niemand dieser neuen Armee viel zutraute, fügte sie den Royalisten in der Schlacht von Naseby am 14. Juni 1645 eine entscheidende Niederlage zu. Die Armeen des Königs standen vor der Auflösung. Der Monarch ergab sich den Schotten. Der Krieg hatte die Zwistigkeiten im Parlament, vor allem die Unterschiede zwischen Presbyterianern und Independenten, lange überdeckt. Als die Schlacht geschlagen war, brachen die Gegensätze von neuem auf. Zu einem Mann der Stunde wurde Denzil Holles. Er erwirkte eine große finanzielle Anleihe von der Stadt London und befreite damit den König aus den Händen der Schotten. Seine Absicht war, die wesentlichen Meinungsunterschiede zwischen König und Parlament zu beseitigen – durch Auflösung der Armee, Aufhebung der Meinungsverschiedenheiten über die Kirche, das Militär und die Rebellion in Irland. Ihm stand Sir Henry Vane der Jüngere gegenüber, gemeinsam mit Cromwell. Beide forderten Toleranz für die Independenten und lehnten eine Auflösung der Armee ab, bevor der König nicht einem Übereinkommen zugestimmt hatte. Beide Gruppen hatten die Rechnung allerdings ohne die allgemeine Kriegsmüdigkeit gemacht.

Im Januar 1647 befand sich Karl wieder in englischen Händen, und Holles startete seine Initiative. Doch das Militär widersetzte sich Holles' Plänen, im August desselben Jahres musste er aus London fliehen. Die Intervention der Armee machte den Bürgerkrieg zu einer Revolution.[31] Bisher hatte das Parlament für sich die fundamentale Autorität beansprucht, 1647 änderte sich die Situation. Die Uneinigkeit im Parlament schien es selbst reformbedürftig zu machen. Karl wandte sich an Cromwell, um ihn zu einer Restauration zu bewegen. Doch die Soldaten hatten nicht allein das Sagen. Sie mussten den so genannten Level(l)ers Rechnung tragen, die John Lilburne anführte. Ihm lag an einem neuen Übereinkommen zwischen Herrschern und Beherrschten, dem „Agreement of the People" (1647). Die Level(l)ers verlangten eine Reform des Parlaments durch allgemeine Wahlen, und sie forderten eine großzügige Regelung der kirchlichen Konflikte. Unruhen in der Armee zwangen Fairfax und Cromwell, die militärische Disziplin wieder herzustellen, Karls Aktivitäten führten 1648 zum Zweiten Bürgerkrieg. Fairfax besiegte die Anhänger des Königs in Colchester (1648), Cromwell warf die Schotten in der Schlacht von Preston (1648) nieder.

Der erneute Krieg verbitterte alle Seiten. Vor allem die Armee war jetzt nicht mehr zu einem Entgegenkommen bereit. Und Karl war nicht mehr ein Mann, zu dem es keine Alternativen gab. Einige Parlamentarier glaubten noch daran, den König zum Einlenken

Hinrichtung Karls I. am 30. Januar 1649 vor der Residenz Whitehall in London.
Germanisches Nationalmuseum Nürnberg.

bewegen zu können. Die Militärs reagierten mit Unverständnis. Als sich neue Verhandlungen mit dem König anbahnten, stürmten am 6. Dezember 1648 Truppen das Parlament. 45 Mitglieder wurden verhaftet, 186 fern gehalten. Was blieb, war ein Rumpfparlament mit ungefähr 75 Parlamentariern. Sie erhielten die Aufgabe, eine Anklage gegen den König vorzubereiten. Das Verfahren fand Ende Januar statt. Die Anklage wegen Hochverrats und anderer Verbrechen mochte der politischen Berechtigung nicht entbehren, die rechtliche Legitimation für das Verfahren war indes problematisch. Am 27. Januar wurde das Todesurteil verlesen, am 30. Januar 1649 wurde der König enthauptet.

Die Hinrichtung löste in ganz Europa Empörung aus. Königsmord galt als eines der schlimmsten Verbrechen. In „Tenure of Kings and Magistrates" (1649) versuchte John Milton vergeblich, die Hinrichtung des Königs zu rechtfertigen. Im Mai 1649 konstituierte sich die neue Regierung. Die politische Macht lag in den Händen eines Staatsrats, des

Rumpfparlaments und der Armee. Die Militärs ließen sich ihren Einfluss in der Regierung nicht mehr nehmen. Doch zunächst hatten sie die Aufgabe, in Irland für Frieden zu
sorgen. 1649 besiegte Cromwell dort die Royalisten. Eine neue Herausforderung ergab
sich 1650, als Karl II. in Schottland landete, zum König erklärt wurde und eine beträchtliche Armee um sich scharte. Doch wieder siegte Cromwell, dieses Mal bei Dunbar
(1650). Der Krieg zog sich noch ein weiteres Jahr hin. 1651 warf der Armeeführer die
Schotten bei Worcester nieder, nur knapp rettete Karl II. sein Leben. Es folgten weitere
Siege gegen Schotten, Iren und Holländer, die neue Herrschaft in England wurde zu einer
gefürchteten Macht. Innere Reformen blieben allerdings auf der Strecke. Das galt allemal
für religiöse Probleme. Niemand sprach über Wahlrechtsreformen, die die Armee einmal
gefordert hatte. Im April 1653 löste Cromwell das Parlament auf. Es wurde durch eine
Versammlung ersetzt, die im Wesentlichen aus Militärs bestand. Aber auch dieses 'Parlament' kapitulierte vor den anstehenden Aufgaben, löste sich selbst auf und legte die
gesamte Macht in die Hände von Cromwell und der Armee.

Im Kern hatten sich die verschiedenen Gruppen im 'Parlament' selbst gelähmt. Die Republikaner, wie Sir Henry Vane, wünschten sich eine Regierung nach römischem Vorbild.
Sie waren stolz auf die Leistungen des Commonwealth. Doch die meisten entwarfen Visionen. Einige waren soziale Reformer, die sich in Surrey um Gerrard Winstanley und
William Everard scharten. Sie stützten sich auf 'Kommunisten', die Diggers („True
Level[l]ers") genannt wurden, und forderten, dass das Land den Armen zugewiesen werden sollte. Andere, die „Ranters", glaubten, dass sie durch den Heiligen Geist erleuchtet
seien; Quäker schürten die Konflikte durch ihren religiösen Radikalismus.

1653 wurde die erste britische Verfassung ins Leben gerufen. John Lambert war ihr Ur-
heber. Fortan gab es einen Lord Protektor, Cromwell, einen Staatsrat („Council of State")
und ein Parlament, das mindestens alle drei Jahre gewählt werden sollte. Jetzt nahm
Cromwell viele Probleme in die Hand. Es wurden Kommissionen eingesetzt, die Reformen vorbereiten sollten. Doch das neue Parlament von 1654 stellte wieder alles in Frage.
Und auch die Rolle des Lord Protektor war umstritten. Das Parlament von 1656 spiegelte
die allgemeine Unzufriedenheit. Und mancherorts ließen sich wieder Royalisten entdecken. Cromwell schien der Einzige zu sein, der das Regime zusammenhielt. Die Widersprüche der Zeit spiegelten sich in seiner Person. Er pflegte religiöse Visionen. Cromwell
respektierte das Parlament, war aber auch ein Mann der Macht. Die Krone hatte er immer
wieder abgelehnt. Als er 1658 starb, starben mit ihm die Hoffnungen auf Reformen. Richard Cromwell, sein Sohn, war ihm nicht ebenbürtig. Am Ende kapitulierte er vor den
Aufgaben und legte sein Amt einfach nieder. Die Folge war ein neues Rumpfparlament.

Das Urteil über Werk und Persönlichkeit des Lord Protektors fiel immer wieder kontrovers aus. Cromwell dachte und handelte in nationalen Kategorien,[32] und er trug seinen
Teil dazu bei, dass England Großmacht wurde. Gewissensfreiheit war für ihn kein Fremdwort, obwohl er oft genug in selbstherrlichen Zügen das Land beherrschte. Der Lordprotektor war kein Mann der Toleranz, Katholiken und Anglikaner fanden bei ihm kein Verständnis. Sein Ziel war eine puritanische Kirche, sie sollte aber im Grunde allen einen
Platz bieten. Dabei konnte er im Alltag durchaus ein Auge zudrücken. Sein Großmut

schloss bisweilen Sekten ein. Mit seinem Namen verband sich ein beachtlicher militärischer und politischer Erfolg, er stand aber auch für Nonkonformismus, den Historiker nicht allein als Folge seines imperialen Engagements interpretieren. Ehrgeiz und Ruhmsucht gehörten zu seinen Eigenschaften, und die Religion hatte in seinem Leben einen beachtlichen Stellenwert. Hin und wieder schien er der „Vorsehung" zu folgen und ignorierte die Ansprüche der Vernunft. Manche Alltagserlebnisse interpretierte er als göttliche Fügung, häufig deutete er Geschehnisse in religiösem Sinne. Viele seiner Eigenschaften stießen hart aufeinander, am Ende stehen Ambivalenzen und Widersprüche. Zeitgenossen waren an seine Sprunghaftigkeit gewöhnt, und es fiel ihnen eingestandenermaßen schwer, seine Gedanken zu prognostizieren. Auch die Hinrichtung Karls I. war wohl kein rationales Kalkül, das lange geplant worden war. Es scheint, als ob der König das Opfer einer ungünstigen Stimmung war, die Cromwell erfasst hatte. Cromwell dachte selten in großen Schachzügen. Kenner warnen davor, seinen Äußerungen zu viel Berechnung zu unterstellen. Sicher hatte er den Ehrgeiz, in die Geschichtsbücher einzugehen, und er tat alles, um zu seinen Lebzeiten Anarchie und Chaos zu vermeiden. Häufig genug verbanden sich seine Einsichten in Krisen mit einem Sendungsbewusstsein, das religiösen Quellen entsprang. Der Lordprotektor wollte einem „auserwählten Volk" dienen, Gewalt war dabei nicht immer erforderlich, wohl aber ein religiöser Impetus, der ihn zeitlebens begleitete. Als Nachfolger wählte er seinen Sohn. Richard stützte sich auf seine Berater, vor allem auf General George Monck, der an das „Lange Parlament" appellierte, bald wieder Wahlen abhalten zu lassen. Monck rechnete mit der Restauration und folglich mit dem Ende der Republik. Um 1660 war offensichtlich die Erkenntnis in dem allgemeinen Bewusstsein verankert, dass Gewalt und Radikalität ausgedient hatten. Die Restauration wurde nicht vom Schicksal angespült, sondern eher vom moderaten Puritanismus ermöglicht.

Doch ohne Geld war eine Regierung arbeitsunfähig. Die City war zurückhaltend. Vor allem dachte sie an die Auflösung der Armee, die Soldaten wiederum verlangten die Erfüllung ihrer materiellen Forderungen. Erschwerend kam hinzu, dass die Armee keine Einheit mehr darstellte und ein dissonanter Chor von Forderungen zu hören war. Die stärkste Macht konzentrierte sich in Schottland unter der Führung von George Monck, einem Soldaten mit einer schillernden Karriere. Immerhin war er in seiner Vergangenheit auch Royalist gewesen. Monck wurde aktiv, als das Rumpfparlament aufgelöst werden sollte. Als er in London eintraf, kam er zu dem Schluss, dass dieser Institution alle Möglichkeiten fehlten, der Schwierigkeiten Herr zu werden. Monck plädierte für die Restauration Karls II. Er machte die „Pride's Purge"[33] rückgängig und lud alle Mitglieder des „Langen Parlaments" ein, ihre alten Plätze wieder einzunehmen. Nach einem Monat löste sich das „Lange Parlament" auf, um der Monarchie einen Neuanfang zu ermöglichen.

2. Die junge Vormacht in Europa

1572 bis 1631: John Donne, „The Litany" (1609), „Anniversaries" (1611/12)

1608 bis 1674: John Milton, „Paradise Lost" (1667)

1611 „King James Version" der Bibel

1628 bis 1688: John Bunyan, „The Pilgrim's Progress" (1678)

1631 bis 1700: John Dryden, „Annus Mirabilis" (1667)

1660 Restauration der Stuarts: 21. Februar: Zusammentritt des Langen Parlaments in der Form von 1648 – 16. März: Selbstauflösung des Parlaments – 25. April: Eröffnung des Konventionsparlaments – 29. Mai: Einzug Karls II. in London – John Dryden: „Astraea Redux"

1660 bis 1685: Karl II.

1660 bis 1731: Daniel Defoe, „Robinson Crusoe" (1719)

1667 bis 1745: Jonathan Swift, „Gulliver's Travels" (1726)

1667 Thomas Sprat: „History of the Royal Society of London"

1673 Testakte

1679 bis 1681: Exclusion Crisis – Spaltung des Parlaments in Whigs und Tories. Whigs fordern Ausschluss des katholischen Jakob von der Thronfolge.
      12. Juli 1679: Habeas-Corpus-Amendment-Act

1685 bis 1688: Jakob II. – Rekatholisierung

1688 bis 1689: „Glorreiche Revolution": 15. November: Landung Wilhelms von Oranien in England – 22. Dezember: Flucht des Königs nach Frankreich
      Sir George Savile: „The Character of a Trimmer"

1688 bis 1744: Alexander Pope, „Essay on Criticism" (1711)

1689 Januar: Declaration of Rights
      13. Februar: Thronbesteigung Wilhelms III. und seiner Frau Maria II. – protestantisch-freiheitliche Entwicklung
      23. Oktober: Bill of Rights

1689 bis 1702: Wilhelm von Oranien

1689 bis 1761: Samuel Richardson, „Pamela" (1740–41)

1694 Gründung der Bank von England

1701 Act of Settlement

1702 bis 1714: Anna, Tochter Jakobs II.

1707 Union von England und Schottland: Großbritannien

1707 bis 1754: Henry Fielding, „Tom Jones" (1749)

1709 bis 1711: The Tatler, Zeitschrift

1711 bis 1712: The Spectator, Zeitschrift

1713 Friede von Utrecht

1713   bis 1768: Laurence Sterne, „Tristram Shandy" (1760–67)
1714   bis 1727: Georg I.
1716   Septennial Act
1721   bis 1742: Robert Walpole 'Premierminister'
1727   bis 1760: Georg II.
1724   Gilbert Burnet: „History of My Own Time"
1756   William Pitt der Ältere übernimmt Außenpolitik.
1756   bis 1763: Siebenjähriger Krieg
1760   bis 1820: Georg III.
1763   Friede von Paris: Großbritannien ist Weltmacht.
1776   Adam Smith: „An Inquiry into the Nature and Causes of the Wealth of Nations"

Die Restauration der Stuarts (1660)

Der dreißigste Geburtstag war für Karl II. ein besonderes Ereignis. An diesem Tag traf er in London ein und profitierte schnell von seinem politischen Realismus, den ihm der Alltag abforderte. Karl hatte bereits im April die Deklaration von Breda verkündet. Er machte jedem Zugeständnisse, stellte eine allgemeine Amnestie in Aussicht, versprach religiöse Toleranz und garantierte die Sicherheit des Privateigentums. Dass es schwer war, diese Versprechungen zu erfüllen, war ihm indes klar. Die Realisierung überließ er dem „Convention Parliament" von 1660, das sich durch religiöse Rivalität und politische Konfrontation auszeichnete. Das Parlament machte Nägel mit Köpfen. Zunächst proklamierte es die Restauration des Königs und der Lords. Die Armee wurde aufgelöst, für den König ein festes Einkommen fixiert, die in der Vergangenheit beschlagnahmten Güter wurden König und Bischöfen zurückgegeben. Doch in religiösen Fragen scheiterten alle Hoffnungen. Das Parlament schlug keine Schneise in die Glaubenskämpfe. Die von Karl in Aussicht gestellte Toleranz wurde Opfer vieler Extremisten. Das „Cavalier Parlament" (1661–79) gab einer „Anglican orthodoxy" den Vorzug. Es gab ein neues Gebetbuch, aber auch repressive Maßnahmen, die Konformität erzwangen. In manchen Bereichen wurde die Freiheit erneut eingeschränkt, Gewalt zog in das Alltagsleben ein. Der König forderte und erhielt in der Kirche die Vorherrschaft. Wieder litten die Menschen unter einer verschärften staatskirchlichen Bevormundung. Es gab wenig Chancen, in den religiösen Konflikten die tiefer liegenden Ursachen politischer Unzufriedenheit auszumachen und zu entfernen.

England war zu einer einflussreichen Macht geworden.[1] Die Zahl der englischen Einflussgebiete war gewachsen, der nordamerikanische Handel ließ nichts zu wünschen übrig, Frankreich und Spanien waren in ihre Schranken gewiesen worden. England, anfänglich an Kolonien nicht interessiert, entwickelte einen beachtlichen Kolonialhandel, der reiche Einnahmen bescherte. Karl gab sich als Traditionalist. Er setzte die erfolgreichen Methoden Cromwells fort und erlaubte den Handel nur mit englischen Schiffen. Importe und Exporte waren mit Zöllen belastet. Die Navigation Acts von 1660/63 machten Holland schwer zu schaffen. Neue Kriege mit Holland (1665–67; 1672–74) brachten militärisch wenig, wirtschaftlich indes waren sie erfolgreich. Aus Neu-Amsterdam wurde New York, die Navigation Acts bildeten eine unwidersprochene Erfolgsgeschichte. Kolonialer Handel und „English shipping" gingen Hand in Hand und zeitigten ein ungeheures wirtschaftliches Plus.

Karl verschrieb sich einer aggressiven Außenpolitik, die die finanzielle Krise der Krone langfristig aufhob. Kurzfristig sahen die Zeitgenossen das aber nicht so. Die „London plague" (1665) und das große Feuer (1666) nährten Skepsis und wurden von vielen als religiöse Strafe interpretiert. Die Katastrophe nahm ihren Lauf, als es den Holländern gelang, einen großen Teil der britischen Flotte 1667 zu vernichten. Der Lord Chancellor, Edward Hyde, 1st Earl of Clarendon, wurde sofort entlassen, eine Erleichterung war das aber nicht. Der König regierte nun mit der so genannten „Cabal", sie war das Anagramm der ersten Buchstaben der neuen Minister. Zwei von ihnen waren römisch-katholisch, keiner anglikanisch, der König wünschte Frieden und Toleranz. Das galt jetzt auch für die Außenpolitik. Im Vertrag von Dover (1670) schloss er sich mit dem katholischen Frankreich zusammen, um das protestantische Holland niederzuringen. Ludwig XIV. winkte mit finanziellen Unterstützungen und sicherte in geheimen Bestimmungen weitere Summen zu, wenn Karl katholisch werden würde. Karl hob die Strafbestimmungen auf, verkündete 1672 eine Declaration of Indulgence und gab sich tolerant gegen alle religiösen Nonkonformisten. Doch der Alltag zeigte, dass Katholiken und Dissenter nicht bereit waren, Hand in Hand zu gehen. Der König stand einer großen protestantischen Front gegenüber. Die Anglikaner wollten im Parlament nur dann Geld bewilligen, wenn die Declaration aufgehoben würde. Nach dem erzwungenen Test Act von 1673 war es dann nur Anglikanern möglich, öffentliche Ämter zu bekleiden. Katholiken und Dissenter mochten einen Schwur auf das anglikanische Bekenntnis nicht leisten.

Ein erfundener „popish plot" (1678), der weithin geglaubt wurde, unterstellte den Jesuiten, dass sie die Ermordung König Karls II. planten, um seinem katholischen Bruder auf den Thron zu helfen. Der 'Anschlag' versetzte große Teile der Gesellschaft in Aufregung und hatte zahlreiche Folgen. 1679 fand sich das Parlament wieder zusammen und diskutierte einen Gesetzesantrag, der den Duke of York in der Zukunft als Thronfolger ausschließen sollte. Diese Forderung löste eine politische Krise aus, die ihresgleichen suchte und in den Augen vieler nur noch in der Revolution eine Parallele hatte. Doch Karl blieb besonnen und übte Druck auf die Initiatoren des Antrags aus, ohne Erfolg. Zu seiner Verärgerung wurde die „Exclusion Bill" im Parlament angenommen. Mit ihr wollten die Whigs den Ausschluss – „exclusion" – von Jakob, dem katholischen Bruder Karls II., von der Thronfolge bewirken. Karl zog die Notbremse, löste das Parlament auf und verordnete Neuwahlen. Aber auch dieser Schachzug blieb ohne den gewünschten Erfolg, das zweite „Exclusion Parliament" stimmte wie das erste und empfahl, die Tochter Jakobs von York, Maria, und Wilhelm III. von Oranien – beide seit 1677 miteinander verheiratet – als Thronfolger einzusetzen. Die Lords weigerten sich. Karl löste das Parlament wieder auf und wandte sich an die Bevölkerung, um Unterstützung zu erbitten. Das nächste Parlament folgte dem Weg seiner Vorgänger. Der König machte kurzen Prozess, löste das Oxford-Parlament wieder auf und wandte sich erneut an die Bevölkerung, um am Ende doch noch als Sieger dazustehen. Die Bevölkerung fürchtete sich mehr vor republikanischer Anarchie als vor dem Monarchen.

Ludwig XIV. verfolgte die Ereignisse in England sehr genau, auch er lehnte eine „exclusion" ab und stellte große Summen bereit, um dem englischen Monarchen zur Seite zu stehen. Darüber hinaus gab er den Rat, entschlossen gegen die Whigs vorzugehen. Karl griff rigoros durch, reorganisierte die Institutionen, förderte überall seine Anhänger, die Tories, und schreckte vor Hinrichtungen nicht zurück, wenn es galt, seine Position zu festigen. Karl verzichtete darauf, 1684 das Parlament einzuberufen, nach dem Triennial Act wäre dies seine Pflicht gewesen. Der König fühlte sich in seiner Machtbefugnis unumschränkt, er verzichtete auf die Unterstützung des Parlaments, festigte seine Herrschaft mit einer genügenden Zahl an Tories und errichtete ein stabiles Fundament auf lokaler und nationaler Ebene. Karl starb 1685 auf dem Höhepunkt seiner Macht.

Sein Bruder Jakob II. folgte ihm auf den Thron. Er war für die Bevölkerung weitaus leichter einzuschätzen. Er begünstigte keine gesellschaftlichen Gruppierungen, förderte weder Absolutismus noch Katholizismus und stellte Garantien für die Aufrechterhaltung der anglikanischen Kirche in Aussicht. Die Testakte war ihm zudem ein Dorn im Auge. Als er den Thron bestieg, konnte er sicher sein, dass große Teile der Bevölkerung und der herrschenden Elite ihm zunächst zur Seite stehen würden. Das Parlament von 1685 erwies sich als „royalist", es sicherte dem König ein lebenslanges Einkommen („revenues for life") und zeigte sich mit militärischer Hilfe großzügig, um eine schnelle Niederschlagung der Monmouth-Rebellion von 1685 zu ermöglichen. James Scott, Duke of Monmouth, war ein illegitimer Sohn Karls II. Der Duke versuchte, die Königswürde an sich zu reißen. Tatsächlich fand er Unterstützung bei Händlern und Farmern, doch die Rebellion löste sich in nichts auf, weil er die Stärke der lokalen Gentry verkannt und ihre Weigerung, an einem Bürgerkrieg teilzunehmen, nicht vorausgesehen hatte. Der Duke wurde gefangen genommen und geköpft. Jakob hob rasch den Test Act auf und ermöglichte auch Katholiken ein militärisches Kommando. Das Parlament verfolgte dies mit Argwohn, doch Jakob machte unmissverständlich klar, dass die Katholiken in Zukunft bei ihm Unterstützung finden würden.

Die „Glorious Revolution" (1688/89)

Jakob wusste, dass er ein hohes Maß an Verantwortung schulterte. Die Vorwürfe gegen seine Herrschaft wogen schwer, die Krise nahm an Brisanz zu und wurde durch zwei miteinander verwobene Ereignisse verschärft. Zum einen weigerten sich sieben Bischöfe, in ihren Kirchen die Declaration of Indulgence (April 1688) publik zu machen. Der König war empört, sperrte die Bischöfe kurzerhand ein und sprach von Verrat. Doch schlimmer noch war in den Augen vieler, dass Königin Maria im Juni 1688 einen männlichen Erben gebar, der ein katholischer Thronerbe werden konnte. Unerwarteten Widerstand setzte dem Monarchen ein Londoner Gericht entgegen. Es sprach die Bischöfe frei. Diese Entscheidung empfanden die Führer der politischen Gruppierungen im Staat als Signal für einen Aufbruch und als Protest. Die Folge war eine sorgfältig formulierte Einladung (30. 6. 1688) an Wilhelm III. von Oranien, sich nach England zu begeben und die Umstände der Geburt des königlichen Erben zu untersuchen. Jetzt gab es nichts mehr zu verschleiern, die Protestanten hatten einen ausländischen Prinzen eingeladen, in England das Zepter in die Hand zu nehmen. Wilhelm griff entschlossen nach dieser lang erwarteten Offerte. Sie bot die Möglichkeit, eine große Allianz gegen Ludwig XIV. zu bilden. England war in seinen Augen ein willkommener Verbündeter. Ganz Europa rechnete im Sommer 1688 mit dem Krieg, nachdem Frankreich in die Pfalz eingefallen war; Jakob, so schien es, verfügte noch über ausreichend Kräfte, um einem Gegner vom Kontinent Widerstand zu bieten.[2] In kurzer Zeit bildete sich gegen Frankreich eine große europäische Koalition (Pfälzischer Krieg, 1688–1697). Am 19. Oktober brach Wilhelm auf, er besetzte Exeter und ließ erklären, dass er die Wahl eines freien Parlaments wünschte. Um Unterstützung brauchte er sich nicht zu sorgen. Für die anglikanischen Interessen war er ein magnetischer Pol. Jakob musste erkennen, dass das Land seinen Gesetzen nicht mehr gehorchte, auf die Armee war kein Verlass mehr. Viele Tories gaben sich der Illusion hin, dass die veränderte Lage den König dazu bewegen könne, seine Einstellung zu ändern. Die Whigs waren überzeugt, dass ein freies Parlament den Monarchen in die Schranken weisen würde. Als Jakob die Metropole verließ, nährte er in der Bevölkerung die Furcht vor einer militärischen Auseinandersetzung. Doch der Verlauf der Dinge überraschte alle. Jakob gab jede Disziplin auf. Aus Sicherheitsgründen schickte er seine Familienmitglieder nach Frankreich. Schließlich gab er alles verloren, folgte der Familie und schleuderte das „Great Seal" in die Themse. Als er Wilhelms Soldaten in die Hände lief, ließ dieser ihn entfliehen. Ende des Jahres traf der ausländische Prinz in London ein, er suchte die Unterstützung von Peers und Bischöfen und berief schleunigst ein neues Parlament.[3]

Dieses „Convention Parliament", also die aus eigenem Recht einberufene und nicht vom König initiierte Versammlung, stand vor keiner leichten Aufgabe. Im Grunde war es aufgefordert, die Thronfolge zu entscheiden und zu legitimieren. Es gab noch genügend Tories, die in Jakob den eigentlichen König sahen. Einige waren bereit, sich mit Wilhelm III. als 'königlichem Stellvertreter' („regent") abzufinden, andere wollten Maria als Königin und in Wilhelm lediglich den Prinzgemahl („consort") sehen. Doch mit Zweideutigkeiten mochte sich niemand abfinden. Wilhelm war fest entschlossen, König „in his own right"[4] zu werden. Im Februar schließlich hatten seine Aktionen Erfolg. Das Parlament erklärte, dass Jakob abgedankt habe und der Thron damit vakant sei. Wilhelm und Maria wurde eine Declaration of Rights vorgelegt, die alte Rechte bekräftigte. Ferner wurde eine stehende Armee in Friedenszeiten für illegal erklärt. Weitere Bestimmungen regelten die Freiheit der Rede, freie Wahlen und „frequent Parliaments".

In ihrem Kern war die Revolution von 1688 eine Verfassungskrise, die auf eine gesetzgeberische Lösung wartete. Eine Antwort gab 1689 die Bill of Rights – „An Act Declaring The Rights And Liberties Of The Subject And Settling The Succession Of The Crown"[5]. Ihre wesentliche Bestimmung war, dass nur ein Protestant König von England werden dürfe. Folglich forderte der Krönungseid den Monarchen dazu auf, dem Protestantismus treu zu bleiben und entsprechende Traditionen, Statute und Gesetze aufrechtzuerhalten.

Die Bill sollte keine neuen Prinzipien einführen, sondern das bestehende Gesetz präzisieren. Gleichwohl knüpfte sie ein engeres Band zwischen Monarch und Parlament und schützte vor willkürlicher Herrschaft. Danach durfte der König keine Gesetze mehr aufheben, nicht willkürlich Steuern auferlegen oder ein stehendes Heer in Friedenszeiten aufrechterhalten – ohne parlamentarische Zustimmung. Die Bill schrieb Wahl- und Redefreiheit fest, schuf aber keine Demokratie oder Parlamentssouveränität im modernen Sinne. Der König verfügte noch über weit reichende Rechte, Nobilität und Gentry hatten die politische Gewalt in ihren Händen. Wenig später legte ein Triennial Act (1694) fest, dass regelmäßig parlamentarische Sitzungen abgehalten werden mussten. Nicht weniger wichtig war der Mutiny Act (1689), der die Kontrolle des Monarchen über das Militär definierte und beschränkte. Der Toleration Act (24. Mai 1689), die vorläufig letzte Bestimmung, verbreitete allenthalben Enttäuschung. Denn die anglikanische Kirche hielt an ihren Rechten fest, die Dissenters mochten ihre Ansichten nicht aufgeben. Im Prinzip gestattete der Toleration Act jede Form der „protestant worship". Ausgenommen von dieser Regelung waren lediglich Katholiken und Juden.

Als Wilhelm III. nach England kam, bestand sein primäres Interesse darin, seine kontinentalen Ziele zu fördern und Frankreich in die Schranken zu verweisen. Er glaubte, in England einen entsprechenden Bundesgenossen gefunden zu haben bzw. einen, der es werden könnte. Doch die Zukunft belehrte ihn eines Besseren. In den ersten Jahren plagten ihn konstitutionelle Probleme, der politische Alltag und die Konflikte mit und zwischen Whigs und Tories beanspruchten einen beträchtlichen Teil seiner Aufmerksamkeit und Zeit. Schließlich machte er die Erfahrung, dass es keine Selbstverständlichkeit war, auf diesem Thron zu sitzen. Völlig unangefochten blieb auch er nicht. 1690 traf Jakob II. mit französischer Rückendeckung und Unterstützung in Irland ein, dort besiegte er die sich ihm entgegenstellenden protestantischen Kräfte. Wilhelm stellte sich an die Spitze seiner Armee und schlug die gegnerischen Truppen in der Schlacht am Boyne (1690). Das Parlament bestand auf einer durchgreifenden Lösung. Nachsicht gegenüber irischen Katholiken hielt es für fehl am Platz. Es setzte sich der Eindruck fest, so lange Bestandteil eines kontinentalen Konfliktes zu sein, wie die Franzosen den alten König unterstützten. In dem „Nine Years' War" (1688–97; Pfälzischer Krieg) stellte sich das Parlament hinter seinen König, doch der Konflikt war alles in allem sehr verlustreich. Die französische Flotte fügte den englisch-holländischen Kräften eine Niederlage nach der anderen zu und schädigte massiv die englische Handelsschifffahrt.

Die finanziellen Aufwendungen für den Krieg nahmen gigantische Ausmaße an. Zwischen 1688 und 1702 erreichten die Schulden eine Höhe von 14 Millionen Pfund, die durch die neu gegründete Bank von England (1694)[6] finanziert wurden. Diese Gründung ging auf eine Initiative der Whigs zurück, denen an enger Kooperation mit den Kaufleuten lag. Ihre wirtschaftliche Macht verhalf ihnen zu politischem Einfluss. Whigs waren Mitglieder der Regierung, und nach einem versuchten Mordanschlag auf den König (1696) erzwangen sie einen Eid, nach dem Wilhelm der einzige rechtmäßige und gesetzliche König sei. Die Tories waren empört, legten zum Teil ihr Amt nieder, da sie diesen Eid nicht ablegen wollten. Der „Nine Years' War" endete 1697 mit dem Vertrag von Rijswijk:

Ludwig XIV. erkannte Wilhelm als König von England an. Die unheilvolle Entwicklung hatte zu einer allgemeinen Kriegsmüdigkeit geführt. Die Bevölkerung hatte friedliche Regelungen im Sinn. Das galt auch für die Thronfolge. 1701 übertrug der „Act of Settlement" den Thron auf die „grandchildren" von Jakob I., also auf Sophie von Hannover und ihren Sohn Georg. Die Bestimmung sah vor, dass der neue Monarch Mitglied der anglikanischen Kirche sein müsse, sie schrieb vor, dass die Außenpolitik eine Domäne des Parlaments sei und die Innenpolitik vom „privy council" festgelegt werden müsse. Richter durften nicht mehr nach Belieben entlassen werden. Zwar wurde 1706 ein Teil dieser Bestimmungen widerrufen, doch es war gelungen, die Macht des Königs alles in allem einer stärkeren parlamentarischen Kontrolle zu unterwerfen.

Die Revolution von 1688 verlief vor allem deshalb friedlich, weil Jakob die Nerven verlor und dadurch eine Reihe von Konflikten vermied, die zweifellos auf das Land zugekommen wären. Die Legitimation für einen neuen Herrscher war durch diese Flucht allerdings noch nicht gegeben. Am Ende entschied sich das Parlament für die gemeinsame Herrschaft von Wilhelm und Maria. Dieser Lösung konnte nicht jeder Konservative zustimmen. Denn das Parlament, die Konvention, die diese Lösung beschert hatte, war nicht rechtmäßig gewählt worden. Auch ihr fehlte jede Legitimation. Für die Zukunft jedoch war sehr bedeutsam, dass das „Divine Right" bei der Festlegung eines neuen Königs keine Rolle mehr spielte. Nachdem die Waffen gestreckt waren, konnten die Whigs eine beachtliche Friedensdividende einbringen. Zu den gewandelten Realitäten gehörte, dass Rechte und Verpflichtungen des Königs eine neue Definition erfahren hatten. Der monarchischen Willkür waren enge Grenzen gezogen. Jakobs Nachgiebigkeit hatte zudem Protestantismus wie Parlament zu Siegern gemacht. Patriarchalismus und Unitarismus provozierten nicht mehr den Zeitgeist, sie waren und blieben ein Produkt der Vergangenheit.

Damit hatte sich die Bedeutung der Revolution aber noch nicht erschöpft, vor allem blieb sie nicht ohne internationale Auswirkungen. Die 'Glorreiche Revolution' schlug eine Brücke zu den kontinentalen Auseinandersetzungen, in denen französischer Staatsmonismus und Gegenreformation Protagonisten des Geschehens waren. Wilhelm III. schrieb den Kampf gegen die Hegemonien auf seine Fahnen. Nur noch einmal, am Boyne-Fluss in Irland 1690, flackerte Widerstand gegen den neuen Monarchen auf; Jakob musste wieder eine Niederlage einstecken. Gleichwohl haben die Ereignisse die königlichen Prärogativrechte nicht aufgehoben. Ministerwahl und 'Große Politik' fanden ohne den König nicht statt. Die Außenpolitik verlief nicht gegen seinen Willen. Dennoch, die neue Definition lautete „King in Parliament". Die wohlhabenden Whigs profitierten erheblich von der 'Glorreichen Revolution', sie bestimmten maßgeblich die Wahlen zum Unterhaus. Das Bürgertum, vertreten in Handel, Finanzen und Gewerbe, gehörte zu den Gewinnern. Die englische Wirtschaft prosperierte.

Die Bill of Rights vom 23. Oktober 1689 setzte gemeinsam mit der Declaration of Rights (Januar 1689) in der konstitutionellen Entwicklung eine deutliche Zäsur. Das Königtum basierte auf einer neuen Grundlage. Die Bill bestätigte von neuem die überlieferten Rechte und die geschätzten Freiheiten des Parlaments, sie untersagte Katholiken die Thronfolge und verbot dem König, einmal beschlossene Gesetze aufzuheben. Dies konnten nur König, Lords und Commons gemeinsam tun. Die Krone stand nicht über dem Gesetz, sie war ihm unterworfen. Offen blieb allerdings die Frage, wer in dem machtpolitischen Dreieck die ausschlaggebende Gewalt und Macht besaß. Die Antwort blieb der Zukunft vorbehalten. Idealiter wahrten König, Lords und Commons die Balance, für die Öffentlichkeit war indes unstrittig, dass das Parlament eine mehr als machtvolle Institution war. Wilhelm fügte sich in diese Bedingungen ein. Er versprach, Englands Freiheit zu verteidigen, und verpflichtete sich, alles zur Aufrechterhaltung der protestantischen Religion zu tun. Das war nicht wenig. Die Frage, wie viel Uneinigkeit das konstitutionelle System vertrug, war beantwortet: Die Krone war nunmehr ein Organ des Staates. Und damit der friedliche Charakter bestehen blieb, war es dem König untersagt, im Frieden über ein stehendes Heer zu verfügen. Wichtig war zudem, dass das Parlament nicht mehr auf Anordnung des Königs und ausschließlich zu seinem politischen Nutzen einberufen wurde. Alle drei Jahre mussten Neuwahlen stattfinden. Diese Tatsache änderte das Verhältnis zwischen König und Parlament. Die Abhängigkeit verlangte höflichere Umgangsformen und in gewisser Weise auch Rücksichtnahme gegenüber den Parlamentariern. Konflikte wurden nun schneller publik. 1716 wurde der Triennial Act durch den Septennial Act ersetzt, um die Unabhängigkeit des Parlaments auch gegenüber der Öffentlichkeit zu bewahren. Der Monarch verzichtete fortan auf die Suspendierungs- und Dispensgewalt. Allein das Gnadenrecht konnte er für sich noch in Anspruch nehmen.[7]

Die Union von England und Schottland (1707)

In diese Jahre des Umbruchs fiel die Entscheidung der britischen Regierung, Schottland und die Highlands zu integrieren. Schotten und Engländer hatten in der Vergangenheit kein freundschaftliches Verhältnis gepflegt. Die Menschen sahen im Nachbarn das Ausland, Gemeinsamkeiten waren allenfalls mit einem Vergrößerungsglas erkennbar. Seit 1603 blickte die Bevölkerung in beiden Ländern zwar zu einem gemeinsamen Monarchen auf – Jakob VI. von Schottland, gleichzeitig Jakob I. von England –, doch es fehlten wirtschaftliche, soziale oder kulturelle Bande, die einer vereinten Politik hätten Vorschub leisten können. Die Parlamente waren nicht gleich, die Erziehung unterschied sich, Recht und Geschichte waren verschiedene Wege gegangen, und die Religion stiftete keinen einigenden Frieden. Für die Distanz zwischen Schottland und England gab es aber auch ganz einfache Gründe, beispielsweise die schlechten Verkehrsverhältnisse. Im Winter konnte man sich nur schwer auf der Great North Road bewegen. Wer von Hauptstadt zu Hauptstadt reisen wollte, brauchte Zeit, mindestens fünf bis sechs Tage. Unwissenheit bestimmte zum großen Teil das Nebeneinander.

Wohlstand und Armut trennten beide Länder. England war durch Natur und Landwirtschaft begünstigt. Die schottische Bevölkerung – knapp eine Million – kämpfte dagegen oft genug ums Überleben. Hunger, Unterernährung und Tod bestimmten den Alltag. Schlechte Ernten verursachten Katastrophen. Fleisch war Mangelware, Importe konnten nur mit Mühe finanziert werden, meist durch den Verkauf von Tieren. Niemand sah in Schottland eine prosperierende Wirtschaft. Sicher gab es Handelsbeziehungen mit dem Ausland, mit Irland, Holland, Norwegen und dem kontinentalen Europa. Doch das Ergebnis war kein wirtschaftlicher Profit, der sich mit englischen Verhältnissen vergleichen ließ. Glasgow war der größte schottische Hafen. Um 1700 sollen die dortigen Kaufleute nicht mehr als 15 Handelsschiffe besessen haben. Gegen den Winter gab es nur wenig Schutz, warme Kleidung besaß nicht jeder, gute Schuhe, vor allem für Kinder, waren Mangelware, Glas für Fenster überstieg das Vorstellungsvermögen vieler Menschen. Auch in England grassierte Armut, doch die Verhältnisse im Süden des Landes schenkten den Bewohnern ein längeres und angenehmeres Leben.

Die Beziehungen im 18. Jahrhundert riefen nach Verbesserung. Nachdem Jakob II. den Thron hatte räumen müssen, herrschte bei den Schotten Verbitterung vor, vor allem in katholischen Kreisen. 1703 stimmte das Parlament dafür, einen eigenen Monarchen zu wählen. Das war ein Schritt in eine neue Zukunft. Trotz dieses Zeichens der Selbständigkeit versäumten es die Schotten nicht, bisweilen das Gespräch mit dem Nachbarn zu suchen. Zwischen Abgesandten fanden immer wieder Konsultationen statt. Und am Ende arbeiteten sie sich zu der Einsicht durch, dass beide Länder von einem Zusammenschluss profitieren würden. Der „Act of Union" prägte das Jahr 1707, beide Länder führten fortan die Bezeichnung Großbritannien. Und jetzt wurden Gemeinsamkeiten geschaffen, etwa eine einheitliche Währung. Ungefähr 50 Schotten nahmen im House of Commons Platz, zusätzliche Peers tagten fortan im House of Lords. Wirtschaftlich zeichneten sich vor allem für Schottland neue Möglichkeiten ab, der Handel mit England und den englischen Kolonien warf beträchtlichen Gewinn ab. Aber es gab natürlich auch Lebensbereiche, in denen die bisherige Selbständigkeit weiterhin triumphierte, etwa in allen kirchlichen Angelegenheiten, auch in der Pflege des Rechts. Und es wäre unrealistisch gewesen anzunehmen, dass über Nacht die Feindseligkeiten sich in Freundschaft verwandelt hätten. In den großen Städten, in Glasgow und Edinburgh, drückten die Menschen ihren Unmut über den Zusammenschluss aus, Gewalt war keine Seltenheit. Die Anhänger von Jakob II. sahen noch einmal eine Chance. 1715 riefen sie die Rebellion aus, mussten sich aber schnell dem stärkeren Gegner fügen. 30 Jahre später kam es noch einmal zu einem Protestversuch. „Bonnie Prince Charlie", der Sohn von Jakob, setzte seinen Fuß auf die schottische Westküste, marschierte gegen Edinburgh, überschritt die Grenze zu England – und resignierte, weil die Katholiken ihn nicht unterstützten. In der Schlacht von Culloden Moor in der Nähe von Inverness erlebten seine Anhänger 1746 ihr endgültiges Fiasko. Damit war der Widerstand gebrochen.

Dennoch gaben sich viele „clan chieftains" sehr selbständig, ihre militärische Macht war beachtlich, und auch ihre rechtliche Position stärkte die Autonomie. 1747 wurden diese Verhältnisse durch den „Abolition of Heritable Jurisdictions (Scotland) Act" aufgehoben. Weitere Bestimmungen verlangten, auf die hannoveranische Dynastie einen Eid abzulegen. Sogar das Tragen von „kilts and tartans" wurde untersagt, um den Highlandern ihre Symbole der Selbständigkeit zu nehmen. Doch all diese Maßnahmen wären ins Leere gelaufen, wenn sie nicht von wirtschaftlichem Wohlstand begleitet worden wären. In der Mitte des 18. Jahrhunderts lebten ungefähr 1,2 Millionen Menschen in Schottland.

Die Bevölkerungszahl stieg. Die Leinenproduktion verdoppelte sich zwischen 1750 und 1775, die Bedeutung von Kohle, Eisen und Landwirtschaft nahm beachtliche Dimensionen an. Insbesondere in Glasgow, Edinburgh, Aberdeen und Dundee wirkten sich diese wirtschaftlichen und demographischen Veränderungen stark aus. Der „Act of Union" hatte gewaltige Auswirkungen. Großbritannien war zur größten 'Freihandelszone' Europas geworden. Und da die Schotten von diesem wirtschaftlichen Aufstieg profitierten, hatten sie an seiner Erhaltung und Fortentwicklung großes Interesse.[8]

Fortan bestimmten neue Straßen das Bild, sie verknüpften das südliche Schottland mit dem nördlichen England, die Isolierung war aufgebrochen. Die Landwirtschaft steigerte sich, die Lebensqualität veränderte sich, langsam, aber erkennbar. Allerdings nahmen viele Schotten ihr Schicksal auch selbst in die Hand und verließen ihre Heimat, um in England den Neuanfang zu wagen. Einen starken Impuls gab der Handel mit den englischen Kolonien. Viele importierte Güter wurden mit Gewinn wieder auf den Kontinent ausgeführt. So erhielt Glasgow allmählich ein neues Gesicht, es war bald keine Überheblichkeit mehr, wenn ein Vergleich mit englischen Städten angestellt wurde. Der wirtschaftliche Erfolg war das Mittel, um die alten Animositäten zu überwinden. Unmut und Hass, lange gepflegt, wichen einer vernünftigeren Sicht.

Whigs und Tories

Königin Anna übernahm bei ihrer Thronbesteigung 1702 ein schweres Erbe. Es war offensichtlich, dass die Nation uneinig und zerstritten war. Und die schwächliche Gesundheit der neuen Regentin machte sie nicht zu einer Führungspersönlichkeit. Folglich stützte sie sich stark auf ihre Minister. Die Königin schätzte nicht die gesellschaftlichen Spaltungen, die Bildung von unterschiedlichen Gruppen und Parteien[9], die zunehmend zum Alltag der Politik gehörten. Nichts war ihr so ungelegen wie die Vorherrschaft einer Partei, mochten sie Whigs oder Tories heißen. Königin Anna schwebte eine überparteiliche Regierung vor, doch dieses Ideal entfremdete sie von maßgeblichen politischen Führern des Landes.

Die Realität zeigte, dass das Tauziehen der Interessengruppen aus dem politischen Alltag nicht mehr wegzudenken war. In den vergangenen Jahrzehnten hatten sich einzelne Parteien mit klareren Konturen herauskristallisiert, und sie hatten Namen angenommen, die für eine Idee standen. Auf der einen Seite befanden sich die Whigs – „Scottish horse thieves", auf der anderen die Tories – „Irish cattle rustlers". Diese beiden Parteien waren erstmals während der „exclusion crisis" (1679–81) an die Öffentlichkeit getreten, nach dem Triennial Act von 1694 nahmen sie noch klarere Gestalt an. Es gab keine Parteidisziplin im modernen Sinn, Ideologien und ausgefeilte politische Programme waren den beiden Gruppierungen noch fremd. Dennoch kann man von einem Parteiensystem sprechen, das sich allmählich entwickelte. Es gab allgemeine Ziele, die sich den Gruppierungen zuordnen ließen. Die Tories beispielsweise verfochten die Interessen der anglikanischen Kirche, und sie schätzten den hohen Respekt gegenüber dem Monarchen. Militärisch sprachen sie sich gegen einen Landkrieg aus, sie favorisierten die „blue sea"-Strategie, d.h., sie forderten die Beherrschung der atlantischen Handelsrouten und die des Mittelmeers.[10] Robert Harley war einer ihrer bekanntesten Repräsentanten. Gleichwohl zeigte er als Earl of Oxford immer große Abneigung gegen die Charakterisierung als Tory.[11] Zu den Whigs gehörten erprobte politische Führer und Persönlichkeiten. Der bekannteste war John Churchill, der Duke of Marlborough, der durch militärische Erfolge brillierte. Sidney Godolphin war ein weiterer bekannter Repräsentant der Whigs, er war besonders mit dem Finanzwesen vertraut. Die „Revolution" von 1688 verwischte die Unterscheidung in zwei Gruppierungen wieder. Beide Fraktionen waren die Väter des Erfolges. In der Folge akzeptierten die Tories zum Teil typische Überzeugungen der Whigs, etwa die Forderung nach einer eingeschränkten konstitutionellen Monarchie – im Gegensatz zum „divine-right absolutism", den die Tories früher auf ihre Fahnen geschrieben hatten. Unter Königin Anna standen sie für den Widerstand gegen religiöse Freiheit und außenpolitische Verwicklungen. „Whiggism" dagegen wurde eine Bezeichnung für die Interessen der aristokratischen, landbesitzenden Schicht und für das finanzielle Gebaren der reichen Mittelklasse.

Die Besetzung von Gibraltar (1704) nach dem Spanischen Erbfolgekrieg und von Menorca (1708–83) zementierte Englands Ruf als vorherrschende Seemacht im westlichen Mittelmeer. Die Union mit Schottland hatte an dieser Machtstellung Anteil. Die Schotten standen einer hannoverischen Nachfolge skeptisch gegenüber, Godolphin realisierte ein Gesetz, das im Falle der Missbilligung Schottlands den Handel zwischen England und Schottland untersagt hätte. Die Union führte in gewisser Weise zu einem Ausgleich der Interessen. Der Freihandel triumphierte, der schottische Presbyterianismus konnte sich sicher fühlen, Schotten nahmen im House of Commons und im House of Lords Platz. Für die englische Entwicklung war es ein bedeutender Vorteil, dass im Norden Frieden und Ruhe geschaffen worden waren.

Das Zeitalter Walpoles

Es war selten, dass die englischen Könige in Frieden und Eintracht ihren Thron bestiegen. Als Georg aus dem Hause Hannover sich am 1. August 1714 dazu anschickte, wurde er nicht mit Freude begrüßt. In dieser Zeit konnte Großbritannien für sich allerdings beachtliche Attribute in Anspruch nehmen. Es galt als prosperierende, einflussreiche und imperiale Macht, an der in Europa kaum jemand vorbeigehen konnte. Der Spanische Erbfolgekrieg (1701–13/14) war erfolgreich beendet worden. Beachtliche Neuerwerbungen – Neuschottland, Neufundland, Hudson Bay, Handelsposten in der spanischen Neuen Welt – wurden in die Weltkarte eingezeichnet. Frankreich, Spanien und die holländische Republik waren in der Hierarchie gesunken. Der Krieg hatte an Frankreichs Substanz gezehrt, Spanien und Holland standen auf tönernen Füßen, ihr machtpolitischer Abstieg schien kein Ende zu kennen. Diese Konstellation erlaubte Großbritannien Zurückhaltung, Machterhalt und wirtschaftliche Expansion in den folgenden 25 Jahren. Dieses

Vierteljahrhundert stärkte Dynastie und Wirtschaft. Steuern deckten die Kriegskosten zu siebzig Prozent. Diese Tatsache bewies den Reichtum des Landes. Nach wie vor war die Landwirtschaft die Grundlage der Wirtschaft, doch der Handel expandierte, und es waren deutlich mehr Frauen und Männer als in Kontinentaleuropa, die außerhalb der Landwirtschaft Beschäftigung fanden. Nur eine Minderheit erfreute sich des Reichtums, ein Drittel des nationalen Einkommens lag in den Händen von 5% der Bevölkerung. Doch Armut und Reichtum polarisierten nicht die Gesellschaft. Der Schriftsteller Daniel Defoe beobachtete einen fließenden Übergang der gesellschaftlichen Gruppen: „1. Die Aristokratie, die im Überfluss lebt, 2. die Reichen, die viel haben, 3. die Mittelschicht, die gut lebt, 4. die arbeitende Klasse, die schwer arbeitet und keinen Mangel leidet, 5. die Landbevölkerung, Bauern etc., denen es nicht besonders gut geht, 6. die Armen, denen es schlecht geht, 7. die Elenden, die leiden, weil es ihnen an allem fehlt."[12] In der ersten Hälfte des 18. Jahrhunderts lag die Bevölkerung fast konstant bei sieben Millionen. Eine ausreichende Ernährung war sichergestellt. Dennoch gab es ungelöste politische Probleme. Wales, Irland und Schottland waren nicht zu selbstverständlichen Bestandteilen Großbritanniens geworden. Vielen fiel es schwer, die englische Sprache zu verstehen. Die Iren sprachen überwiegend Gälisch und waren römisch-katholisch. Schottland hing an seinen Traditionen. Aus diesen Andersartigkeiten erwuchs keine substantielle Bedrohung, aber es waren bisweilen aufgewühlte politische Zustände, die Aufmerksamkeit beanspruchten.

Als der Historiker Thomas Babington Macaulay in der Mitte des 19. Jahrhunderts eine verherrlichende Geschichte der Whig-Aristokratie schrieb, deutete er die Whigs als Lichtgestalten und die Tories als Dunkelmänner in der englischen Vergangenheit. In dieses Raster passte eine Persönlichkeit nicht, die entscheidend die Geschicke des Landes von 1721 bis 1742 geprägt hatte: Sir Robert Walpole. Die Whig-Interpretation deutete die Geschichte des Landes von der „Glorious Revolution" bis zur Wahlrechtsreform 1832 als eine – wenn auch nicht immer geradlinige – Entwicklung zu mehr Toleranz, Freiheit und Demokratie. Diese Deutung stieß sich an einem Mann, dem wenig an Weltverbesserung lag. Walpole war und blieb ein schlichter Landedelmann. Er liebte Wein, Jagd und Geselligkeit und galt als Bourgeois unter Aristokraten. Walpole fühlte sich indes dem Land verbunden, er hatte „common sense" und war ein Mann des offenen Wortes. Dennoch schwankte das Urteil über Walpole immer zwischen Extremen. Die einen betrachten ihn als Friedensminister, als ersten „Premierminister" Englands, und verwiesen auf die Sicherung der protestantischen Erbfolge und des Hauses Hannover. Walpole erhöhte die Bedeutung des Parlaments und initiierte das Kabinettsystem. Andere deuten ihn als parlamentarischen Manager, der in die Macht verliebt war, niemals teilte, Korruption duldete und das Land erniedrigte. Viele unterstellten ihm, dass er nur Mittelmäßigkeit ertragen konnte. Macaulay fiel es schwer, die lange Regierungszeit zu erklären, die keine Via Triumphalis aufwies.

Verfassungsrechtlich konnte Walpoles Zeitalter keine Originalität beanspruchen. Die Vergangenheit hatte das Unterhaus gestärkt, allerdings war dieser Machtgewinn nicht in Paragraphen gegossen. Moderne Parteien existierten noch nicht, Korruption war ein Mittel der Politik, moralische Standards ließen zu wünschen übrig.

Von Walpole wird häufig behauptet, dass er der erste „Premierminister" Großbritanniens gewesen sei. Doch die Historiker sind über diese Bewertung nicht erfreut. Der „prime minister" war zwar bereits zu einem Synonym für den „first minister" geworden, und in Walpoles Regierungszeit war es ein oft gehörtes Wort. Dennoch nahm dieser Titel erst im frühen zwanzigsten Jahrhundert offiziellen Charakter an. In gewisser Weise kann Walpole als Verfechter und Bewahrer politischer Stabilität gelten. In seiner Amtszeit von 1721 bis 1742 festigte er die politische Macht und die Whig-Partei. Seinem Geschick war es zu verdanken, dass die hannoveranische Dynastie im Land Wurzeln schlug. Andererseits profitierte Walpole von dem Erreichten der Vergangenheit. England war bereits ein reiches Land. Walpole traf in seiner langen Regierungszeit auf erhebliche Opposition, die seinen Machtzuwachs und sein politisches Überleben mit Argwohn betrachtete. Doch der Opposition fehlte die höchste Unterstützung. Außerdem schwächten die Konflikte zwischen Tories und Whigs den Widerstand gegen Walpole, der von einer erfolgreichen Außenpolitik zehrte. Die Krone stützte ihn, es gab keine militärischen Eskapaden in Europa, und die religiöse Politik war alles in allem moderat. Friedenswahrung hatte höchste Priorität. Der wirtschaftliche Wohlstand erfuhr eine gewaltige Steigerung.

Walpole hatte seinen machtpolitischen Zenit 1737 überschritten. Der Sohn des Königs schlug sich nun auf die Seite der Opposition. Der König selbst blickte auf eine lange Regierungszeit zurück, viele erstrebten Änderungen. William Pitt und andere ehrgeizige Politiker erhofften sich von dem Sohn des Königs neue Perspektiven. Der Himmel zog sich über Walpole zu. Er hatte den sechzigsten Geburtstag hinter sich, über fünfzehn Jahre lang hatte er die Politik diktiert. Vielen erschien er als lebender Anachronismus. 1742 legte er seine Ämter nieder.

Außenpolitische Konflikte

Im Kampf um die österreichische Erbfolge trat Großbritannien auf die Seite Wiens. Wegen des weltweiten Gegensatzes zu Frankreich versuchten die britischen Politiker unter allen Umständen, eine Vergrößerung der französischen Macht auf dem Kontinent zu verhindern. Mit englisch-hannoverischer Unterstützung errangen die Österreicher beachtliche Erfolge, bis allgemeine Kriegsmüdigkeit den Konflikt 1748 beendete. Die Pragmatische Sanktion wurde allenthalben anerkannt; Österreich blieb Großmacht, Preußen wurde es. Der koloniale Gegensatz zwischen Großbritannien und Frankreich bestand unverändert weiter.[13]

Seit der Mitte des 18. Jahrhunderts gab es zwischen beiden Ländern keine offen erklärten Feindseligkeiten, dennoch existierten genug Plätze in der Welt, an denen sich die Repräsentanten der beiden Nationen feindselig gegenüberstanden. Das war in den nordamerikanischen Kolonien der Fall, in Westindien[14], aber auch in Indien, wo sich Auseinandersetzungen nicht immer friedlich regeln ließen. Im Mai 1756 attackierten Franzosen die britische Kolonie Menorca, für Großbritannien ein offizieller Kriegsgrund. London verbündete sich mit Preußen[15], Paris mit Österreich. Am Anfang tat sich Großbritannien schwer. Oswego in Nordamerika und Menorca gingen verloren. Die englische Öffentlichkeit protestierte, Minister – Newcastle und Fox – nahmen ihren Hut, der neue „secretary of state" wurde Pitt. Allmählich wendete sich das Blatt zu Englands Gunsten. Es waren vor allem militärische Erfolge zur See, die den Gegner einschüchterten. General Robert Clive schlug die Franzosen vernichtend in der Schlacht von Plassey 1757, er ermöglichte die britische Herrschaft in Bengalen und im südlichen Indien (Karnatik-Kriege: 1746–48; 1751–54; 1756–63), die allgemein als profitabelste Region für europäische Händler galten. 1759 wurde ein Großteil der französischen Flotte in der Schlacht von „Quiberon Bay" – vor der bretonischen Halbinsel – vernichtet. Quebec fiel unter britische Kontrolle, Kanada stand unter britischer Herrschaft. Am Ende des Krieges galt das auch für die Insel Guadeloupe und für französische Handelsposten an der Westküste Afrikas.

Der Friede von Paris (10. 2. 1763) kehrte die Verhältnisse zum Teil um. Guadeloupe ging wieder in französischen Besitz über, dafür behielt Großbritannien seine Kontrolle über Kanada.[16] England war der unbestrittene Sieger dieses Krieges.[17] Eine Welle patriotischer Begeisterung überzog das Land, Kaufleute sahen beachtliche wirtschaftliche Perspektiven vor sich.[18] Dennoch hatte dieser Sieg eine Kehrseite, die niemand vorausgesehen hatte. Die amerikanischen Kolonien waren nun von der Sorge befreit, dass Frankreich sie von Norden angreifen würde. Diese Sorge hatte die Kolonisten mit ihrem Mutterland eng verbunden, jetzt sah man Konflikte aus einer anderen Perspektive. Ab 1760 gab es häufig widrige Angelegenheiten, die das Verhältnis zwischen Kolonien und Mutterland belasteten. In England mussten die Politiker neue Finanzquellen erschließen, um die Folgen des Krieges zu bewältigen. Außerdem begann der politische Konsens, der während des Krieges gegen Frankreich geherrscht hatte, allmählich zu bröckeln. Pitt hatte nicht den Ruf eines umgänglichen Mannes, Whigs und Tories überwarfen sich oft genug. Georg III.[19] konnte all diese Ungereimtheiten nicht zu einem harmonischen Bild zusammenfügen. Wieder prägte Instabilität den politischen Alltag.

Wandel und Kontinuität

Doch all diese Entwicklungen änderten an der Bedeutung der wirtschaftlichen Metropole des Landes nichts. London war und blieb die größte Stadt, in der um 1750 mehr als 650 000 Menschen lebten. In London residierte nicht nur der Hof, in der Stadt herrschte das Parlament, der größte Hafen Großbritanniens zog Arbeitskräfte an, in dem Finanzzentrum wurden die politischen Weichen gestellt, in der ansässigen Druckindustrie fanden viele ihr Brot. Diese Vielseitigkeit hatte zahlreiche Auswirkungen. Die Monarchen standen in enger Beziehung mit den wirtschaftlichen Lobbies, und sie standen in Berührung mit dem ständig pulsierenden Teil der Bevölkerung. Viele Auswärtige suchten in der Metropole Arbeit und Vergnügen. Es gibt Schätzungen, nach denen einer von sechs Briten im 18. Jahrhundert zumindest einen Teil seines Berufslebens in der Stadt an der Themse verbrachte.

London stellte alle anderen Städte in den Schatten. Es folgte Norwich mit ungefähr 50 000 Einwohnern. Aber auch die Provinzstädte gewannen an Bedeutung. Mit dem allge-

Bevölkerung der City innerhalb und außerhalb der Stadtmauern (1801–1851)			
Jahr	innerhalb	außerhalb	zusammen
1801	75377	54151	129528
1811	55484	65425	120909
1821	56174	69260	125434
1831	55778	67905	123683
1841	54626	70382	125008
1851	55932	73068	129000

Quelle: Andreas Fahrmeir, Ehrbare Spekulanten, München 2003, S. 486.

meinen Wachstum, so problematisch das Zahlenmaterial sein mag, erfuhr das Leben in den Städten eine neue Organisation, Sicherheit spielte eine große Rolle, alles in allem war es angenehmer, in diesen wirtschaftlichen Zentren zu leben. Die Häuser wurden jetzt überwiegend aus Stein gebaut, die Angst vor einem zerstörenden Feuer sank. Versicherungsgesellschaften und Feuerwehren übernahmen wichtige Funktionen. Die Qualität des Wassers verbesserte sich. Planungen und Architektur gehorchten höheren Ansprüchen. Selbst in den Provinzstädten blühte kulturelles Leben, es gab Theater, Versammlungshallen, Bibliotheken, Kaffeehäuser. Die Letzteren erlebten in der Mitte des Jahrhunderts einen großen Aufschwung, allein in Bristol gab es neun. Hier wurden Zeitungen ausgetauscht, Neuigkeiten aus Politik und Gesellschaft diskutiert. Aber auch Erziehung und Bildung bekamen einen größeren Stellenwert. Glaubt man den Berichten der zeitgenössischen lokalen Presse, dann wurden beispielsweise zwischen 1720 und 1760 in Northamptonshire mehr als 100 Schulen errichtet.

Die Fachleute streiten sich über die Auswirkungen dieser Entwicklungen auf die britische Gesellschaft. Die einen sind überzeugt, dass nur ein Bruchteil der Bevölkerung von den Veränderungen profitierte und dass die traditionellen Lebensweisen nach wie vor die Oberhand behielten. Diese Beobachtung gilt sicher für viele Teile Großbritanniens, ihre Gültigkeit dürfte sich je nach Region allerdings unterscheiden. Die „Scottish Highlands", die Bergregionen in Wales und Regionen um East Anglia versteckten vor den Reisenden nicht ihren ländlichen und wirtschaftlich wenig entwickelten Charakter. Hier gab sich mancher dem Aberglauben hin. Der Glaube an die „witchcraft" war sicher nur ein Beispiel. Und in den Häusern der Armen gab es natürlich keine Zeitungen, Spiegel, Lehnstühle und andere Annehmlichkeiten. Viele hatten nach wie vor kaum Kleidung zum Wechseln, sie überlebten in Höhlen oder überwinterten in Kellern. Ganz zu schweigen von Bettlern und anderen, die das Elend personifizierten.

Andere Experten warnen davor, die Struktur der Gesellschaft allein durch Gegensätze zu definieren, sei es durch den Kontrast von Stadt und Land, zwischen Reich und Arm, zwischen Analphabeten und Gebildeten. Diese Historiker richten ihr Augenmerk auf die Tatsache, dass die englische Gesellschaft keineswegs aus isolierten Schichten bestand,

„Beer Street" und „Gin Lane" (1751). Die beiden Kupferstiche von William Hogarth verbinden zwei Londoner Straßenszenen, von denen die eine durch Reichtum, die andere durch Verfall gekennzeichnet ist, mit den Getränken Bier und Gin. Germanisches Nationalmuseum Nürnberg.

GIN LANE.

Zahl englischer Städte mit einer „printing press" (1700–1800)	
Zeitraum	Anzahl
1700–1710	9
1710–1720	14
1720–1730	8
1730–1740	14
1740–1750	12
1750–1760	11
1760–1770	12
1770–1780	33
1780–1790	39
1790–1800	56

Quelle: The New Encyclopaedia Britannica Bd. 29, S. 71.

sondern diese vielmehr miteinander vernetzt waren. So gab es in der Tat Grundbesitzer, die einen Teil ihrer Zeit in Städten verbrachten. Umgekehrt lebten viele städtische Kaufleute auch auf dem Land. Straßenhändler („hawkers" und „peddlers") tauschten Güter zwischen Stadt und Land aus. Daniel Defoe beschrieb diesen Warenaustausch sehr einprägsam: „Ein Wollmantel aus Yorkshire, eine Weste aus Callamanco aus Norwich, eine Hose aus robustem Wollstoff aus Devizes und Wiltshire, Strümpfe aus Garn aus Westmoreland, ein Filzhut aus Leicestershire, Lederhandschuhe aus Somerset, Schuhe aus Northampton, Knöpfe aus Macclesfield, oder – wenn aus Metall – dann aus Birmingham, Strumpfbänder aus Manchester, und ein Hemd aus handgemachtem Leinen aus Lancashire oder Schottland."[20] Die Gesellschaft Großbritanniens war dynamisch, alles war möglich: Aufstieg und Fall.

In bescheidenem Ausmaß entwickelten die Menschen auch eine Mobilität, die eine neue Lebensqualität gewährte. Noch im frühen 18. Jahrhundert dachten sie nur ungern an lange Reisen, an Vergnügungen war in diesem Zusammenhang überhaupt nicht zu denken. Für die Strecke zwischen London und Cambridge, ungefähr sechzig Meilen, benötigte man ungefähr einen Tag. Der Weg nach Shrewsbury nahm schon drei Tage in Anspruch. Wer sich nach Edinburgh aufmachen wollte, musste sich viel Zeit nehmen, zehn Tage mindestens. Es war nicht selten, dass vor Reiseantritt ein Testament gemacht wurde, zu unsicher waren die Verbindungen, als dass man sich auf die Ankunft verlassen konnte. In der Mitte des 18. Jahrhunderts hatten sich diese Verhältnisse ein wenig geändert. „Turnpike roads" waren gebaut worden, Mautstraßen, für deren Nutzung die Menschen Gebühren zahlen mussten. Sie erlaubten eine vergleichsweise schnelle Reise von London in die umliegenden größeren Zentren. Diese Straßen beschleunigten auch den Postverkehr. Doch ein täglicher Postdienst war nicht die Regel. 1765 konnten davon in Schottland etwa dreißig Städte profitieren.

1695 erlaubte das Parlament die freie Verbreitung der „printing press" außerhalb Londons. Das gedruckte Wort erhielt eine neue Bedeutung. Die erste Tageszeitung in der britischen Metropole erschien 1702. 1760 konnten Interessierte drei Konkurrenzprodukte lesen, es gab sechs „tri-weekly evening papers", die in Stadt und Land gelesen wurden. Nach und nach glänzten die Provinzen mit eigenen Zeitungen. Und es dauerte nicht mehr lange, bis der Druck von Büchern, Nachschlagewerken, Magazinen etc. auch außerhalb Londons wirtschaftlich erfolgreich war. Bis 1725 informierten 22 Provinzzeitungen über alltägliche Dinge des Lebens, 1760 waren es 37, zwanzig Jahre später 50. In Schottland war die Zahl niedriger, aber auch dort konnten sich die Zeitgenossen in den größeren Städten durch Zeitungen unterhalten und informieren. Nach vorsichtigen Schätzungen wurden in der Mitte des Jahrhunderts neun Millionen Zeitungen pro Jahr an den Mann gebracht. Ein Exemplar wurde allerdings durch viele Hände weitergereicht. Die Verbreitung der Presse trug zur Bildung eines nationalen Bewusstseins bei. Die meisten Erzeugnisse orientierten sich an den Londoner Exemplaren. Es war nicht erlaubt, Debatten aus dem House of Commons oder dem House of Lords zu drucken. Dennoch geschah dies oft genug. Wer lesen konnte, war im Siebenjährigen Krieg (1756–63) nicht völlig desinformiert. Das Wissen über Siege und Niederlagen, Skandale und Proteste nahm an Intensität zu. Es war gewissermaßen möglich geworden, eine grobe Sonde an die Nation anzulegen, Skandale enthüllten sich in der Öffentlichkeit, Politik war nicht mehr das Privileg weniger.[21]

Gesellschaft, Literatur, Wissenschaft

Nach der Eroberung durch die Normannen im 11. Jahrhundert bedienten sich Gelehrte und Kirche lange Zeit des Lateinischen, die Aristokratie hingegen des Französischen. Alles in allem vergingen drei Jahrhunderte, bis Auseinandersetzungen beispielsweise vor Gericht auf Englisch geführt wurden. Und mindestens ebenso lange dauerte es, bis sich der Monarch die Sprache zu Eigen machte. Der Literaturwissenschaftler hat Mühe, Beispiele populärer und volkssprachlicher Literatur aus diesen Jahrhunderten an das Tageslicht zu ziehen. Im 14. Jahrhundert lagen die Dinge allerdings anders. William Langland (ca. 1330–ca. 1400) glänzte mit dem ihm zugeschriebenen allegorischen Gedicht „Piers Plowman". Es trompetete gegen die korrupte und ungerechte Gesellschaft. Geoffrey Chaucer (ca. 1342/1343–1400) machte sich in dieser Zeit einen Namen, „Troilus and Criseyde" und die „Canterbury Tales" gehören zu seinen bekanntesten Werken. Im 16. Jahrhundert war das Verseschreiben zu einer anerkannten Kunst geworden, am Hof und andernorts. Schöngeistige Dichtung war allerdings nicht das einzige Ausdrucksmedium. Bacon machte Furore mit der Schrift „Advancement of Learning". Und es ist nicht allein Shakespeare zu danken, dass in dieser Zeit die dramatische Kunst blühte. 1576 schaffte es James Burbage, dass ein modernes Theater gebaut wurde. Christopher Marlowe wandte sich mit „Tamburlaine the Great" an die Öffentlichkeit, Thomas Kyd stellte die „Spanish Tragedy" vor, der Blankvers wurde gängiges Ausdrucksmittel. Shakespeare präsentierte sich als Dramatiker und Dichter. Seine Sonette gehören zum Besten der abendländischen Lyrik. Ende des Jahrhunderts verändert John Donne Sprache und Stil, er schreckte vor einem rauen Ton nicht zurück, baute Brücken zwischen Gedanken und Gefühlen. George Herbert, Henry Vaughan und Andrew Marvell hatten unter den Gebildeten und Lesefreudigen einen Namen. Doch es war John Milton, der das individuelle und kollektive Gedächtnis im 17. Jahrhundert prägte. Am Anfang stand die „Ode on the Morning of Christ's Nativity", die Elegie „Lycidas" trug zu seinem frühen Ruhm bei. Milton beschränkte sich indes nicht auf Dichtung und Dramatik, er stürzte sich in die zeitgenössischen politischen Auseinandersetzungen, er schrieb Pamphlete, machte sich für die Freiheit der Presse stark, so etwa in der bekannten Flugschrift „Areopagitica" von 1644. „Paradise Lost" (1667) und „Paradise Regained" (1671) beschäftigten die Leser erst nach der Restauration. Das Gleiche galt für „Samson Agonistes" (1671), ein möglicherweise autobiographisches *dramatic poem*, in dem der blinde Milton, der vergeblich für die Puritaner gekämpft hatte, sein Alter darstellte. 1644 verfasste Milton eine „Rede an das englische Parlament über eine freie, unlizensierte Presse".[22] Er forderte Glaubens-, Gewissens- und Pressefreiheit. Sie war für die Presbyterianer geschrieben, die in der Regierungsverantwortung standen, mit vielen verschleierten antiken und biblischen Beispielen warf er ihnen Irrtümer und Irrwege vor, da sie sich nicht zu den Freiheiten bekannten. Miltons Rede gilt nach wie vor als singuläres Prosawerk der englischen Literatur – allerdings ohne die gewünschte Wirkung. Politisch stellte er sich mit der Rede ins Abseits. Erst Wilhelm III. ging ein wenig in die gewünschte Richtung. „Paradise Lost" und „Paradise Regained" widmen sich dem menschlichen Sündenfall und dem göttlichen Heilsplan. Im Mittelpunkt stehen die drei Versuchungen Christi durch Satan in der Wüste. Eine ungeheure Wirkung erzielte vor allem „Das verlorene Paradies" mit der Entfaltung von Visionen und dem Bekenntnis zu einem tiefen religiösen Ernst. Ein ebenbürtiger Dichter und Schriftsteller war Bunyan. Sein Ausweis war „The Pilgrim's Progress", übrigens im Gefängnis geschrieben. „Des Pilgers Reise von dieser zur zukünftigen Welt, dargestellt unter dem Sinnbild eines Traumes, worin sein Aufbruch, seine gefahrvolle Reise und sichere Ankunft im erhofften Land enthüllt werden", dies ist der volle Titel und gleichzeitig der Inhalt des Buches. Das erste Buch (1678) beschreibt die Reise des Pilgers Christian, das zweite (1684), kurz vor der „Glorious Revolution" veröffentlicht, die der Ehefrau Christiana und ihrer Kinder. Alle tragen einen uneingeschränkten Glauben an Gottes Verheißungen in sich, und sie bleiben unbeeinflusst von dem „Sumpf der Verzweiflung", dem „Jahrmarkt der Eitelkeiten", der „Burg des Zweifels" und dem „Fluss des Todes". Alle Szenen und Dialoge sind in eine Beschreibung des englischen Alltags und der englischen Landschaft eingebettet, in einem Leben der Einsichten und Blindheiten beschreiben sie den Triumph des Puritanismus. Die Bücher sind klassische Werke der englischen Literatur, sie dokumentieren und atmen den Ernst puritanischer Glaubenshaltung und verbreiten eine ungebrochene Volkstümlichkeit. Bunyan schrieb damit den Vorläufer des bürgerlichen englischen Romans. Nach 1660 haben die Tragödien gereimte Verse, ist Sentimentalität populär, die Phantasie greift weit aus. Von Bedeutung sind die „Sittenkomödien" von John Dryden („Marriage-à-la-Mode"), Sir George Etherege („The Man of Mode"), William Wycherly („The Country Wife") und William Congreve („Love for Love", „The Way of the World"). Dryden und Alexander Pope drückten der Epoche nach der Restauration der Stuarts ihren Stempel auf. Sie schrieben und dachten im neoklassischen Stil, pflegten die Satire und machten eher den Menschen als die Natur zum Mittelpunkt der Betrachtung.

Die literarischen und philosophischen Diskussionen rangen um eine zeitgemäße Verfassung, Königtum und Kirche waren immer wieder Gegenstand der Schriften. Die Monarchisten stützten sich auf Sir Robert Filmer und seine erst 1680 gedruckte Schrift „Patriarcha: or The natural Power of Kings". Filmer hielt den Naturzustand freier und gleicher Menschen für eine Illusion. Nach seiner Überzeugung bestand der Kern politi-

scher Gewalt in der Herrschaft des Vaters über die Familie. Danach hatte Adam von Gott
die absolute Gewalt erhalten. Diese Überzeugung durften Könige nicht aufgeben. Nach
dieser Interpretation gab es keine Tyrannei. Welcher Vater peinigte seine Familie? Ohne
großen Erfolg trat Sir Matthew Hale für eine königliche Souveränität ein, die sich dem
Parlament unterwarf. Erfolgreicher war George Lawson mit seinen Schriften, etwa der
„Politica Sacra et Civilis" (1660) und der „Examination of the Political Part of Mr. Hobs
his Leviathan" (1657). Beide stellten den König in das Parlament, sie bereiteten intellek-
tuell den Weg zur parlamentarisch kontrollierten Monarchie von 1689. Ein heftiger Kritiker dieser Schriften war Algernon Sidney. Der Aristokrat und Parlamentarier verfasste die
„Discourses concerning Government". Sidney warb für die Überzeugungskraft der Vernunft, sie allein könne Gesetze und Institutionen rechtfertigen. Absolute Macht korrum-
piere jeden Menschen. Die Warnung vor Korruption wurde zum Aushängeschild liberaler
Ideologie. Sidney stand im Schatten des einflussreichen Philosophen John Locke. Die
Menschen dachten über das königliche Selbstverständnis nach, die Unantastbarkeit des
Monarchen wurde mehr und mehr zu einem gedanklichen Problem. Auch die Tories
konnten sich diesen Tendenzen nicht entziehen. Einer ihrer hervorragenden Repräsentanten war George Savile, 1st Marquess of Halifax. Wer sein Credo kennen lernen wollte, las
das 1688 veröffentlichte Traktat „The Character of a Trimmer". Eine Mischverfassung
stand im Zentrum seiner Überzeugung, die eine Kombination von monarchischen und
republikanischen Elementen forderte. Zu einem kritischen Beobachter der Zeit machte
sich Samuel Pepys.[23] Er schrieb ein Tagebuch über den Zeitraum von 1659 bis 1669,
eigentlich eine private Aufzeichnung. Erst zu Beginn des 19. Jahrhunderts entschlüsselte
der Theologiestudent John Smith die Schrift, die intime Gedanken eines hohen Verwal-
tungs- und Ministerialbeamten offen legte. Pepys war auch Karls Begleiter auf seiner
Rückfahrt nach England 1660: „The shouting and joy expressed by all is past imagination", schrieb er in sein Tagebuch, als der König in Dover landete, um nach Canterbury
aufzubrechen. Pepys wurde Zeuge der Pest und beschrieb Ausbreitung und Ende der
Seuche. Auch beim großen Feuer von 1666 war Pepys Zeitzeuge. In seinem Tagebuch
machte der Verfasser vor keiner Standesschranke halt. Wer Kritik verdiente, fand Aufnahme. Der Verfasser präsentiert sich als unbeugsamer Puritaner. Der König, so vertraute er
seinen Notizen an, wurde in Dover mit „all imaginable love" und mit „respect" begrüßt.
Eine andere Zeit brach an.

Die neue Philosophie ziehe alles in Zweifel, schrieb der Dichter John Donne. Im frühen
17. Jahrhundert übertraf sich die Dichtung in der Tat im Zweifel über das Wesen Gottes
und der Welt. Bacon gehörte zu denen, die nach einer neuen Wissenschaft riefen. Sie sollte gut organisiert und geplant, ihre Befunde und Experimente müssten präzise definiert
sein. Allgemeine Gesetze konnten nach seiner wissenschaftlichen Überzeugung nur auf-
gestellt werden, wenn genügend Informationen vorlagen und ein induktives Forschen,
wie in seinem „Novum Organum" (1620) beschrieben, die Einzelheiten zu einem Ge-
samtbild zusammensetzte. Diese praktische Ausrichtung war neu. Die „Utopia" (1516)
des Humanisten Thomas More über einen von Vernunft beherrschten „kommunistischen" Stadtstaat spielte sich noch in weiter Ferne („no place") ab, Bacons „New Atlantis"

(1627) in der Zukunft. „Knowledge is power", ließ Bacon wissen. Das war möglicherweise keine originelle Feststellung, doch mit ihr verband sich die Überzeugung, dass die Menschheit die Natur mehr und mehr verstehen könne. Die beiden Pole des wissenschaftlichen Arbeitens, das rationale Forschen und das empirische Arbeiten, erhielten eine neue Grundlage. Der Mathematiker, Physiker und Astronom Isaac Newton veränderte nicht weniger als die Sicht auf die Welt. Seine berühmteste Publikation war die „Philosophiae Naturalis Principia Mathematica" (1687). Damit begründete er die klassische theoretische Physik und bewies die Gültigkeit der irdischen Naturgesetze für die Himmelskörper. Newton erklärte die Gezeiten, legte die Grundlagen der Potentialtheorie und überdachte Strömungsvorgänge und Schwingungsprobleme. Der Forscher gewann auch deshalb so große Bedeutung, weil er in einer Zeit des Suchens und Zweifelns neue Sicherheiten bot. Von Vernunft und Verstand geleitet, könne der Mensch alle natürlichen Phänomene erklären. Damit verlor die Welt einen Teil ihres mysteriösen Charakters. Die Schriften des Philosophen John Locke eröffneten gleichfalls neue Perspektiven. Locke begründete den Empirismus und die Erkenntniskritik der Aufklärung. In seinem Hauptwerk, dem „Essay Concerning Human Understanding" (1690), ging es ihm darum, die Grundlage seiner empirischen Lehre von Materie und sinnlicher Erfahrung darzulegen, der Gewissheitsgrad und die Reichweite der menschlichen Erkenntnis standen im Mittelpunkt. Locke vertrat die These, dass alles Wissen über die Außenwelt durch vorgängige Erfahrung erworben sei. Für ihn wurden die Grenzen der menschlichen Erkenntnis durch die Lebensbedürfnisse gezogen: Mehr als zu ihrer Entsprechung nötig sei, könne der Mensch nicht erkennen. In den „Two treatises of government" (1690) verurteilte er die Theorie der patriarchalischen Gewalt und definierte Freiheit, Gleichheit und Recht auf Unverletzlichkeit von Person und Eigentum als Rechtsgüter. Der Philosoph warb für die Trennung von Legislative und Exekutive, jedes Volk solle sich die eigene Regierungsform wählen. Sein „Essay on Toleration" (1689) – „Brief über Toleranz" – plädierte für die Freiheit aller Glaubensbekenntnisse – sofern sie keine Gefahr für den liberalen Staat darstellten. Jahre später schrieb David Hume den „Treatise on Human Nature" (1739) und die „Dialogues Concerning Natural Religion" (1779). Die Vorstellung von Wundern, so Hume, stehe der menschlichen Vernunft entgegen, doch er war zunächst zufrieden damit, die Religion als Geheimnis zu belassen.

Als Karl II. zurückkehrte, nahm das öffentliche Leben neue Züge an. In der Zeit der Bürgerkriege waren Vergnügungen nicht angesagt, Künstler mussten sich ein schweres Brot verdienen. Das änderte sich jetzt, doch ein intellektuelles künstlerisches Niveau hielt damit nicht Einzug. Die Theaterbesucher verfolgten häufig sehr offenherzige Veranstaltungen. Samuel Pepys beschrieb dies in vielen Zeilen. Sexuelle Ausschweifungen und religiöse Andacht galten vielen nicht unbedingt als Widerspruch. Zu diesen sehr lebensfrohen Persönlichkeiten gehörte John Wilmot. Er bezweifelte die moralische Überlegenheit des Menschen und schrieb die „Satyr Against Mankind", die dem Tier mehr Respekt als dem Zeitgenossen zollte.

Wenig Förderer hatte die Musik. Nur die Kirche schenkte ihr Aufmerksamkeit. John Blow wurde bekannt. Er spielte neben Matthew Locke, der sich mit dem Generalbass hervortat. Der König der Musik wurde Henry Purcell, mit Opern und Sonaten durchbrach er die musikalische Eintönigkeit. „Dido and Aeneas" war Purcells berühmteste Oper, 1689 feierte sie Premiere. Einen ebenbürtigen Künstlerkollegen fand Purcell in Christopher Wren, der die Royal Society förderte und London mit seiner architektonischen Handschrift prägte. Für den Wiederaufbau von 52 Kirchen nach dem großen Feuer in London zeichnete er verantwortlich. Als Meisterwerk gilt allgemein der Wiederaufbau der St.-Pauls-Kathedrale.

Eine autonome Malerschule ließ sich in diesen Jahren nicht entdecken. Sir Peter Lely malte die königliche Familie, Samuel Cooper stand für Miniaturmalerei, Sir Godfrey Kneller zeichnete Porträts, James Thornhill rezipierte malerisch die Geschichte: Mit einem Deckenfresko in der Painted Hall von Greenwich zollte er Wilhelm und Maria seinen Respekt, mit Pinsel und Farbe zeichnete er den Aufstieg zur Seemacht nach und versuchte, Handel und Religion künstlerisch einzufangen. Die Jahre standen für allgemeine Lebensbejahung, sie sprengten enge Grenzen, erlebten koloniale Expansion, verfolgten wirtschaftliche Prosperität und ermöglichten militärische Siege über Holländer und Franzosen.

Auch Publizistik und 'Pressefreiheit' schlugen neue Wege ein. Sie beeinflussten zunehmend das öffentliche Leben. Minister scheuten sich nicht, Dichter und Schriftsteller für ihre Sache zu gewinnen. Karl II. hatte noch der Wissenschaft den Vorrang eingeräumt, Schriftstellerei und Kunst bedeuteten ihm wenig. Wilhelm III. und Anna maßen den „Tintenklecksern" wenig Bedeutung bei, nicht so ihre Minister, die mehr und mehr die Bedeutung des geschriebenen Wortes und seiner Verbreitung wahrnahmen. Die Schriftsteller wurden sich ihrer Möglichkeiten bewusst, direkt oder indirekt beeinflussten sie das politische Leben und ergriffen die Chancen, die Mäzene boten. Swift und Addison lebten in diesen Zeiten. Sie litten keine materielle Not und konnten sich der Literatur widmen. In seiner „Areopagitika" hatte John Milton vergeblich versucht, der Bewilligungsakte bzw. der Zensur den Todesstoß zu versetzen. Die 'Pressefreiheit' hielt Ende des 17. Jahrhunderts Einzug, aber sie litt noch immer unter Einschränkungen. Niemand durfte sich eine Gotteslästerung zuschulden kommen lassen, niemandem war empfohlen, offen die Regierung zu kritisieren oder gar zu brandmarken. Immer mehr Periodika drängten auf den Markt. Cromwell hatte noch versucht, Dämme zu errichten, Karl II. akzeptierte sie – zum Teil. Er genehmigte drei Blätter, ließ sie allerdings staatlich überwachen. 1695 veröffentlichten die Tories die erste englische Tageszeitung, „The Post Boy". Die Whigs zögerten nicht lange und riefen „The Flying Post" ins Leben. „The English Courant" glänzte überwiegend durch Nachrichten, Kommentare suchte man vergeblich. Das änderte Daniel Defoe mit „The Review". Sie mischte Meinungen und Nachrichten und bot ein Diskussionsforum. Der Journalist Sir Richard Steele gründete „The Tatler". All diese Zeitungen und Zeitschriften verbreiteten nicht nur Meinungen und Wissen, sie weckten Neugier, sensibilisierten für politische Fragen, entwickelten ein eigenes Selbstverständnis und boten die Chance, in irgendeiner Form auf das Geschehen Einfluss zu nehmen. Natürlich erreichten diese Blätter nicht die breiten Massen, dennoch waren sie ein deutliches Signal für Veränderungen.

In dieser Zeit machten sich viele Historiker an die Arbeit, um die Geschichte der Revolution zu schreiben. Zu ihnen gehörte Edward Hyde, der erste Earl of Clarendon. Von 1646 bis 1674 arbeitete er an seiner „History of the Rebellion", doch erst mit Beginn des 18. Jahrhunderts lagen die Bände der Öffentlichkeit vor. Die Leser mochten seinen Stil, die Charakterisierungen der Personen, die Beschreibung der Zeitzeugen. Bischof Gilbert Burnet schrieb die „History of Our Time". Ihm lag nicht an persönlichem Ansehen, daher wurde die Geschichte auch erst nach seinem Tod veröffentlicht. Die „History of the Reformation of the Church of England", ebenfalls aus seiner Feder, wandte sich unmittelbar nach Fertigstellung an die Leser, zu groß schien die Gefahr, dass der Katholizismus wieder auflebte. Burnet erhielt den Dank der Protestanten und den Applaus des Parlaments für seine Untersuchung. Ein weiterer Publikumsmagnet wurde der Schotte John Arbuthnot, Arzt und Freund von Jonathan Swift. Arbuthnot liebte Flugschriften und schuf mit John Bull eine unvergessliche Figur, die schließlich Symbolcharakter annahm. John war ein „ehrlicher, aufrichtiger Geselle, jähzornig, beherzt und von wechselnder Laune [...]. Wenn man ihm scheichelte, konnte man ihn lenken wie ein Kind. Johns Laune hing sehr vom Wetter ab, seine Stimmungen stiegen und fielen mit dem Barometer. John war gewandt und verstand sich glänzend auf sein Geschäft; aber kein lebender Mensch war nachlässiger in seiner Rechnungsführung und wurde von Partnern, Lehrlingen und Bedienten mehr betrogen als er. Das kam daher, dass er ein Zechbruder war, seine Flasche und die Unterhaltung liebte. Um die Wahrheit zu sagen: Niemand führte ein besseres Haus als John, niemand gab sein Geld großzügiger aus als er."[24] Arbuthnot schrieb zu Annas Zeiten und beobachtete ein bedeutendes Kapitel in der englischen Geschichte, die sich mit den Regierungsjahren Wilhelms und Marias fortsetzte. Mochten viele auch über die lasche Moral der Zeit klagen und die politische Korruption anprangern. Die großen Ereignisse waren nicht zu verkennen. Unübersehbar die dynastischen Veränderungen, die Stärkung des Protestantismus, der Machtgewinn des Parlaments gegenüber dem Monarchen, der steigende Einfluss der Minister. Religiöse Toleranz erhielt eine neue Bedeutung, in vorsichtigen Konturen zeigte sich die Pressefreiheit. England und Schottland gingen eine Allianz ein, die kontinentale französische Vorherrschaft stand in Frage. Amerika wurde ein neues Aushängeschild, die Wissenschaften erlebten einen enormen Auftrieb.

3. Aufstieg des Empire

1497	John Cabot erreicht Neufundland.
1498	Cabot erkundet die nordamerikanische Ostküste zwischen St.-Lorenz-Strom und Hudson-Mündung.
1600	31. Dezember: Gründung der East India Company
1606	König Jakob I. stellt englischen Kaufleuten einen Freibrief für Koloniegründungen in Virginia aus.
1607	14. Mai: Gründung von Jamestown am James River (Virginia)
1619	Erstes Kolonialparlament (Jamestown, 1699 Williamsburg, 1779 Richmond)
1620	„Pilgerväter" (Puritaner) gründen die „Plimoth Plantation" in Neuengland.
1624	Virginia wird Kronkolonie.
1630	Errichtung von Puritanersiedlungen (u.a. Boston) in der Massachusetts Bay Colony – Gouverneur: John Winthrop. Bis 1640: Besiedlung von Connecticut durch englische Puritaner aus der Massachusetts Bay Colony
1632	Freibrief für Cecilius Calvert für Maryland
1636/38	Errichtung der Kolonie Rhode Island
1655	Eroberung Jamaikas
1689	bis 1697: King William's War (Krieg zwischen Augsburger Liga und Frankreich)
1697	Friede von Rijswijk
1702	bis 1713: Queen Anne's War (Spanischer Erbfolgekrieg)
1713	26. März–13. Juni: Friede von Utrecht – Frankreich verliert an England Neuschottland, Neufundland und Posten an der Hudson Bay. England erhält von Spanien Gibraltar und Menorca.
1739	bis 1742: Jenkins' Ear War: Krieg Englands gegen Spanien – zur See, in Florida und Georgia[1]
1740	bis 1748: King George's War (Österreichischer Erbfolgekrieg)
1748	18. Oktober: Friede von Aachen – England erhält Madras (Indien) im Tausch gegen Fort Louisburg auf Cape Breton Island, Neuschottland.
1754	bis 1763: French and Indian War ('Parallele' zum Siebenjährigen Krieg [1756–1763]): Kampf um englisch-französische Vorherrschaft in Nordamerika
1763	10. Februar: Friede von Paris – Frankreich tritt Besitzungen an England bzw. Spanien (Louisiana westlich des Mississippi) ab.
1764	Erhebung von Einfuhrzöllen auf Zucker, Textilien, Kaffee, Wein u.a. für Nordamerika
1765	Stempelsteuergesetz: Gebühren für Ausstellung von Urkunden etc. – 1766 aufgehoben
1767	Townshend-Gesetze: Einfuhrzölle auf Glas, Blei, Farbe, Papier und Tee

1770	Boston-Massaker: Zusammenstoß von Bürgern und britischen Truppen
1773	Boston Tea Party: Bostoner werfen Teeladung ins Wasser.
1775	bis 1783: Amerikanischer Unabhängigkeitskrieg
1776	4. Juli: Amerikanische Unabhängigkeitserklärung
1778	Französisch-amerikanische Allianz
1781	Briten strecken Waffen bei Yorktown.
1783	3. September: Friede von Paris – Anerkennung der Souveränität der Vereinigten Staaten
1812	bis 1814: Krieg der USA gegen Großbritannien – 1814: Friede von Gent

Die britische Weltmacht

Der Vertrag von Tordesillas (1494), unterzeichnet von Portugal und Spanien, teilte die nichtchristliche Welt durch eine imaginäre Linie im Atlantik. Portugal verlangte die Gebiete östlich dieser Linie, Spanien die westlichen Territorien. Die portugiesische Herrschaft in Indien, den „East Indies" und Brasilien fußte auf diesem Vertrag. Ungefähr ein Jahrhundert herrschten die Portugiesen in dem genannten Gebiet ohne europäische Rivalen. Das Mittelmeergebiet blieb lange das Handelszentrum für Europa und den Nahen Osten. Italienische Seeleute hatten das höchste Ansehen. Die nördlichen Mächte machten sich vor 1600 keine überseeischen Gebiete zu Eigen. Die Vereinigten Provinzen der Niederlande rangen Jahrzehnte um die Unabhängigkeit von Spanien. Frankreich war regelmäßig in europäische Krisen verwickelt. England unterzog sich Bürgerkriegen und einer „Glorious Revolution". Es war lange unwillig, den Rivalen Spanien herauszufordern.[2]

Von diesen allgemeinen Entwicklungen abgesehen, hat es immer wieder einzelne Seeleute gegeben, die weite Reisen unternahmen. Möglicherweise haben Seeleute aus Bristol vor 1497 den Boden von Neufundland betreten. John Cabot (i.e. Giovanni Caboto) überquerte den Atlantik; dies wurde die erste dokumentierte Reise. Der Tod Heinrichs VII. 1509 bildete eine Zäsur. Aus vielen Gründen beteiligte sich England nicht mehr an Entdeckungen. Das änderte sich erst wieder ab der Mitte des Jahrhunderts. Sir Francis Drake und andere Seeleute forderten Spanien immer wieder heraus. Drake und der Freibeuter Thomas Cavendish (auch: Candish) versuchten erfolgreich, die Welt zu umsegeln. 1588 unterlag die Armada Philipps II. der englischen Flotte. Damit war der Weg frei für die englische Kolonisation in Amerika. Doch primär war das Augenmerk auf den Orient gerichtet. 1600 entschlossen sich Londoner Kaufleute, eine „East India Company" zu gründen. Das holländische Vorbild vor Augen, suchten sie ihr Glück auf dem indischen Subkontinent. Nun erfolgten Erwerbungen in rascher Folge. 1611 annektierten die Engländer Masulipat(n)am, 1622 nahmen englische und persische Truppen das portugiesische Ormuz (auch: Hormuz) ein, 1639 eignete sich England Madras an. 1661 fiel Karl II. Bombay in die Hände. Er schenkte es der East India Company. Nach 1707 brach das Mogul-Reich zusammen, die Rivalität zwischen britischen und französischen Gesellschaften nahm zunehmend gewaltsamen Charakter an. Bis 1748 hatte Frankreich die Oberhand gewonnen, aber nur für kurze Zeit, nach dem Siebenjährigen Krieg (1756–63) hatte Großbritannien viele Territorien wieder für sich gewonnen.[3] Die britische Gesellschaft setzte sich endgültig in Indien fest.[4] Einer ihrer Repräsentanten war Robert Clive. Erst war es der Handel mit Gewürzen, der zu Profiten verhalf, dann nach 1660 waren es überwiegend Textilien. „Cheap Cloths" wurden von den ärmeren Schichten des Königreichs gern gekauft.

Wer in der Zeit Georgs I. lebte und am Geschehen in der Welt interessiert war, trennte Großbritannien nicht mehr von kolonialem Besitz. Langsam hatte sich ein britisches Imperium gebildet, das Herzstück war der Handel. Ziel war nicht ein größtmöglicher Erwerb von überseeischen Territorien, die Absicht war, möglichst viele Handelsstützpunkte zu errichten. Eine Ausnahme waren die Siedlungskolonien in Nordamerika. Ihre Gründung ging auch auf religiöse Motive zurück. Die Zahl der Einwohner stieg von ungefähr 70 000 im Jahr 1660 auf 350 000 im Jahr 1713.

London bildete das Zentrum dieses Handelsnetzes. Vorrangig waren die Bedürfnisse des Mutterlandes. Dieses entschied über die Vergabe von Hoheitsrechten, Monopolen und Privilegien an Handelskompanien. Der Reichtum, von London organisiert, floss in die Metropole zurück. Alles in allem war es ein geschlossenes System, das der englischen Hochfinanz ein sicheres Fundament gab. Die Praktiken orientierten sich am Merkantilismus, der Staat diente als Dachorganisation.

Grundlage dieser Entwicklung war die Navigationsakte von 1651, die den holländischen Zwischenhandel unterbinden sollte; sie wurde ergänzt durch die Gesetze von 1660, 1663 und 1696. In der Summe legten diese Gesetze fest, dass der Handel mit den eigenen Kolonien nur mit englischen Schiffen ausgeführt werden durfte, irische und amerikanische Waren für den Fall zugelassen, dass die Besatzung zu drei Vierteln aus englischen Seeleuten bestand. Fremde europäische Produkte durften nur dann in die englischen Kolonien exportiert werden, wenn sie zuvor in England gestapelt worden waren. Die Gesetze bestimmten auch die Produkte, die Kolonien in England verkaufen durften. Zucker, Tabak, Indigo, Baumwolle, Farbhölzer durften unmittelbar nach England oder in die Kolonien transportiert werden. Von den gesetzlichen Bestimmungen ausgenommen war der Handel mit Fischprodukten. Alles in allem war es ein strenges System, das zwar durch manche Ausnahmen gemildert, aber insgesamt rigoros durchgeführt wurde.

Im Prinzip galt, dass die Kolonien keinen eigenen Handel entwickeln durften und das Mutterland koloniale Erzeugnisse zunächst lagerte. In den Kolonien selbst waren keine Gewerbe erlaubt. Das System erwirtschaftete eine positive Handelsbilanz. An der Spitze stand ein Gremium staatlicher Repräsentanten, die im 1696 gegründeten Board of Trade – auch: „Lords Commissioners of Trade and Plantations" – arbeiteten. Die Aufgabe des Gremiums bestand in der Aufsicht über koloniale Angelegenheiten. Sonderrechte wurden gegen Gebühren zugeteilt. Die Exporte aus London in die Kolonien, die Umschlagplätze in der Metropole bewirkten einen gewaltigen wirtschaftlichen Aufschwung. Im Jahr 1700 betrug der Export 317 000 t, 1725 schon 490 000 t. Zu Beginn des 18. Jahrhunderts bildete der Amerikahandel ein Siebtel des Gesamthandels.

Die ersten englischen Versuche, in Nordamerika Fuß zu fassen, schlugen fehl. 1606 kam es dann zu einer Dreiteilung der amerikanischen Ostküste. Kaufleute aus Bristol und Plymouth erhielten das Gebiet zwischen dem 41. und 45. Grad n. Br. zugewiesen, ein ähnliches Unternehmen aus London das Territorium zwischen dem 34. und 38. Grad. Die dritte Zone sollte neutral bleiben, keiner der beiden Gruppen war es erlaubt, Siedlungen zu gründen, die näher als 100 Meilen beieinander lagen. Beide Gesellschaften entsandten Schiffe mit Siedlern. Die Kaufleute aus Bristol landeten in Maine, scheiterten aber mit ihrem Projekt. Die Expedition aus London verbuchte indes einen großen Erfolg, sie gründete am Ufer des James River Jamestown (14. Mai 1607), den Ursprung des späteren Virginia. Die Charta des Rates für Neuengland war noch nicht fertig, als sich aus dem Hafen von Leiden einhundert englische Dissidenten mit der Mayflower auf den Weg nach Amerika machten. Ende 1620 landeten sie an der Stelle des heutigen Plymouth. Noch auf der Fahrt hatten sie einen „Mayflower Compact" beschlossen, der die Bildung einer eigenen Regierung verlangte. Sie unterstellten, dass sie fortan keiner fremden Regierung unterstehen würden. Tatsächlich sandten in der Zukunft neue Siedlungen ihre Repräsentanten nach Plymouth. Aus der Satzung einer Kirchengemeinde entwickelte sich langsam eine parlamentarische Demokratie. Plymouth erfreute sich auch in der Zukunft einer beachtlichen Unabhängigkeit.

Doch maßgebend für die Entwicklung in Nordengland wurde eine andere Kolonie: Puritaner hatten an der Massachusetts Bay Siedlungen gegründet. Sie waren 1623 aus Dorchester in Südengland gekommen, nicht ohne sich der Unterstützung Londoner Handelsherren zu versichern. 1629 gründeten sie die Massachusetts Bay Company. Als sie in eine Regierung umgeformt wurde, legten die Puritaner streng theokratische Gesichtspunkte zugrunde. Wer das volle Bürgerrecht genießen wollte, musste über Besitz verfügen und Mitglied der puritanischen Gemeinde sein. Doch die religiöse Intoleranz blieb nicht ohne Widerspruch. 1636 ergriffen unzufriedene Puritaner erneut die Initiative und gründeten die Kolonie Providence – Rhode Island. Sie war das erste Unternehmen, das religiöse Toleranz zum obersten Gesetz erhob. Andere gründeten 1635 Connecticut und 1638 New Haven. Die englische Krone fand sich bereit, auch diesen Tochterkolonien Privilegien zuzusprechen. Kolonialgründungen fanden aber auch durch lebenslängliche Landvergabe statt, in der Regel an einzelne oder mehrere Adlige. Maryland war das erste Beispiel dieser Art, der Sohn von Lord Baltimore siedelte hier englische Katholiken an. Der Herzog von York, später Jakob II., machte sich auf diese Weise die neuniederländische Kolonie Neuniederlande zu Eigen, die mit New York und New Jersey einen neuen Namen erhielt. 1665/70 gründeten Siedler die Kolonie Carolina. 1681 wurde William Penn Besitzer von Rechten am Delaware River, das war der Ursprung der Kolonie Pennsylvania. 1732 folgte Georgia.

In den hundert Jahren zwischen 1660 und 1760 wanderten immer mehr Kolonisten nach Westen, angespornt durch die kontinuierliche Einwanderung aus Europa und die Platznot in der Atlantischen Küstenebene. Die Siedler drangen trotz des Widerstandes der Indianer in das flachgewellte Hügelland im Osten des Kontinents (Piedmont-Plateau) ein. Die Menschen, die sich hier niederließen, stammten in der Regel nicht mehr aus Eng-

Bevölkerungsentwicklung			
Jahr	Bewohner	Jahr	Bewohner
1630	4 646	1720	466 185
1640	26 634	1730	629 445
1650	50 368	1740	905 563
1660	75 058	1750	1 170 760
1670	111 935	1760	1 593 625
1680	151 507	1770	2 148 076
1690	210 372	1780	2 780 369
1700	250 888	1790	3 929 214
1710	331 711	1800	5 308 483

Quelle: Udo Sautter, Geschichte der Vereinigten Staaten von Amerika, Stuttgart 1994, S. 583.

land, sondern kamen aus Deutschland, Irland und Schottland. Ihre Farmen waren kleiner und kamen meist ohne Sklaven aus. Die Siedler des Piedmont-Plateaus sahen sich aber bald im Gegensatz zu den Plantagenbesitzern und den Kaufleuten des Ostens. Diese weigerten sich, für Schutz gegen die Indianer zu sorgen und die Verkehrsverbindungen auszubauen. Die britische Regierung verfolgte diese Konflikte nicht unbeteiligt. Viele Kolonien mussten ihre politischen Sonderrechte aufgeben. In Maryland und Pennsylvania blieben die Rechte der Eigentümer allerdings ungeschmälert, das galt auch für Rhode Island und Connecticut. Doch im Großen und Ganzen konnte Großbritannien bis 1763 die meisten Kolonien unter seine Herrschaft bringen und zu königlichen Provinzen machen.

Alles in allem blieben die Kolonien von dem Konflikt zwischen König und Parlament in England verschont. Dennoch hatte der Bürgerkrieg Auswirkungen. Zehn Jahre erfreuten sich die Kolonien größter Freiheit, und sie entwickelten Traditionen und Gepflogenheiten, die sie später nicht mehr ablegen wollten. 1650 und 1651 verkündete das republikanische Commonwealth unter dem Einfluss merkantilistischer Theorien die Navigationsgesetze. Doch schon unter Zeitgenossen war umstritten, wer letztlich von diesen Regelungen mehr profitierte. Nicht jeder stimmte zu, dass sie tatsächlich der imperialen Einheit dienten. Die Realisierung der Bestimmungen indes war nicht perfekt, und es gab viele Wege, sie zu umgehen.

Ab 1660 nahm die Auswanderung aus dem Mutterland ab. Sie war zwar nie verboten, aber bei den Behörden auch nicht beliebt. Ausnahmen bestätigten die Regel. Karl II. schenkte William Penn ein riesiges Territorium, das heutige Pennsylvania. Penn schuf eine eigene Verfassung, die einen ortsansässigen Grundeigentümer als Gouverneur vorsah. Es gab eine gewählte Versammlung, die Vorschläge und Entscheidungen des Gouverneurs kommentieren durfte. Die Lebensweise zog viele Kolonisten an, auch aus dem Rheinland. Vier Jahre nach der Gründung lebten in Pennsylvania bereits 9000 Siedler.

Eine weitere Sonderregelung genossen die schottischen Iren, Presbyterianer aus den schottischen „lowlands". Aus wirtschaftlichen Gründen verließen eine Viertelmillion Ulster. Sie emigrierten zunächst nach New York, wanderten dann nach Pennsylvania, um schließlich in Nord- und Süd-Carolina eine neue Heimat zu finden.

Eine konzeptionelle Empire-Politik hat es in diesen Jahrhunderten nicht gegeben. Das Mutterland war alles in allem sehr zögerlich, eine zielgerichtete und gesteuerte Auswanderung existierte nicht. Im Vordergrund des Interesses stand der ökonomische Nutzen, die Kolonisten dachten an ihre wirtschaftliche Unabhängigkeit. Im Laufe der Jahre entwickelten sich große Gemeinden und Städte. Boston zählte zu den bekanntesten. Um 1750 lebten beispielsweise in einer Stadt wie Philadelphia zwischen 16 000 und 20 000 Menschen. New York wies eine Einwohnerzahl von 12 000 auf, Charleston in Süd-Carolina von 8000. Die Gesellschaften in Neuengland waren alles in allem sehr heterogen. Begegnungen und Konflikte mit Indianern bestimmten das Leben, allmählich wirkten sich auch wieder die europäischen Auseinandersetzungen auf den amerikanischen Kontinent aus. Ludwig XV. forcierte eine selbstbewusste Außenpolitik, Konflikte mit Spanien mehrten sich. In den Fischgründen vor Neufundland, in der Hudson Bay und im Süden und Westen des St.-Lorenz-Tales stießen Franzosen und Engländer aufeinander. Die indianische Bevölkerung diente beiden Seiten. Im Siebenjährigen Krieg (1756–63) ging es Engländern und Franzosen nicht nur um Europa, sondern um Interessen in der ganzen Welt. Frankreich suchte die Konfrontation und Entscheidung im Ohio-Tal. Allerdings verfügte Frankreich nicht über eine starke Flotte wie Großbritannien. Englands Achillesferse lag in Hannover.[5] Die österreichischen Niederlande waren indes eine Pufferzone zwischen Frankreich und Hannover. Friedrich II. von Preußen einigte sich 1756 mit England. Großbritannien unterstützte Preußen mit großen Summen. 1758 übernahm William Pitt das Kommando und profitierte von der hohen Bevölkerung in Neuengland sowie von der britischen Seeherrschaft.

Rivalitäten in Übersee

William Pitt, der Earl of Chatham, gehörte nicht dem alten Adel an. Sein Urgroßvater war Landpfarrer gewesen, sein Großvater hatte in Indien reüssiert, am Ende seiner Karriere war er sogar Gouverneur von Madras. 1735 betrat William Pitt der Ältere die politische Bühne. In dieser Zeit lebte England im Frieden. Walpoles Bemühungen hatten Früchte gezeigt, das Land lag fern der europäischen Konflikte, und diese Zurückhaltung wurde durch allgemeinen Wohlstand honoriert, allerdings fand sich auch keine intellektuelle Opposition. Als Walpoles Stern verblasste, stand Pitt auf der Seite derjenigen, die eine Schwächung Frankreichs für geboten hielten. Er wurde Generalzahlmeister der Armee, förderte die Whigs und verfolgte mit Skepsis, wie sich der internationale Horizont verfinsterte. Der Frieden von Aachen (18. 10. 1748) spottete seiner Bezeichnung, nicht nur in Amerika, auch in Indien kreuzten Franzosen und Engländer die Klinge.[6] Das Jahr 1756 stand für Niederlagen, England gab unter anderem Menorca auf, in Kalkutta gab es Tote zu beklagen, Oswego in Kanada wurde französisch, der europäische Kontinent überbot sich in Konflikten. Pitt überzeugte und übernahm die Kriegsführung. Zwei schottische Hochlandregimenter bewaffneten sich, die amerikanischen Kolonisten erfuhren eine deutliche materielle und militärische Unterstützung. Die Mühen zeitigten Früchte. Louisburg auf der Kap-Breton-Insel befand sich bald wieder in englischer Hand, der Zugang zum St.-Lorenz-Strom war frei für weitere Aktionen. Generalmajor James Wolfe führte die britischen Soldaten nach Quebec, neue große Territorien lagen England damit zu Füßen. In Westafrika setzte sich englisches Militär in Gorée (1758–83) durch, in Westindien eroberten die Truppen Guadeloupe. Die französische Flotte blieb auf den Weltmeeren unterlegen, in Indien zog Frankreich den Kürzeren. Pitt hatte eine ungeheure Leistung vollbracht. In kurzer Zeit hatte er die Basis für eine angelsächsische Herrschaft errichtet. Der Frieden von Paris (10. 2. 1763) zementierte diese Entwicklung. England nannte Kanada sein Eigen, annektierte westindische Inseln, festigte Stellung und Einfluss in Indien und setzte in Europa erneut den Fuß auf Menorca. Das Britische Weltreich hatte damit seine bisher größte Ausdehnung erlangt. Pitt war auf vier Kontinenten der Sieger geworden, die außenpolitischen Gegner hatten sich dem Sieger gefügt. In England jedoch änderte sich das Bewusstsein. Die Menschen hörten gern das Wort Frieden, Pitt hatte es in der letzten Zeit selten in den Mund genommen.

Amerikanische 'Revolution'

Georg II. starb im Oktober 1760. Sein Nachfolger übernahm ein unruhiges Land.[7] Als Georg III. den Thron bestieg, konnte er noch nicht ahnen, dass er einmal zu den umstrittensten britischen Monarchen in der bisherigen Geschichte zählen würde. Die ersten zehn Jahre seiner Herrschaft sahen allein sieben verschiedene Regierungen. Erst 1770 war eine gewisse Stabilität zu beobachten. Mit dem neuen Minister Frederick North beruhigte sich das Klima. Doch es ließ sich nicht leugnen, dass die bisherige Instabilität die Beziehungen zu den amerikanischen Kolonien beeinflusste und die allgemeine Krise verstärkte. Schlechte Ernten beeinträchtigten die Lebensqualität, die Preise für Nahrungsmittel stiegen, Arbeitslosigkeit machte sich bemerkbar.

Die amerikanische Unabhängigkeit bedeutete den Herzinfarkt für die britische Politik in der zweiten Hälfte des 18. Jahrhunderts.[8] Zahlreiche Gründe hatten das Verhältnis zwischen dem Mutterland und den Kolonien verschärft. Wer politisches Interesse an den Tag legte, hatte in den letzten Jahren beobachten können, dass die imperiale Herrschaft gestrafft worden war. Es gab Tendenzen, die Vorherrschaft in Irland, Indien und eben auch in den amerikanischen Kolonien zu festigen. Hinzu kamen allerdings, noch schlimmer, finanzielle Sorgen. 1763 hatte die „national debt" eine Höhe von ungefähr 130 Millionen Pfund erreicht, und eine Begrenzung war nicht in Sicht. Bereits die einheimische Bevölkerung stöhnte unter der Steuerlast, für die Regierung lag es nahe, nach Alternativen Ausschau zu halten, um den gewaltigen finanziellen Engpass zu überwinden. Diese Entwicklung gab den Hintergrund ab für die Entscheidung von George Grenville, durch den Stamp Act neue Steuern zu erheben, die für alle „legal and commercial papers" gelten sollten. Die Empörung in den Kolonien kannte keine Grenzen, aber auch in England war die Verärgerung groß, als die Amerikaner ihrerseits britische Waren boykottierten. Das Gesetz wurde 1766 zwar widerrufen, doch es blieb das ungute Gefühl, dass das Parlament für die Kolonien unwillkommene Gesetze beschließen konnte. 1767 machte sich Charles Townshend mit neuen Steuern für Importe in die Kolonien unbeliebt, sie galten auch für Tee, und sie waren mit der Überlegung verknüpft, die koloniale Verwaltung und Regierung grundsätzlich neu zu organisieren. Diese Aussicht sprengte alle Grenzen der Empörung, dem Parlament in London fehlte allerdings die Sensibilität für diese Entwicklung.

Die dreizehn amerikanischen Kolonien bildeten das Kernstück des Ersten Britischen Empire, das im Wesentlichen aus Irland, den nordamerikanischen Kolonien und den „plantation colonies" der Westindischen Inseln bestand. Der Siebenjährige Krieg (1756–1763) hatte Großbritannien eine unübersichtliche Fülle an Konflikten beschert. Dazu gehörten die Assimilation der „French Canadians", die Kontrolle der Indianer und die Besiedlung der Region jenseits des Allegheny-Gebirges („trans-Allegheny" region). All diese Aufgaben schöpften das Kräftepotential bis zum Letzten aus. Eine Überprüfung und Neuorganisation der imperialen Politik war unvermeidbar, um den finanziellen Kollaps zu vermeiden. Zum ersten Mal sollten von den Kolonien Einnahmen („revenues") erhoben werden. Die merkantilen Vorgaben wurden immer strenger, Maßnahmen gegen den Schmuggel effektiver, der Handel Neuenglands mit den Westindischen Inseln erfuhr zunehmende Beschränkung. Die Bevölkerung in den Kolonien nahm diese Bestimmungen nicht kommentarlos hin. Das Verhältnis kühlte sich weiter ab. Eine potentielle französische Bedrohung aus dem Norden existierte nicht mehr, Frankreich und Spanien ermutigten zum Widerspruch, seit sie sich von der Sonnenseite der Welt verdrängt fühlten. Last but not least sorgte Irland für Schlagzeilen.

Die gewaltigen Kriegskosten der Vergangenheit sowie der Schutz der Westgrenze gegen Indianer hatten unvorstellbare Summen verschlungen. Für 'Premierminister' Grenville boten nur die Kolonien einen Ausweg. Schon in der Vergangenheit hatte eine Reihe von Gesetzen dafür gesorgt, dass die Grundsätze des Merkantilsystems zum Tragen kamen. Und das bedeutete, dass beispielsweise Virginia-Tabak nur direkt an England geliefert werden durfte. Mit der Folge, dass seit 1660 Baumwolle und Indigo außerhalb des Empire im Prinzip nicht verkauft werden durften. Und schließlich mussten die Kolonisten Zoll bezahlen, beispielsweise für Melasse, die sie außerhalb des Empire erwarben. Am 29. September 1764 trat das neue Zuckergesetz in Kraft, das Board of Trade erwartete Mehreinnahmen in Höhe von 45 000 Pfund Sterling, die Präambel erklärte knapp und begründend: „Es ist angebracht, mithilfe neuer Maßnahmen und Vorschriften die Steuereinkünfte dieses Königreichs zu verbessern und Schifffahrt und Handel zwischen Großbritannien und Eurer Majestät Dominions[9] in Amerika – die durch den Friedensvertrag in so glücklicher Weise vergrößert werden konnten – auszuweiten. Es ist gerecht und notwendig, dass in Eurer Majestät besagten Dominions in Amerika Steuern erhoben werden, um die Ausgaben für die Verteidigung, den Schutz und die Sicherheit derselben zu begleichen. Deshalb haben wir, Eurer Majestät gehorsame und loyale Untertanen, die commons von Großbritannien im Parlament versammelt die folgenden Zölle beschlossen [...]. Es soll

Zoll erhoben und an Eure Majestät und Eure Erben und Nachfolger beim Import in Eurer Herrschaft unterstehende Kolonie in Amerika gezahlt werden auf: Weißzucker und Raffinade, die in einer Kolonie in Amerika erzeugt wurde, die nicht Eurer Majestät Herrschaft untersteht; auf Indigo und Kaffee ausländischer Herkunft; auf Wein (außer französischem); auf gewebte Seide, bengalisches Tuch und mit Seide verwebte Stoffe aus Persien, China oder Ostindien, und auf alles in diesen Ländern gefärbte Kaliko; und auf ausländisches Leinen namens Cambrick und French Lawns. Und zwar 1 £ 2 sh mehr als bisher je 100 *avoirdupois* Weißzucker oder Raffinade."[10] Diese umfangreiche Auflistung löste heftigen Protest aus. Denn mit dem Zuckergesetz wurden die Gerichtshöfe der Admiralität sowie die Seegerichte angehalten, Verstöße mit bisher nicht praktizierter Strenge zu bestrafen. Darüber hinaus wurde Informanten ein Drittel der Strafgebühr in Aussicht gestellt, wenn ihre Hinweise zur Ergreifung der Schmuggler führten. Zu guter Letzt wurde auch die Währung vorgeschrieben, in der die Strafen zu bezahlen waren, in Pfund Sterling und nicht in Papierzahlungsmitteln. In Amerika warf man dem Londoner Parlament vor, sich rechtswidrig Einnahmen zu verschaffen. „No taxation without representation" ging als Forderung und Slogan in die Geschichte ein. Da die Kolonisten nicht als minderwertige Bürger leben wollten, formierte sich ihre Kritik zu einer breiten Protestwelle. Die Assembly von New York verfasste noch im Oktober 1764 eine Petition, in der sie entschlossen die Ablehnung des Gesetzes vortrug: „Die Assembly dieser Kolonie hat nicht die Absicht, die Macht des Parlaments von Großbritannien zu schmälern. Sie kann aber nicht umhin, den Verlust eines Rechtes zu beklagen, das sie bislang ausgeübt hat und das bereits in der Frühzeit der Entstehung unserer Verfassung zugestanden worden ist; für das sich die besten Gründe anführen lassen, das Gewohnheitsrecht geworden ist und zu den besten Ergebnissen geführt hat. Nie ist es missbraucht worden. Sein Verlust bedeutet den Verlust von Freiheit, Eigentum und allen Gütern dieses Lebens; er wird den Unternehmensgeist des Volkes dämpfen, Industrie und Handel zurückgehen lassen, zu Streit, Armut und Sklaverei führen und vielleicht die Siedler aus den Kolonien vertreiben, ein großes, fruchtbares und gedeihendes Gebiet wieder zur Wildnis werden und Großbritannien verarmen lassen und die Macht des blühendsten Handelsreiches dieser Welt erschüttern. All dies bitten wir, die wir größtes Vertrauen in Ihre Weisheit und Gerechtigkeit haben, in Ihren Überlegungen so zu berücksichtigen, dass Maßnahmen ergriffen werden, die dem Gemeinwohl aller Untertanen Großbritanniens in England und in Übersee dienen."[11] Das waren sehr eindeutige und weitgehende Feststellungen, die schon in die Zukunft griffen und in den Grundzügen einen Konflikt erkennen ließen, der nicht leicht zu bewältigen war. Doch in London wurden die Einnahmen genau registriert – und sie reichten noch immer nicht. Im Britischen Schatzamt kam Grenville auf den Gedanken einer Stempeltaxe, die auf Zeitungen, Lizenzen, Rechtsdokumente und Ähnliches erhoben werden konnte. Dieses neue Ansinnen war noch mehr als das Zuckergesetz dazu geeignet, den Protest betroffener Berufssparten auszulösen. Und zu ihnen gehörten beispielsweise Journalisten, aber auch Anwälte und Bankiers, also eine in der Gesellschaft sehr einflussreiche und bedeutsame Schicht, die nicht auf Widerspruch verzichtete. Das Stempelsteuergesetz war im englischen Parlament mit großer Mehrheit verabschiedet worden und sah eine

Fülle an Bestimmungen vor, die nur als Knebelung verstanden werden konnten. Summa summarum handelte es sich um 63 Paragraphen, die kaum einen Bereich des menschlichen Lebens und des geschriebenen Wortes ausließen, der nicht besteuert werden sollte. Der Protest überstieg folglich die Demonstration gegen das Zuckergesetz um ein Vielfaches, in Boston kam es zu Plünderungen, die Bibliothek des Gouverneurs fand sich auf der Straße wieder. In London wurde dieser ohnmächtige Zorn durchaus registriert, doch Kompromissbereitschaft ließ sich nicht erkennen. Vor allem hielten die Verantwortlichen an der Überzeugung fest, dass die Kolonien angemessen vertreten seien. Der Spruch „Keine Besteuerung ohne Repräsentation" greife folglich in die Luft. Die Situation verschärfte sich zunehmend, eine Reihe von Kaufleuten lehnte den Import britischer Güter ab, die New Yorker „Söhne der Freiheit" beschlossen, dass sie „bis zum Äußersten gehen werden und dass [sie ihr] Leben und [ihren] Besitz einsetzen werden, um die Durchsetzung des Stempelsteuergesetzes in dieser Stadt und in dieser Provinz wirkungsvoll zu verhindern".[12] Das war mehr als Boykott. 1766 wurde das Stempelsteuergesetz zwar wieder annulliert, aber letztlich durch das viel schärfere Townshend-Steuergesetz ersetzt. Ziel war, 40 000 Pfund an Einfuhrsteuern auf Glas, Feuersteine, Blei, Farbe, Tee und Papier einzubringen. Zur größeren Effektivität erfuhr die Zollbehörde eine Neuorganisation, in Zukunft sollte der Zoll von Zollkommissaren in Boston eingezogen werden. Im Townshend-Zollgesetz vom 29. Juni 1767 hieß es: „Jedem Beamten des Zolldienstes Seiner Majestät ist es gestattet, mit einem richterlichen Durchsuchungsbefehl und einem Konstabel oder anderen Beamten aus der Nachbarschaft bei Tageslicht in jedes Haus, Warenhaus, jeden Raum, Laden oder Keller einzudringen und, falls Widerstand geleistet wird, Türen, Kisten und andere Behälter aufzubrechen, zu beschlagnahmen und jegliche unverzollte Ware in das nächstgelegene Zollgebäude Seiner Majestät abzutransportieren."[13] War eine weitere Verschärfung noch möglich? Nicht aus amerikanischer Sicht. Die Antwort war der Boykott englischer Güter. Am 5. März 1770 kam es in Boston zu einem Zusammenstoß zwischen Soldaten und Bürgern, drei Anwohner fanden den Tod, zwei weitere starben an ihren schweren Verletzungen. Eine genaue Rekonstruktion des Geschehens fällt auch heute noch schwer, widersprechende Berichte über das Ereignis sind überliefert. Doch fest steht, dass sich der Zusammenstoß propagandistisch gut auswerten ließ: „Die Nachricht von diesem Massaker hat das Volk sofort erregt. Die Glocken wurden geläutet, und viele Menschen strömten an der Stelle zusammen, wo diese tragische Szene sich abgespielt hatte. Ihre Gefühle kann man sich besser vorstellen als ausdrücken", so urteilte die „Boston Gazette" vom 12. März 1770.[14] Auch wenn das Townshend-Steuergesetz schließlich widerrufen wurde, so beharrte London trotz allem auf der imperialen Besteuerung, die den Protest in den amerikanischen Kolonien am Leben hielt. Die „Boston Tea Party" von 1773 ließ keine Zweifel über die amerikanische Sicht zu, die „Söhne der Freiheit" maskierten sich als Indianer und schütteten den Tee in den Hafen. Diese Aktion ließ sich nur als Provokation verstehen, Augenmaß und Verhandlungsbereitschaft blieben in dieser Situation chancenlos. Die Frage sei, so notierte John Adams, später Präsident der Vereinigten Staaten, in seiner Tagebucheintragung vom 17. Dezember 1773, „ob die Vernichtung des Tees nötig war. Ich fürchte, sie war absolut notwendig.

Er konnte nicht zurückgeschickt werden, weil Gouverneur, Admiral und der Zoll es nicht erlaubten. Allein in deren Macht lag es, den Tee zu retten. An der Wasserfestung und den Kriegsschiffen waren die Teeschiffe nicht vorbeigekommen. Die Alternative war daher, den Tee zu vernichten oder an Land zu bringen. Ihn an Land zu bringen hätte bedeutet, dass wir das Besteuerungsrecht des Parlaments anerkennen, gegen das der Kontinent zehn Jahre lang gekämpft hat. Es hätte bedeutet, dass wir die Arbeit von zehn Jahren zunichte machen und uns und unsere Nachkommen den ägyptischen Sklaventreibern unterwerfen – den drückenden Abgaben, der Schmach und Schande, den Anschuldigungen und der Verachtung, dem Elend und der Unterdrückung, der Armut und der Knechtschaft."[15] Aus englischer Sicht war in Massachusetts eine Revolte ausgebrochen. Keine Handelsschiffe durften in den Hafen von Boston mehr einlaufen. Der Freibrief der Kolonie erfuhr eine wesentliche Änderung: Der Rat wurde nicht mehr gewählt, sondern ernannt, der Gouverneur wurde mit weitreichenden Vollmachten ausgestattet, über Übeltäter wurde in England das Urteil gesprochen. Die amerikanische Reaktion bestand in der Einberufung eines Kontinentalkongresses in Philadelphia, der am 1. Oktober 1774 eine Grundsatzerklärung verabschiedete und am 21. Oktober an die Bevölkerung in England appellierte: „Sind also die Eigentümer des Bodens von Amerika nicht ebenso die Herren ihres Eigentums wie Ihr des Eurigen; oder sollen sie es der Willkür Eures Parlamentes oder irgendeines anderen Parlamentes oder Rates, dessen Mitglieder sie nicht wählten, überlassen? Kann der Zwischenraum der See, die uns trennt, Ungleichheit in den Rechten veranlassen oder kann ein Grund angegeben werden, warum englische Untertanen, die dreitausend Meilen weit von dem königlichen Palaste wohnen, andere Freiheit genießen sollten als diejenigen, die nur dreihundert Meilen davon leben?"[16] Der Ausruf drückte die Entschlossenheit der Kolonisten aus, mit dem Mutterland zu brechen, wenn die Bestimmungen nicht aufgehoben würden. Doch in England blieb er ohne Resonanz. Im Gegenteil, in London war man zur Härte gegenüber den aufsässigen Bewohnern der Kolonien entschlossen, beide Häuser des Parlaments dachten so. 'Premierminister' North wurde zum Symbol der Kompromisslosigkeit. Er wollte die Vorherrschaft ohne Wenn und Aber durchsetzen. Wer zur Flexibilität riet, beispielsweise Kaufleute, stieß auf taube Ohren. Auch im Parlament existierte eine Opposition, doch mit all ihrem rhetorischen Geschick und ihren schwer wiegenden Argumenten stieß sie ins Leere, die Mehrheit hatte sich eine Meinung gebildet, und diese duldete keine Infragestellung ihrer Macht. Zu den wenigen Vermittlern zählte William Pitt, am 20. Januar 1775 ergriff er das Wort und trug eine nachdenklich stimmende Rede vor, die zwar in die Geschichte einging, aber dennoch ihr Ziel verfehlte. Pitt verlangte „Gerechtigkeit für Amerika", forderte aber gleichzeitig den Gehorsam der Kolonisten. Dennoch rief er dazu auf, ihr Eigentum als eine „geheiligte Sache" zu betrachten, Eigentum sei wie ein „Atom", nämlich „unteilbar". Mit Nachdruck setzte er fort: „Der Widerstand gegen Euer willkürliches System der Besteuerung war vorherzusehen. Er war offenbar aus der Natur der Dinge und des menschlichen Geschlechts, und vornehmlich aus dem Whiggischen Geist, der in jenem Lande floriert. Der Geist, der sich jetzt Eurer Besteuerung in Amerika widersetzt, ist derselbige, der sich ehemals Darlehen, freiwilligen Geschenken und Schiffsgeld in England, und zwar mit Nachdruck, widersetzte; derselbige

Geist, der ganz England auf die Beine brachte und durch die Bill of Rights die englische Verfassung sicherte; derselbige Geist, der den großen Grundsatz Eurer Freiheiten festsetzte, dass kein Untertan besteuert werden soll als nur mit seiner eigenen Bewilligung." Am Ende seiner Rede warf Pitt einen Blick in die Zukunft und erklärte: „Ich hoffe, Eure Herrlichkeiten sind davon überzeugt, dass alle Versuche, solchen Leuten das Joch aufzulegen, über eine solche mächtige, über einen ganzen Kontinent ausgebreitete Nation willkürliche Herrschaft aufzurichten, vergebens und verderblich sein müssen. Wir werden am Ende gezwungen sein aufzugeben. Lasst es uns tun, solange wir können, nicht wenn wir müssen."[17]

Pitt schien den Lauf der Zukunft zu erahnen, doch seine Worte blieben ohne Gehör, seine Rede wurde in Amerika auch in deutscher Übersetzung verbreitet. Gleichwohl bleibt festzuhalten, dass der Entschluss zum militärischen Widerstand nicht mit einem Appell zur Unabhängigkeit gleichzusetzen ist. Viele Kolonisten wünschten sich auch nach Ausbruch der Kämpfe eine baldige Lösung, die einen Kompromiss erlaubte. Benjamin Franklin wurde der Spruch zugeschrieben: „Entweder wir halten zusammen oder wir hängen einzeln." Diese Äußerung spiegelt die Stimmung und begründete den Zusammenhalt der Kolonien, die den Kontinentalkongress als oberstes Gremium anerkannten. Am 26. Oktober rechtfertigte der König den harten Kurs gegenüber den Kolonisten: „Sie haben Truppen ausgehoben und bauen eine Seestreitmacht auf. Sie haben die öffentlichen Steuergelder an sich genommen und sich legislative, exekutive und richterliche Gewalt angemaßt und sie bereits in willkürlicher Weise gegen Personen und Besitz ihrer Untertanen eingesetzt. Viele dieser unglücklichen Menschen mögen ihre Loyalität bewahrt haben und zu klug sein, um die fatalen Folgen dieser Anmaßung nicht zu erkennen. Sie mögen daher Widerstand leisten wollen. Der Strom der Gewalttaten jedoch hat sie zum Schweigen gebracht, bis eine hinreichend bewaffnete Macht erscheint, um sie zu unterstützen.[...] Es ist ein Gebot der Klugheit und Güte, diesen Unruhen mit den entschlossensten Maßnahmen ein schnelles Ende zu bereiten. Zu diesem Zweck habe ich meine Marine vergrößert und die Landstreitkräfte erheblich vermehrt, jedoch in einer Weise, die meinen Königreichen die geringsten Unkosten verursacht."[18] Doch alle Aktivitäten mündeten nolens volens in die Unabhängigkeitserklärung, die von Thomas Jefferson aus Virginia, John Adams aus Massachusetts, Benjamin Franklin aus Philadelphia, Roger Sherman aus Connecticut und Robert Livingston aus New York entworfen wurde. Am 4. Juli 1776 stimmte der Kongress einstimmig zu, die Geburtsstunde einer neuen Nation stand bevor.

Im Congreß, den 4ten July, 1776

Eine Erklärung durch die Repräsentanten der Vereinigten Staaten von America, im General-Congreß versammlet.

Wenn es im Lauf menschlicher Begebenheiten für ein Volk nöthig wird die Politischen Bande, wodurch es mit einem andern verknüpft gewesen, zu trennen, und unter den Mächten der Erden eine abgesonderte und gleiche Stelle einzunehmen, wozu selbiges die

Gesetze der Natur und des Gottes der Natur berechtigen, so erfordern Anstand und Achtung in die Meinungen des menschlichen Geschlechts, dass es die Ursachen anzeige, wodurch es zur Trennung getrieben wird.

Wir halten diese Wahrheiten für ausgemacht, dass alle Menschen gleich erschaffen worden, dass sie von ihrem Schöpfer mit gewissen unveräusserlichen Rechten begabt worden, worunter sind Leben, Freyheit und das Bestreben nach Glückseligkeit. Dass zur Versicherung dieser Rechte Regierungen unter den Menschen eingeführt worden sind, welche ihre gerechte Gewalt von der Einwilligung derer, die regiert werden, herleiten; dass sobald einige [eine] Regierungsform diesen Endzwecken verderblich wird, es das Recht des Volks ist sie zu verändern oder abzuschaffen, und eine neue Regierung einzusetzen, die auf solche Grundsätze gegründet, und deren Macht und Gewalt solchergestalt gebildet wird, als ihnen zur Erhaltung ihrer Sicherheit und Glückseligkeit am schicklichsten zu seyn dünket. Zwar gebietet Klugheit, dass von langer Zeit her eingeführte Regierungen nicht um seichter und vergänglicher Ursachen willen verändert werden sollen; und demnach hat die Erfahrung von jeher gezeigt, dass Menschen, so lang das Uebel noch zu ertragen ist, lieber leiden und dulden wollen, als sich durch Umstoßung solcher Regierungsformen, zu denen sie gewöhnt sind, selbst Recht und Hülfe verschaffen. Wenn aber eine lange Reihe von Misshandlungen und gewaltsamen Eingriffen, auf einen und eben den Gegenstand unablässig gerichtet, einen Anschlag an den Tag legt sie unter unumschränkte Herrschaft zu bringen, so ist es ihr Recht, ja ihre Pflicht, solche Regierung abzuwerfen, und sich für ihre künftige Sicherheit neue Gewähren [Wächter] zu verschaffen. Dis war die Weise, wie die Colonien ihre Leiden geduldig ertrugen; und so ist jetzt die Nothwendigkeit beschaffen, welche sie zwinget ihre vorigen Regierungs-Systeme zu verändern. Die Geschichte des jetzigen Königs von Großbrittannien ist eine Geschichte von wiederholten Ungerechtigkeiten und gewaltsamen Eingriffen, welche alle die Errichtung einer absoluten Tyranney über diese Staaten zum geraden Endzweck haben. Dis zu beweisen, wollen wir der unpartheyischen Welt folgende Facta vorlegen:

Er hat seine Einstimmung zu den heilsamsten und zum Oeffentlichen Wohl nöthigsten Gesetzen versagt.

Er hat seinen Guvernörs verboten, Gesetze von unverzüglicher und dringender Wichtigkeit heraus zu geben, es sey dann, dass sie so lange keine Kraft haben solten, bis seine Einstimmung erhalten würde; und wenn ihre Kraft und Gültigkeit so aufgeschoben war, hat er solche gänzlich aus der Acht gelassen.

Er hat sich geweigert andere Gesetze zu bekräftigen zur Bequemlichkeit grosser Districte von Leuten, wofern diese Leute das Recht der Repräsentation in der Gesetzgebung nicht fahren lassen wolten, ein Recht, das ihnen unschätzbar, und nur Tyrannen fürchterlich ist.

Er hat Gesetzgebende Körper an ungewöhnlichen, unbequemen und von der Niederlage ihrer öffentlichen Archiven entfernten Plätzen zusammen berufen, zu dem einzigen Zweck, um sie so lange zu plagen, bis sie sich zu seinen Maaßregeln bequemen würden.

Er hat die Häuser der Repräsentanten zu widerholten malen aufgehoben, dafür, dass sie mit männlicher Standhaftigkeit seinen gewaltsamen Eingriffen auf die Rechte des Volks widerstanden haben.

Er hat, nach solchen Aufhebungen, sich eine lange Zeit widersetzt, dass andere erwählt werden solten; wodurch die Gesetzgebende Gewalt, die keiner Vernichtung fähig ist, zum

Volk überhaupt wiederum zur Ausübung zurück gekehrt ist; mittlerweile dass der Staat allen äusserlichen Gefahren und innerlichen Zerrüttungen unterworfen blieb.

Er hat die Bevölkerung dieser Staaten zu verhindern gesucht; zu dem Zweck hat er die Gesetze zur Naturalisation der Ausländer gehindert; andere, zur Beförderung ihrer Auswanderung hieher, hat er sich geweigert heraus zu geben, und hat die Bedingungen für neue Anweisungen von Ländereyen erhöhet.

Er ist der Verwaltung der Gerechtigkeit verhinderlich gewesen, indem er seine Einstimmung zu Gesetzen versagt hat, um Gerichtliche Gewalt einzusetzen.

Er hat Richter von seinem Willen allein abhängig gemacht, in Absicht auf die Besitzung ihrer Aemter, und den Belauf und die Zahlung ihrer Gehalte.

Er hat eine Menge neuer Aemter errichtet, und einen Schwarm von Beamten hieher geschickt, um unsere Leute zu plagen, und das Mark ihres Vermögens zu verzehren.

Er hat unter uns in Friedenszeiten Stehende Armeen gehalten, ohne die Einstimmung unserer Gesetzgebungen.

Er hat sich bemühet die Kriegsmacht von der Bürgerlichen Macht unabhängig zu machen, ja über selbige zu erhöhen.

Er hat sich mit andern zusammen gethan, uns einer Gerichtsbarkeit, die unserer Landsverfassung ganz fremd ist, und die unsere Gesetze nicht erkennen, zu unterwerfen; indem er seine Einstimmung zu ihren Acten angemaßter Gesetzgebung ertheilt hat, näml[ich:]

Um grosse Haufen von bewaffneten Truppen bey uns einzulegen:

Um solche durch ein Schein-Verhör vor Bestrafung zu schützen für einigerley Mordthaten, die sie an den Einwohnern dieser Staaten begehen würden:

Um unsere Handlung [Handel] mit allen Theilen der Welt abzuschneiden:

Um Taxen [Steuern] auf uns zu legen, ohne unsere Einwilligung:

Um uns in vielen Fällen der Wohlthat eines Verhörs durch eine Jury zu berauben:

Um uns über See zu führen, für angegebene Verbrechen gerichtet zu werden:

Um das freye System Englischer Gesetze in einer benachbarten Provinz [Quebec] abzuschaffen, eine willkührliche Regierung darin einzusetzen, und deren Grenzen auszudehnen, um selbige zu gleicher Zeit zu einem Exempel sowol als auch zu einem geschickten Werkzeug zu machen, dieselbe absolute Regierung in diese Colonien einzuführen:

Um unsere Freyheitsbriefe [Gründungsurkunden, charters] uns zu entziehen, unsere kostbarsten Gesetze abzuschaffen, und die Form unserer Regierungen von Grund aus zu verändern:

Um unsere eigenen Gesetzgebungen aufzuheben, und sich selbst zu erklären, als wenn sie [das Parlament] mit voller Macht versehen wären, uns in allen Fällen Gesetze vorzuschreiben.

Er hat die Regierung allhier niedergelegt, indem er uns ausser seinem Schutz erklärt hat, und gegen uns Krieg führet.

Er hat unsere Seen geplündert, unsere Küsten verheeret, unsere Städte verbrannt, und unser Volk ums Leben gebracht.

Er ist, zu dieser Zeit, beschäftigt mit Herübersendung grosser Armeen von fremden Mieth-Solddaten, um die Werke des Todes, der Zerstörung und Tyranney zu vollführen, die bereits mit solchen Umständen von Grausamkeit und Treulosigkeit angefangen worden, welche selbst in den barbarischsten Zeiten ihres Gleichen nicht finden, und dem Haupt einer gesitteten Nation gänzlich unanständig sind.

Er hat unsere auf der hohen See gefangene Mitbürger gezwungen die Waffen gegen ihr Land zu tragen, um die Henker ihrer Freunde und Brüder zu werden, oder von ihren Händen den Tod zu erhalten.

Er hat unter uns häusliche Empörungen und Aufstände erregt, und gestrebt über unsere Grenz-Einwohner die unbarmherzigen wilden Indianer zu bringen, deren bekannter Gebrauch den Krieg zu führen ist, ohne Unterschied von Alter, Geschlecht und Stand, alles niederzumetzeln.

Auf jeder Stufe dieser Drangsalen haben wir in den demüthigsten Ausdrücken um Hülfe und Erleichterung geflehet: Unsere widerholten Bittschriften sind nur durch wiederholte Beleidigungen beantwortet worden. Ein Fürst, dessen Character so sehr jedes einen Tyrannen unterscheidendes Merkmaal trägt, ist unfähig der Regierer eines freyen Volks zu seyn.

Auch haben wir es nicht an unserer Achtsamkeit gegen unsere Brittischen Brüder ermangeln lassen: Wir haben ihnen von Zeit zu Zeit Warnung ertheilt von den Versuchen ihrer Gesetzgebung eine unverantwortliche Gerichtsbarkeit über uns auszudehnen. Wir haben die Umstände unserer Auswanderung und unserer Niederlassung allhier zu Gemüthe geführt. Wir haben uns zu ihrer angebornen Gerechtigkeit und Großmuth gewandt, und sie bey den Banden unserer gemeinschaftlichen Verwandschaft beschworen, diese gewaltsamen Eingriffe zu missbilligen, welche unsere Verknüpfung und unsern Verkehr mit einander unvermeidlich unterbrechen würden. Auch sie sind gegen die Stimme der Gerechtigkeit und Blutsfreundschaft taub gewesen. Wir müssen uns derohalben die Nothwendigkeit gefallen lassen, welche unsere Trennung ankündigt, und sie, wie der Rest des menschlichen Geschlechts, im Krieg für Feinde, im Frieden für Freunde, halten.

Indem derohalben Wir, die Repräsentanten der *Vereinigten Staaten von America*, im General-Congreß versammlet, uns wegen der Redlichkeit unserer Gesinnungen auf den allerhöchsten Richter der Welt berufen, so Verkündigen wir hiemit feyerlich, und Erklären, im Namen und aus Macht der guten Leute dieser Colonien, Dass diese Vereinigten Colonien *Freye und unabhängige Staaten* sind, und von Rechtswegen seyn sollen; dass sie von aller Pflicht und Treuergebenheit gegen die Brittische Krone frey- und losgesprochen sind, und dass alle Politische Verbindung zwischen ihnen und dem Staat von Großbritannien hiemit gänzlich aufgehoben ist, und aufgehoben seyn soll; und dass als Freye und Unabhängige Staaten sie volle Macht und Gewalt haben, Krieg zu führen, Frieden zu machen, Allianzen zu schliessen, Handlung zu errichten [Handel zu treiben], und alles und jedes andere zu thun, was Unabhängigen Staaten von Rechtswegen zukömmt. Und zur Behauptung und Unterstützung dieser Erklärung verpfänden wir, mit vestem Vertrauen auf den Schutz der Göttlichen Vorsehung, uns unter einander unser Leben, unser Vermögen und unser geheiligtes Ehrenwort.

Unterzeichnet auf Befehl und im Namen des Congresses,

John Hancock, Präsident.

Bescheiniget,

Charles Thomson, Secretary of the Congress.

(Im Originaltext folgen dann noch die nach Einzelstaaten angeordneten Unterschriften der Delegationsmitglieder. Da die Pergamentausfertigung erst am 2. August 1776 unterschrieben wurde, finden sich dort auch die Unterschriften der New Yorker.)[19]

Der folgende Krieg hält einem Vergleich mit dem totalen Krieg des zwanzigsten Jahrhunderts in keiner Weise stand.[20] Die Truppen besaßen Winterquartiere, Kriegsgefangene wurden häufig ausgetauscht und für eine Desertation gab es keine unüberwindlichen Barrieren. Gleichwohl ließen sich die Verluste nicht minimieren, Zorn, Empörung und Verbitterung waren auf allen Seiten anzutreffen. In Europa wurde mit großem Staunen zur Kenntnis genommen, dass die amerikanischen Freiheitskämpfer sich am Ende weitaus besser schlugen als die Berufssoldaten aus den verschiedensten Teilen des alten Kontinents.

Die amerikanische Unabhängigkeitserklärung enthielt bei Licht besehen nur wenige revolutionäre Gedanken, gleichwohl zählt sie zu den bedeutendsten Dokumenten der westlichen Zivilisation und Geschichte. Das „Streben nach Glück" und das Recht auf diesen Anspruch gehören zu den wenigen Forderungen und Bekenntnissen dieses Schriftstücks, die einen revolutionären Zeitgeist bezeugen. Die meisten anderen Gedanken waren schon den britischen Parlamentariern des 17. Jahrhunderts durchaus vertraut. Die Unabhängigkeitserklärung war demselben Geist entsprungen, der auch die Magna Carta libertatum (15. 6. 1215) gezeugt hatte. Das Dokument warf dem König Pflicht- und Vertragsverletzung vor. Die Sätze rechtfertigten die Bildung einer neuen Nation. Doch die Erklärung entwirft kein revolutionäres Programm für die Zukunft, keine Vision für die Gestaltung eines neuen Staates. Punkt für Punkt benennen die Buchstaben das Versagen des Königs, minutiös listen sie die Pflichtverletzungen auf und konfrontieren ihn mit dem Vorwurf, das Volk zu missachten. In der Summe ergibt sich eine gewichtige Anklage, aber auch eine umfangreiche Begründung für einen eigenen Staat. Wie das neue Staatswesen aussehen soll, dazu findet sich allerdings kein Wort. Kein Hinweis auf die Teilung der Gewalten. Klar dagegen ist: Der englische König hat sich disqualifiziert.

Diese Erklärung veränderte das Bewusstsein, sie regte auch diejenigen zum Umdenken an, die ohne Begeisterung eine Trennung von England erwogen. Das lange gepflegte, wechselseitige Misstrauen wirkte sich jetzt aus. Eine gewisse Massenhysterie prägte die koloniale Gesellschaft. Wortgewandte Politiker wie Samuel Adams und Joseph Warren trugen ihren Teil zur Entfremdung bei. Doch all das erklärt rückblickend nicht, warum die Verantwortlichen in London kein tragfähiges Konzept für das Verhältnis entwickelten. In der Metropole verstand man sich nur zu kurzatmigen Lösungen, diktiert vom wirtschaftlichen Nutzen und ohne Freiraum für eigenwillige Untertanen des Empire. Unkenntnis der eigenen Geschichte spielte eine Rolle. Den Politikern war entgangen, dass die Bewohner und Einwohner Amerikas sich bereits einmal religiösen und politischen Zwängen entzogen hatten. Die amerikanischen Kolonialisten des 17. Jahrhunderts hatten eine Konfliktmentalität verinnerlicht, die sie vor Druck nicht zurückschrecken ließ. Am Ende ließ sich der Freiheitswillen nicht mehr einhegen.

Zu ersten Gewalttätigkeiten kam es am 19. April 1775 in Lexington und Concord, Massachusetts. Die sich ausbreitenden Kämpfe fanden zunächst im Norden statt, um Boston, das die Briten am 17. März 1776 verließen. Die Kolonisten scharten sich um George Washington und waren zum Widerstand entschlossen. Am 4. Juli 1776 erklärten sie ihre Unabhängigkeit. Die britische Reaktion bestand aus Truppenverstärkungen. In der Schlacht von Long Island (26./27. August 1776) fügten sie den Revolutionären eine schwere

Niederlage bei. Washington zog sich zurück, die Aussichten waren nicht gut. Niemand hatte die amerikanischen Truppen für den Konflikt ausgebildet und ausgerüstet. In offener Feldschlacht blieben sie den Briten und ihren Söldnern unterlegen. Doch die britischen Militärs nutzten ihre Chancen nicht. Probleme bereitete ihnen die taktische Vorgehensweise. Ihr Kriegsglück änderte sich, als der britische General John Burgoyne die Nord- und Südstaaten durch einen Keil trennen wollte, dabei aber die Entfernung zu seiner Basis unterschätzte. Am 17. Oktober 1777 musste er in Saratoga kapitulieren. Die finanzielle, materielle und militärische Hilfe Frankreichs gab weiteren Auftrieb. Am 6. Februar 1778 kam es zu einem Bündnis mit den USA. 1779 und 1780 traten Spanien und die Niederlande in den Krieg gegen Großbritannien ein. Die Kämpfe fanden jetzt überwiegend im Süden statt. Hier hofften die Briten auf die Unterstützung einer nicht unbeträchtlichen Zahl loyaler Kolonisten und auf strategische Vorteile. Doch die Loyalisten unterlagen am 7. Oktober 1780 einer amerikanischen Milizeinheit am King's Mountain. Der britische General Charles Cornwallis begab sich in Yorktown in eine unhaltbare Position und wurde eingeschlossen – zu Land von den Amerikanern, zur See von den Franzosen. Er kapitulierte am 19. Oktober 1781. Die Niederlage verstärkte die Stimmen in Großbritannien, die nach einem Ende des unpopulären Krieges riefen.[21]

Der Friedensschluss in Versailles setzte auf dem Papier vernünftige Maßstäbe, 'Premierminister' William Lansdowne war weitsichtig genug, ein Höchstmaß an Toleranz und Weitsichtigkeit walten zu lassen. Alle Territorien südlich des St.-Lorenz-Stroms gingen in den Besitz der amerikanischen 'Freiheitskämpfer' über, in Handelsfragen war Whitehall nicht kleinlich und signalisierte gleiche Rechte. Das Ziel war eine gleichwertige Partnerschaft, für die die Zeit allerdings noch nicht reif war. Von wechselseitiger Zuneigung konnte nach dem Krieg keine Rede sein, der Wunsch nach einem Ausgleich und nach langfristiger Versöhnung war vorhanden, aber er war noch zu sehr von dem Schlachtenlärm getrübt. Nur wenige Jahre später stand England erneut in einer lang andauernden und bedrohlichen Auseinandersetzung, dieses Mal mit Frankreich. Die Erinnerung an die französische Unterstützung prägte nur kurz das amerikanische Denken, Jefferson beispielsweise plädierte für den Kauf Louisianas und nutzte damit einen Moment französischer Schwäche aus.

Lange war umstritten, welche Verantwortung Georg III. für diese Entwicklung zu schultern hat. Die Unabhängigkeitserklärung nannte den König einen Tyrannen. Die „Whig-Historiker" des 19. Jahrhunderts folgten dieser Sicht, sie machten dem König Vorhaltungen und wiesen darauf hin, dass er in seinen frühen Jahren von archaischen Gedanken über die königliche Macht beeinflusst war. Mit der Thronbesteigung vertrieb er die „Whig ministers" und stellte Tories an ihren Platz, die sich seinen Zielen aufgeschlossener zeigten. Seine Entscheidungen hatten oft willkürlichen Charakter, und die Unbeständigkeit in seiner Politik trug dazu bei, dass die amerikanischen Kolonien an Unabhängigkeit dachten. Georg trug ein gerüttelt Maß an Verantwortung für die Auflösung des britischen Empire. So lautete lange die Bewertung seiner Regentschaft. Dass parlamentarische Bestechung und Korruption zu seinem Instrumentarium gehörte, war dabei nur das i-Tüpfelchen.

Die Forschung des zwanzigsten Jahrhunderts revidierte diese Ansichten. Zu den bedeutendsten Kritikern gehört Lewis Namier. Neuere Untersuchungen bezweifeln, dass der König eine Tory-Herrschaft wieder belebt hat. Townshend und North sahen sich selbst als Whigs. Allerdings waren Bezeichnungen und Ziele in den sechziger und siebziger Jahren des 18. Jahrhunderts nicht mehr ganz klar, die Begriffe verloren ihre klaren Konturen. Bis heute liegen keine historischen Beweise dafür vor, dass der König zu Bestechung griff, um in seinem Sinne die amerikanische Politik zu beeinflussen und eine Mehrheit zu erhalten. Verfügte Georg III. überhaupt über ein schlüssiges Konzept? In seinen Briefen lassen sich dafür wenig Beweise finden. Es scheint leichter zu belegen, dass er an den amerikanischen Verhältnissen vor 1774 nur minimal interessiert war. Dennoch oder gerade deshalb kann Georg III. nicht von Verantwortung freigesprochen werden. Zu Beginn seiner Regentschaft war er noch sehr jung, galt als unerfahren, idealistisch und – schlecht erzogen. Georg zeigte sich häufig genug Ratschlägen gegenüber wenig aufgeschlossen, dabei trennte er nicht zwischen persönlichen Emotionen und öffentlichem Interesse. Außerdem wollte er den Krieg nach 1780 fortsetzen, als klar war, dass an Sieg nicht mehr zu denken war.[22]

Doch auch in England gab es zu Beginn des Konflikts keine einheitliche Meinung. Manche „Protestant dissenters" sahen die Amerikaner als ihre Brüder an, aus vielerlei Gründen, auch aus politischen und religiösen. Die City von London und andere wirtschaftliche Zentren wie Glasgow, Norwich und Newcastle standen einem Konflikt skeptisch gegenüber, da er dem Handel schaden würde. Britische Zeitschriften sympathisierten zum Teil mit Amerika und warben für friedliche Lösungen. Andere sahen in dem amerikanischen Verhalten eine Sünde und forderten die Wahrung der parlamentarischen Autorität. Das Jahr 1778 änderte die Verhältnisse. Frankreich, Spanien und Holland ergriffen Partei für die Amerikaner. Eine Invasion Irlands durch Frankreich wollte niemand definitiv ausschließen. Eine irische Freiwilligenarmee sollte sich ihr mit 40 000 Mann entgegenstellen. Ab 1783 erfreute sich Irland der „legislative independence", also einer gesetzgeberischen Unabhängigkeit, blieb aber dem britischen König unterworfen. Bis 1779 gab es drei unterschiedliche Richtungen. Die eine forderte das Ende der offiziellen Korruption und eine Einschränkung des monarchischen Einflusses. Diese Gruppe wurde von Charles Watson-Wentworth, dem 2nd Marquess of Rockingham, angeführt. Christopher Wyvill, der Führer einer zweiten Gruppierung, verlangte eine moderate Reform des Systems. Charles James Fox,[23] Führer der Whigs, setzte sich für rigorose Reformen ein, dazu gehörten das geheime Wahlrecht und jährliche Wahlen. 1780 wurde die „Society for Constitutional Information" gegründet, sie sollte die Öffentlichkeit mobilisieren.

Erfolgreich war keine der Gruppierungen. Die Niederlage und Spaltung vermittelte den Eindruck eines politischen Niedergangs. Immerhin hatte der Krieg mehr als 234,4 Millionen Pfund verschlungen und am Ende lediglich den Verlust einer profitablen kolonialen Region beschert. Die Ergebnisse ließen sich nicht beschönigen.

In dieser Situation wurde William Pitt der Jüngere der Mann der Stunde. Als er 1783 „first minister" wurde, war er 24 Jahre. Seine politische Laufbahn hatte mit der Krise in den nordamerikanischen Kolonien nichts zu tun. Pitt war mit Georg III. „on speaking terms". Außerdem forcierte Pitt keine parlamentarischen Reformen, um den König nicht herauszufordern. Immerhin trat er 1801 sogar zurück, weil den Katholiken nicht die „civil rights" gewährt wurden. Pitt galt als erfolgreicher Politiker. Die Schulden wurden um 10 Millionen Pfund verringert. Er förderte den Handel und bekämpfte das Schmuggelwesen. 1786 unterzeichnete er einen ökonomisch hervorragenden Vertrag mit Frankreich, den Eden-Vertrag, der freie Zufahrt und freien Zutritt in beide Länder sowie eine Zollsenkung vorsah. Pitt befürwortete stärkere Handelsverbindungen mit dem kontinentalen Europa, auch als Ersatz für den Verlust der amerikanischen Kolonien. 1788 setzte er seinen Namen unter die „Triple Alliance" mit Preußen und Holland, um französischen Einfluss zu begrenzen. 1790 ermöglichte er einen Frieden zwischen Österreich und der Türkei. Pitt war nicht immer der Vater dieser Gedanken und Aktionen. Doch durfte er für sich in Anspruch nehmen, viele Pläne in die Tat umgesetzt zu haben. Pitts Erfolge stärkten die „national confidence". Für viele Zeitgenossen war er deren Verkörperung. Dennoch war der Aufschwung nicht allein sein Verdienst. Der amerikanische Krieg hatte beachtlichen wirtschaftlichen Schaden verursacht, doch das Land regenerierte sich wider Erwarten sehr schnell. Die Kriege gegen das Frankreich der Revolution und gegen Napoleon verursachten keine existentiellen wirtschaftlichen Krisen. Napoleons Blockaden 1808 und 1811/12 vermochten das Land nicht zu strangulieren. Von 1794–96 hatte der Jahresexport eine Höhe von 21,7 Millionen Pfund, von 1804–06 erhöhte er sich auf 37,5 Millionen, von 1814–16 auf 44,4 Millionen. Die „Industrielle Revolution" hatte dem Land einen mächtigen Schub gegeben, verlorene Märkte waren an Großbritannien wieder zurückgefallen, neue erschlossen worden.

Die Niederlage in Amerika führte zur Konzentration der imperialen Kräfte Großbritanniens auf neue Territorien. Zu ihnen gehörte auch Australien. Höchste Priorität hatte indes die Eroberung Indiens. Sie wurde durch die Kontrolle über die Provinz Bengalen (1765) eingeleitet. Die Briten pflegten einen „continuous warfare", der sich bis in das Innere des Landes erstreckte. Erst 1803 war der Hauptwiderstand gebrochen. Großbritannien war Sieger, musste aber damit rechnen, dass sich von Zeit zu Zeit immer wieder militärischer Widerstand regte. Mit Ausnahme der Territorien in Indien und von Kolonien in Sierra Leone und „New South Wales" entsprangen alle weiteren territorialen Erwerbungen den erfolgreichen Siegen über rivalisierende europäische Kolonialmächte. 1763 fußte das britische Empire noch auf Nordamerika, 1815 hatte es bereits ein neues Fundament. Es umfasste die gesamte Welt, von der Karibik über das Kap der Guten Hoffnung bis nach Indien und Australien. Die Flotte war das einzige Mittel, die Teile des Empire miteinander zu verbinden.[24]

Doch die Expansion war nur ein Antrieb der großen Veränderungen in der britischen Gesellschaft. Die merkantile Wirtschaft und ihre Vertreter hatten es immer schwerer, für ihre Gedanken zu werben. Industrielle Unternehmen traten an die Stelle der alten Wirtschaft und wurden zu einer der Hauptquellen des nationalen Wohlstands. Restriktive Handelspraktiken oder monopolartige Privilegien gaben keine Impulse mehr für das Wirtschaftsleben. In der Ferne waren neue Stimmen zu vernehmen, die für Freihandel plädierten, der mit Beginn des 19. Jahrhunderts seine Möglichkeiten entfaltete. Der Sklavenhandel bildete ein Konfliktpotential. Die Plantagen der Westindischen Inseln konnten auf Sklaven aus Afrika nicht verzichten. Lange hatten die Briten den transatlantischen Sklavenhandel zur Hälfte beherrscht. Doch jetzt 'erschwerten' humanitäre Redner und religiöse Propagandisten den Wirtschaftszweig, am Ende war sogar von der Abschaffung der Sklaverei die Rede, gefordert von dem Philanthropen und Politiker William Wilberforce und anderen. Die Gründe, die schließlich den Sklaven die Freiheit bescherten, sind umstritten.

Ein historisches Zeugnis zur Beschreibung der Situation der Kaufleute, Beamten und Seeleute, die am Sklavenhandel teilnahmen, sind John Newtons Aufzeichnungen „The Journal of a Slave Trader" und die „Thoughts upon the African Slave Trade".[25] Sie wurden erst in der zweiten Hälfte des achtzehnten Jahrhunderts veröffentlicht. Newton war zum Seedienst gepresst worden. Schließlich wurde er Mitschiffsmann bei der Kriegsmarine. Die Krönung seiner Karriere war das Kommando über die „Duke of Argyle", die im Dreieckshandel zwischen Europa, Westafrika und Westindien tätig war. Doch Newton war über seine Tätigkeit nicht glücklich, Interesse und Sensibilität veranlassten ihn, die Negersklaven schonungsvoller zu behandeln. Newton wandte sich zu guter Letzt dem Methodismus zu, erblickte in seiner früheren Tätigkeit eine Verfehlung und verurteilte sie im Nachhinein. Doch es waren nicht allein religiöse oder moralische Gründe, die für die Abschaffung des Sklavenhandels den Ausschlag gaben, am Ende waren wirtschaftliche und politische Aspekte entscheidend. Gesättigte Zuckermärkte führten zu der Überlegung, die Überproduktion durch geringeren Einsatz von Sklaven zu mindern. Plantagenbesitzer erhielten von der britischen Regierung Ausgleichszahlungen, und dies in einer allgemeinen „sugar crisis", die sie existentiell bedrohte. Die Auseinandersetzungen zwischen Gegnern und Befürwortern der Sklaverei wurden schließlich in einer Atmosphäre vollzogen, in der Freihandelsinteressen alte merkantile Praktiken in ihre Schranken verwiesen und in der der Zuckerhandel ohnehin drastisch zurückging.[26]

Dänemark hatte bei der Abschaffung des Sklavenhandels die Pionierrolle übernommen. Die amerikanische Verfassung hatte das Ende für 1808 vorgemerkt. 1807 gab es einen British Act, der den Sklavenhandel formal untersagte. Es folgten Holland, Schweden und Frankreich. Die Verbote verhinderten den Sklavenhandel indes nicht. In Kuba und Brasilien war er nach wie vor bis 1888 weit verbreitet. Abolitionismus, Mission und Handel bereiteten fortan der englischen Expansion den Weg. Strategische Interessen kamen hinzu. Christentum, Handel und Zivilisation bestimmten das britische koloniale Bewusstsein im 19. Jahrhundert erheblich.

Das Empire im Umbruch

Das Jahr 1783 bildet eine Zäsur in der britischen Geschichte. Zunächst symbolisierte der Friede zu Versailles das Ende des Unabhängigkeitskrieges und des Konfliktes mit den früheren Kolonien. Gleichzeitig bereitete es den Weg für das Zweite Britische Empire,[27] das gut anderthalb Jahrhunderte später zum British Commonwealth of Nations wurde. Der

Besitz ließ sich nur schwer überblicken: Kanada und Neuschottland gehörten dazu, Inseln und festländische Territorien in der Karibik, Neufundland, Handelsstützpunkte an der westafrikanischen Küste und nicht zu vergessen die Gebiete der Ostindischen Kompanie. Das Britische Empire hatte stets dynamischen Charakter, territoriale Veränderungen gehörten zum Alltag, das waren Gebietserweiterungen, aber auch Abtretungen.[28] Das neue Empire war ein Handelsimperium, Ansiedlungen standen erst an zweiter oder dritter Stelle, die Vergangenheit hatte gezeigt, dass es schwer, wenn nicht unmöglich war, den Respekt vor Autorität über Tausende von Meilen hinweg einzufordern. Die amerikanischen Kolonialisten ließen sich unabhängig von den Prioritäten in Westminster nicht mehr von ihrem Weg abbringen. Kosten und Dividende standen kaum in einem angemessenen Verhältnis zueinander. Viele Soldaten hatten ihr Leben lassen müssen. All das empfahl größtmögliche Zurückhaltung und legte ein Imperium nahe, das den Menschen nicht in das Zentrum schob. Die Vorteile des Handelssystems dagegen waren evident. Sicher musste auch die Flotte unterhalten werden, doch dieser Aufwand war gering im Verhältnis zu den Gewinnen und Vorteilen, die sich aus ihr ergaben. Diese Änderungen des allgemeinen Bewusstseins vollzogen sich vor dem Hintergrund rigoroser gesellschaftlicher Erosionen und ökonomischer Veränderungen, die schließlich als „Industrielle Revolution" in die Geschichte eingingen. Der Freihandelsgedanke gewann immer mehr Anhänger, Missionare nahmen in verstärkter Zahl ihre Arbeit auf, der Sklavenhandel sah sich kritischen Stimmen gegenüber. Und es gab immer mehr, die sich in ihrer Pflicht gefordert fühlten, den Völkern in der Welt die eigene Zivilisation als unabweisbare Alternative vor Augen zu führen. Die Gedanken der Französischen Revolution fanden auch auf der Insel ein Echo. Es gab – einige wenige – Begeisterte, die zur Nachahmung aufriefen. Meist handelte es sich um Radikale, Clubs und Assoziationen, die Ereignisse in Frankreich im englischen Sinne interpretierten.[29]

In der Empire-Politik hielt sich die Regierung bedeckt, kein Wort zur Expansion, zur Auswanderung. Die Impulse kamen von den Bürgern, die finanzielle Gewinne erstrebten und wirtschaftliche Risiken eingingen. Ein zweiter Krieg mit Amerika von 1812 bis 1814 – die USA versuchten vergeblich, nach Kanada vorzudringen – bestätigte die allgemeine Richtigkeit dieser Zurückhaltung, der amerikanische Kontinent war von Europa bzw. London aus nicht beherrschbar.[30] Gleichwohl blieben beispielsweise Kanada und England miteinander verbunden. Es gab noch andere Krisen: Zucker verlor an Bedeutung, und damit auch Britisch-Westindien. Auch der Freihandel nahm Westindien mehr und mehr die wirtschaftliche Bedeutung, weder Kanada noch die Karibik waren die Kronjuwelen des Zweiten Britischen Empire. Die Gegenwart und Zukunft hieß Indien.

Allmählich nahm das neue Reich gewaltige Dimensionen an. Es umfasste bald ein Viertel der Erdoberfläche, ein Fünftel der Weltbevölkerung lebte in seinen Grenzen. Kanada, Neuseeland, Australien, Burma, Malaysia, der indische Subkontinent und große Territorien in Afrika und Vorderasien waren Teile des Einflussbereichs, jede Aufzählung an dieser Stelle wäre unvollständig. Die Errichtung maritimer Stützpunkte und die Aufrechterhaltung und der Ausbau der Flotte schufen das Fundament für den Großmachtstatus. Großbritannien trug Züge einer Weltmacht, wirtschaftliche Interessen und politische Macht warteten auf eine neue Definition. Handel und Herrschaft waren in der Vergangenheit zwei Seiten derselben Medaille gewesen, im neuen Empire war das nicht mehr der Fall. Der Handel emanzipierte sich von der politischen Machtentfaltung, gestützt auf die „Industrielle Revolution". Es waren nicht britische Waffen, die neue Absatzmärkte erschlossen, sondern Handel und Produkte, die Konkurrenz abschüttelten. Entscheidend blieb die Qualität der Produkte. Großbritannien gründete auf diese Weise ein eigenes und neues Reich, ein informelles Empire. Die Ausdehnung dieses „informal empire"[31] deckte sich nicht mit den politischen Machtzentren, die diese Dimensionen nicht besaßen. Ein Kennzeichen war die große Zurückhaltung bei direkter politischer Herrschaft. Militärische Mittel wurden eingesetzt, aber ihre Verwendung war beschränkt. Als klassisches Beispiel fand der Opium-Krieg Eingang in die Geschichtsbücher (1840–42).[32] Am Ende musste die chinesische Regierung ihren Widerstand gegen die Integration in den freien Welthandel aufgeben, sie genehmigte ausländische Handelsniederlassungen und verlieh Ausländern einen Sonderstatus, indem sie diese von der chinesischen Rechtsprechung ausnahm. Mit diesen Bestimmungen konnte China sich auf lange Sicht nicht anfreunden, gewaltsame Auflehnungen waren immer wieder die Folge, die größten Schlagzeilen löste der Boxeraufstand (1900) aus. Der Handel besaß absolute Priorität, er machte Großbritannien zu einer beneideten Quelle des Reichtums. Grundsätzlich ausgeschlossen waren direkte Formen der Herrschaft aber nie.

Es waren vor allem zwei Kennzeichen, die das neue britische Empire von dem alten und von Rivalen unterschieden.[33] Die ungeheure Ausdehnung und Vielseitigkeit der Territorien machten das Reich zu einer singulären Erscheinung. Eine allgemeine Klassifizierung der Regionen fällt schwer. Geographische Angaben oder die Klassifizierung des politischen Status können nur eine Notlösung sein. Am Anfang gab es keine zentralen Institutionen oder maßgebenden Richtlinien, die eine Organisation und Ordnung ermöglicht hätten. Im 19. Jahrhundert dann war das anders geworden, dennoch entbehrte das britische Kolonialreich stets jener Homogenität und Geschlossenheit, die beispielsweise das spanische überseeische Reich für sich reklamieren konnte. Die heterogenen Kolonien erforderten unterschiedliche Behandlungen. Zu Beginn des Zweiten Weltkriegs unterschieden die Verantwortlichen sechs verschiedene Typen überseeischen Besitzes: Eine Gruppe bildeten die Kolonien in der Karibik, ihre Behandlung änderte sich in den Jahrhunderten wenig (1); es folgten weiße Siedlungskolonien mit diversen Regierungsformen (2); eine Reihe von Territorien hatten an ihrer Spitze ein „Crown Colony Government", in diesen Gebieten übte die Krone eine fast unbegrenzte Herrschaft aus (3); Protektorate waren nach wie vor ausländische Staaten, die indes häufig der Krone einfach unterworfen waren (4); nach dem Ersten Weltkrieg wurden Mandatsgebiete (5) ins Leben gerufen, die prinzipiell an das Reglement des Völkerbundes gebunden waren, de facto jedoch den Charakter normaler Kolonien annahmen; das Indische Empire bildete die Ausnahme schlechthin (6). Zunächst waren es die „secretaries of state", die die Beziehungen regelten. Der Colonial Secretary war mit der Betreuung von Kolonien, Mandaten und Protektoraten beauftragt. Auch das Foreign Office bestimmte das Geschehen in den Protektoraten – allerdings nur in der Frühphase, weil die Territorien zunächst als ausländische Staaten angesehen wurden. In Indien hatte zunächst die East India Company das Sagen, dann ein „Board of Control", 1858 schließlich das India Office.

Die britische Regierung zeigte nach 1815 wenig Neigung, das Empire zentral zu verwalten. Und sie konnte sich dabei langfristig auf ein Prinzip stützen, das den Wohlstand des Landes mehrte: Das Bekenntnis zum Freihandel[34] drängte alle überlieferten wirtschaftlichen Regularien in den Hintergrund. Bis 1830 war der Kolonialhandel mit allen ausländischen Mächten möglich, damit nahmen die Kolonien auch einen neuen Status an. Sie waren Elemente eines wirtschaftlichen Mosaiks, Großbritannien boten sie keine wirtschaftlichen Vergünstigungen an. Die Periode des Freihandels währte bis 1932, und sie veränderte den Besitz grundlegend. Kleinere und ärmere Kolonien vermochten es häufig nicht, aus dieser Veränderung Kapital zu schlagen. Bei ihnen handelte es sich meist um die „sugar colonies", die im 19. Jahrhundert ohnehin bedeutungsloser wurden. In Indien wiederum war man über „British manufactured textiles" keineswegs glücklich. Doch die „imperial connexion" bot auch Vorteile. Es war leichter, Kapital zu beschaffen, die britische Nachfrage nach Rohstoffen förderte den Handel, „British shipping, insurance and banking" waren von hohem Nutzen. Auch Großbritannien profitierte von den Verhältnissen. Kolonien kauften im Mutterland, das „imperial system" hatte in seiner Gesamtheit keine eigentliche Konkurrenz.

Nach 1815 konnte ein aufmerksamer Beobachter die britischen Territorien in verschiedene Kategorien einteilen.[35] Die ältesten lagen in der Karibik: Jamaica, Bahamas, Bermudas, die „Inseln unter" und „über dem Wind" („Leewards", „Windwards"), Trinidad, Britisch-Guinea, Britisch-Honduras. Sie waren ein Erbe der Vergangenheit, das sich im 19. Jahrhundert wirtschaftlich nicht mehr als besonders nützlich erwies. Im Mittelmeer hatte der koloniale Besitz überwiegend strategische Funktionen. Das galt für Gibraltar, Malta und die Ionischen Inseln, auch für Zypern. Die Besetzung Ägyptens folgte der Logik, dass der Seeweg nach Indien geschützt werden müsse. Palästina, Irak und Jordanien fielen im Ersten Weltkrieg an Großbritannien, sie wurden Mandate, die bis weit in das zwanzigste Jahrhundert hinein ihren Charakter und ihre Funktion nicht verloren. Die britische Besitzergreifung in Westafrika (Gambia, Goldküste, Sierra Leone, Lagos) war ein Ergebnis sehr unterschiedlicher Interessen. Die zwei Protektorate in Zentralafrika (Njassaland, Rhodesien) waren wirtschaftlich auf den ersten Blick nicht viel versprechend. Im südlichen Afrika stützten sich die Briten auf Betschuana-, Basuto- und Swaziland, diese Territorien waren keine wirtschaftlichen Gewinne. Zu ergänzen sind noch die „self-governing colonies". Ostafrika (Uganda, Kenia, Somaliland, Sansibar, der ägyptische Sudan, Tanganyika) bot ebenfalls keinen großen wirtschaftlichen Profit. Strategische Gründe diktierten den Erwerb von Aden, der Protektorate im Persischen Golf, von Mauritius und den Seychellen. Ceylon hatte für die Flotte Bedeutung. Der Erwerb von Burma, Malaya, Singapur, Teilen von Borneo und Hongkong wiederum war sehr unterschiedlichen Interessen gefolgt. Hin und wieder änderte sich auch der Charakter und damit der Wert der Kolonien. Malaya beispielsweise sollte ursprünglich der Sicherung der Handelsroute nach China dienen, später gewann es selbst wirtschaftliche Bedeutung („tin and rubber"). Borneo war zunächst ein Stützpunkt im Kampf gegen Piraten, später glänzte es durch Öl und Gummi. Hongkong und Singapur waren Metropolen des britischen Handels im Fernen Osten. Der pazifische Besitz wurde wenig beachtet.

Das britische „empire" des 19. Jahrhunderts war nicht einheitlich, und viele Territorien waren für die Existenz des überseeischen Besitzes insgesamt nicht lebenswichtig. Die Kolonien hatten wirtschaftliche und strategische Funktionen, wenn auch nicht immer zur selben Zeit. Gleichwohl schreckte Großbritannien davor zurück, sich von einem Teil seines Empire zu trennen. Die Furcht, ein Vakuum zu hinterlassen, mag dabei eine Rolle gespielt haben. Hinzu kommt, dass eine territoriale Aufgabe oder ein Transfer wenig Respekt bei den Völkern und den kolonialen Rivalen fand. Manche Kolonien waren künstlich geschaffen worden, sie versprachen nicht immer, dass im Falle eines britischen Rückzugs eine souveräne Regierung das Heft in die Hand nehmen könnte. Außerdem beeinflusste die lange imperiale Herrschaft die Mentalität. Das Rad der Geschichte zurückzudrehen, war für die meisten nicht erwägenswert. Ein „terminal date" gab es nicht.

Das Britische Empire bis 1783 war im Grunde ein *amerikanisches* Empire. Es reflektierte die Gewohnheiten und Traditionen des Mutterlandes. Bis 1815 veränderte es sich grundlegend. Und in der Zukunft gab es immer wieder Ansätze, die Entwicklung und Verwaltung des Empire zu verändern und zu steuern. Viele Historiker unterscheiden indes ungern zwischen einem „first" und einem „second empire", die Differenzierung fällt schwer, es gibt Kontinuitäten und Diskontinuitäten. Mancher plädiert dafür, zwischen einem amerikanischen Empire vor 1783 und einem globalen Empire nach der Niederlage gegen die amerikanischen Kolonien zu unterscheiden.

Im Rückblick fällt es schwer, eine scharfe Trennungslinie bzw. die Berührungspunkte zwischen direkter und indirekter Herrschaft auszumachen. Die historische Vielschichtigkeit hat es bisher verhindert, ein Erklärungsmuster zu entwerfen, das die Gründe der jeweiligen historischen Entwicklung durchsichtig macht. Die englische Expansion war keineswegs originell. England trat erst auf die Bühne, als Portugal, Spanien und die Niederlande ihre Erfahrungen bereits gesammelt hatten. Eigenständige Züge nahm das überseeische Reich erst im 18. Jahrhundert an, danach ließ es sich leichter von anderen unterscheiden. Zur eigenen Identität gehörte die Flotte und die Entwicklung eines Welthandelssystems. Aber auch in diesem Punkte gab es Vorläufer. Neu waren der Re-Export und die hervorragende Stellung der britischen Monopolgesellschaften. Der Abfall der amerikanischen Kolonien war eine Zäsur, aber die englische Weltmacht stellte er erstaunlicherweise nicht in Frage. Monokausale Erklärungen fallen dem Historiker schwer, für die englische Expansion gilt das allemal. Im grauen Alltag der imperialen Expansion lassen sich die vielschichtigen Erscheinungsformen nicht in einen Erklärungsansatz pressen. Ein Ende der Diskussionen ist nicht abzusehen.

4. Wege zur Industrialisierung

1709 Eisengewinnung durch Koks (Abraham Darby)

1712 Erste Nutzung einer Dampfmaschine im Bergbau in England (Thomas Newcomen)

1733 Fliegendes Weberschiffchen (John Kay)

1735 Gussstahl (Benjamin Huntsman)

1742 Beginn der Gussstahlproduktion

1760 bis 1815: Über 3000 Enclosure Acts zur Einhegung von Gemeindeland
bis 1840: Erste Phase der Industrialisierung – Industrielle Massenproduktion

1768 Spinnmaschine („spinning Jenny" – James Hargreaves)

1769 Dampfmaschine mit wenig Kohleverbrauch (James Watt)
Spinnmaschine (Richard Arkwright)

1780 Mechanisches Walzverfahren in der Eisenerzeugung (Henry Cort)

1783 Kattundruckmaschine

1784 Puddelverfahren zur Umwandlung von Roh- in Schmiedeeisen (Henry Cort)

1785 Mechanischer Webstuhl (Edmund Cartwright)

1803 Lokomotive (Richard Trevithick)

1807 Dampfschiff (Robert Fulton)

1809 Elektrischer Telegraph (Samuel Thomas Sömmering)

1811 Beginn der Ludditen-Unruhen – Maschinenstürmerbewegung

1814 Lokomotive (George Stephenson)

1825 Erste Eisenbahnverbindung: Stockton – Darlington

1833 Elektrolyse (Michael Faraday). Einführung eines Fabrikgesetzes zur Begrenzung der Arbeitszeit für Kinder

1834 14. August: Armengesetz zur Aufhebung der bisherigen Praxis der Lohnsubventionen – Einrichtung von Arbeitshäusern

1836 Gründung der London Working Men's Association

1838 8. Mai: Veröffentlichung der People's Charter

1840 Anti-Corn Law League

1846 Abschaffung der Getreidezölle: Sieg des industriellen Unternehmertums über die Landwirtschaft

1847 Gesetzliche Einführung des 10-Stunden-Tags in Fabriken

1851 Erstes Unterseekabel Dover – Calais. Gründung der Maschinenarbeitergewerkschaft

1856 Konverter zur Erzeugung von Stahl (Henry Bessemer)

1868 Einzelgewerkschaften schließen sich zur Dachorganisation des Trades Union Congress zusammen.

Ursprünge und Ursachen

Man musste nicht lesen und schreiben können, um zu sehen, dass sich Großbritannien im 18. Jahrhundert einem gewaltigen Veränderungsprozess unterzog.[1] In der Mitte des 17. Jahrhunderts waren in Europa ungefähr 100 Millionen Menschen zu Hause, 100 Jahre später betrug diese Zahl bereits 170 Millionen, 1800 war diese Zahl auf 200 angestiegen. In England und Wales nahm die Bevölkerung in den zwanziger Jahren des 18. Jahrhunderts lediglich um 1 Prozent zu, dreißig Jahre später lag die Zunahme bei vier Prozent, später betrug sie 10 Prozent pro Jahrzehnt. In den großen Städten waren die Wachstumszahlen um ein Vielfaches höher. 1750 lebten in London 575 000 Menschen in der wirtschaftlichen und kulturellen Metropole, 1801 lag die Zahl bei 900 000. Diese Bevölkerungsexplosion hat viele Gründe. Krankheiten verbreiteten sich nicht mehr so schnell, die Ansteckungsgefahr ließ nach, die Versorgung mit Lebensmitteln verbesserte sich erheblich. Die Frage ist, wie diese Entwicklungen im Einzelnen zu gewichten sind. Bereits Zeitgenossen machten sich beträchtliche Sorgen, ob die Ressourcen den Bedürfnissen entsprechen würden. Thomas Malthus, ein englischer Landpfarrer, widmete diesen Sorgen viel Zeit und schrieb schließlich einen Aufsatz darüber, der ihn weltberühmt machte. Intellektuelle in allen Ländern lasen seinen „Essay on the Principle of Population as It Affects the Future Improvement of Society" (Essay über das Prinzip der Bevölkerung, wie es die zukünftige Verbesserung der Gesellschaft beeinflusst).[2] Nach den Malthus vorliegenden Zahlen würden die Bevölkerungen von Großbritannien, Frankreich und Amerika sich in 25 Jahren verdoppeln, die Nahrungsmittelproduktion, so seine Befürchtung, werde damit aber nicht Schritt halten können. Für Großbritannien notierte Malthus besonders beängstigende Zahlen: Die Bevölkerung werde auf 24 Millionen ansteigen, dann auf 28, auf 56 und schließlich auf 112 Millionen. Für den Geistlichen bedurfte es keiner besonderen Beweise, dass für so viele keine ausreichenden Nahrungsmittel zur Verfügung stehen würden. Er prognostizierte Hunger, Verelendung, Unterernährung, Krankheiten und Tod. Malthus wollte insbesondere den Optimisten William Godwin und Marie-Jean-Antoine-Nicolas de Caritat, Marquis de Condorcet, widersprechen, die an eine konfliktfreie Gesellschaft glaubten und den Menschen für vernünftig genug hielten, sein Überleben zu sichern. Malthus hingegen dachte an die Armut in England, an die Slums in großen Städten, an die menschenunwürdigen Unterkünfte, an die zum Himmel schreienden hygienischen Verhältnisse, an die Unterernährung auch der Kinder, an die fehlende Bildung, das allgemeine Protestpotential, an Demonstrationen und Gewalt. Und dennoch widersprach die Wirklichkeit den Prognosen des Geistlichen. Zum einen verließen viele die britischen Inseln, um andernorts ihr Auskommen zu finden. In den zwanziger Jahren des 19. Jahrhunderts waren es immerhin 200 000 Auswanderer, im folgenden Jahrzehnt 600 000, in der Mitte des Jahrhunderts 2 1/2 Millionen. Von 1815 bis 1914 verließen ungefähr 20 Millionen Briten ihre Heimat, um 1900 lebten in Großbritannien schätzungsweise 41 Millionen Menschen. Auch wenn der Staat die Auswanderung nicht propagierte, so gab es doch niemanden, der Emigranten aufhielt. Ein zweiter Grund, warum Malthus irrte, war die gewaltige Veränderung in der britischen Landwirtschaft. Fruchtwechsel und

Bevölkerungsentwicklung 1781–1851 (in 1000)					
	England	Wales	Schottland	Irland	Insgesamt
1781	7953		1435	4048	13436
1801	8479	541	1610	5216	15846
1811	9673 (14,08)	611 (12,94)	1804 (12,05)	5956 (14,19)	18044 (13,87)
1821	11405 (17,91)	718 (17,51)	2090 (15,85)	6764 (13,57)	20977 (16,25)
1831	13212 (19,00)	807 (12,40)	2365 (13,16)	7716 (14,07)	24100 (14,89)
1841	15121 (14,45)	911 (12,89)	2618 (10,70)	8103 (5,02)	26753 (11,01)
1851	17047 (12,74)	1006 (10,43)	2889 (10,35)	6466 (20,20)	27408 (2,45)

In Klammern: Zuwächse in Prozent gegenüber der letzten Erhebung.
Quelle: G. Niedhardt, Geschichte Englands, Anhang, Anmerkung 5.

Zuchtmethoden verbesserten sich, die Güterverwaltung wurde effizienter, die landwirtschaftlichen Hilfsmittel wurden ausgefeilter, Sümpfe trockengelegt, die Verkehrswege erheblich erweitert und komfortabler gestaltet. Diese Faktoren veränderten den Umfang und die Qualität der Lebensmittelversorgung erheblich. Importe deckten den Bedarf, der im Land selbst nicht gestillt werden konnte. Schließlich machte die ungeheure Produktivität Malthus einen Strich durch die Rechnung. Mechanik, Dampf und Elektrizität revolutionierten die Produktionsweise.

Das Ende des 17. Jahrhunderts war durch ein hohes Maß an politischer Stabilität gekennzeichnet, die mit wirtschaftlichem Wohlstand einherging. Schon zu Beginn des frühen 18. Jahrhunderts war England politisch geeint, es profitierte von einem einheitlichen Währungs-, Steuer- und Zollsystem und auch von einem großen Binnenmarkt. Großbritannien konnte mittlerweile auf ein gewaltiges Kolonialreich blicken, Rohstoffe wurden geliefert, die fertigen Produkte fanden ihren Absatz. Das Land entwickelte sich zum Herzstück des Welthandels. Der Staat beschränkte sich auf die Wahrung der Rahmenbedingungen, es gab kein unüberwindbares Reglement durch Zunftschranken; in vielen Bereichen war ein hohes Maß an Risikobereitschaft anzutreffen. Es gab Kapital in ausreichenden Mengen, das zur Investition aufforderte. Dieser Prozess wurde von einem entwickelten Bank- und Kreditwesen flankiert. Kohle und Eisenerze bildeten einen Grundstock der Industrialisierung. Die Textilindustrie entwickelte sich zur Wachstumsbranche. Trotz all dieser Strömungen fällt es schwer, den Anfang bzw. das Ende der Industrialisierung genau zu bestimmen.

Mehrere Gründe erklären den Ursprung der „Industriellen Revolution"[3] in Großbritannien. Es herrschte kein Mangel an Arbeitskräften, das Land verfügte über Kohle und Eisenerze und über das notwendige Kapital. Ein selbstbewusstes Bürgertum ergriff die Chance der Neuerungen, das Kolonialreich wurde ein starker wirtschaftlicher Pfeiler. Entdeckungs- und Erfindergeist trafen sich mit risikobereiten Unternehmern.

Bevölkerung und Wachstum

Im letzten Drittel des 18. Jahrhunderts erfuhr die Lebensweise der Bevölkerung entscheidende Veränderungen. Der bisher dominierende agrarische und handwerkliche Charakter trat nicht über Nacht zurück, aber er verlor an Bedeutung. Das beobachtete Wachstum war nicht nur für einzelne Branchen kennzeichnend, es umfasste mehr oder weniger die gesamte Volkswirtschaft. Wirtschaftswissenschaftler weisen darauf hin, dass sich innerhalb eines Jahrhunderts, von 1750 bis 1850, der gesamtwirtschaftliche Produktionsprozess vervierfachte. Diese Entwicklung war unumkehrbar, und sie war in der bisherigen Geschichte ohne Parallele. Wahrscheinlich tauchte die Bezeichnung „Industrielle Revolution" in der Darstellung „Histoire de l'economie politique" (1837) von Adolphe Blanqui zum ersten Mal auf. Auch Friedrich Engels benutzte diese Formulierung in seiner „Lage der arbeitenden Klasse in England" (1845). Die „Industrielle Revolution" hatte Vorläufer, die in vielen Bereichen den Weg ebneten. Bevölkerungswachstum, Wanderungsbewegungen, Agrarrevolution, Zunahme des Außenhandels, Expansion der Absatzmärkte, Verbesserung des Transport- und Verkehrssystems, all diese Entwicklungen gaben sich die Hand und begünstigten langfristig die Entstehung und den Verlauf der „Industriellen Revolution".

Die Bevölkerung wuchs in bisher ungekannter Dimension, vor allem in der ersten Hälfte des 19. Jahrhunderts. In Großbritannien nahm die Bevölkerung in dem bezeichneten Zeitraum um 75 % zu, im kontinentalen Europa waren es im selben Zeitraum nur 40 %. Die Gründe für dieses Bevölkerungswachstum sind umstritten. Einerseits verweisen die Historiker auf die sinkende Sterblichkeitsrate, andererseits auf die steigende Geburtenrate. Die Lebenserwartung nahm zu, in der Mitte des 18. Jahrhunderts lag sie bei durchschnittlich 34,6 Jahren, zu Beginn des 19. Jahrhunderts bereits bei 37,7 Jahren. Das höhere Lebensalter erklärt sich unter anderem aus einer besseren Ernährung und der Abnahme von Infektionskrankheiten. Zwar starben noch 1831/32 in Großbritannien ungefähr 50 000 Menschen an einer Cholera-Epidemie, insgesamt aber nahmen die gesundheitlichen Abwehrkräfte zu, die Bevölkerung wurde resistenter. Die bessere Gesundheit ist daher in den Augen vieler eher ein Ergebnis der *verbesserten Ernährung* als des *medizinischen Fortschritts.* Ähnliches scheint für die Entwicklung der Geburten- und Sterberaten zu gelten. Die Gesellschaft prägte allerdings nicht nur eine Bevölkerungszunahme, sondern eine Wanderungsbewegung. Aus wirtschaftlichen, politischen, religiösen oder anderen Motiven heraus verließen viele ihr Heimatland. Eine Binnenwanderung fand statt. Strafgefangene wurden nach Australien oder Amerika abgeschoben, Flüchtlinge aus Europa suchten in Großbritannien Zuflucht. Vor allem irische Arbeiter verdingten sich in England. In industriellen Städten und Grafschaften nahm die Bevölkerung explosionsartig zu. Das war der Fall in Lancashire, West-Yorkshire, Staffordshire und Warwickshire. Nord- und Mittelengland waren Hochburgen der Bevölkerungszunahme. Liverpool, Sheffield, Birmingham, Manchester und Leeds zeichneten sich zum Teil durch 100-prozentige Steigerungsraten aus. In London nahm die Einwohnerzahl in der ersten Hälfte des 19. Jahrhunderts um 146 % zu. Die Industrialisierung trieb indes nicht nur die Einwoh-

Wachstum britischer Städte 1780–1851 (in 1000)							
	vor 1801	1801	1811	1821	1831	1841	1851
Bath	21	33	38	47	51	53	54
Birmingham	42	71	83	102	144	183	233
Bradford	4	13	16	26	44	67	104
Brighton	3	7	12	24	41	47	66
Bristol	55	61	71	85	104	124	137
Glasgow	62	77	101	147	202	275	345
Leeds	24	53	63	84	123	152	172
Liverpool	35	82	104	138	202	286	376
London	775	959	1139	1379	1685	1948	2362
Manchester	30	75	89	126	182	235	303
Oldham	5	12	17	22	32	43	53
Preston	6	12	17	25	34	51	70
Salford	8	14	19	26	41	53	64
Sheffield	27	46	53	65	92	111	135
Stockport	5	17	21	27	36	50	54
Wolverhampton	10	13	15	18	25	36	50

Quelle: G. Niedhardt, Geschichte Englands, S. 216.

nerzahl bestehender Städte in die Höhe, sie führte auch zu Neugründungen, zum Beispiel Middlesbrough. Dieses Wachstum fand indes keine Entsprechung in der hygienischen und gesundheitlichen Versorgung. Obwohl sie sich gebessert hatte, führten viele weiterhin ein elendes Dasein. Stockport, 8 km südlich von Manchester, wird im Allgemeinen als Beispiel genannt, um diese Lebensbedingungen zu dokumentieren.

In den meisten Teilen Europas bestimmten bis weit in das 19. Jahrhundert hinein das Land und seine Erfordernisse das Leben. In Großbritannien hingegen war dies anders. Bis zur Jahrhundertmitte versammelten sich 50% der Bevölkerung in den Städten. Eine kleine Herrenschicht verfügte über vier Siebtel des Bodens. Dieser wurde von einer Million Pächtern bestellt, die wiederum 1 1/4 Millionen Menschen beschäftigten. Die Einhegungen – „enclosures" – hatten die Zahl der Kleinbauern drastisch reduziert. Das so genannte Speenhamland-System garantierte den Armen ein Mindesteinkommen, das sich am Brotpreis und der Familiengröße orientierte.

Die „Industrielle Revolution" stellte die bisherige wirtschaftliche Produktionsweise auf den Kopf. Langfristig jedoch schuf sie ein neues Lebensfundament, sie veränderte die sozialen Bedingungen, veränderte das Bewusstsein gegenüber der 'Umwelt' und schuf neuartige Beziehungen zum Ausland. England war in eine Vorreiterrolle geschlüpft, die sich aus Demographie, verändertem Binnen- und Außenmarkt, neuer Technologie in Textil- und Eisenindustrie, Kapitalbildung und zahlreichen anderen Gründen erklärte. Die Bevölkerungsexplosion hatte gewaltige Auswirkungen. Billige Arbeitskräfte drängten auf den Markt, neue Konsumenten regten die Produktion an. Die Ursachen der Bevölkerungszunahme bleiben umstritten. Der medizinische Fortschritt war wichtig, bietet aber keine umfassende Erklärung. Versorgungsengpässe, wie von Malthus befürchtet, traten nicht auf. Mobilität und Nachfrage wurden zu entscheidenden Kriterien des neuen Wirtschaftens.

Landwirtschaft und Industrie

Starke wirtschaftliche Kräfte veränderten Ende des 18. Jahrhunderts das Gesicht Großbritanniens. Der Welthandel nahm gewaltig zu, das internationale Finanzwesen expandierte, neue Technologien entwickelten sich. Städte und Industrien prägten zunehmend das Land, sie revolutionierten das familiäre Leben und setzten völlig neue Rahmenbedingungen für die menschliche Arbeit. Diese Entwicklungen wurden durch eine Reihe historischer Tatbestände begünstigt, die das Land schon in der Vergangenheit von anderen Staaten abhoben. Hier ist vor allem der Umstand zu nennen, dass der Besitz des Privateigentums garantiert war und im Prinzip für jedermann das gleiche Gesetz galt. Das Bürgertum konnte seine traditionell individualistischen Neigungen einbringen und unter Beweis stellen, dass es zu wirtschaftlichen Risiken bereit war. Die Einhegungen in der Landwirtschaft bewirkten gewaltige wirtschaftliche Veränderungen, Ackerbau und Viehzucht profitierten von den neuen Methoden.

Alles in allem hatte die Agrarrevolution die Bewirtschaftung rentabler gemacht. Jetzt herrschte Fruchtwechselwirtschaft vor, Rüben und Klee traten an die Stelle der Brache. Charles Townshends neue Fruchtwechselmethode fand in ganz Europa Anhänger. Ihr Erfolg führte zu weiteren Einhegungen. Zwischen 1760 und 1780 kam es zum Höhepunkt der Enclosure Acts. Die Einhegungen bewirkten nicht nur wirtschaftliche Umwälzungen, sie ermöglichten auch feste Grenzen für Straßen und Wege. Im 18. Jahrhundert stieg die landwirtschaftliche Produktion um 61 %. Maschinen kamen erst viel später zur Geltung. Das galt auch für chemischen Dünger, der zunächst noch keine Verwendung fand. Allerdings nutzten die Bauern jetzt Dreschmaschine, Sense und Metallpflug. 35 % des Volkseinkommens entfielen um die Jahrhundertwende auf die Landwirtschaft, noch hatten die meisten hier ihre Arbeit, das meiste Kapital wurde in diesem Wirtschaftszweig erwirtschaftet und eingesetzt.

Erst die neue Form der Landwirtschaft schuf die Rahmenbedingungen für die wirtschaftliche und soziale Umwälzung. Kleingüter machten immer häufiger Großgütern und Mittelbetrieben Platz. Die Leidtragenden waren aber häufig genug Kleinbauern. Sie mussten sich eine neue Beschäftigung suchen, als Lohnarbeiter oder als Arbeiter in den städtischen Zentren. Brauereien und Brennereien erfreuten sich großer Beliebtheit. Die Landwirtschaft kam zunächst für einen erheblich größeren Teil der Steuern auf als Handel und Gewerbe.

Sicher gab es mehr Nahrungsmittel, allgemein nahm das Leben auch eine größere Vielfalt an. Viele wurden aber zu Opfern dieser Entwicklung. Vergeblich rannten die „landless poor" gegen die Einhegungen Sturm. Sie taten dies Schulter an Schulter mit denjenigen, die ihren kleinen Besitz verloren hatten. Der Journalist Arthur Young nahm sich ihrer an. Young bereiste England und den Kontinent (1792: „Travels During the Years 1787, 1788 and 1789, Undertaken More Particularly with a View of Ascertaining the Cultivation, Resources, and National Prosperity, of the Kingdom of France") und erwarb den Ruf eines führenden Agrarexperten (1770: „A Course of Experimental Agriculture"). Er publizierte seine Beobachtungen ab 1784 in den „Annals of Agriculture", entwickelte sich zu einem vehementen Befürworter der Einhegungen und verlor dennoch nicht den Blick für diejenigen, die zu Opfern des veränderten Systems geworden waren (1768: „The Farmer's Letters to the People of England"). Young wurde schließlich „secretary" des neu geschaffenen „Board of Agriculture". Er war ein wichtiger Propagandist für die neuen landwirtschaftlichen Methoden seiner Zeit. Seine Bücher wurden in viele Sprachen übersetzt.

Naturwissenschaftliche Experimente und technische Erfindungen erregten großes Aufsehen und veränderten langfristig das gesellschaftliche Leben. Watt konstruierte die Dampfmaschine (1765/66), Hargreaves und Arkwright die Spinnmaschinen (ab 1767). Die Baumwollspinnerei erfuhr eine gewaltige Mechanisierung und wurde zu einem führenden Zweig der englischen Industrie. Das Zeitalter der Massenproduktion im Textilgewerbe war eingeläutet. Zwischen 1764 und 1794 nahm die Garnherstellung um das Dreißigfache zu, bis 1844 insgesamt um das Achtzigfache. 1850 war das Webverfahren um ein Vielfaches produktiver als um 1760. Dabei wurde nicht nur mehr produziert, die Qualität nahm spürbar zu und wurde zu einer Konkurrenz für das indische Gewebe. Parallel dazu erfuhr die Produktionsorganisation eine gewaltige Veränderung. Maschinelle Arbeit und Produktion in Fabriken gingen Hand in Hand und schlugen den größten Nutzen aus den einzelnen Erfindungen. 1786 stellte Edmund Cartwright einen mechanischen Webstuhl vor. 1790 war es möglich, mit Dampfkraft ein Walzwerk zu betreiben. All diese Entdeckungen und Neuerungen kompensierten die Probleme, die durch den Anstieg der Bevölkerung ausgelöst wurden. Wohlstand und Kaufkraft wuchsen. Das Nationalprodukt nahm um ein Vielfaches zu. Reichtum und Nutzen verteilten sich nicht gleichmäßig auf die Bevölkerung, doch *langfristig* kamen die Ergebnisse und Veränderungen der Industrialisierung allen zugute.

Kräftig gefördert wurden die wirtschaftlichen Kräfte durch die Kohle und den entsprechenden Ausbau der Eisenindustrie. Die Industrialisierung wiederum steigerte den Kohleverbrauch. Die Dampfmaschine erleichterte die Kohleförderung, in den Kohlegebieten fand sich meist die Eisenindustrie. Die Qualität des Eisens verbesserte sich, es wurde billiger und lieferte in Verbindung mit der Verbesserung der Produktionsverfahren den Grundstoff für die Maschinenindustrie und den Eisenbahnbau. Die Eisenindustrie hatte ihre Hand in fast allen Wirtschaftszweigen und gab den Anstoß für eine völlig neue Qualität des gesellschaftlichen Lebens, die kaum einen Bereich ausließ. Die Revolutionierung der Eisenindustrie verlief allerdings nicht parallel zur Erneuerung des Textilgewerbes oder der Entwicklung der ersten Werkzeugmaschinen. Sie fand vielmehr in der Mitte des 19. Jahrhunderts statt. Die Erfindungen, Erkenntnisse und Entwicklungen breiteten sich allmählich aus, nicht nur in England, sondern auch auf dem Kontinent. Französische, bel-

„Zeche im Nordosten, Murton". Aquarell von Thomas Miles Richardson. 1841. Foto: AKG.

gische und deutsche Unternehmer registrierten aufmerksam die Modernisierung in
Großbritannien, das den Ruf einer „Werkstätte der Welt" genoss. Das Land wurde ein
neidvoll bewundertes Vorbild. Englische Arbeiter und Unternehmer waren gern gesehene
Gäste, englische Technologien und Neuerungen fanden weite Verbreitung.

   Im frühen 18. Jahrhundert gab es streng genommen noch keine richtigen Straßen und
Wege. Meist handelte es sich um schlecht passierbare Strecken, die im Winter kaum gang-
bar waren. Unfälle waren nicht selten, niemand fühlte sich verpflichtet, dafür aufzukom-
men. Es gab Straßen, die eine Kommunikation zwischen großen Städten sicherstellten, sie
befanden sich in einem akzeptablen Zustand. Doch es gab nur wenige Impulse, die Wege
zu verbessern. Die römischen Fundamente, beispielsweise auf der Strecke von London
nach Chester, taten nach wie vor ihre Dienste. Für kürzere Wege benutzten die Menschen
Pferde oder zweirädrige Wagen („farm-carts"), für längere Postkutschen („stage-coa-
ches"); diese waren unbequem, teuer und alles andere als zuverlässig. Häufig wurden die
Reisenden Opfer von Räubern und Straßendieben, für die Verfolgung dieser „highway-
men" standen kaum Kräfte zur Verfügung. Wasserwege waren noch immer am effek-
tivsten. Sie waren ideal für den Transport sperriger Güter; Kohle, Eisen und Holz konnten
mühelos und preiswert über große Entfernungen transportiert werden. Nicht selten war
es für die Händler billiger und effektiver, Güter auf dem Seeweg zu transportieren als auf

dem Landweg. Das traf unter anderem für London zu. Einen Großteil der Kohle erhielt die Metropole auf dem Seeweg. Getreide aus Sussex und Hampshire gelangte häufig auf diese Weise nach London. Die wichtigsten Industrien hatten sich an den größten Flüssen angesiedelt, an Themse, Severn, Trent, Mersey, Humber, Great Ouse und Tyne. Flüsse und Seewege hatten lange Priorität, doch die Zukunft rief nach einer Verbesserung des Landweges.

Zu den bekanntesten Ingenieuren und Straßenbauern gehörte George Wade. Er konnte am Ende seines Lebens auf über 250 Meilen Straßenbau zurückblicken und ließ 40 Brücken in Schottland errichten. Für soliden Straßenbau war ein festes Fundament unverzichtbar. Wade trug dafür Sorge, dass das Wasser in Gräben seitlich der Straßen ablaufen konnte. John Metcalfe machte sich trotz Blindheit in Yorkshire und Lancashire einen Namen, auf ihn gingen die „turnpike roads", mautpflichtige Straßen, zurück. Thomas Telford war der Sohn eines schottischen Schäfers und wurde einer der bedeutendsten britischen Ingenieure. Brücken, Kanäle, Leuchttürme, Häfen und Docks waren sein Werk. Telford ließ über 1000 Meilen Straßen bauen, 1000 Brücken gingen auf ihn zurück, der große Caledonian Canal, 1822 eröffnet, 1847 endgültig fertig gestellt, ersparte eine gefährliche Reise um das nördliche Schottland und war ebenfalls sein Werk. Zu seinem Ruhm trug auch die London-Holyhead Road bei, die von London zur Irischen See führte. Auch der Schotte John Macadam machte sich einen Namen durch den Straßenbau.

Zwischen 1790 und 1830 überzogen die „turnpikes" fast das ganze Land. Das Parlament willigte in 2450 Turnpike Acts ein, in den vorangegangenen 40 Jahren waren es insgesamt nur 1600 gewesen. Die „coaches" wurden mit der Verbesserung der Straßen schneller und zuverlässiger. Ein regelmäßiger Postservice hielt Einzug. Ralph Allen aus Bath erhielt das Monopol, alle Postsendungen außerhalb Londons zuzustellen. John Palmer garantierte den Postverkehr zwischen London und Bristol. Dafür benötigte man 16 Stunden. Auf demselben Weg fanden Zeitungen Verbreitung. 1750 brauchte ein Reisender für die Strecke London – Newcastle ungefähr sechs Tage, für London – Edinburgh zehn Tage, für London – Brighton einen Tag. Achtzig Jahre später sparten die Reisenden viel Zeit, bis Edinburgh brauchte man nur noch zwei Tage. Die Verkehrswege hatten eine neue Qualität gewonnen.

Nach wie vor war der Wasserweg von Bedeutung. 1775 beispielsweise transportierte die Shropshire Company Roheisen („pig iron") vierhundert Meilen über See, um den Landweg von sechzig Meilen zu umgehen. Es gab nur wenig schiffbare Flüsse. In der zweiten Hälfte des 18. Jahrhunderts riefen Stimmen in Lancashire und den West Midlands nach einem Ausbau der Binnen-Wasserwege. Francis Egerton und James Brindley machten sich dabei einen Namen. Mit dem Bridgewater-Kanal begann der Ausbau der Wasserwege, die industrielle Zentren verbanden. 1764 lieferte der Kanal Kohle bis in das Herz von Manchester. Die Transportkosten sanken, ebenso die Kosten für die Kohle. Die Krönung von Brindleys Lebenswerk war der Trent-und-Mersey-Kanal, ein ununterbrochener Wasserweg von Küste zu Küste mit einer Länge von 93 Meilen. Einer der Geldgeber war Josiah Wedgwood. Der Kanal führte bald die Bezeichnung „Great Trunk". Brindley ließ das Wasser über das ganze Land fließen. Der Staffordshire-und-Worcestershire-Kanal mündete in den Fluss Severn bei Stourport, Abzweige durchzogen die Midlands und führten nach Wolverhampton und Birmingham. Ein weiterer Kanal verband den „Great Trunk" mit der Themse. Brindley und Egerton blickten auf ein Gesamtwerk von 365 Meilen zurück. Ihr Hauptarbeitsgebiet waren South Lancashire und die West Midlands. Birmingham wurde zur „canal metropolis". Geldgeber gab es genug, schließlich entwickelte sich eine „canal mania", die viele Geldgeber in einen wirtschaftlichen Ruin stürzte. 1830 blickte Großbritannien auf 4000 Meilen Wasserwege. Die Kanäle beherrschten den Transport, bis die Eisenbahnen das Land durchquerten und eine kostengünstigere Alternative boten.

Der große Eisenbahnbau in Großbritannien setzte in der zweiten Hälfte der dreißiger Jahre des 19. Jahrhunderts ein und läutete eine neue Phase wirtschaftlicher Umwälzungen ein. 1847 hatten die Bahngesellschaften bereits 300 000 Angestellte auf ihren Gehaltslisten stehen. Die Schlüsselindustrien Kohle, Eisen und Stahl vernetzten sich mit dem Eisenbahnbau. Die Produktions- und Exportsteigerung wäre ohne Mithilfe der Eisenbahnen nicht möglich gewesen. Die Lebensverhältnisse verbesserten sich, die Städte wurden in ganz anderen Dimensionen mit Lebensmitteln versorgt, darunter auch solche, die leichter verderblich waren, aber die Gesundheit unterstützten. Das entstehende Eisenbahnnetz förderte und forderte die Flexibilität der Gesellschaft, es entstand ein riesiger, eng vernetzter Wirtschaftsraum. 1848 umfasste das Eisenbahnnetz über 8000 Kilometer. Lebensräume wurden neu erschlossen, die Wirtschaft erhielt gewaltige Impulse, neue Arbeitsplätze entstanden. Die englischen Arbeiter identifizierten sich mit der Industrialisierung – trotz mancher Vorbehalte.

England hat sich lange bemüht, den Export neuer Maschinen und die Verbreitung ihrer Konstruktionspläne zu verhindern. Für britische Handwerker gab es bis 1825 sogar ein Auswanderungsverbot. Doch im Nachbarland Frankreich waren bereits viele englische Fachkräfte angeworben worden, die ihr Wissen und ihr Know-how weiter vermittelten. Ein Beispiel ist die englische Familie Cockerill. Sie wanderte nach Belgien aus und gründete dort Firmen. William Cockerill, Erfinder und Fabrikant, hatte in Russland und Schweden gearbeitet, bevor er 1799 nach Verviers in Frankreich (heute Belgien) reiste und für die Firma Simonis und Biolley die erste „wool-carding and wool-spinning machine" konstruierte. Mit zwei Söhnen baute er in Liège (Lüttich) Fabriken für die Konstruktion von Spinn- und Webmaschinen auf und führte so eine Industrie ein, die bis dahin ein englisches Monopol gewesen war. Im Laufe der Zeit waren die internationalen wirtschaftlichen Verflechtungen nicht mehr zu übersehen. Der Eisenbahnbau ist dafür ein gutes Beispiel. 1845 gab es in den deutschen Staaten ungefähr 500 Lokomotiven, ein Großteil stammte aus England bzw. war mit englischem Know-how gebaut worden. Das anfänglich gewaltige Entwicklungsgefälle nahm zur Jahrhundertmitte hin ab, doch Großbritannien blieb weiterhin führend.

Das Land war Vorbild und Warnung zugleich. Die Begleiterscheinungen der industriellen Entwicklung ließen die Menschen zum Teil an ihrer Existenz verzweifeln. Charles Dickens gab der neuen Industriestadt einen Namen, sie hieß „Coketown" und beherrschte einen seiner Romane.

Friedrich Engels schrieb über die „Lage der arbeitenden Klasse in England" und zeichnete ein Porträt Verzweifelter. Trotz aller Faszination sah niemand in der „Industriellen Revolution" das Paradies auf Erden. Die Zeitgenossen spürten den Anbruch einer neuen Epoche, und sie empfanden eine neue Lebensqualität, die von vielen übermenschliche Opfer verlangte. In dem Roman „Hard Times" (1854) beschrieb Dickens die Stadt der Industrialisierung: „Coketown war eine Stadt aus roten Ziegeln – oder aus Ziegeln, die rot gewesen wären, wenn Rauch und Asche es erlaubt hätten. Doch so wie die Dinge einmal lagen, war es eine Stadt aus unnatürlichem Rot und Schwarz – wie das bemalte Gesicht eines Wilden; eine Stadt der Maschinen und Fabrikschlote, aus denen sich immer während und ohne Ende Rauchschlangen wanden; eine Stadt mit einem schwarzen Kanal und einem purpurrot schillernden, unangenehm riechenden Fluss; eine Stadt mit riesigen Gebäuden voller Fenster, hinter denen es den ganzen Tag lang ratterte und vibrierte und hinter denen sich der Kolben der Dampfmaschine monoton auf und nieder bewegte – wie der Kopf eines Elefanten in melancholischer Verwirrung. Die Stadt hatte viele breite Straßen, die einander ähnelten, und viele kleine Straßen, die sich noch stärker ähnelten. Sie wurden von Menschen bewohnt, die alle gleich waren, die zur selben Stunde ein- und ausgingen, mit demselben Schritt auf demselben Pflaster, die alle dasselbe taten, und für die jeder Tag derselbe war, wie das Gestern und das Morgen; und jedes Jahr entsprach dem vorangegangenen und dem folgenden."[4]

Ungeachtet aller Schatten der Industrialisierung wurde Großbritannien die viel zitierte „Werkstatt der Welt". Neue Technologien und Produktionssysteme brachten Wohlstand, die modernisierten Verkehrswege ermöglichten eine weite Verbreitung der Güter, die ansteigenden Exporte sorgten für beträchtliche Profite, die Erfahrung des neuen Lebensstandards riet zum Laisser-faire und zum Freihandel. Voller Begeisterung rief der englische Ökonom William Stanley Jevons 1865 in die Welt: „Die Ebenen von Nordamerika und Russlands sind unsere Getreidefelder; Chicago und Odessa sind unsere Kornkammern; Kanada und die Ostseeländer sind unsere Nutzholzwälder; Australasien gibt uns unsere Schaffarmen, und in Argentinien und auf den westlichen Prärien von Nordamerika weiden unsere Ochsenherden; Peru schickt uns sein Silber, und das Gold von Südafrika und Australien fließt nach London; die Hindus und die Chinesen pflanzen unseren Tee und unseren Kaffee, unsere Zucker- und Gewürzplantagen liegen in der Karibik. Spanien und Frankreich sind unsere Weinberge, und die Mittelmeerländer sind unsere Obstgärten. Unsere Baumwollplantagen, die schon seit langem den Süden der Vereinigten Staaten bedeckten, werden jetzt überall in die warmen Regionen der Erde ausgedehnt."[5] Die „Industrielle Revolution" stieß einen irreversiblen Prozess an, sie wurde von Elend begleitet, aber sie löste Wachstum und Fortschritt in einer bisher ungekannten Dimension aus.

Folgen und Fragen

Die Veränderungen, die sich in Großbritannien vollzogen, wurden bald zu einem Prototyp der Industrialisierung. Diesen Prozess abzulehnen, zog in vielen Fällen Stagnation nach sich. Die britische Bevölkerung selbst warb wenig für die Industrialisierung. Charles

Dickens und die Schriftstellerin Elizabeth Gaskell ragten als einsame Rufer und Mahner hervor. Ihre Bücher lieferten Symbole und Bilder. Alexis de Tocqueville, Friedrich Engels und Karl Marx erwarben sich den Ruf genauer Beobachter. Sie studierten beide Seiten der Medaille und beschrieben der Welt eine Revolution ohne 'Geschichte'. Ob sie nun eine „historical category" oder ein „event" war, ist nach wie vor offen.[6] Manchester wurde ein neues Symbol der industriellen Gesellschaft. In dem Roman „Coningsby" lässt der britische Politiker und Schriftsteller Benjamin Disraeli einen seiner Charaktere fragen: „The age of ruins is past. (…) Have you seen Manchester?" Die politischen und demokratischen Umwälzungen in Amerika und Frankreich wurden von vielen als Vorstufe gewertet, die in eine industrielle Gesellschaft übergehen würde. Das Industriebürgertum blieb frei von Ideologien, es zeigte sich offen für Neuerungen und war immun gegen isolationistische Tendenzen. Sozialer Aufstieg, Berufswechsel, Flexibilität waren nicht die Regel, aber möglich. Die Mobilität kam den wirtschaftlichen Änderungen sehr zustatten.

Es ist breiter Konsens, dass die englische Gesellschaft sich bereits in der Vorgeschichte der Industrialisierung durch ein hohes Maß an politischen Freiheiten und Flexibilität ausgezeichnet hat. Das gilt mit Abstrichen auch für die Monarchie, die sich regelmäßig neuen Verhältnissen angepasst hatte und damit keine unbewegliche Institution war. Im Vergleich zu anderen Ländern waren Wirtschaft und Gesellschaft in puncto Freiheit privilegiert. Für das Selbstbewusstsein der Bürger und ihre Risikobereitschaft war bedeutsam, dass das Privateigentum unangetastet blieb und sich wirtschaftliches Engagement rentierte. Dazu gehörten die Möglichkeit und Bereitschaft zu einer sozialen Mobilität, die auf dem Kontinent keine Entsprechung fand. Die englische Gesellschaft hatte sich häufig genug Reformzwängen gegenübergesehen und in diesen Krisen eine Anpassungsbereitschaft an den Tag gelegt, die in der Folge zu einem beträchtlichen Maß an Offenheit und Erneuerung führte. Diese soziale und politische Mobilität ergab sich aber auch aus der Stellung des Adels, die wiederum keine kontinentale Entsprechung hatte. Vom Bürgertum war der Adel nicht durch eine unüberwindliche Mauer getrennt.[7] Die Peers hatten gemeinsam mit der Krone die Geschicke des Landes in der Hand. Außerhalb des Oberhauses genossen sie weder soziale Vorrechte noch steuerliche Immunität. Ihre Söhne arbeiteten häufig als kaufmännische Lehrlinge. Die Gentry stand in der Nähe des Bürgertums. Mitglieder der Gentry waren häufig Friedensrichter, Sheriffs oder mit der Steuereinnahme beschäftigt. Was die Gesellschaft kennzeichnete, war ein kontinuierlicher sozialer Austausch, der das Aufkommen unüberwindlicher Hürden verhinderte.

Die Gesellschaftsordnung war nicht statisch. Sie entwickelte sich in dem betrachteten Zeitraum weiter, ohne dass es zu explosiven Reaktionen gekommen wäre. Diese Fortentwicklung änderte zunächst nichts an der Tatsache, dass die landbesitzende aristokratische Oligarchie nach wie vor das Heft in der Hand hielt. Die spätere Wahlrechtsreform von 1832 dokumentierte Mut zur Veränderung, aber sie war keine Rebellion, geschweige denn eine Revolution. Gleichwohl nahm die Oligarchie die wirtschaftlichen Forderungen des Tages realistisch zur Kenntnis und verschloss sich nicht dem Zwang, einen Kompromiss zu suchen. Auch während der „Industriellen Revolution" verstand sich der englische Staat zu Maßnahmen, die der reinen Lehre des Laisser-faire widersprachen. In diese Phase fiel eine Reihe militärischer Auseinandersetzungen. Mit dem Sieg über Napoleon war ein neuer machtpolitischer Höhepunkt erklommen: Großbritannien war nun *die* Kolonial- und Seemacht. Ernsthafte Rivalen waren nicht in Sicht.

Das gesellschaftliche System ging im Grunde gefestigt aus den Krisen hervor. Mittlere und obere Bevölkerungsschichten waren die ersten Nutznießer der „Industriellen Revolution", für die Lohnarbeiter hatte sie indes vielfach verheerende Folgen. In den Midlands und in Yorkshire traten die Ludditen, „the ludds", gegen die Maschinen an, sie zerstörten die Symbole der „Industriellen Revolution". Dieser Mut zur gewaltsamen Veränderung befreite sie allerdings nicht aus ihrer Not, ein allgemeines Widerstandskonzept oder gar ein politisches Programm kam ihnen nicht über die Lippen. Thomas Paine blieb ein einsamer Rufer für Freiheit und Menschenrechte. In England vergrößerte die Französische Revolution nicht das Maß an Freiheit, im Gegenteil: Der Staat griff zu repressiven Maßnahmen, 1799 wurden unter anderem Arbeiterkoalitionen verboten. Die „Industrielle Revolution" wirft noch heute viele unbeantwortete Fragen auf. Doch in einem Punkt besteht ein breiter Konsens: England kam in der europäischen Geschichte des 18. und 19. Jahrhunderts eine besondere Bedeutung zu und trug damit auch eine außergewöhnliche Verantwortung. Genauso unstrittig ist, dass der Staat im Gefolge dieser 'Revolution' dem unsagbaren Leid vieler keine Abhilfe schaffen konnte.

Für den Historiker ist die „Industrielle Revolution" auch heute noch kein abgeschlossenes Kapitel der Geschichte. Häufig wird die Rezeption dieser Zeit in mindestens drei Phasen unterteilt: Die klassischen Studien sehen sie als Scheitelpunkt in der Wirtschaftspolitik, als Brücke, die vom Merkantilismus zum Laisser-faire führte. In einer zweiten Phase untersuchten die Forscher die historische Bedeutung des Handels- und Bankkapitals, ihre Aufmerksamkeit galt nun stärker der gesamten Epoche, weniger den Details. Gegenüber den unabweisbaren Elendsberichten zeigten sie sich verschlossener. Stattdessen betonten Fachleute die positiven Seiten der Revolution, die Überwindung von Massenarmut, Stagnation und wirtschaftlichem Elend. In einer dritten Phase wurde das graduelle Gefälle zwischen England und den kontinentaleuropäischen Staaten verstärkt diskutiert. Trotz dieser langen Forschungsgeschichte gibt es auch heute noch keine homogene Betrachtung dieser 'Revolution', die wie keine andere die Welt veränderte. Die Historiker weisen auf viele Wissenslücken, und nicht jeder ist sicher, dass sie gefüllt werden können. Die Frage nach der Dauer der „Industriellen Revolution" beispielsweise löste eine andauernde Kontroverse aus, auf die noch keine Antwort in Sicht ist. Skeptiker stellen Fragen nach dem historischen Anfang: Worin bestand der entscheidende Impuls, der die wirtschaftliche Entwicklung beschleunigte? War es die Landwirtschaft, der Binnenmarkt oder der Außenhandel? Auch im Grundsätzlichen gehen die Meinungen auseinander: Welcher industrielle Sektor darf mit guten Argumenten als der Leitsektor in der Entwicklung gelten: die Baumwollindustrie oder die Eisenindustrie? In dieser Kontroverse bleibt die Frage noch unberücksichtigt, wie die große Mehrheit der Bevölkerung über die eigene Zeit und die Veränderungen dachte. Und schließlich: Welche Gewichtung kommt den kausalen Beziehungen zu, den wirtschaftlichen und den sozialen? Auch künftige Forschergenerationen werden sich mit der Frage beschäftigen, wer Prometheus entfesselt hat. Die Bedeutung der Revolution bestand nicht allein in der Summe ihrer Produktivitätszahlen, das war den Zeitgenossen sicher klar. Es entwickelten sich ein neues Lebensgefühl und eine neue Lebensqualität ungeachtet ihrer Bewertung. Auf all diese Fragen gibt es Antworten, aber keine kann für sich beanspruchen, die nationalen Arrangements insgesamt schlüssig zu beschreiben. Die „Industrielle Revolution" hat viele historische Kontroversen nach sich gezogen. Der kritische historische Rückblick erlaubt allenfalls die Feststellung, dass eine substantielle historische Beschreibung nur in der Verknüpfung der kausalen Beziehungen liegen kann.[8]

Dieser allgemeine Disput erstreckt sich auch auf die Folgen der Revolution. Welche Aussagen lassen sich beispielsweise über den Lebensstandard der Arbeiter machen? Die bisherigen Antworten leiden unter dem Mangel an statistischem Material. Das steigende Sozialprodukt scheint in der Tat allgemeinen Reichtum zu signalisieren. Doch welche Bevölkerungsschichten profitierten davon? Änderten sich Nahrungs- und Konsumgewohnheiten? Wer und was könnte darüber Auskunft geben? Die sozialen und politischen Krisen Großbritanniens haben Namen, sie gelten als vergleichsweise gut erforscht. Das gilt allerdings nicht für ihre Wechselbeziehungen und für die Beziehungen zur internationalen Revolutionsszenerie. Sicher war England der „workshop of the world"[9], doch dieses Vorbild wurde nicht unverändert kopiert. Die Londoner Weltausstellung von 1851 war ein „highlight", Unbehagen an der Wirklichkeit aber oder einen Schuss Selbstironie stellte sie nirgendwo zur Schau. Die industriellen Beziehungen waren indes nicht nur einseitig. England investierte Kapital und Technologien jenseits des Kanals. Ist der Begriff Revolution überhaupt angemessen? Kaum jemand konnte sich diesem lang andauernden Prozess entziehen. Die Revolution erzwang soziale und politische Veränderungen, die für die einen eine menschenunwürdige Zukunft bedeuteten, für die anderen einen Fortschritt ohne Grenzen. Der britische Modernisierungspfad war ein Weg ohne Beispiel und bereitete eine Zukunft mit unabsehbaren Konsequenzen und unbeantworteten Fragen. Im Vorwort zu seinem Roman „The Longest Journey" (1907) schrieb Edward M. Forster: „Ich bin froh, dass ich unser Land kannte – bevor Straßen zum Spaziergang zu gefährlich, Flüsse zum Bad zu schmutzig, Schmetterlinge und wilde Blumen durch Arsen dezimiert wurden, bevor Shakespeares Avon durch Chemikalien verunreinigt wurde und die Fische in der Cam mit dem Bauch nach oben trieben."[10]

5. Großbritannien
zur Zeit der Französischen Revolution

1792 bis 1797: Erster Koalitionskrieg

1792 Mai: Verordnung gegen „aufrührerische Zusammenkünfte und Druckschriften"

1794 Mai: Aufhebung der Habeas-Corpus-Akte für ein Jahr

1795 18. Dezember: Unangemeldete Veranstaltungen über 50 Personen werden verboten.

1798 Erneute Aufhebung der Habeas-Corpus-Akte bis 1801

1799 bis 1800: Verbot von politischen Vereinigungen und Gewerkschaften
bis 1802: Zweiter Koalitionskrieg

1801 1. Januar: Inkrafttreten der Unionsakte, die Großbritannien mit Irland verbindet

1802 27. März: Friede von Amiens zwischen Großbritannien und Frankreich

1804 Napoleon ergreift Maßnahmen zur Invasion Englands.

1805 Dritter Koalitionskrieg. 21. Oktober: Britischer Sieg bei Trafalgar

1806 Vierter Koalitionskrieg. 21. November: Napoleon verfügt Kontinentalsperre gegen Großbritannien.

1807 September: Großbritannien beschießt Kopenhagen und erzwingt die Auslieferung der dänischen Flotte.

1813 Mai/Juni: Großbritannien tritt Koalition gegen Frankreich bei.

1814 1. März: Quadrupelallianz von Chaumont: Großbritannien verbündet sich mit Preußen, Österreich und Russland gegen Frankreich.
31. März: Einzug in Paris
30. Mai: Erster Friede von Paris – Frankreich wird auf die Grenzen von 1792 reduziert.
November: Beginn des Wiener Kongresses

1815 1. März: Napoleon kehrt von Elba nach Frankreich zurück.
25. März: Unterzeichnung einer Viermächtekonvention zum Sturz Napoleons
8. Juni: Wiener Kongressakte – Großbritannien erhält Malta (1800 besetzt), Helgoland (1807 besetzt), Ceylon (seit 1802 britisch), die Kapkolonie (1806 erobert). Errichtung eines britischen Protektorats über die Ionischen Inseln
18. Juni: Schlacht bei Belle-Alliance (Waterloo): Blücher und Wellington besiegen Napoleon.
20. November: Zweiter Friede von Paris und Unterzeichnung der Quadrupelallianz zwischen Großbritannien, Österreich, Russland und Preußen zur Garantie der neuen Ordnung

Einfluss auf England

Der Ausbruch der Französischen Revolution im Juni 1789 forderte und förderte in erster Linie das britische nationale Selbstvertrauen. Einige Intellektuelle waren zunächst der Ansicht, dass die Ereignisse auf dem Kontinent den Rivalen schwächen und seinen außenpolitischen Einfluss verringern würden. Andere, unter ihnen William Wordsworth, Samuel Taylor Coleridge, William Godwin und die Autorin Mary Wollstonecraft, hielten dagegen und glaubten, dass am Ende der Umwälzungen ein völlig neuer Staat stehen würde, der einen aufklärerischen Einfluss auch auf Großbritannien ausüben würde.[1]

Von all dem hielt der Politiker und Publizist Edmund Burke[2] nichts. Seine „Reflections on the Revolution in France" (1790) geißelten die Verhältnisse auf dem Kontinent. Auf keinen Fall könne ein Staat aus ihnen irgendeinen Nutzen ziehen. Die „Betrachtungen über die Französische Revolution und über die Reaktion gewisser Londoner Kreise auf dieses Ereignis" gerieten zu einer politisch-staatstheoretischen Schrift in Briefform. Ihr Tenor ist die Warnung vor den negativen Konsequenzen der Revolution und die Furcht vor dem revolutionären Einfluss auf England. Burke beschäftigt sich zunächst mit der Chronologie der Ereignisse und schildert die geistig-sozialen Hintergründe sowie die rechtlichen Voraussetzungen. Den französischen Revolutionären ruft er zu: „Under a pious predilection for those ancestors, your imaginations would have realized in them a standard of virtue and wisdom, beyond the vulgar practice of the hour: and you would have been taught to respect yourselves."[3] Der Verfasser widerspricht den politischen Idealen der Aufklärung und hält ihnen entgegen, dass Staatsverfassung und Gesellschaftsordnung organisch gewachsen seien und einen unverletzlichen Vertrag zwischen Toten, Lebenden und Ungeborenen darstellen. Außerdem ist er überzeugt, dass (britische) Kontinuität und Tradition Weisheit verkörpern und den einzelnen Erkenntnissen von fehlbaren Individuen („The nature of man is intricate; the objects of society are of the greatest possible complexity") und dem – ohne historische Orientierung – nicht verlässlichen Willen der Nation unzweideutig überlegen sind: „When ancient opinions of life are taken away, the loss cannot possibly be estimated." Das Ergebnis der Revolution kann folglich nur Chaos und Tyrannei sein. Burke lehnt Revolutionen nicht grundsätzlich ab. Sie müssen aber die absolute Ausnahme bleiben. Das Bestehende ist zu verbessern, nicht zu zerstören. Ursache und Anlass für Veränderungen sollen konkrete Gegebenheiten und weniger abstrakte Ideen sein.

Burke stellte damit eine konservative Staatsanschauung vor („The individuals would do better to avail themselves of the general bank and capital of nations and of ages"). Seine politischen, bisweilen etwas unsystematischen Theorien und Überlegungen entsprangen der grundsätzlichen Ablehnung demokratischer Ideen, sie waren bereits vor der Französischen Revolution entwickelt. In England fanden die „Reflections" eine weite Verbreitung, kontinentale Gegner der Revolution griffen sie auf. Burke bereitete den Weg für eine romantische Geschichtsauffassung und wurde zum Stammvater des modernen Konservativismus. Doch in seinem eigenen Land fand er zunächst keineswegs ungeteilte Zustimmung. Die Zurückhaltung änderte sich erst, als Ludwig XVI. unter der Guillotine starb und Frankreich drohte, in Holland einzumarschieren. In dieser revolutionären Situation wurden die Ereignisse in Frankreich und ihre Folgen neu bewertet, und die Ansichten gewannen die Oberhand, die in der Entwicklung eine Gefährdung sahen. Im Februar 1793 griff England zu den Waffen.

Es ist schwierig, die britische öffentliche Meinung im Ganzen zu charakterisieren. War nun auch Großbritannien in seiner Existenz gefährdet? Thomas Paine gehörte ebenfalls zu den großen Persönlichkeiten dieser Tage. Er beschäftigte sich intensiv mit den Rechten des Menschen und schrieb einen 'Bestseller' unter dem Titel „Rights of Man. Being an Answer to Mr. Burke's Attack on the French Revolution" („Menschenrechte. Eine Antwort auf Herrn Burkes Attacke gegen die Französische Revolution"). Die Publikation war eine politische Kampfschrift, die 1791 die Gemüter erregte. Paine war überzeugter Republikaner und engagierter Befürworter der amerikanischen Freiheitskriege. Für ihn war die Revolution eine Bestätigung der Forderung nach Menschenrechten. Paine unterschied die „natürlichen" von den „bürgerlichen" Menschenrechten, die sich aus dem Gemeinschaftsleben ergeben. Der Mensch trat nach Paines Überzeugung keineswegs all seine natürlichen Rechte an den Staat ab, sondern nur solche, deren Wahrnehmung seine Fähigkeiten übersteige. Die Verankerung der Menschenrechte in der amerikanischen Verfassung verglich Paine mit der Bedeutung, die eine Grammatik für die Sprache habe. Paine sprach sich für die Trennung von Kirche und Staat aus. Die erste Auflage erreichte 50 000 Exemplare. Es entstanden Constitutional Societies, die von den französischen Revolutionsideen lebten und einen überraschenden Zulauf erhielten. Paines Gegner wagten es nicht, ihn vor Gericht anzuklagen. Einige aber griffen zur Feder und versuchten, seine Philosophie zu erschüttern. Der Verfechter der Menschenrechte lebte mehrere Monate in Paris und legte bald einen Nachtrag zu den „Rights of Man" vor. In diesem neuen Werk diskutierte er die praktischen Auswirkungen seiner Rechtsprinzipien und übertrug sie auf englische Verhältnisse. Paine entwarf Alternativen zur Steuerpolitik des Königs, kritisierte und verwarf die von der Krone finanzierten Abgeordnetenpensionen, weil sie die Parlamentarier korrumpierten, und votierte für die Aufteilung des Großgrundbesitzes, für eine progressive Vermögenssteuer und für ein größeres Engagement zugunsten der Armen und der Volksbildung. Am Ende stand die Überzeugung, dass der Krieg in Europa ein Ergebnis der Habsucht der Herrscher sei. Friedlich dagegen seien Republiken, in denen sich die Interessen der Herrschenden mit den Interessen der Nation deckten. Doch weder Whigs noch Tories griffen Paines Gedanken auf, schon gar nicht den in ihnen enthaltenen Aufruf zum Umsturz. In England wurde Paine schließlich für vogelfrei erklärt und sein Werk, so weit es ging, unterdrückt.

In der Tat gab es kaum etwas, das Paine in seinen Schriften nicht angriff. Monarchie, Aristokratie und Privilegien wurden harsch kritisiert. Seine Forderungen liefen im Grunde auf eine Revolution hinaus und hatten folglich wenig Chancen, bei der britischen Oberschicht auf Zustimmung zu stoßen. Paine forderte das „manhood suffrage", setzte bedingungslos den Frieden über alles, er forderte eine Erziehung durch die öffentliche Hand, reflektierte Altersversorgungen, Mutterschaftsunterstützung („maternity benefits") und Vollbeschäftigung. Paine dachte nicht an eine Neuverteilung des Vermögens. Doch wie die Reformen bezahlt werden sollten, blieb offen.

Thomas Spence, ein Schulleiter aus Newcastle, blies in das gleiche Horn wie Paine. Er publizierte eine periodische Zeitschrift – „Pig's Meat" („Schweinefleisch") – und nahm damit Bezug auf eine Äußerung Burkes, der die Mehrheit der Briten als „swinish multitude" bezeichnete. Diese akademischen Gedankenschlachten wurden von dem Auftreten radikaler Organisationen begleitet. 1792 verlangte der Schuster Thomas Hardy in London die Gründung einer Gesellschaft zur Propagierung des „manhood suffrage". Der Mitgliedsbeitrag war niedrig, jeder konnte beitreten. In Schottland wurden ähnliche Stimmen laut. Im Oktober 1793 veranstalteten schottische Radikale eine „British Convention" in Edinburgh und hießen die Delegierten englischer Gruppierungen willkommen. Auch sie schrieben das Wahlrecht für alle auf ihre Fahnen, verlangten jährliche Wahlen und unterstützten propagandistisch die Prinzipien der Französischen Revolution.[4]

Gleichwohl blieb diesen Gruppierungen eine breite Gefolgschaft versagt. Ihre ideologischen Programme erreichten die Massen nicht. Sie waren isoliert und weit über das Land verstreut. Am stärksten waren sie in London und in den entstehenden Industriegebieten des Nordens repräsentiert, in den landwirtschaftlichen Gebieten fanden sie kaum ein Echo. Nach vorsichtigen Schätzungen war es nur ein kleiner Prozentsatz der Arbeiter, der die radikalen Organisationen unterstützte. Sheffield war eine propagandistische Hochburg, aber auch hier gab es nur 2000 'Organisierte' bei 31 000 Bewohnern. Es gab frankophile Gruppen, die insgeheim an eine französische Invasion glauben mochten. Doch die meisten Reformer stimmten im Prinzip mit der britischen Verfassung überein und wünschten sich gesellschaftliche Änderungen, aber keine radikalen Umwälzungen.[5]

Pitts Ministerien und der Krieg mit Frankreich

William Pitt der Jüngere war 24 Jahre, als er 1783 First Lord of the Treasury wurde. Als jüngster 'Premierminister' war er mit großen politischen und militärischen Aufgaben konfrontiert, er bewältigte sie und steuerte das Land durch eine recht problematische Phase seiner Geschichte. Zu Beginn der Französischen Revolution gab es in England durchaus öffentliche Stimmen, die Freiheitsforderungen und Gleichheitsvorstellungen mit einer gewissen Sympathie aufnahmen.[6] Charles James Fox, „Britain's first foreign secretary" (1782, 1783, 1806), sprach im Parlament zunächst mit wohlwollendem Interesse über die Ereignisse im Nachbarland. Sie seien das größte Ereignis in der Geschichte. Debattier- und Reformclubs wuchsen aus dem Boden, die ebenso schnell wieder verschwanden, als Ludwig XVI. und Königin Marie-Antoinette hingerichtet wurden. Wer jetzt noch die Ereignisse befürwortete, setzte seine Freiheit aufs Spiel. Manche Vordenker und Führer fanden sich im Gefängnis wieder, 1794 wurde die Habeas-Corpus-Akte aufgehoben. Verdächtige konnten nun ohne Gerichtsverfahren verhaftet werden. Verratsprozesse folgten, Demonstrationen wurden verboten, 1795 hatten diese radikalen Gesellschaften weitgehend ihr Leben ausgehaucht. Nur eine Minderheit setzte die Propaganda trotzig fort, unter ihnen irische Dissidenten. 1797 erhoben sich in der Royal Navy Proteststimmen. Ihre Wirkung einzuschätzen, fällt schwer. Jedenfalls waren die Militärs aufgerufen, Überlegungen zur Aufrechterhaltung der Ordnung anzustellen.

Die Situation verschärfte sich, als Frankreich Österreich und Preußen den Krieg erklärte.[7] Wie sollte das Land nun der französischen Expansion gegenübertreten? Pitt zählte zu den Vätern des britischen Konservatismus. Die „die-hards" und „Hoch-Tories" beriefen sich später auf ihn, ebenso Disraeli und Peel, die eher Reformpolitiker waren. Pitt sprach sich für politische Zurückhaltung aus. Sein Hauptanliegen war eine finanzielle Reform, er dachte an die Erschließung neuer Steuerquellen, wünschte sich eine Verbesserung der Verwaltung, wollte den Schmuggel eindämmen, den Teezoll beseitigen und einen Tilgungsfonds zur Beseitigung der Nationalschuld einrichten. Die Ereignisse auf dem Kontinent ließen ihm dafür nur wenig Ruhe. Im November 1792 sicherte Frankreich anderen Revolutionären Unterstützung zu, französische Truppen marschierten in die österreichischen Niederlande ein. Nach allgemeiner Einschätzung besaß Pitt nun keine Alternative mehr zum Krieg.

Die Kriege der Revolutionszeit und Napoleons wurden in Europa, Nordafrika (Ägypten) und Vorderasien (Syrien) ausgetragen.[8] Auch Großbritannien blieb nicht unberührt.[9] Die Kosten nahmen unvorstellbare Dimensionen an. Für den Zeitraum von 1793 bis zur Schlacht von Waterloo (1815) berechneten die Briten eine Summe von 1 650 000 000 Pfund.[10] Nur 25 % waren durch Regierungsanleihen gedeckt, der Rest durch Steuern. Aber auch das Militär sah sich vor gewaltige Herausforderungen gestellt. Zwischen dem Ausbruch der Revolution und Napoleons definitiver Niederlage musste die Mannschaftsstärke versechsfacht werden. Bei Kriegsende standen eine Viertelmillion Soldaten unter Waffen. Für die Royal Navy galt Ähnliches. Vor den Kriegen zählte sie 16 000 Mann, am Ende 140 000. Schließlich gab es noch eine Bürgerwehr („civil defence"), die im Fall einer französischen Invasion eingesetzt werden sollte und deshalb ebenfalls vergrößert wurde. Vorsichtige Schätzungen ergeben, dass jeder vierte männliche Brite eine Uniform trug.[11]

Der englische Reichtum stimmte optimistisch, eine Niederwerfung Napoleons schien auf den ersten Blick nur eine Frage der Zeit zu sein. Doch die britische Armee war alles andere als gut organisiert. Die Zahl der kampffähigen Soldaten war gering, weil stehende Heere im Frieden nicht geschätzt wurden. Die Lebensbedingungen der einfachen Soldaten spotteten vielfach jeder Beschreibung. Die französische Bevölkerung war der englischen zahlenmäßig um das Dreifache überlegen, und die Franzosen kämpften für ihre genuinen Interessen. 1797 war England nicht nur Frankreichs einziger Gegner, sondern, schlimmer noch, das Land war gespalten, Unterschichten und Teile der Mittelklasse hatten gewisse Sympathien für Frankreich, andere Teile der Gesellschaft fanden sich zu einem gegenrevolutionären Bündnis zusammen.

Pitt hatte vor dem Krieg alles getan, um die Flotte zu modernisieren. Jetzt war sie alles in allem ihrer Aufgabe gewachsen. Sie blockierte französische Häfen, sicherte Handelsrouten und ging als Sieger aus zahlreichen Seeschlachten hervor. Auf dem Kontinent hingegen errangen britische Soldaten keine Siege. Dennoch konnte auch die Marine ihrer Seeleute nicht immer ganz sicher sein. In Spithead, in der Nähe von Portsmouth, und „in the Nore anchorage", einer Sandbank an der Themsemündung, war von Meutereien zu hören. Weniger als fünf Prozent der Matrosen waren Freiwillige. Viele Seeleute waren zum Dienst gezwungen worden, sogar Waisen taten auf den Schiffen Dienst. Nach 1795 musste jedes „county" eine bestimmte Zahl an Seeleuten stellen, von April bis Juni 1797 gab es zahlreiche Marinemeutereien, die sich aus einer allgemeinen Teuerung, Missernten, Arbeitslosigkeit und den kritischen Staatsfinanzen erklärten. Die Handels- und Geschäftswelt machte sich beträchtliche Sorgen. Viele Schiffe blieben in den Häfen.

Doch damit war der Höhepunkt der Krise noch nicht erreicht. In Irland drohte eine Rebellion.[12] Der Gegensatz zwischen Katholiken und Protestanten nahm an Schärfe zu. Die katholischen irischen Bauern lehnten sich auf, um schließlich von der englischen Armee wieder unterdrückt zu werden. 1797 musste England der Tatsache ins Auge sehen, dass es auf dem Kontinent keinen Alliierten mehr besaß. Innen- wie außenpolitisch drohte eine ernste Krise. Die Franzosen sicherten sich im Mittelmeer die Seeherrschaft, Spanien suchte den Schulterschluss mit Frankreich, weil es in England einen wirtschaftlichen Rivalen sah. Das Blatt wendete sich erst, als die niederländischen und spanischen Seestreitkräfte der englischen Flotte unterlagen und Horatio Nelson – auch Baron Nelson of the Nile und Burnham-Thorpe genannt – den Zugang zum Mittelmeer erzwang. Am 1. August 1798 gelang ein entscheidender Sieg: Nelson besiegte die Franzosen in der Bucht von Abukir, den französischen Soldaten in Ägypten war damit der direkte Rückzug nach Frankreich versperrt.[13]

Pitt rief die zweite Koalition mit Russland, Österreich, Portugal, Neapel und der Türkei ins Leben. Doch sie hielt nur kurz. Englische Schiffe konnten die meisten Häfen Europas nicht anlaufen. Die wirtschaftliche Überlegenheit erhielt Risse. Hinzu kamen Missernten. Getreideeinfuhren waren nötig. Das Pfund verlor an Wert. Die Textilindustrie kannte wieder Arbeitslose, der Brotpreis nahm rapide zu. In Irland verschärfte sich die Krise durch zusätzliche Konflikte. 1801 warf Pitt das Handtuch.[14] Sein Nachfolger Henry Addington unterzeichnete am 27. März 1802 den Frieden von Amiens.[15] England verzichtete auf Ägypten und Malta, Frankreich auf weitere Kolonien. Doch die Ruhe war trügerisch.

Napoleon bereitete die Invasion Großbritanniens vor. Die französische Flotte gewann nicht die Herrschaft über den Kanal. 1805 gab Napoleon sein Ziel auf. Am 21. Oktober 1805 errang Nelson einen wichtigen Sieg in der Seeschlacht von Trafalgar in der Nähe von Gibraltar über die französische und spanische Flotte.[16] Napoleon war überzeugt, dass England jetzt nur noch wirtschaftlich niedergerungen werden könnte. Ein französisches Zollgesetz verlangte am 10. April 1806 die Schließung der Nordseehäfen für englische Schiffe. Damit war die Kontinentalsperre eingeleitet. Am 16. Mai 1806 wurde eine britische „Order in Council" proklamiert, die Küste von Brest bis zur Elbe wurde Blockadegebiet. Am 14. Oktober siegte Napoleon über Preußen und verkündete am 21. November offiziell die Kontinentalsperre. In dieser Situation lehnte Dänemark eine Verteidigungsallianz mit England ab. Vom 2. bis zum 5. September 1807 bombardierte daraufhin die britische Flotte die dänische Hauptstadt, um eine Allianz der spanischen, französischen und dänischen Flotten zu verhindern.[17]

Das Jahr 1809 brachte eine allgemeine Wende im Krieg. Napoleon unterliefen strategische Fehler, und die Spanier rebellierten gegen Frankreich. Arthur Wellesley, 1st Duke of Wellington, wurde beauftragt, den Spaniern mit britischen Soldaten beizustehen. Es folgten materielle Unterstützungen aus Großbritannien. 1812–14 erschwerte eine gewaltsame Auseinandersetzung mit den Vereinigten Staaten die Fortsetzung des Krieges gegen Frankreich, wieder ertönten Rufe nach Frieden. 1812 endete Napoleons Russland-Feldzug in einer verheerenden Niederlage, das Zarenreich öffnete wieder die Tore für britische Waren. 1813 gelang es Arthur Wellesley, die französische Armee in Spanien zu schlagen; Österreicher, Schweden, Preußen und Russen besiegten die Franzosen in der Schlacht von Leipzig und drängten sie aus Deutschland[18] heraus. Zur Jahreswende 1813/14 verließen die französischen Soldaten das Land. Der Vertrag von Chaumont vom März 1814 zementierte eine Einheitsfront gegen Napoleon, er schmiedete die Alliierten zusammen und bereitete den Weg für eine Neuorganisation Europas nach dem Krieg. Der Sieg über Napoleon bei Waterloo ging als „textbook victory", als beispielhafter Sieg, in die Geschichte ein. An all dem hatte Großbritannien mitgewirkt und damit seine globale Stellung deutlich gefestigt.

Alles in allem verfuhren die Alliierten nachsichtig mit den Franzosen. Außenminister Lord Castlereagh war es ein besonderes Anliegen, sich für Schonung einzusetzen. Er wollte alles andere als einen neuen Krieg. Frankreich stimmte den alten Grenzziehungen zu, Großbritannien war mit Malta, Ceylon und dem Kap der Guten Hoffnung sowie einigen wenigen westindischen Inseln zufrieden. Ludwig XVIII. bestieg den Thron in Frankreich. Der englische Staatshaushalt hatte sich in den letzten zehn Jahren gewaltig verändert. Mit 11,3 Millionen Pfund hatte er gegenüber dem von 1803 um das Doppelte zugenommen. Die Rüstungsausgaben waren ähnlich hoch gestiegen. Sie betrugen 7,34 Millionen Pfund gegenüber 3,84 Millionen im Jahr 1803.[19]

Der lange Krieg war an Großbritannien nicht spurlos vorübergegangen, obwohl das Land nicht besetzt worden war.[20] Ein hoher Prozentsatz der männlichen Bevölkerung hatte gegen Ende des Krieges zu den Waffen greifen müssen. Die französische Invasion war keineswegs nur eine Chimäre gewesen, Lebensmittel wurden knapp, hohe Preise bereiteten vielen Sorge, Arbeitslosigkeit und Steuern waren zu alltäglichen Begleitern geworden. Auch reiche Familien kamen an den Auswirkungen des Krieges nicht vorbei. Wer weniger als 60 Pfund pro Jahr verdiente, blieb von der Einkommenssteuer befreit. Die Arbeiter in der Wirtschaft hatten es im Allgemeinen besser. Sie erfreuten sich höherer Löhne, doch sie mussten auch manchen Absatzschwierigkeiten ins Auge blicken, die zur Arbeitslosigkeit führten. Wer indes in der Rüstungsproduktion tätig war, brauchte sich um den Arbeitsplatz keine Sorgen zu machen. Und die Wollindustrie in Yorkshire war wichtig für die Herstellung von Uniformen. Arbeiter in der „cotton industry" hatten diese Sicherheiten dagegen nicht.

Die Jahre 1811 und 1812 sind als Krisenjahre in die britische Geschichte eingegangen. Brot wurde teurer, Schiffe blieben in den Häfen, Seeleute mussten sich eine neue Beschäftigung suchen. Maschinen wurden bisweilen mutwillig zerstört. Die Regierung ging mit harter Hand gegen die Verantwortlichen vor. Auf „machine-breaking" stand die Todesstrafe. Ungeachtet all dieser Krisensymptome erfuhr Großbritannien eine allgemeine Modernisierung, die auf unendlich vielen Feldern zu beobachten war. Auch neue Energien traten an, um „King Coal" in den Ruhestand zu schicken. Gas und Öl wurden genutzt. 1813 beleuchtete Gas die Pall Mall, eine berühmte Londoner Straße.

Großbritannien brauchte den Vergleich mit dem Kontinent nicht zu scheuen. In vielen Bereichen war es weiter entwickelt. In einigen aber auch weniger. England war die „Mutter der Parlamente", hatte die Bill of Rights ins Leben gerufen und den Freihandel initiiert. Für viele war unstrittig, dass Großbritannien die fortschrittlichste Gesellschaft war. Dies galt vor allem mit Blick auf die Industrialisierung. Aber nicht nur Maschinen, sondern auch liberale Ideen und Strömungen prägten das Land. Großbritannien war zu keinem Zeitpunkt das Opfer einer Besetzung geworden, eine 'richtige' Revolution hatte nie triumphiert. Die öffentliche Meinung gab sich gern pragmatisch, die Monarchie lebte nach den Regeln der Vergangenheit, die Französische Revolution als *Modernisierungskrise* blieb zunächst ohne direkte Folgen. Bisweilen waren republikanische Ideen zu entdecken, doch niemand wagte es, die Monarchie abzuschaffen. 1789 hatte für England nicht dieselbe Bedeutung wie für den Kontinent.

Britische Gewinne in den Friedenskonferenzen

Die Revolutions*kriege* hatten Großbritannien gleichwohl geprägt.[21] Es gab genug außen- und innenpolitische Krisen. Der Krieg hatte innere Reformen verhindert, Geld war für diese Zwecke nicht verfügbar. In diesen Jahren war von einer „Katholiken-Emanzipation" in Irland keine Rede, trotz der Union von Großbritannien und Irland 1801.[22] Die außenpolitische Bedrohung führte andererseits aber auch zu einem hohen Maß an Solidarität. Das Parlament war oft gefordert und bewährte sich. Die rhetorischen Schlachten zwischen Pitt dem Jüngeren und seinem Konkurrenten Charles James Fox gehören zu den parlamentarischen Sternstunden, die Geschichte machten. Insgesamt konnte auch die Wirtschaft ihre Kraft bewahren. Der Bau des Kaledonischen Kanals fiel in diese Zeit (1803–22).

Auf dem Wiener Kongress (1814/15) war es den maßgebenden Politikern ein besonderes Anliegen, den Monarchien wieder zu ihren Rechten zu verhelfen. Demokratie und Nationalität waren von untergeordneter Bedeutung. Lord Castlereagh, der englische Vertreter, und Klemens Fürst von Metternich, der Repräsentant Österreichs, trugen dafür Sorge, dass Frankreich eine Großmacht blieb, weil nur so das europäische Gleichgewicht erhalten werden konnte.[23] Teile der in der zweiten und dritten polnischen Teilung an Preußen gefallenen polnischen Gebiete bildeten das Königreich Polen („Kongresspolen"). Es wurde in Personalunion mit Russland verbunden, besaß allerdings eine Verfassung mit innerer Selbstverwaltung. Das neu entstandene Königreich der Vereinigten Niederlande (Holland und die alten habsburgischen Niederlande) sollte Frankreich von der Küste fern halten, die England gegenüberlag. In Süddeutschland vergrößerte Metternich die Territorien von Bayern, Württemberg und Baden. Preußen erwarb die Rheinprovinz und Westfalen und erhielt den Nordteil Sachsens sowie Schwedisch-Vorpommern mit der Insel Rügen. An die Stelle des 1806 erloschenen Heiligen Römischen Reiches trat der Deutsche Bund mit 39 Staaten.[24] In ihm waren drei ausländische Herrscher als Mitglieder vertreten: der englische König als König von Hannover[25], der dänische König als Herzog von Holstein und der König der Vereinigten Niederlande als Großherzog von Luxemburg.

Österreich begnügte sich mit Teilen des nördlichen Italien. Russland herrschte wieder über Finnland und Litauen. Schweden wurde für den Verlust Finnlands mit der Herrschaft über Norwegen entschädigt. Für Großbritannien blieb der Gewinn einiger kleiner Inseln und der endgültige Erwerb der Kapkolonie, Ceylons und Maltas. Insgesamt trat Großbritannien als Sieger aus den napoleonischen Kämpfen hervor. Es beherrschte unangefochten für viele Jahrzehnte die Meere. Die Errichtung des europäischen Gleichgewichts sicherte seinen Einfluss auf die kontinentalen Mächte. Die Konferenz orientierte sich an der Vergangenheit, für Wandel und sozialen Fortschritt bestand wenig Raum. Reformen waren nicht das Thema, im Gegenteil, die Heilige Allianz (26. 9. 1815) – mit Ausnahme des britischen Prinzregenten, der seinen kranken Vater vertrat, des ottomanischen Sultans und des Papstes von allen europäischen Herrschern unterzeichnet – sollte ihnen strikt entgegentreten. Auch der 'Premierminister' Robert Banks Jenkinson, 2nd Earl of Liverpool, war kein Freund von Reformen. 1817 hob er für Großbritannien die Habeas-Corpus-Akte auf, 1822 für Irland. Und er griff zu weiteren repressiven Maßnahmen. Trotzdem weckte diese Tendenz langfristig in Großbritannien Skepsis. Denn es widersprach englischer Mentalität, Europa mit einem Netz reaktionärer Maßnahmen zu überziehen. Repression allein war in englischen Augen kein Ersatz für vorausschauende Politik. Die Kongresse in Troppau (1820), Laibach (1821) und Verona (1822) widerspiegelten diese Tendenz immer wieder. Eine Sendung von Truppen zur Niederschlagung von Aufständen auf dem Kontinent stieß auf größte Bedenken.

Das wirtschaftliche Gefälle zwischen England und dem kontinentalen Europa erklärte zum Teil auch die politische Einstellung. Ende des 18. Jahrhunderts beispielsweise produzierte Großbritannien fünfmal so viel Kohle wie der Kontinent. Andere Beispiele ließen sich ergänzen. Die wirtschaftliche Überlegenheit war allenthalben spürbar, von Krieg und Konflikten profitierte sie allerdings nicht. Es war neben dem Schutz der Insellage auch der Reichtum des Landes gewesen, der den Sieg über Frankreich und Napoleon ermöglichte. Der Handel spielte ebenso eine Rolle wie die Überlegenheit der Marine und der Durchhaltewillen der Elite. Während Großbritannien gegen Napoleon kämpfte, vergrößerte es sein Kolonialreich. Die Union mit Schottland (1707) und Irland (1801) hatte die Position im Norden stabilisiert. Indien wurde zum Kronjuwel. Zwischen 1793 und 1815 konnte Großbritannien ungefähr 20 neue Kolonien gewinnen. 1820 lebten im britischen Einflussbereich 200 Millionen Menschen, also ungefähr 26% der Weltbevölkerung. In dieser Zeit entstanden die Nationalhymnen „God save the King" und „Rule Britannia".

Die Union mit Irland (1801)

Die Beziehungen zwischen Irland und England hatten eine lange, konfliktreiche Geschichte. Die eigentliche Unterwerfung des Landes wurde durch die Tudors eingeleitet. Heinrich VIII. enthob 1534 den Grafen von Kildare seines Amtes, 1541 erhielt er vom irischen Parlament den Titel des Königs von Irland zugesprochen. Seit 1297 war dieses Parlament nichts anderes als eine Ständeversammlung der Anglo-Iren. Parallel dazu schmückten sich die „irischen Großen" mit englischen Adelstiteln, und sie erhielten ihr Land vom englischen König als Lehen. Die Reformation trieb die Anglisierung weiter voran, die Kirche von Irland wurde gegründet, das königliche Supremat anerkannt. Die Religionspolitik brachte indes nicht den erhofften Erfolg. Die Anglo-Iren hingen an ihrem katholischen Glauben, zahlreiche Aufstände (1559, 1568–83, 1594–1603) waren die Folge. Die einzige Ausnahme bildete Ulster, hier war die Siedlungspolitik der Engländer und Schotten von Erfolg gekrönt. Doch auch die Geschichte von Ulster wurde mit Blut geschrieben. Enteignete katholische Landbesitzer erhoben sich 1641 gegen die Siedler, bis Cromwell die Unruhen mit harter Hand niederschlug. Protestanten traten nun an die Stelle der katholischen Landbesitzer. Die Restauration änderte an diesen Verhältnissen nichts, auch Jakob II. drehte das Rad der Geschichte nicht mehr zurück. Die protestantische Herrschaft war kein Garant für friedliche Beziehungen. Dafür war unter anderem der Anspruch des englischen Parlaments verantwortlich, den eigenen Gesetzen auch in Irland Geltung zu verschaffen. Die Einschränkung der Budgethoheit des irischen Parlaments und die Handelsbeschränkungen – Verbot des Viehexports, des Handels mit den Kolonien, der Ausfuhr von Wollprodukten – verschärften die Beziehungen. Gleichberechtigung war das oberste politische Ziel der protestantischen Iren. 1782 sahen sie sich an ihrem Ziel: Die Deklarationsakte von 1719 wurde aufgehoben, das Poynings' Law[26] von 1494, das den Zusammentritt des irischen Parlaments und die ihm vorzulegenden Gesetzentwürfe von der vorherigen Zustimmung des englischen Königs abhängig gemacht hatte, gemildert. Der politische Erfolg minderte nicht die sozialen Probleme. Bevölkerungswachstum, Landverknappung, Armut, Hungerkatastrophen (1727–29, 1740/41) und die wirtschaftliche Abhängigkeit der kleinen Pächter verurteilten das Land zu permanenten Krisen. Dass die Emanzipation der Katholiken nicht gelang, war ein weiteres Problem, das die irische Geschichte im Gepäck mitführte. Die Französische Revolution forderte zur verstärkten Reflexion auf, wieder brach ein Aufstand aus (1798), der die protestantische Herrschaft mit einem Fragezeichen versah. Dies war ein Grund, warum William Pitt der Jüngere eine Union beider Länder verfolgte. Er wünschte sich eine engere Beziehung, prognostizierte für diesen Fall bessere wirtschaftliche Verhältnisse für Irland und glaubte irrtümlich daran, die Situation der Katholiken auf diese Weise bessern zu können. 1800 einigte man sich unter offenem Stimmenkauf und unter Protest im irischen Parlament auf die Union. Das irische Parlament löste sich auf, seine Abgeordneten tagten fortan in Westminster, die Staatskirchen verschmolzen. Die Union war erzwungen, eine „forcible incorporation into the United Kingdom"[27]. Am 1. Januar 1801 trat sie in Kraft,[28] ein gravierendes Problem blieb jedoch ungelöst – die Katholikenemanzipation. Der Protest der katholischen Kirche fand keine Resonanz. Die Union endete offiziell am 15. Januar 1922.

William Pitt der Jüngere spielte bei der Union mit Irland eine große Rolle. Seit 1792 verfocht er den Unionsgedanken, der für ihn die einzige Lösung darstellte. Pitt hatte lange das Vertrauen des Königs besessen, die Wahl des Volkes war er nicht. Sein Rücktritt wurde 1801 zwingend, weil seine Irlandpolitik nicht mehr die Zustimmung des Königs fand. Im Kabinett hatte er viele Gegner, die ihn „on all the great questions of the day" bekämpften. Auch war Pitt kein „prime minister", obwohl er viel dafür tat, die einzelnen Regierungsabteilungen zu koordinieren.

6. Das 19. Jahrhundert (1815–1914)

1815 Durchsetzung von Getreidezöllen
1819 Peterloo-Massaker in Manchester: Zusammenstoß zwischen Demonstranten und britischen Truppen
1828 Aufhebung der Testakte von 1673
1829 Catholic Emancipation Act
1830 Tod Georgs IV. Wilhelm IV. akzeptiert Reformbewegung.
1832 4. Juni: Annahme des Reformgesetzes
1833 Einführung eines Fabrikgesetzes
1836 Gründung der London Working Men's Association – Neuanfang der Arbeiterbewegung
1837 Thronbesteigung von Königin Viktoria
1838 Veröffentlichung der People's Charter und Begründung der Chartistenbewegung
1840 Gründung der Anti-Corn Law League
1846 Abschaffung der Getreidezölle
1867 15. August: Zweite Wahlrechtsreform
1868 Bildung der Dachorganisation Trades Union Congress
1869 Trennung von Staat und Kirche in Irland – Abschaffung der anglikanischen Kirche als Staatskirche
1875 Erwerb der Suez-Kanal-Aktien
1877 1. Januar: Königin Viktoria wird Kaiserin von Indien.
1882 Besetzung von Ägypten; 1884: Südost-Neuguinea, Somaliland; 1885: Betchuanaland, Nigeria; 1886: Oberburma, Kenia; 1889: Rhodesien; 1890: Sansibar; 1891: Zentralafrikanisches Protektorat; 1894: Uganda; 1898: Waihaiwei; 1899: Sudan; 1900: Protektorat Nigeria; 1902: Burenrepubliken; 1910: Südafrikanische Union
1884 6. Dezember: Dritte Wahlrechtsreform
1886 Scheitern von Gladstones Home-Rule-Vorlage
1893 Ablehnung des Home-Rule-Gesetzes durch das Oberhaus
1899 Oktober: Beginn des Burenkrieges
1900 28. Februar: Gründung eines Labour Representation Committee; ab 1906: Labour Party
1901 22. Januar: Tod Königin Viktorias; Eduard VII. wird König.
1902 30. Januar: Flottenbündnis mit Japan
John Atkinson Hobson: „Imperialism. A Study" (erste Theorie des modernen Imperialismus nach der Jahrhundertwende)
1903 Die Suffragette Emmeline Pankhurst gründet die „Women's Social and Political Union".

1904 Bündnis mit Frankreich (Entente cordiale)
1906 Januar: Sieg der Liberalen: Betonung von Sozialpolitik und Wohlfahrtsstaat
      Geheime Militärkonvention zwischen England und Frankreich
1910 6. Mai: Tod König Eduards VII. Nachfolger wird Georg V.
1914 Mai: Verabschiedung eines Home-Rule-Gesetzes für Irland, das allerdings nicht
      mehr in Kraft gesetzt werden kann.
      Juli: Blutiger Zusammenstoß zwischen irischen Nationalisten und britischen Trup-
      pen
      4. August: Eintritt in den Krieg – Ablehnung durch den pazifistischen Flügel der
      Labour Party unter Ramsay MacDonald

Politische Reformen

Zu den kritischen Zeitgenossen um die Jahrhundertwende zählte Jeremy Bentham. Er gehörte der oberen Mittelklasse an, erfreute sich eines beachtlichen Wohlstands und verzichtete darauf, als Jurist tätig zu sein. Bentham empfahl sich als Reformer, früh hatte er
mit seinem Werk „A Fragment on Government" Beachtung gefunden. Großen Erfolg erzielte er allerdings erst mit seiner Schrift „An Introduction to the Principles of Morals and
Legislation" (1789). In seinem berühmtesten Opus vertrat er die Ansicht, das Ziel der Gesellschaft müsse das größte Glück für die größte Zahl sein. Damit gilt er als Vertreter des
Utilitarismus, einer philosophisch-ethischen Lehre, die das Sittliche mit dem Nützlichen
gleichsetzt. Bentham glaubte an eine universale Gesetzgebung, weil alle Menschen die
gleichen Wünsche besäßen. Folglich plädierte er für eine Einführung des allgemeinen,
gleichen und geheimen Wahlrechts. Dies tat er sehr nachdrücklich in der Schrift „Plan of
parliamentary reform" (1817), 1819 krönte er seine Gedanken mit der „Radical Reform
Bill".
Gedanken der Modernisierung griff auch der Konservative Benjamin Disraeli auf, der
über ein Vierteljahrhundert der Führer seiner Partei war und zweimal 'Premierminister'
werden sollte. Disraeli versuchte sein Glück zunächst als Schriftsteller, um schließlich in
die Politik zu gehen. 1837 erwarb er das erste Unterhausmandat. Eine der ersten Schriften
war die „Vindication of the English Constitution" (1835). In seiner Freizeit schrieb
Disraeli Romane, „Sybil or the Two Nations" zählte zu den bekanntesten. Disraeli kannte
die Verhältnisse in den Fabriken und das menschenunwürdige Dasein, zu dem viele verurteilt waren. Dafür machte er die Whigs verantwortlich. In „Coningsby, or the new Generation" (1844) warf er den Eliten vor, dass sie die Interessen des Volkes im Grunde
ignoriert hätten. Seine Bücher propagierten Erneuerung. Disraeli stellte sich an die Spitze
des Protestes und richtete die Speerspitze gegen die merkantile und städtische Mittelklasse. Die Monarchie müsse sich mit den Schwächeren identifizieren. Für ihn war England gespalten, es bestand aus „zwei Nationen", einer armen und einer reichen. Disraeli
forderte die Bündelung der Kräfte, um Englands Zukunft zu sichern. Und das konnten
nur die Konservativen tun, indem sie sich mit den radikalen Massen verbanden. Disraeli

war nur einer von vielen kritischen Beobachtern. Nicht weniger bekannt war Robert Owen.

Der Sozialreformer und Unternehmer Owen wurde einer der bedeutendsten und einflussreichsten „utopian socialists" des frühen 19. Jahrhunderts. Seine Fabriken in New Lanark, Schottland, waren das Ziel vieler Staatsmänner und Reformer. In dem kleinen Ort lebten ursprünglich nicht mehr als 2000 Menschen, 500 von ihnen waren Kinder, die unterhalb des Existenzminimums ihr Leben fristen mussten. Gesetzesverstöße gehörten zum Alltag, Erziehung wurde vernachlässigt, die häuslichen und sanitären Verhältnisse spotteten jeder Beschreibung. In dieser Situation widmete sich Owen vor allem der Erziehung Jüngerer. 1816 eröffnete er die erste Schule für Kleinkinder („infant school") in Großbritannien. Der Unternehmer galt zunächst als Außenseiter, gewann aber bald Vertrauen. In Owens Fabrik endete der Arbeitstag nach 10 1/2 Stunden, Kinder unter zehn Jahren blieben ganz von Arbeit verschont. Sein wirtschaftlicher Erfolg flankierte Maßnahmen, die das Leben der Arbeiter erleichtern sollten. In besonderen Läden konnten die Menschen Produkte fast zum Selbstkostenpreis kaufen. 1813 veröffentlichte Owen „A New Sense of Society: or, Essays on the Principle of the Formation of the Human Character", eine Schrift über die Prinzipien seiner philanthropischen Erziehung. Kern seiner Philosophie war, dass der Mensch durch Umstände geprägt werde, die sich der eigenen Beeinflussung entzögen. Darüber hinaus eigne er sich nicht für Lob und Tadel. Ziel müsse sein, ein allgemeines Fundament für Bildung und Erziehung zu schaffen, denn der Mensch war nach seiner Überzeugung in hohem Maße erziehbar. Die Verantwortungslosigkeit und die Auswirkungen äußerer Einflüsse auf den menschlichen Charakter waren und blieben Bezugspunkte seines Reformprogramms. Der Philanthrop machte sich zu einem Vordenker des Sozialismus. Er forderte Solidarität und relativierte die neue Welt der Maschinen, der Mensch und nicht die Industrialisierung müsse primäre Beachtung finden. Dörfer der „unity and cooperation" sollten für Arbeitslose entstehen. Am Ende war Owen überzeugt, dass sich seine Ideale nur in den USA verwirklichen ließen. In New Harmony in Indiana gründete er Gemeinschaftssiedlungen mit gleichem Anteil aller am Ertrag der Produktionsstätten („self-contained communities"). Doch das Projekt wurde keine Erfolgsgeschichte. Nach seiner Rückkehr fiel ihm 1829 in England fast automatisch die Führung der Gewerkschaftsbewegung zu. Owen stützte sich auf viele Helfer und große Begeisterung, doch der Widerstand der Arbeitgeber und der Regierung setzten seiner Bewegung ein Ende. Mit Recht gilt Owen als der bedeutendste Sozialkritiker seiner Zeit. Bereits 1817 hatte er in dem „Report to the Committee to the House of Commons on the Poor Law" zur Lösung der sozialen Konflikte Gemeinden vorgeschlagen, die sich selbst ernährten und im Grunde nach kommunistischen Idealen lebten. Seine wichtigste Studie „The Book of the New Moral World" (1820) entwickelte diese Gedanken weiter und entfremdete ihn mit Teilen der Gesellschaft. Da Owen keinen Raum für Privateigentum sah, verscherzte er sich manche Sympathien, zumal bei konservativen Denkern. Sein Einfluss auf die spätere Gewerkschaftsbewegung blieb groß.

Die großen Veränderungen in der Gesellschaft hatten in der bisherigen parlamentarischen Vertretung keinen Niederschlag gefunden. Die allgemeinen Rufe nach Reformen blieben jedoch nicht ohne Echo. Im März 1831 diskutierte das Parlament eine „reform bill". Sie erhielt nach der ersten Lesung nur eine Stimme Mehrheit. Mitte April bat 'Premierminister' Charles Grey den König, das Parlament aufzulösen. Die Regierung wurde bestätigt, die zweite „reform bill" erhielt eine substantielle Mehrheit, aber nicht im Oberhaus. Der Proteststurm im Land ließ nicht lange auf sich warten, Massenversammlungen, Unruhen und Aufstände prägten in einigen Städten das Bild. Die dritte „reform bill" scheiterte im Mai 1832 erneut im Oberhaus, der König lehnte einen „Peerschub" zur Gewinnung einer Mehrheit ab. Grey kapitulierte. Sein Nachfolger Arthur Wellesley, Herzog von Wellington, kämpfte glücklos mit denselben Schwierigkeiten, er brachte noch nicht einmal ein Kabinett zustande. Grey nahm erneut das Zepter in die Hand, konnte nach Rücksprache mit dem König mit einem „Peerschub" drohen, und das Gesetz erhielt schließlich auch im Oberhaus die Mehrheit.

Das zentrale Problem war nur allzu deutlich: Es ergab sich aus der Diskrepanz zwischen gesellschaftlichen und wirtschaftlichen Verhältnissen und der Parlamentarisierung des Landes. Der Wahlmodus der Abgeordneten für das Unterhaus schrie förmlich nach Reformen. Vertreter der Grafschaftswahlkreise wurden durch Vierzig-Schilling-Freisassen gewählt. Die Reichen bestimmten über die Parlamentssitze. Die städtischen Wahlbezirke waren sehr verschieden. Insgesamt schickten sie 465 Abgeordnete ins Unterhaus. Wieder war Ungleichheit vorherrschendes Prinzip. In einem Wahlkreis wählten alle Steuerzahler, in einem anderen durften das nur die Bewohner bestimmter Häuser, in einem dritten stand das Recht lediglich dem Bürgermeister und dem Gemeinderat zu. In der Summe war die Zahl der Wähler gering. Darüber hinaus konnte man sie leicht im eigenen Sinne beeinflussen. Weitere Probleme kamen hinzu. Schottland beispielsweise schickte weniger Repräsentanten als Cornwall, obwohl die Bevölkerung achtmal so groß war. Die zehn Grafschaften im Süden Englands entsandten ebenso viele Vertreter in das Parlament wie die dreißig anderen, obwohl ihre Einwohner nur ein Drittel der Gesamtbevölkerung stellten. Zahlreiche Industriestädte wie Birmingham, Bradford, Halifax, Leeds und Manchester waren nicht im Parlament repräsentiert. Seit 1830 fiel es immer schwerer, diesen überlieferten Wahlmodus noch überzeugend zu vertreten. Die gebildeten Schichten hielten eine Parlamentsreform für die einzige Möglichkeit, um der Verhältnisse Herr zu werden. In der europäischen Geschichte war das Jahr 1830 keineswegs ein krisenarmes Jahr. In Frankreich stürzte die Monarchie der Bourbonen[1], in England machte eine Rezession dem Handel zu schaffen, Missernten straften wieder die Armen und Ärmsten. Die uneinsichtige Tory-Regierung fand ihr Ende, Whigs bildeten eine neue Regierung aus Persönlichkeiten, die Reformen vertraten. Am 4. Juni 1832 wurde die Great Reform Bill verabschiedet, die in die Geschichte eingehen sollte. Sie beseitigte viele Missstände, rottete das Übel aber nicht an der Wurzel aus. Es gab nach wie vor Wahlbezirke, in denen Grundbesitzer herrschten und die Abgeordneten festlegten. Doch im Gegensatz zu früher schickten Industriestädte jetzt mehr Vertreter in das Parlament, eine Neuverteilung der Sitze wurde vorgenommen, die Grafschaften Schottlands und Irlands wurden gestärkt. Die Great Reform Bill führte zu einer Erweiterung des Wahlrechts. Jeder fünfte Mann konnte in England und Wales das Stimmrecht wahrnehmen, in Schottland jeder achte, in

Irland jeder zwanzigste. Die Reform bewirkte keine demokratischen Verhältnisse im heutigen Sinne, aber sie wies in eine hoffnungsvolle Zukunft, und die Richtung erhielt Beifall.

Die Historiker sehen in der großen Reform Bill von 1832 den Beginn der modernen englischen Verfassung. Nach wie vor gab es viele Einschränkungen des Wahlrechts. Doch wesentlich war, dass diese Wähler nicht mehr wie bisher von der Krone beeinflusst werden konnten. Im Jahrhundert zuvor war der 'Premierminister' auf das Vertrauen des Königs und die Zustimmung des Unterhauses angewiesen. War der König wohlwollend, dann schloss sich auch das Parlament an. Nach 1832 war das anders. Die Krone konnte den Wahlsieg des von ihr begünstigten Kandidaten nicht mehr garantieren. Die aktive politische Rolle des Monarchen verblasste, der Monarch nahm mehr und mehr Züge eines Staatsoberhauptes mit überwiegend repräsentativen Zügen an. Dieser Prozess war von der erstaunlichen Tatsache begleitet, dass die Krone im Grunde volkstümlicher wurde. Auch die Monarchie brauchte Zeit, um mit diesen Veränderungen fertigzuwerden. Königin Viktoria glaubte sich noch häufig in der Rolle Georgs IV. Parallel zur Auflösung der alten Verfassung brannten am 16. Oktober 1834 gleichsam symbolisch die St.-Stephans-Kapelle, die „Painted Chamber", die „White Chamber" und viele andere Gebäudeteile des Westminsterpalastes nieder. Nur die Westminster Hall blieb als Zeuge der Geschichte erhalten.[2]

Die politisch maßgebende Nation blieb nach der Reform Bill zwar klein. Doch eine sehr bedeutsame Konsequenz war, dass sie schwer kalkulierbare Weiterungen erfahren hatte. Details mochten kontrovers bewertet werden, entscheidend blieb, dass die Reform die Wirklichkeit verändert hatte und die unabweisbare Frage aufwarf, wer in der Zukunft das Heft in der Hand haben würde, und das konnten Reformer oder Konservative sein. Teilweise hatten gewaltsame Ausschreitungen die Reform begleitet, doch alles in allem hatte nicht die Gewalt das Geschehen bestimmt. Die Zukunft der Monarchie war keineswegs klar, die Funktionen des Oberhauses und vor allem die politische Partizipation des Unterhauses bedurften der Definition. Natürlich gab es noch überlieferte Gesetzmäßigkeiten. So war die Regierung der Krone verantwortlich und nicht den gewählten Parlamentariern. Dennoch nahmen Ansehen und Bedeutung der Unterhausmehrheit zu. Noch immer waren Liberale und Konservative keine modernen politischen Parteien. Aber ihr Selbstbewusstsein und ihr Einfluss griffen immer weiter um sich. So bestand zunehmend die Tendenz, in gewisser Weise die Öffentlichkeit in die Diskussionen einzubeziehen. Die Wahlen vom Dezember 1832 bescherten den Whigs eine überzeugende Mehrheit, die es ihnen ermöglichte, weiterhin den Weg der Reformen zu beschreiten. 1833 endete die Sklaverei in den Kolonien. Die Machtfülle der East India Company in China wurde beschnitten. 1834 verabschiedete das Parlament ein neues Armengesetz, das durch eine königliche Kommission initiiert worden war. 1835 einigte man sich auf den Municipal Corporations Act, die alten Oligarchien in der lokalen Verwaltung wurden entmachtet. Effizienz und Wirtschaftlichkeit sollten das zukünftige Geschehen bestimmen. Die Whigs waren sich keineswegs in allen Fragen einig. Das galt für viele Probleme Englands, aber vor allem auch für die Krisen in Irland. In der zweiten Hälfte der dreißiger Jahre tauchten Konflikte und Krisen gehäuft auf; finanzielle Engpässe, wirtschaftliche Probleme und schlechte Ernten trübten den Blick in die Zukunft. Soziale Unruhen nahmen schärfere Züge an. Das frühe viktorianische England gilt allgemein als aufregend und unruhig.

Soziale Spaltung und Kontrolle im Viktorianismus

Wie für viele ihrer Vorgänger auch, war der Himmel verfinstert, als Königin Viktoria 1837 den Thron bestieg. Wirtschaftliche Not und soziale Krisen prägten das allgemeine Bewusstsein. Und doch fiel in ihre Regierungszeit ein allgemeiner Mentalitätswandel, der die Zukunft in völlig anderen Farben erscheinen ließ. Die Aristokratie verschloss sich nicht gegenüber der Einsicht, dass es an der Zeit war, einen Teil der politischen Macht auf andere Gesellschaftsschichten zu übertragen. Der Reform Act hatte diesen Prozess eingeleitet. Vorangetrieben wurde er durch die Anti-Corn Law League, die im Jahr 1839 gegründet wurde.[3] Sie war eine pressure-group der industriellen Mittelschichten. Richard Cobden, ein Textilfabrikant aus Manchester, und John Bright, Baumwollfabrikant und Quäker, leiteten die Bewegung. Sie wünschten vor allem die Abschaffung der Kornzölle. Denn diese nutzten nur dem Landbesitz, nicht der Industrie. Beide waren der Ansicht, dass das Schutzzollsystem der englischen Produktion Schaden zufügte. Bereits 1836 hatte Cobden für seine Gedanken geworben. In einer Flugschrift verkündete er, dass freier Handel auch Frieden nach sich ziehe. Cobden ging scharf mit der Aristokratie ins Gericht, die er als kriegsfreudig charakterisierte. Er war ein ausgesprochener Gegner der britischen Expansion in Übersee und kennzeichnete den Handel als einzige Wohltat.[4] Bright und Cobden konnten auf große Menschenmassen blicken, die sie unterstützten, und das aus sehr verschiedenen Gründen. Die Fabrikanten glaubten, dass eine Aufhebung der Gesetze Lohnsenkungen nach sich ziehen könnte. Andere dachten mehr an die Arbeiterklasse und erhofften sich eine Senkung beispielsweise der Brotpreise. Eine dritte Gruppe verband mit der Forderung die Hoffnung, dass insgesamt die Schattenseiten der Industrialisierung aufgehellt werden könnten. Wieder andere erhofften sich Auswirkungen auf die internationale Staatenwelt und den Freihandel. Mancher hatte sicher auch eine Schwächung der Aristokratie im Hinterkopf. Manchester bildete das Herz der Bewegung. Für Cobden und seine politischen Anhänger war der Freihandel in seinen revolutionären Auswirkungen gar nicht zu überschätzen. Arbeiter[5] und industrieller Mittelstand verliehen ihren Forderungen Nachdruck. Robert Peel, der verantwortliche Minister, war im Grunde hilflos. Schließlich verschloss er sich nicht den wirtschaftlichen Hilferufen aus vielen Teilen der Bevölkerung und schrieb Ende 1845 den Freihandel in sein Programm. Die unmittelbaren Folgen waren für ihn ruinös. Die Konservative Partei spaltete sich, zwei Drittel der Abgeordneten entschieden sich gegen ihn, das Kabinett war nicht zum Schulterschluss fähig. Unter Aufbietung aller Kräfte realisierte Peel im Unterhaus den Widerruf der Korn-Zollgesetze. Damit hatten Cobden und seine Anhänger einen gewaltigen Triumph errungen. Der Mittelstand hatte das Selbstbewusstsein des Adels geschmälert, die Industrie den Einfluss der Landwirtschaft zurückgedrängt. Auch die wirtschaftlich Notleidenden sahen Vorteile, der Freihandel wurde zum Glaubensbekenntnis schlechthin. Die Londoner Weltausstellung von 1851 schien die epochale Entscheidung zu bestätigen. Der Kristallpalast repräsentiert die Errungenschaften, um die viele Teile der Welt England beneideten.

Als sich der wirtschaftliche Himmel 1836 verdunkelte, war es nicht nur die Anti-Corn Law League, die ihren Unwillen kundtat. Der „Chartism" fußte auf einer Vielzahl an Klagen und Protesten der Arbeiterklasse. Seine Verfechter[6] kämpften für eine parlamentarische Reform. Die Bewegung leitete ihre Bezeichnung von der People's Charter ab, die in London am 8. Mai 1838 veröffentlicht wurde. Sie thematisierte sechs Punkte, die alle politischen Charakter trugen und radikale Veränderungen anmahnten: Stimmrecht für alle Männer über 21 Jahren, Gleichheit der Wahlbezirke, geheimes Wahlverfahren, jährliche Parlamentswahlen, Abschaffung des Zensus für Kandidaten, Diäten für Abgeordnete. Diese Forderungen waren kein Novum und gingen in ihrer Geschichte weit in das 18. Jahrhundert zurück. Jetzt standen sie allerdings nicht länger isoliert in der politischen Realität, sondern waren begleitet von beachtlichen sozialen Protesten und dem festen Willen zur Veränderung. In den „provinces" wandten sich die Chartisten[7] gegen das neue „Poor Law" von 1834, in Lancashire und Yorkshire gaben die langen Arbeitszeiten in Fabriken Anlass zum Unmut. Außerdem gab es noch keine effektiven Gewerkschaften. So waren es primär politische Ziele, denen sich die Chartisten widmeten.[8] Die ersten Gewerkschaften hatten wirtschaftliche Krisen nicht gemeistert, oft waren sie den Arbeitgebern unterlegen. Doch den Chartisten blieb der Erfolg versagt. Verschiedentlich – 1839, 1842, 1848 – wandten sie sich an das Parlament, um für ihre Ziele zu werben. Doch alles in allem scheiterte die Bewegung. Und es gab viele Gründe dafür: organisatorische Probleme, lokale Differenzen, mangelnde strategische Einigkeit, Führungskonflikte und manches mehr.

Peel stand vor vielen Fragen. Er wusste am Anfang eine geschlossene Partei hinter sich, die das Ergebnis von 1832 angenommen hatte. Peel war Tory und fühlte sich in Erinnerung an seine Kindheit der „Lancashire cotton industry" verbunden. Auch stand er grundsätzlich hinter der Industrialisierung. In erster Linie widmete er sich finanziellen Fragen, er vereinfachte die „tariff trade restrictions", 1842 verband sich mit seinem Namen die Einführung der „income tax". Der Bank Charter Act von 1844 schuf die Grundlage für ein nationales Bankwesen und Kreditsystem. Die Bank von England sollte je nach Angebot und Nachfrage den Diskontsatz heben oder senken und damit nur eine regulierende Währungskontrolle vornehmen. An eine eigene Währungspolitik war nicht mehr gedacht. Die Entfremdung von seiner Partei in dieser Situation schwächte seine politische Stellung. Benjamin Disraeli stand ihm gegenüber. Doch Peel war nie nur ein Mann der Partei gewesen. Ihm ging es um mehr, um König und Nachwelt, und da waren die Prioritäten eindeutig.

Auch Peels Nachfolger ergriffen Maßnahmen, um die sozialen Auswüchse der „Industriellen Revolution" zu beschneiden. Die Frage der „public health" wurde immer wichtiger. 1848 einigte man sich auf den ersten Public Health Act. Einer der hervorragenden Sprecher dieser Bewegung war der Arzt und Reformer Sir Edwin Chadwick. Das Elend wurde in Romanen der Zeit immer wieder aufgegriffen. Es gab viele Probleme, die einer

Lösung harrten. Das drängendste war die Kinderarbeit in Fabriken und Bergwerken. Sie ruinierte die Familie, machte Versuche der Erziehung und Ausbildung zunichte und fügte der Gesundheit der Kinder irreparablen Schaden zu. 1833 willigte die Regierung ein, freiwillige Organisationen zu unterstützen, die sich der „primary education" widmeten. 1839 übernahmen die ersten Schulinspektoren ihr Amt. Der Arzt James Phillips Kay wurde Sekretär des „Committee of Council on Education". 1846 erhielten Lehrer zusätzliche finanzielle Unterstützungen. Nun wurde auch in ihre Ausbildung investiert. Kay ging es darum, der „working class" ein Bewusstsein für Disziplin mitzugeben. Die Schwierigkeiten auf diesem Weg waren nicht zu unterschätzen. Es gab traditionelle, fest gefügte Interessen, es fehlte an fachlichem Rat. Das galt vor allem für die Medizin. Außerdem läuteten bei Radikalen die Alarmglocken, wenn sie etwas von einer Intervention des Staates hörten. Das konnte immerhin ein Angriff auf die eigene Freiheit werden. Auch deshalb wurde privaten Initiativen eher der Vorrang gegeben. Lord Ashley widmete sich als sozialer Reformer in den dreißiger und vierziger Jahren den Problemen in den Städten, insbesondere der Lage der Kinder und Arbeiter. Ein Bestseller wurde das Werk von G. R. Porter „The Progress of the Nation" (1836/38). Porter zeigte sich trotz aller Schattenseiten überzeugt, dass er die größten Fortschritte der Zivilisation erlebte, die jemals in den Annalen der Menschheit zu verzeichnen waren.

Die Eisenbahnen und Dampfschiffe führten die bisherige Industrialisierung auf einen neuen Höhepunkt. Doch die Eisenbahn war nicht nur eine wirtschaftliche Markscheide. Sie bildete auch eine Zäsur in der britischen Sozialgeschichte. William Thackeray verlieh dem Zeitgefühl vielleicht am besten Ausdruck: Die Zeitgenossen lebten in einer Phase des Übergangs, und sie gehörten sowohl zur alten wie zur neuen Zeit.

Die „Industrielle Revolution" hatte einen einzigartigen Prozess ausgelöst, doch auf Dauer konnte sie keine Singularität beanspruchen. Sichtbarer Ausdruck für den britischen Erfolg war die „Great Exhibition of 1851"[9] in London. Sie war in einem großen Glas- und Eisenpalast zu sehen, der von einem Journalisten als „the Crystal Palace" bezeichnet wurde. Aus aller Welt kamen Besucher nach London, um die Erwerbungen und Errungenschaften zu bewundern. Die Ausstellungsstücke kamen aus fast allen Kontinenten, aus Indien, Australien und Neuseeland, das von 1839 bis 1841 noch Teil der Kolonie Neu-Süd-Wales war und erst ab 1847 als unterworfen gelten konnte.[10] Es war kein Wunder, dass die Ausstellung ein großer Erfolg wurde. Im Juni war im „Punch" eine Karikatur zu sehen, sie zeigte die schiffbrüchige Regierung unter der Führung von Lord Odo Russell, gezogen und gerettet von einem Dampfer mit dem Namen „Weltausstellung". In der Tat lenkte die Ausstellung von vielen politischen Problemen ab.

Gesellschaft und Kultur

Die „Industrielle Revolution" war für viele Missstände verantwortlich, aber sie vergrößerte auch die Mittelklasse. Langfristig bewirkte sie, dass der Lebensstandard des gelernten Arbeiters anstieg und deutlich über dem des einfachen Arbeiters oder des Bewohners der

Elendsviertel lag. Großbritannien wurde das erste Land der Welt, dessen Bevölkerung
überwiegend in Städten lebte. Ein Handwerker nach dem anderen suchte sein wirtschaftliches Auskommen in der Stadt. Dennoch bildeten die Armen den größten Bevölkerungs-
teil. In der Regel waren sie ungelernte Kräfte, die keiner regelmäßigen Beschäftigung
nachgingen. Es waren Hilfsarbeiter, Lastenträger oder Farmarbeiter, die Opfer der „Industriellen Revolution" wurden. Es gibt keine zuverlässigen Zahlen über die Armut im
19. Jahrhundert. Erst 1889 veröffentlichte Charles Booth, ein Geschäftsmann aus Liverpool, den ersten von siebzehn Bänden, der sich mit dem Leben und der Arbeit in London
beschäftigte.[11] 1903 wurde der letzte Buchstabe des Gesamtwerks niedergeschrieben.
Booth wünschte sich eine Übersicht über die sozialen Verhältnisse. Seine Bücher offen-
barten ein schreckliches Ergebnis. Danach lebten ungefähr ein Drittel der Familien in
London in armen und menschenunwürdigen Verhältnissen. Meist verfügten sie über
nicht mehr als ein Pfund pro Woche. Natürlich löste Booth Empörung und Beschämung
aus. Aber es gab auch viele Stimmen, die seine Untersuchung nicht als repräsentativ für
das ganze Land gelten lassen wollten. Doch ihre Stimmen wurden schwächer, als See-
bohm Rowntree ungefähr zehn Jahre später mit einer Untersuchung über York aufwarte-
te. Sie offenbarte ähnliche Verhältnisse. 28% der Einwohner waren arm. Vermutlich, so
schätzte Rowntree, lebten 10 Millionen Menschen in England und Wales unter ähnlich
schlechten Bedingungen wie in York. Die Aussagen bezogen sich keineswegs nur auf Städte. Die Untersuchungen bezogen landwirtschaftliche Arbeiter mit ein. Zwar nahmen auch
ihre Löhne zu, dennoch standen sie lange am Ende der Einkommensskala. Die hygienischen und sanitären Verhältnisse waren mit Worten nicht mehr zu fassen.

Mit all diesen Problemen hatte eine der berühmtesten Persönlichkeiten der Zeit wenig
Berührung: Thomas Babington Macaulay, geboren am 25. Oktober 1800, gestorben am
28. Dezember 1859 in Cambden Hill, London. Macaulay war ein Whig, von Beruf Essay-
ist, Dichter, vor allem aber Historiker. Bekannt wurde er durch die „History of England
from the Accession of James the Second" (1849–61), die sich mit den Jahren 1688 bis
1702 beschäftigte. Dieses Werk begründete seinen Ruf als Verfasser der „Whig interpretation" der Geschichte. Macaulay lebte längere Zeit in Indien, kehrte nach England zurück
und vertrat Edinburgh im Parlament. Doch der politische Alltag schien ihn zu langweilen,
Macaulay griff zur Feder und wandte sich historischen Studien zu. Die ersten beiden
Bände seiner „History" erschienen 1849 und wurden sofort zu Standardwerken. Mehrere
Auflagen verkauften sich in Großbritannien und in den USA. Der dritte und vierte Band
waren 1855 abgeschlossen. Sie wurden dem Autor gewissermaßen aus der Hand gerissen.
Den fünften Band stellte Macaulays Schwester nach seinem Tod vor.

Macaulay avancierte zu einem der volkstümlichsten Historiker des viktorianischen
England. Sein Werk wurde zum Klassiker. Der Verfasser beginnt mit der römischen, säch-
sischen und normannischen Besetzung. Es folgen die Ausbreitung des Christentums, die
Rosenkriege, die Reformation, Puritanismus und Bürgerkrieg in der Ära Cromwell, Restauration und Entstehung der Whig- und Tory-Gruppierungen. Das dritte Kapitel beginnt mit dem Jahr 1685. Macaulay beschreibt Stände, Institutionen, zitiert Reden von
Staatsmännern und Philosophen, von erfolgreichen und weniger erfolgreichen Politikern.

Die geschichtlichen Höhepunkte sind für ihn der unversöhnliche Gegensatz zwischen Jakob II. und Wilhelm III. von Oranien, die Einbeziehung Schottlands und Irlands in den Konflikt und schließlich die Bill of Rights mit ihrer konstitutionellen Festigung des Parlamentarismus.

Macaulay sprach für den wirtschaftlich erfolgreichen, fortschrittsgläubigen englischen Mittelstand, der den Absolutismus der Könige wie die Diktatur der Massen ablehnte und dem Katholizismus mit größter Skepsis gegenüberstand. Für die meisten Angehörigen des Mittelstands waren die 'Glorreiche Revolution' wie die liberalen Reformgesetze von 1832 ein Höhe- und Wendepunkt der eigenen nationalen Geschichte. Die historischen Fachleute attestieren Macaulay, dass er eine beeindruckende Zahl an Quellen auswertete, gleichzeitig unterstellen sie ihm, dass er sich häufig sehr unkritisch ans Werk machte. Macaulay liebte lebhafte Darstellungen, aber er unterschied nur zwischen Schwarz und Weiß, Grautöne kamen nicht vor. Macaulay konnte fesseln, und er benutzte viele Bilder, um seinen Aussagen Einprägsamkeit zu geben. Das gilt vor allem für die zahlreichen Kurzporträts, die noch heute von dem Liebhaber dieser Zeit gern gelesen werden. Macaulay erstaunte immer wieder mit seiner stupenden Gedächtnisleistung und dem weit gespannten Netz seines Wissens. All diese Eigenschaften stellte er in den Dienst der Whigs und des Parlamentarismus. Zeitlebens war Macaulay von einer „evangelical piety" geleitet, liberale Reformen waren ihm ein großes Anliegen. Viele seiner Werte fand er in der Revolution von 1688 wieder. Ursprünglich hatte er an eine Fortsetzung seines Werkes bis zum Jahr 1820 gedacht. Auch wenn diese Absicht unvollendet blieb, begründete Macaulay eine Tradition, in der ihm sein Neffe Sir George Otto Trevelyan und sein Großneffe George Macaulay Trevelyan folgten. Bis in den Zweiten Weltkrieg hinein erfreute sich die „Whig interpretation" einer beachtlichen Popularität.

Macaulays Arbeiten wurden Klassiker, aber sie wühlten die Stimmung in den dreißiger und vierziger Jahren des 19. Jahrhunderts nicht auf. Das Leben im „mid-victorian England" verlief in ruhigen Bahnen, die Familie nahm einen zentralen Platz ein, die Nation kam zur Ruhe, die einzelnen Regionen – der industrielle Norden, die „midlands" und die „sleepy countryside" – standen in einem ausgeglichenen Verhältnis zueinander. So beschreibt es etwa Anthony Trollope in seinen Romanen. Und noch ein Gleichgewicht wurde geschaffen. Das traditionelle Ideal des „Gentleman" hatte überlebt und sich nun mit dem neuen Ideal des „self-made man" arrangiert. Klassenkonflikte[12] waren kein großes Thema, eher der Ausgleich und die Frage, wie man einander helfen konnte. Es fehlte nicht an Theorien, die eine Klasseneinteilung rechtfertigten. Dabei forderten sie allerdings, dass dem Individuum Rechnung getragen werde. Die soziale Disziplinierung griff eisern zu. Für diese Phase der relativen Stabilität lassen sich wirtschaftliche, psychologische und soziologische Gründe anführen. Große Teile der Gesellschaft profitierten in dieser Zeit von dem wirtschaftlichen Wohlstand. Natürlich gab es Arbeitslose. Doch diese Tatsache täuschte nicht darüber hinweg, dass Profit, Löhne und Einkommen kontinuierlich stiegen. Die Gegner des Freihandels, die vor allem den Ruin der britischen Landwirtschaft vorausgesehen hatten, stellten erstaunt fest, dass keine ihrer Prognosen eingetreten war. Nur selten war der Ruf nach einem starken Mann in der Regierung zu vernehmen.

Der Krimkrieg (1854–56)[13] war die Ausnahme. Gleichwohl triumphierte nicht nur Freiheit. Es gab „restraining moral attributes". Das waren unter anderem Charakter, Pflichtgefühl, Ernsthaftigkeit, Fleiß, Höflichkeit, Anstand. Diese Tugenden galten nicht nur für eine bestimmte soziale Schicht, der Aristokrat wie der Gewerkschafter waren daran gebunden. Samuel Smiles schrieb den Bestseller „Self-Help" (1859) und stellte diese Tugenden in vielen seiner Bücher als vorbildlich heraus. Das war und blieb nicht immer so. Es gab Menschen, die sich mit ihnen nicht anfreunden konnten. Der Philosoph, Ökonom und Utilitarist John Stuart Mill schrieb in dieser Zeit einen berühmten Aufsatz mit dem Titel „On Liberty". Mill stieß sich insbesondere an dem Konformitätsdruck der Gesellschaft und machte es sich zum Anliegen, die Freiheit immer wieder zu betonen. Dickens blies in ein ähnliches Horn und kritisierte die Weigerung, den Fakten ins Auge zu blicken. Mr. Podsnap in seinem Roman „Our Mutual Friend" (1865) gab dafür ein klassisches Beispiel ab. John Ruskin und Matthew Arnold versahen viele Überzeugungen mit einem Fragezeichen. Sie demaskierten Vorurteile der Zeit. Und natürlich gab es auch eine „Victorian underworld". Die Prostitution stand neben der Familie, und jede Stadt wies Straßen auf, in denen viktorianische Überzeugungen nicht galten. Wie so häufig standen zwei Welten nebeneinander: Die Zeitgenossen lasen in der Bibel und begingen Verbrechen. Der englische Kritiker Gilbert Keith Chesterton sagte über den viktorianischen Maler George Watts: „He has the one great certainty which marks off all the great Victorians from those who have come after them: he may not be certain that he is successful, or certain that he is great, or certain that he is good, or certain that he is capable: but he is certain that he is right."[14] Es war dieses Gefühl der Rechtschaffenheit, das prägte. Ein Spiegelbild der Zeit war auch die Entwicklung der London Metropolitan Police unter der Ägide von Sir Robert Peel seit 1829. Anfänglich machte sich die Bevölkerung über die Polizei lustig, doch nach und nach gewannen die „peelers" (später „bobbies") Vertrauen. Sie waren und blieben unbewaffnet, reagierten ohne übermäßige Gewaltanwendung, und weil sie das Verbrechen eingrenzten, erhielten die Polizisten Zuspruch. „Law-abiding" – die Achtung vor dem Gesetz – und „police" bildeten gewissermaßen ein Wort- und Gedankenpaar, das ohne Selbstdisziplin nicht möglich gewesen wäre.

Die Menschen der viktorianischen Zeit waren in der Regel religiös, und Moral war für sie kein Fremdwort. Viele besuchten sonntags die Kirche. Die Mittelklasse fand sich in den „nonconformist chapels" ein. Harte Arbeit und Opferbereitschaft waren Parolen der Zeit. Die „Evangelicals" forderten und förderten Bibellesungen und warben für die Überzeugung, dass es Christenpflicht sei, Gottes Wort zu verbreiten und den Armen zu helfen. Der Philanthrop William Wilberforce und der Sozialreformer Shaftesbury machten sich in dieser Zeit einen Namen. Thomas Bernardo und William Booth lebten für ähnliche Ideale. Bernardo wurde zum Gründer der East End Mission, die sich um verlassene und verwaiste Kinder kümmerte. Booth begründete wenig später die „salvation army" (1878). Soziale Arbeit wurde groß geschrieben. Auch die Arbeiterklasse war angesprochen, sich den religiösen Idealen anzuschließen, mit mäßigem Erfolg. Die Arbeiter drängten sonntags nicht in die Kirche.

In der Vergangenheit gab es nur wenige, die am Einband der Bibel kratzten. Doch mit der allgemeinen Erweiterung des Wissens taten sich bisweilen Zweifel auf, ob die Verfasser tatsächlich ihr Wissen von Gott bezogen hatten. Charles Lyell bezweifelte dies in seinem Werk „Principles of Geology". 1830 überraschte er seine Leser mit der direkten Feststellung, dass sich die Welt wohl selbst entwickelt habe. Charles Darwin folgte. 1859 legte er das Werk vor, das ihn weltberühmt machte: „On the Origin of Species". Darin war vom Überleben der Stärksten die Rede, von einer Evolution durch natürliche Selektion. All das waren Gedanken, die die Kirche in Verlegenheit brachten. Darwin kritisierte den christlichen Glauben nicht grundsätzlich. Doch es musste ein anderer, ein neuer Glaube sein, der Zweifel am Bisherigen zuließ. Darwin fand Anhänger, aber auch die Theologen blieben nicht untätig und setzten sich mit den Thesen auseinander. War es letztlich nicht nur die Frage, wie man die Bibel interpretieren sollte? Viele dieser modernen Entdeckungen und Neubewertungen waren mit den überlieferten und häufig auch religiösen Vorstellungen nicht vereinbar. Samuel Taylor Coleridge versuchte früh, die Kluft zwischen Alt und Neu zu überbrücken. Postum wurden 1840 seine „Confessions of an Enquiring Spirit" veröffentlicht. Die Bibel könne nur ein „spiritual guide" sein, nicht ein Handbuch für alle Lebensbereiche. Viele andere Wissenschaftler gingen denselben Weg. Der Biologe Thomas Huxley äußerte die Überzeugung, dass der Atheismus philosophisch nicht vertretbar sei. Der Theologe John Henry Newman, ein katholischer Konvertit, schrieb in seiner „Apologia" (1864), dass die wissenschaftlichen Entdeckungen den Wert der Theologie nicht mindern könnten, weil auch sie sich ständig fortentwickle. Die Theologen stellten aber auch Fragen an ihr eigenes Sujet und eröffneten neue Perspektiven. Charles Hennell beispielsweise wurde bekannt durch die Schrift „Concerning the Origins of Christianity" (1838). Für ihn war Jesus nicht wirklich auferstanden, dies sei lediglich in der Vorstellung seiner Jünger geschehen. Hennell beeinflusste sehr die Romanschriftstellerin Mary Ann Evans (i.e. George Eliot). Sie übersetzte aus dem Deutschen David Friedrich Strauß' „Das Leben Jesu, kritisch betrachtet" (2 Bde., 1835; Übersetzung: 1846) und Ludwig Feuerbachs „Das Wesen des Christentums" (1841; Übersetzung: „Essence of Christianity", 1854). Die bisherige Verehrung Gottes müsse nun gegenüber den Menschen gezeigt werden. Viele Intellektuelle des viktorianischen Zeitalters taten sich schwer damit, die allgemeine materialistische Fortschrittsgläubigkeit zu akzeptieren. Thomas Carlyle betonte die Bedeutung der Geschichte für das Selbstverständnis der Menschen, Benjamin Disraeli verlangte einen neuen Glauben in der Politik, John Ruskin warb für die geistigen Werte der Kunst. Der Schriftsteller, Kunstkritiker und Sozialphilosoph beeinflusste das gesamte englische Kunstleben. Ursprünglich vertrat er einen reinen Ästhetizismus, warb dann aber für konkrete soziale und politische Veränderungen. Ruskin vermittelte nicht nur Botschaften, er war Moralist, der darlegte, dass Gleichgültigkeit degradiere. Ähnlich wie Carlyle begeisterte er sich für historische Studien und wies auf den unvergleichlichen Reichtum, den die Vergangenheit berge. Die Erfindungen, Entdeckungen und Konsequenzen ließen die viktorianische Religion nicht unbeschädigt. Am Ende des Jahrhunderts hatten die verschiedenen Glaubensrichtungen einen nicht unbeträchtlichen Teil ihrer Klientel verloren, ein Prozess, den die Geschichtswissenschaft als Leitdisziplin einer mächtigen Historisierung aller Lebensbereiche mit zu verantworten hatte.

Das englische religiöse Leben hatte keinen homogenen Charakter. Die Kirche von England stand zwischen Rom und dem „religious dissent". Dabei war nicht zu leugnen, dass die römisch-katholische Kirche durchaus an Boden gewann, und zwar nicht nur unter der irischen Bevölkerung, sondern auch unter den gebildeten Bevölkerungsschichten. Die Dissenter hatten viele Anhänger in der Mittelklasse. Die Kirche von England wiederum war keine einheitliche Glaubensgemeinschaft, es gab viele Gruppen, die miteinander rivalisierten. Die „High church movement" spielte eine große Rolle neben der „Oxford movement", die ihren Ursprung in den dreißiger Jahren hatte. Die „Evangelicals" waren in mancherlei Hinsicht eine dominierende Gruppierung. Sie erkannten lediglich die Bibel als Autorität an. Ihre Missionare waren im ganzen Empire unterwegs. Für sie war es eine unabweisbare Pflicht, die ersten vier Bücher des Neuen Testaments in der Welt bekannt zu machen, und zwar von Grönland bis nach Indien.

Es gibt keine zuverlässigen Schätzungen über die Zahl derjenigen, die sich dem religiösen Leben entzogen. Und trotz William Booth und seiner „salvation army" gab es viele, die diese Schattenseiten des industriellen Lebens mit einem Schulterzucken zur Kenntnis nahmen.

Die „Industrielle Revolution" zog die Literatur in ihren Bann. Großbritannien war reich, aber auch der Reichtum hatte seine problematischen Seiten. Die Umwelt hatte schon in früheren literarischen Werken eine Rolle gespielt, doch sie war vielfach als unveränderliche Größe gesehen worden, die ungefragt akzeptiert wurde. Die viktorianischen Schriftsteller setzten neue Akzente. Der Prozess des Wandels, die Konfusion, das Elend, aber auch die Stärke und die neue Gestaltungskraft bestimmten ihre Gedanken.

Das 18. Jahrhundert war in mehrfacher Hinsicht ein historisches Jahrhundert gewesen. Edward Gibbon beispielsweise erlangte große Aufmerksamkeit mit seinem Werk „Decline and Fall of the Roman Empire". Die historischen Werke gaben den Hintergrund ab für historische Romane. Sir Walter Scott machte sich so bekannt.

Charles Dickens war der ungekrönte König, der „man in the great town". Seine Romane leben von der Schilderung Londons und der Charaktere, die in den Slums ihr Dasein fristeten. In Dickens' Werken hat das Elend einen großen Stellenwert. Seine außerordentliche Popularität erklärt sich auch aus dem Umstand, dass er den Eindruck vermittelte, das Leben in seiner Komplexität zu verstehen. London stieß ihn nicht nur ab, die Stadt begeisterte ihn mit all ihren Möglichkeiten, mit ihrer Kraft und Energie. Sie löste Schrecken aus durch ihre Brutalität. Die Familie bot in Dickens Romanen häufig eine Zuflucht, die Jung oder Alt vor dem eisernen Zugriff der „underworld" bewahrte. Happy endings jedoch waren selten. Für „Great Expectations" verfasste Dickens' beispielsweise nur auf Drängen eines Freundes einen glücklichen Ausgang, ursprünglich endete der Roman düster und voller Resignation.

Das 19. Jahrhundert machte England zu einer Industriegesellschaft. Doch die Menschen waren sich des Gegensatzes zwischen Land und Stadt nach wie vor bewusst. Emily Brontë greift dieses Bewusstsein in „Wuthering Heights" auf. Bis zur „Industriellen Revolution" war der Norden Englands kein großes Thema. Doch mit der Revolution ändert sich all dies, in gewisser Weise wird der Norden bedeutsamer, und die Moore und Hügel

London, St Pancras Station. Das Bahnhofsgebäude wurde 1878 im Stil der Neugotik fertig gestellt.
Foto: AKG.

scheinen nun das Relikt einer fernen Zeit zu sein. Brontë griff diese Schnittstelle auf und machte sie in ihren Werken deutlich – ein Grund für ihren Erfolg. Thomas Hardy war ähnlich erfolgreich, Mary Ann Evans ist zu nennen, die unter dem Pseudonym George Eliot schrieb. Sie hatte ihre religiöse Sicherheit verloren, suchte nach Stützen in der Gesellschaft und auch sie fand ihren Ruhepol im ländlichen Leben. Schriftsteller und Dichter gehörten zu den Seismographen ihrer Zeit. Schon William Wordsworth hatte seinen Lesern klar gemacht, dass sie in einer Zeit ohne historische Parallele lebten. Gemeinsam mit seinem Freund Samuel Taylor Coleridge stellte er die Dichtung als Instrument und Mittel vor, um die Schattenseiten der Gesellschaft einzugrenzen. Dazu allerdings mussten neue Formen her. Elitäre Bildung war nach Wordsworths Ansicht keineswegs ein Garant für ein besseres Verständnis der Natur und der Welt. Den Menschen lag es viel näher, ihre Umwelt zu verstehen und zu interpretieren – mit einfachen Worten. Wordsworth widmet sich folglich dem einfachen und ländlichen Leben („humble and rustic life").

Die viktorianische Literatur kennt auch sehr humorvolle Bücher, dazu zählen „Sartor Resartus" und „The Pickwick Papers", wieder von Dickens. Sie waren ein Inventar des Jahrhunderts. Der Literaturwissenschaftler verweist in diesem Zusammenhang auf die „comic novels" von Thackeray, auf die „squibs" (Spottreden), „sketches" und den „light verse" von Thomas Hood und Douglas Jerrold. Edward Lear mochte Kinder, machte durch „Unsinn" von sich reden und schrieb 1846 sein erstes „Book of Nonsense" (später: Nonsense Songs, More Nonsense, Queery Leary Nonsense); Lewis Carroll (i.e. Charles Lutwidge Dodgson), Mathematikprofessor in Oxford, Amateurphotograph und Romanautor, errang Weltruhm mit „Alice's Adventures in Wonderland" (1865), „Through the Looking Glass" (1871) und dem Nonsense-Gedicht „The Hunting of the Snark" (Fabeltier: halb Schlange [*snake*], halb Hai [sha*rk*]). Jerome K. Jerome und George Grossmith standen für „comic writing", ebenso Weedon Grossmith.

Die Romane wurden für Männer geschrieben. Die Dichtung hatte ihre Hochphase zwischen 1830 und 1870, danach wurde sie von anderen Strömungen verdrängt. Die Repräsentanten der Geschichtsforschung dagegen verstärkten ihre Präsenz und erhöhten ihren Ruhm. William Stubbs schrieb die „Constitutional History of England" (1874–78), E. A. Freeman wies mit seiner „History of the Norman Conquest" (1879) auf die Anfänge seines Landes, S. R. Gardiner errang sein Ansehen mit der „History of England 1603–1640". J. R. Green verfasst eine „Short History of the English People" (1875). 1886 gehörte Lord Acton, sozusagen naturalisiert aus deutsch-akademischen Kreisen, mit zu den Gründern der „English Historical Review", bis heute eine der angesehensten Fachzeitschriften. Herbert Spencer war der führende Philosoph. Den Universitäten schuldete er dafür keinen Dank. Auf welchem Gebiet sie sich auch immer ansiedelten, die Intellektuellen mussten sich mit der „social reform" und dem Imperialismus auseinander setzen. Sir John Seeley, von 1869 bis 1894 als Historiker in Cambridge tätig, brachte die „Expansion of England" zu Papier, trug viel zum bewussten imperialen Gedanken bei und erlangte Weltruhm. Seeley kannte sich eigentlich bestens in der preußischen Geschichte aus, und er war ein besonderer Fachmann für Napoleon. Der Historiker glaubte an die Herrschaft des Starken, aber auch daran, dass die Gemeinschaft daraus Nutzen ziehen sollte.

Zu den Kritikern des Viktorianischen Zeitalters gehörte John Stuart Mill. Er war einer der bedeutendsten Vertreter des britischen Liberalismus in der Mitte des 19. Jahrhunderts. Mill plädierte für den Schutz individueller Freiheit und warnte vor Übergriffen der Gesellschaft bzw. des Staates. Viele fühlten sich durch die rapiden Veränderungen und die allgemeine Orientierungslosigkeit herausgefordert. Verlangt wurde Orientierung. Und hier waren es nach allgemeinem Empfinden Literatur und Dichtung, die einspringen konnten. Ein berühmter Vertreter war Matthew Arnold. Er beschäftigte sich intensiv mit dem Verhältnis von Dichtung und Gesellschaft, mit der Wirkung, die Literatur auf den Leser idealiter haben sollte. In seinem berühmten Aufsatz „The Function of Criticism at the Present Time" (1865) plädierte Arnold indes nicht für Dichtung, sondern für „criticism". Sie sollte es ermöglichen, die Fortschrittlichkeit und Verträglichkeit des materiellen Wohlstands zu prüfen. Denn soziale Ideale und Ideen waren nach Arnolds Überzeugung schwer zu finden. Er stellte unverblümt fest, dass die Menschen des Zeitalters nicht mehr in der Lage seien, die Frage zu beantworten, nach welchen Kriterien sie die Qualität des menschlichen Lebens beurteilen sollten. Kerngedanke seiner Philosophie war „the idea of a disinterested endeavour to learn and propagate the best that is known and felt in the world, and thus to establish a current of fresh and true ideas".[15] Dem englischen Leben sei diese Fähigkeit völlig abhanden gekommen, eine Eigenschaft, die nach Ansicht des Philosophen Shakespeares Zeit noch geprägt habe. In seinem Buch „Culture and Anarchy" (1869) teilte Arnold die englische Gesellschaft in drei Klassen ein, in die „Barbarians" oder die „upper classes", in die „Philistines" oder die „middle classes" und die „Populace" oder die Arbeiterklasse. Die Ersten waren „zivilisiert", aber nur in einem äußerlichen Sinne. Arnolds Vorliebe galt den „Philistines", der Mittelklasse, weil sie für die englische Gesellschaft und Zivilisation verantwortlich sei. Diese Eigenschaft beschrieb Arnold in Anlehnung an die Bibel als „Hebraism". Und um die geistige Enge dieses „Hebraism" zu korrigieren, wies Arnold auf den „Hellenism", der in seinen Augen ein Symbol für den Reichtum einer Kultur war. Welche sozialen und politischen Erfolge Politiker auch immer erzielen mochten, Arnold war überzeugt, dass Politik allein niemals der Weg zu einer aufgeklärten Gesellschaft sein könne. Im strengen Sinne beschäftigen sich Arnolds Bücher und Aufsätze mit Literaturkritik. Sie thematisieren eine Gesellschaft, die ohne Literatur und Dichtung verarmt und die keine blühende Kultur mehr ins Leben ruft. Mit Arnolds Worten: „Dichtung ist Kritik des Lebens. […] Die Größe eines Dichters liegt in seiner machtvollen und schönen Anwendung der Ideen auf das Leben – und auf die Frage: Wie soll man leben?" („Poetry is at bottom a criticism of life […] the greatness of a poet lies in his powerful and beautiful application of ideas to life – to the question: How to live.") Darum also ging es. Wie sollte der Mensch in einer Zeit materiellen Reichtums leben, wie in einer Zeit des Elends? Nach welchen Kriterien sollte er sein Leben ausrichten? Arnolds Bücher fanden ihre Leser, im zwanzigsten Jahrhundert wurde der Philosoph indes zu einer quälenden Figur, die konkrete Antworten vermissen ließ. Er wurde als großer Kritiker geschätzt. Arnold war einer der besten Verfechter des „criticism".

Der spätviktorianische Roman war von Zweifel und Unsicherheit geprägt. Der amerikanische Romancier Henry James schrieb 1884, dass der englische Roman bisher keine

Theorie gehabt habe, keine „consciousness of itself". Das änderte sich allmählich. Mary Ann Evans war ursprünglich Kritikerin und Übersetzerin. Sie entwickelte sich zu einer Anhängerin Ludwig Feuerbachs und von Auguste Comte. Ihre frühen Romane – „Adam Bede" (1859), „The Mill on the Floss" (1860) und „Silas Marner" (1861) – beschrieben detailliert das englische Landleben. Ihr Meisterwerk war „Middlemarch" (1871–72), eine hervorragende Studie des Lebens in einer Provinzstadt. Anthony Trollope folgte ihren Spuren. Trollope veröffentlichte immerhin 47 Romane und eine Autobiographie (1883). Der dritte und nicht weniger wichtige Schriftsteller der siebziger Jahre war George Meredith, der als Dichter und Journalist sein Auskommen hatte. Viele bezeichneten seinen Prosastil als „eccentric" und seine Erfolge als „uneven". Sein größtes Werk war „The Egoist" (1879). Allmählich verblasste die „realist fiction", an ihre Stelle trat die „romance". Die sechziger Jahre gebaren die „sensation novel", einer ihrer bekanntesten Vertreter war William Collins. Sheridan Le Fanu, Robert Louis Stevenson, William Morris und Oscar Wilde schrieben unter anderem „gothic novels" und „romances". Herbert George Wells vertrat die frühe „science fiction" und begründete außerdem eine „fullscale romance revival". Einer der populärsten Schriftsteller war Thomas Hardy. Sein erster Roman – „Desperate Remedies" – erschien 1871. Dreizehn weitere folgten, bis er die Prosa zugunsten der Dichtung eintauschte. Seine drei größten Werke sind die tragischen Romane des ländlichen Lebens – „The Mayor of Casterbridge" (1886), „Tess of the D'Urbervilles" (1891) und „Jude the Obscure" (1895). Das Ende der viktorianischen Zeit erlebte eine Umkehrung der Werte. Ein berühmtes Beispiel war Samuel Butlers Buch „The Way of All Flesh" (1885), das erst nach 1903 veröffentlicht wurde. Der Verfasser behauptete: „Tis better to have loved and lost than never to have lost at all." Die Überzeugungen begannen sich zu verändern. George Bernard Shaws „Arms and the Man", in dem die Soldaten Schokolade, nicht Munition wünschen, und Oscar Wildes „The Importance of Being Earnest" waren weitere Beispiele dieser Tendenz, die alten Werte zu relativieren.

In dieser Zeit wurde der Analphabetismus mehr und mehr erfolgreich bekämpft. Dadurch wurde es möglich, sich weiteren Fragen der Erziehung zu widmen. In diesen Zusammenhang gehört beispielsweise, dass der amerikanische Millionär Andrew Carnegie seiner Heimatstadt Dunfermline in Schottland eine Bibliothek schenkte. 1753 war in London die British Library gegründet worden. Zwischen 1886 und 1900 wurden in Großbritannien viele Bibliotheken eröffnet. Der „Publisher's Circular" veröffentlichte folgende Zahlen: 1887 erschienen 4410 neue Bücher, 1899 waren es schon 5971. Bücher religiösen Inhalts nahmen nicht zu. Ihre Zahl sank von 616 auf 590. Im Gegensatz dazu nahmen Romane und Jugendbücher von 1202 auf 1825 zu. Historische Studien und Biographien erfreuten sich großer Popularität, sie stiegen von 394 auf 528. Darstellungen über Wirtschaft und Handel nahmen ungemein zu. Ihre Zahl kletterte von 113 auf 350. Dieselbe Beobachtung galt für Dichtung und Drama, die Zahl stieg von 82 auf 317. Das englische Theater erfreute sich großer Beliebtheit. Doch es waren nicht so sehr die Stücke von Shakespeare, die in die Theater lockten; in den meisten Fällen handelte es sich um Aufführungen französischen Ursprungs. Henry Arthur Jones und Arthur Pinero waren Autoren, die in dieser Zeit von sich reden machten. Bekannte Kritiker waren William Archer,

Jack Grein und George Bernard Shaw. Darstellungen und Bücher mit sozialem Inhalt wurden immer populärer. Sidney und Beatrice Webb studierten die Geschichte der Gewerkschaften, 1894 veröffentlichten sie ihre „History of Trade Unionism". Drei Jahre später folgte das Werk „Industrial Democracy". In diese Zeit fielen die ersten Auflagen des „Dictionary of National Biography", maßgeblich ediert von Leslie Stephen, dem Vater von Virginia Woolf. Zu den pulsierendsten Gedanken hinter den Büchern gehörte die Auseinandersetzung mit dem Imperialismus. Der „National Observer" erhielt viel Aufmerksamkeit, hinter den Zeilen stand William Earnest Henley. Doch *die* Persönlichkeit war Rudyard Kipling. Er war der Sohn eines „Indian government servant" und arbeitete zunächst als „Anglo-Indian Journalist". Seine ersten Bücher beschrieben fast ausschließlich das Leben und die Präsenz der britischen Armee in Indien. Kipling bereiste das ganze Land und entwickelte eine missionarische Überzeugung, die Engländer dazu aufforderte, die „White Man's Burden" zu schultern.

Am Ende des Viktorianischen Zeitalters hatte sich für eine Durchschnittsfamilie im Vergleich zum Jahrhundertbeginn sehr viel verändert. Die Arbeitsbedingungen hatten sich gebessert, die Arbeitszeit war kürzer, die Löhne waren gestiegen. Der medizinische Fortschritt half in vielen Lebensbereichen, die sanitären und hygienischen Verhältnisse hatten sich zu ihrem Vorteil geändert, Schulbildung war keine Ausnahme mehr, „every male householder" durfte wählen. Und dennoch gab es viele Probleme. Die Wurzeln der Armut waren nicht ausgerissen, der Staat hielt sich zurück und fürchtete den Vorwurf der Einmischung in persönliche Angelegenheiten. Von den Menschen wurde erwartet, sich selbst auf einen „rainy day" vorzubereiten. Dennoch schafften es viele nicht, oberhalb des Existenzminimums zu leben. Krankheit, Alter und Arbeitslosigkeit waren existentielle Sorgen, die in das Lebensrad eingriffen. Der allgemeine Reichtum des Staates hatte die Armut der Einzelnen nicht hinweggefegt. Die liberale Opposition war mehr als unruhig. Ihre große Stunde kam erst mit dem Wahlsieg des Jahres 1906. Priorität hatte das Wohlergehen der Kinder. Nach 1906 wurden „infant welfare clinics" eröffnet. Wohlfahrtsorganisationen nahmen sich der unterernährten Kinder an. Doch die mangelnde Ernährung blieb ein gravierendes Problem. Wer konnte hungrig lernen?

Ende der achtziger Jahre gehörte das im Großen und Ganzen homogene England der *mittelviktorianischen* Zeit der Vergangenheit an. Die neunziger Jahre erzeugten Unruhe, sie setzten viele neue Bewegungen in Gang, veränderten das Klima in Politik und Wirtschaft. Wer sich umblickte, fand es schwer, grundsätzliche Überzeugungen anzutreffen. Viele Zeitgenossen betrachteten die neunziger Jahre als „heyday of imperialism", andere gewannen den Eindruck, dass in dieser Zeit das britische Proletariat zu sich selbst fand. Intellektuelle sprachen von den „naughty nineties", also den frechen 90er-Jahren, und hatten Oscar Wilde im Blick. Die Presse formierte sich neu. Der Lebensstandard stieg. Soziale und moralische Tabus waren schwer zu orten. Die Religion war alles andere als ein Rückgrat des englischen Lebens. Rationalismus, Anglo-Katholizismus und Hedonismus hatten neue Perspektiven eröffnet. Die „Pall Mall Gazette" war eine der neuen Zeitungen, die Aufmerksamkeit erregte. Kommerzieller Erfolg stand an erster Stelle. Nach Überzeugung der Zeitungsmacher hatten sich die Ansprüche des Lesers geändert. Früher mochte er ein aufmerksamer Zeitgenosse gewesen sein, der aus der Presse Wissen schöpfte und zu seinen eigenen Kenntnissen in Beziehung setzte. In den neunziger Jahren indes stand fundiertes politisches Interesse weniger im Vordergrund, die ausführlichen Darstellungen über parlamentarische Debatten schienen zu langweilen. Fremdenfeindlichkeit dagegen war ein Anreiz zum Kauf. „A good hatred" gegen Frankreich oder das Deutsche Reich war ein anderes Mittel, um Leser zu finden. Die „Daily Mail" beispielsweise konnte so ihre Auflage beachtlich erhöhen, sie verbreitete Aufregung etwa durch Berichte über Lord Kitchener in Omdurman im Sudan, und sie griff andere außenpolitische Konflikte auf, ohne den Konsequenzen ihrer Schlagzeilen allzu viel Beachtung zu schenken.

„Non-Intervention" und Reform

Die Revolutionen von 1848 änderten langfristig das Gesicht Europas,[16] eines ihrer wichtigsten Charakteristika jedoch war die Tatsache, dass es zwischen den betroffenen Ländern nicht zu einem Krieg kam. Dafür gab es verschiedene Gründe. Einer ergab sich aus dem Umstand, dass die großen Mächte seit 1815 miteinander in enger Kommunikation standen. Großbritannien und Russland spielten eine hervorragende Rolle.[17] Eine Revolution brach in diesen Ländern nicht aus. Zar Nikolaus I. hatte sich in einem Schreiben an die britische Königin gewandt und eine engere Zusammenarbeit angeregt. Die britischen Politiker waren nicht sorgenfrei. Sie fürchteten, dass das französische revolutionäre Potential auf Italien übergreifen könnte, und sie konnten sich nicht von dem Gedanken befreien, dass preußische Liberale für Polen Partei ergreifen könnten, dass eine Auseinandersetzung mit Russland im Bereich des Möglichen lag und in Deutschland der Nationalismus triumphieren könnte. Diese verschiedenen Sorgen waren durch den Wunsch verknüpft, in Europa das Gleichgewicht der Mächte aufrechtzuerhalten. Doch diese alte Maxime musste sich immer wieder neuen Tests unterwerfen. In der Mitte des Jahrhunderts fegte ein brutaler Krieg über die russische Halbinsel Krim hinweg.[18] Er war der erste militärische Konflikt seit 1815, an dem Großbritannien beteiligt war, und er verschob die politischen Gewichte in Europa.[19] In dieser Zeit machte sich die Krankenschwester Florence Nightingale einen Namen. Als sie nach England zurückkehrte, war sie ein „national hero".

Ein Streit zwischen Christen unterschiedlicher Konfessionen über ihre Rechte im Heiligen Land schuf den Anlass für den Konflikt. Die Ursache des Krieges zwischen Großbritannien und Russland bestand rückblickend in Russlands taktischem Vorgehen und in Großbritanniens mangelnder Beweglichkeit. Napoleon III. berief sich auf das schon vor Jahrhunderten Frankreich vom Osmanischen Reich verliehene Recht, das Protektorat über die Christen im Herrschaftsbereich des Sultans auszuüben. Für den russischen Zaren war dies ein Affront, die orthodoxe Kirche sah es ähnlich. Im Mai 1853 wartete Nikolaus mit der Forderung an den Sultan auf, ihn als Verteidiger der Rechte aller Christen im Ottomanischen Reich anzuerkennen. Er beließ es nicht bei Worten und ließ als Drohgebärde Truppen in die Donaufürstentümer Moldau und Walachei einmarschieren. Die Türkei erklärte den Krieg (4. 10. 1853). Im November zerstörten russische Soldaten die türkische Flotte bei Sinope (30. 11. 1853) in einer Schlacht, die in den britischen Medien als schreckliches Massaker beschrieben wurde. Großbritannien und Frankreich trieb die Sorge um, dass Russland sich zu einer Besetzung Konstantinopels und des Bosporus entschließen könnte.[20] Im Januar 1854 waren britische und französische Kriegsschiffe im Schwarzen Meer, im März erklärten die Mächte Russland den Krieg. Im August 1854 lenkte Russland in Moldau und der Walachei ein; Österreich, so die Sorge, könnte sich den Gegnern anschließen. Konstantinopel war nicht mehr bedroht, für eine Verlängerung des Krieges gab es eigentlich keinen Grund. Großbritannien und Frankreich jedoch mochten ohne deutlich erkennbaren Sieg ihre Truppen nicht zurückziehen. Soldaten landeten auf der Krim, sie eroberten nach langer Belagerung Sewastopol (8. 9. 1855), ein militärischer Erfolg, der wenig Gewinn einbrachte.

In Paris einigte man sich auf einen Frieden (30. 3. 1856). Moldau und die Walachei sollten nicht zur russischen Einflusszone gehören. Eine russische Schutzherrschaft über die griechisch-orthodoxen Untertanen des Sultans stand nicht mehr auf dem Programm. Das Osmanische Reich blieb unabhängig. Ein kritischer Beobachter dieser Verhandlungen konnte sich des Eindrucks nicht erwehren, dass das lange geübte Prinzip der kollektiven Verantwortung nun seine Wirkung verloren hatte. Doch die Folgen der Auseinandersetzung waren noch gravierender. Das Vertrauen zwischen den Mächten war zerstört. Russland blieb unzufrieden und warb für Revisionismus. Österreich und Großbritannien setzten sich nach wie vor für ein Gleichgewicht der Mächte ein, doch es war unsicher, ob in der Zukunft friedliche Mittel greifen würden, um expansive Abenteuer zu unterbinden. Hinzu kam, dass das Ansehen der britischen Truppen während des Krieges keineswegs gewonnen hatte, im Gegenteil. Der militärische Ruf hatte deutlich Schaden genommen, und die britische Bevölkerung ließ keinen Zweifel an der Feststellung, dass sie in Zukunft ein kontinentales Engagement nicht mehr goutieren würde. Alles in allem machten sich Enttäuschung und Ernüchterung breit. Das europäische Konzert war mit einem Fragezeichen versehen worden. Die kollektive Verantwortung musste neuen Umgangsformen weichen, die nur schwer beherrschbar schienen.

Die Summe dieser Erfahrungen prägte die kontinentale Haltung Großbritanniens in den folgenden Jahren. Der polnische Aufstand von 1863 mochte nach einem Zeichen der Sympathie rufen, doch der Ruf wurde in Großbritannien nicht gehört. 1864 war in vielen Lagern in England zu hören, dass nur die alten Prinzipien – beispielsweise die Nichteinmischung – dem Land Nutzen bringen würden. Dementsprechend registrierte Großbritannien zwar die Kriege von 1866 und 1870/71, die zur deutschen Reichsgründung[21] führten. Niemand bezweifelte, dass diese neue gewaltige Macht in der Mitte Europas auch britische Interessen tangieren mochte, doch das war in den Augen der meisten kein Grund, für eine Seite Partei zu ergreifen.[22] Die belgische Neutralität, die Großbritannien in der Vergangenheit garantiert hatte, blieb in diesem Konflikt unberührt, so gab es keinen offiziellen Anlass, Position zu beziehen.[23]

Großbritannien profitierte in den siebziger Jahren von den Erfahrungen der eigenen Geschichte. Sie legten Zurückhaltung nahe und stimmten skeptisch gegenüber jeder machtpolitischen Intervention. Das Land zehrte nach wie vor von den Vorteilen der „Industriellen Revolution", ohne die Belastungen aus dem Auge zu verlieren; der Freihandel hatte die wirtschaftliche Stellung des Landes in der Welt zementiert; die britische Handelsflotte kannte keinen ernst zu nehmenden Rivalen; englisches Kapital hatte viele Investitionen in Europa ermöglicht, neue Ziele tauchten jetzt beispielsweise in Südamerika auf. Die britische Admiralität konnte gelassen um sich blicken, einzelne Reformen – 1888/89 und 1893/94 – waren nötig, aber sie ließen keinen Zweifel an der Schlagkraft. Die Royal Navy hatte am Kampf gegen den Sklavenhandel teilgenommen, sie hatte in China gekämpft und die Öffnung der Häfen miterzwungen, sie schaute alles in allem auf eine erfolgreiche Vergangenheit zurück.

In der Summe lagen die britischen Interessen auch nicht in Europa. Die Armee konnte in Indien kämpfen, sie konnte spezielle Aufgaben in Übersee übernehmen, aber sie war und wurde keine Armee, die gegen die großen Heere der europäischen Kontinentalmächte vorgehen konnte. Außerdem hatte gerade der Krimkrieg gezeigt, dass diese Armee alles andere als eine Eliteeinheit war. Der Kerngedanke der britischen Strategie war, dass der Weg nach Indien sicher sein musste und die Einflussbereiche wirksam geschützt waren. Abweichungen von dieser Strategie fanden wenig Beachtung. Russlands ausschweifender Blick reichte, um Misstrauen auszulösen. Der „kranke Mann am Bosporus" war ein wirkliches Problem. Ägypten war kein Selbstzweck. Indien war das Herz des Zweiten Britischen Empire.[24] Damit dieses Herz schlug, galt – nach anfänglicher Opposition – der Eröffnung und Freihaltung des Suezkanals größte Aufmerksamkeit. Eine Folge waren Weiterungen in Afrika, unerwünscht, aber in der Konsequenz der Strategie wohl unvermeidlich. Deutschland und Frankreich führten nicht die britische Sorgenliste an; das tat in erster Linie Russland, weil es ein Bedrohungspotential für Indien entwickeln konnte.

In den siebziger Jahren sahen viele innerhalb und außerhalb Großbritanniens das Land auf dem Höhepunkt seiner Macht. Der Berliner Kongress war ein Erfolg geworden, die Machtansprüche waren nirgendwo im Kern bedroht. In der Innenpolitik hatte sich das Zwei-Parteien-System bewährt. Gladstone und Disraeli hatten sich ohne gesellschaftliche Umbrüche in der Regierung abgewechselt. Wahlrechtsreformen – 1867[25] und 1884 – hatten den meisten männlichen Erwachsenen das Wahlrecht beschert. Großbritannien entwickelte sich von einer Aristokratie zu einer Demokratie. Alles in allem erschien die Insel als ein Land, das Konflikte durch Kompromisse löste – ohne allzu große innere Proteste. Die regierende und vorherrschende Elite hatte sich in ihrem alten Machtanspruch flexibel gezeigt, Teile des Bürgertums konnten auf der sozialen Leiter aufsteigen, die „Industrielle Revolution" hatte das Ihre dazu beigetragen. Armut war eine Schattenseite dieser Geschichte, sie war kein gesellschaftliches Geheimnis. Doch es gab in den Augen vieler drängendere Erblasten, die schnell eine Lösung verdienten.

Der Act of Union hatte Irland 1800 formal mit England und Schottland zusammengefügt. Die Repräsentanten des neuen Mitglieds hatten ihren Platz im Parlament in Westminster. Und ihre parlamentarische Kraft hatte zugenommen, nachdem die Katholiken politisch emanzipiert waren (13. 4. 1829: Katholiken wurden wieder zum Parlament und zu öffentlichen Ämtern zugelassen), das Wahlrecht mehrfach reformiert und die geheime

„Ungerechte Handelswinde". Karikatur aus dem „Punch", Dezember 1884. Die englische Industrie geriet in den 1880er Jahren zunehmend unter Konkurrenzdruck durch Produkte aus Europa, Amerika und Japan, was zu Arbeitslosigkeit und Armut führte.

Abstimmung realisiert worden war. Von nun an wussten die Landlords nicht mehr, wie ihre Pächter wählten. Zu einer bekannten Persönlichkeit wurde in den 1880er Jahren Charles Stewart Parnell. Der Führer der irischen Abgeordneten machte im Parlament durch besonders lange Reden auf sich aufmerksam, und er legte dadurch die Arbeitsweise des House of Commons oft genug lahm. Häufig gaben die Iren den Ausschlag bei Fragen, die zwischen Liberalen und Konservativen umstritten waren. Gladstones Entwurf einer Home Rule für Irland (8. 6. 1886) spaltete zwar seine Partei, aber das hielt ihn nicht davon ab, am 8. September 1893 erneut mit demselben Ziel anzutreten, um wieder zu scheitern. Rückblickend war es sein Verdienst, ein gewaltiges Bedrohungspotential frühzeitig erkannt und Maßnahmen zur Lösung angeboten zu haben. Die Lösung, das wusste er, bestand nicht allein in religiöser Freiheit. Agrarreformen waren nötig, und die nationale Selbstbestimmung, in Europa allenthalben diskutiert, machte an den Grenzen zu Irland nicht Halt. So wie die Dinge einmal lagen, war Irland in den Augen vieler ein Lackmustest für Liberalismus und Demokratie. Und das sichtbare britische Versagen in dieser Angelegenheit erschien als Beweis für die typische „British Hypocrisy". Die irische Frage war eine große Belastung, aber sie stellte Großbritanniens internationale Position nicht in Frage. „First and foremost" standen internationale Fragen auf der Tagesordnung. Sie resultierten aus dem Besitz Indiens und der internationalen Rivalität, die primär außerhalb Europas bestand. Russlands langer Arm wies nach Zentralasien, er umfasste Sibirien und erreichte fast die nördlichen Grenzen Indiens. Aus allgemeinen Befürchtungen entwickelten sich handfeste Sorgen, als Russland in den 1880er Jahren an den Grenzen zu Afghanistan Flagge zeigte. Von hier war der Weg nach Indien kurz. Diese bedrohliche Perspektive führte langfristig zu einer Veränderung der britischen Politik.

Schon seit dem Krimkrieg hatte die britische Aufmerksamkeit in der Außenpolitik primär den Entwicklungen in Übersee gegolten. In Indien, im Fernen Osten, im Pazifik und in Nordamerika zeichneten sich zum Teil gewaltsame Tendenzen für Änderungen ab. Sie ließen den Verantwortlichen wenig Zeit und wenig Raum auf ihren Schreibtischen für europäische Details. Ein rasch um sich greifender, blutiger Aufstand in Indien (1857/58: Meerut, Delhi, Lucknow, Kanpur) löste Entsetzen und Panik aus. Die Aufständischen beherrschten zeitweilig ein Drittel des indischen Territoriums, aber ihnen fehlte militärische Präzision und eine politische Vision für die Zukunft. Großbritannien verkraftete den Aufstand und beendete ihn blutig. Im Januar 1858 hatten die Briten in Indien wieder das Sagen. Der Aufstand bewies allerdings die Brüchigkeit britischer Herrschaft, und er säte ein langfristiges Misstrauen zwischen Briten und Einheimischen. In China setzte Palmerston im „Opiumkrieg" gewaltsam auf neue wirtschaftliche Regeln, Australien und Neuseeland entwickelten ein beachtliches Selbstbewusstsein, der amerikanische Bürgerkrieg bannte die Aufmerksamkeit. Dabei war er nicht nur von akademischem Interesse. Die Einfuhr von Rohbaumwolle für die Fabriken in Lancashire und Yorkshire war nicht mehr in früherem Umfang möglich. Und mit welcher Partei man sich identifizieren sollte, war keineswegs eine leicht zu beantwortende Frage.

Palmerston war eine der führenden britischen Persönlichkeiten in der Mitte der viktorianischen Zeit, vielen galt er als „the most English minister who ever governed England". Das hatte viele Gründe. Erstens liebte Palmerston nicht den radikalen Wechsel in der Innen- und Außenpolitik.[26] Er war ein Mann der Kontinuität, der Politik gern ohne dramatische Geste gestaltete. Außerdem wusste er Mittel und Wege genug, um im vorgegebenen politischen Rahmen die Tendenzen der Zeit zu beeinflussen. Palmerston personalisierte häufig politische Entscheidungen: „Are you for or against me?", das war eine seiner Fragen, und mit ihnen erzwang er oft den gewünschten Erfolg. Er machte sich die Presse zu Diensten und scheute vor Konflikten und Divergenzen mit dem Hof nicht zurück. Palmerston erfreute sich internationalen Respekts, er verkörperte ein liberales Weltbild und war ein wenig gern gesehener Gast bei reaktionären Höfen. Palmerstons aktive Zeit fiel in eine Phase relativer außen- und innenpolitischer Ruhe. Das Zentrum Europas war frei von Kriegen, das galt allerdings nicht für die Krim, die Vereinigten Staaten und Schleswig-Holstein. Belgien wurde 1830 ein neuer europäischer Staat, die Orientkrise der Jahre 1839/40 beschäftigte die Diplomaten, es gab Revolutionen auf der Iberischen Halbinsel, der Bürgerkrieg in den ehemaligen britischen Kolonien in Nordamerika und der Konflikt in Schleswig-Holstein wurden Gegenstand von zahllosen Dokumenten. In all diesen Situationen hatte sich Palmerston bewährt und den Ruf eines bedeutenden Staatsmannes erworben. Diese Tatsache mag erstaunen, weil Palmerston in keiner Krise direkt und maßgebend aufgetreten ist. Was also erklärt seine internationale Popularität? Der konservative Tagebuchschreiber Charles Greville kleidete am 4. März 1850 das Gesetz seines Handelns in die Worte: „Diplomatie war eine Sache der Dynastien; Palmerston erkannte die Völker an."[27] Es scheint, als ob der britische Foreign Secretary und spätere 'Premierminister' die Zeichen der Zeit erkannt hatte und die Nationalisierung der Massen geschickt einzusetzen wusste. In seinem tiefsten Innern hatte er allerdings nur ein Ziel, den englischen Handel zu fördern und Hindernisse abzubauen.

Palmerston vertrat in der Innen- wie Außenpolitik ähnliche Überzeugungen. Er lebte für die englische Verfassung, einem Absolutismus vermochte er nichts abzugewinnen. Palmerston verhielt sich außenpolitisch zurückhaltend, solange Englands Interessen geschützt blieben. Waren sie bedroht, dann wurde der sonst so friedliche Foreign Secretary energisch und präsentierte die Rechnung. Das war 1850 der Fall, als er ein Flottengeschwader („blockading squadron") nach Griechenland schickte, um finanzielle Beträge einzuheimsen, die der Brite Don Pacifico (i.e. David Pacifico) aus Gibraltar stellte. Palmerston hörte gern den Ausspruch „civis Romanus sum", und er übertrug ihn auf das Britische Reich. 1855–1858 war Palmerston 'Premierminister'. Außenpolitisch schreckte er vor Konflikten nicht zurück, wenn sie seinem Credo dienlich waren. So erzwang er die Öffnung der chinesischen Häfen für den Handel, der Vertrag von Nanking (1842) sicherte Hongkong für Großbritannien. 1857 kämpfte er erneut gegen China und wandte sich an die britische Bevölkerung, als ihm das Parlament die Gefolgschaft versagte. 1859 wurde er wieder 'Premierminister'. Auf dem Kontinent entwickelte sich in dieser Zeit Bismarck zu einer Achtung gebietenden Persönlichkeit; Palmerston warb für ein geeintes modernes Italien, im Bürgerkrieg zwischen den ehemaligen amerikanischen Kolonien schlug er sich allerdings entgegen seinem liberalen Credo auf die Seite der Südstaaten, mit Misstrauen verfolgte er die territorialen Veränderungen in und um Deutschland. Der geachtete 'Premier', auf den die Zeitgenossen den Slogan „leave it to Pam" ummünzten, starb 1865. Es gab niemanden, der in seine Fußstapfen treten konnte. Für viele war er ein Symbol des britischen Nationalismus, der wie kein anderer Englands „permanent interests" verinnerlicht hatte.[28]

Palmerstons Tod fiel mit dem Anwachsen der städtischen Wahlkreise zusammen, der Liberalismus verlangte stärkeres Gehör, in Westminster schickte sich Gladstone an, das Geschehen in die Hand zu nehmen. Gladstone stand für Freihandel und parlamentarische Reform. 1864 machte er mit dem Ausspruch Furore, dass die Beweislast für Reformen bei ihren Gegnern liege. Doch im Juni 1866 trat die Regierung, der er angehörte, nach einer Abstimmungsniederlage zurück. 1867 einigte sich das Parlament unter erheblichem Druck der Reform League auf die zweite Reform Bill. Das Verdienst für diese Bill gehörte nicht Gladstone, sondern Disraeli, der als Schatzkanzler seit Ende Juni 1866 in einer konservativen Minderheitsregierung agierte. Die ursprüngliche Fassung hatte noch viele handwerkliche Fehler, doch die Regierung entschied sich für einen Sprung ins Dunkle. 938 000 Namen standen zusätzlich in den Wahlregistern, die Wählerschaft verdoppelte sich fast, viele Arbeiter konnten jetzt wählen. Auf dem Land änderte sich jedoch wenig. Disraeli – seit Februar 1868 nach dem krankheitsbedingten Rücktritt Derbys 'Premierminister' ohne Mehrheit – suchte die Zustimmung der Städte für seine Politik. Aber nach dem neuen Stimmrecht hieß der neue 'Premierminister' Ende des Jahres William Ewart Gladstone.

Das politische Parteiensystem hatte fast moderne Züge angenommen. Die Parteiführer zogen Massen an und repräsentierten politische Gedanken und Programme, die aussagekräftig waren und eine schnelle Parteinahme ermöglichten. Benjamin Disraeli hatte die konservative Partei zu einer schlagkräftigen Organisation entwickelt. Hinzu kam, dass Disraeli kein Mann des grauen Alltags war, bewusst und gern präsentierte er sich als auffallende Persönlichkeit, die mittlerweile auf eine lange Karriere zurückblicken konnte. William Ewart Gladstone und John Bright dagegen hatten Whigs und Liberale zu einer Partei geschmiedet. Bright war Baumwollproduzent, politisch versiert und kompromisslos gegen Krimkrieg und Südstaaten eingestellt. In der Öffentlichkeit galt er als ein Mann der Theorie, der nach allgemeinem Eindruck Gladstone nicht das Wasser reichen konnte. Doch gemeinsam gründeten sie eine liberale Partei, die eine Reform des Wahlrechts, die gerechtere Verteilung von Parlamentssitzen und anderes mehr vorsah. Gladstone konnte indes die Wählermassen nicht für sich einnehmen. Disraeli hatte eher ein Gespür für den Geist der Zeit und setzte fort, was Gladstone und Bright gedanklich auf den Weg gebracht hatten. Die Konservativen ernteten vielfach, was die Liberalen gesät hatten.

Für dieses Ergebnis waren nicht allein politische Programme entscheidend. Die Wähler erkannten die sehr unterschiedlichen Persönlichkeiten und wählten entsprechend. Gladstone dachte in moralischen Kategorien und engagierte sich für eine liberale Gesetzgebung. Disraeli dagegen warb für soziale Reformen und eine aktive Außenpolitik. In beiden Parteien veränderte sich die Wählerschaft. Sie erstarkte auf lokaler Ebene, die Krone verlor an Bedeutung, im Grunde war sie nur noch für den offiziellen Ausgang wichtig. Die Königin mochte Gladstone nicht, konnte sein Engagement allerdings nicht unterbinden. Die Öffentlichkeit blickte in dieser Zeit mehr auf die politischen Führer als auf die Königin. Sie lebte in Abgeschiedenheit, die Presse schreckte nicht davor zurück, sie zu kritisieren.

Von Anfang an war Gladstone erfolgreich. Er konnte 1869 eine „Entstaatlichungspolitik" umsetzen, die eine Trennung der Kirchen Großbritanniens vom Staat bewirkte (Irland: 1869, Schottland: 1874, Wales: 1920). Dabei überwand er den Protest des Oberhauses. Der Irish Land Act von 1870 ging auf sein Konto, William Forsters Education Act (1870) setzte ebenfalls eine Zäsur. 1871 legalisierte der Trade Union Act die Gewerkschaften und sicherte ihnen rechtlichen Schutz. Der Ballot Act von 1872 ermöglichte die geheime Wahl. Auf dem Programm standen weitere Reformen, die individuelle Freiheit groß schrieben und den staatlichen Eingriff reduzierten. 1871 begrüßten Oxford und Cambridge auch Dissenter. Natürlich stellten die Reformen nicht alle Wünsche zufrieden, doch sie prägten das Land und setzten neue Maßstäbe.

Vielen Wählern gingen die Reformen indes zu weit, der neue 'Premierminister' hieß Disraeli (20. 2. 1874). Er befürwortete soziale Gesetzgebung, und er kämpfte für den Employers and Workmen Act von 1875. „Masters" und „men" hatten nun gleiche Rechte. Der Trade Union Act von 1875 erlaubte den friedlichen Streik („peaceful picketing"). Der Public Health Act desselben Jahres schuf eine „public health authority". Es gab konkrete Pläne gegen die Slums, der Factory Act von 1878 begrenzte die Arbeit auf 56 Stunden in der Woche.

Für Gladstone war Gewalt kein Mittel der Politik, er vertraute der Aufklärung und glaubte an die Kraft der öffentlichen Meinung in Europa und England. Sein Ideal war Gerechtigkeit, nicht Macht. Das brachte es oft mit sich, dass er in der Öffentlichkeit als entscheidungsschwacher Mann dastand. Und dieser Eindruck war seinem Ruf nicht förderlich. Disraeli dagegen war eher ein Mann der Tat, risikofreudig, das britische Prestige im Blick. Der Imperialismus bot zu solcher Selbstdarstellung viele Möglichkeiten. Seine Rede im Crystal Palace im Juni 1872, der Kauf der Suez-Kanal-Aktien drei Jahre später und die Proklamation der Königin als Kaiserin von Indien („Empress of India", 1. 5. 1876) wiesen ihn als Politiker aus, der in der ganzen Welt britische Interessen verfolgte und überseeisches Engagement nicht als Belastung empfand. Gladstone dagegen geißelte Aggression und Unmenschlichkeit. So veröffentlichte er eine Aufsehen erregende Schrift über Gewalttätigkeiten, die sich die Türkei in diesen Jahren zuschulden kommen ließ. In Gladstones Augen war der Türke ein Despot, der keine europäische Unterstützung verdiente, in welcher Angelegenheit auch immer. Die „Middle-Eastern Crisis" von 1875–78 zeitigte große parlamentarische Debatten über Außenpolitik. Disraeli stellte sich Gladstone entgegen. Er hing imperialen und strategischen Gedanken an. Als Russland die Türkei im April 1877 angriff, waren die europäischen Politiker elektrisiert. Gladstone verlor Anhänger, Disraeli gewann Zustimmung. Als Einzelheiten des russisch-türkischen Vertrags von San Stefano publik wurden und klar war, dass die Türkei im Grunde alle russischen Forderungen erfüllt hatte, warfen sich Reservisten in ihre Uniformen. Indische Truppen hatten die Order erhalten, sich in Richtung Mittelmeer zu bewegen. Eine internationale Konferenz in Berlin im Juni/Juli 1878 legte den Konflikt bei und vermied eine größere Auseinandersetzung. Konstantinopel blieb von russischem Einfluss frei, Großbritannien gewann Zypern (1878: britische Verwaltung, 1914: Annexion, 1925: Kronkolonie). Doch nach diesen Ereignissen wendete sich in Großbritannien wieder das Blatt. Gladstone leitete den Wahlkampf in Schottland (24. 11.–7. 12. 1879) und kämpfte um die Stimmen im April 1880. Der Einsatz lohnte, mit einer Mehrheit von 137 Stimmen gewann der große Liberale. Über seinen großen politischen Rivalen schrieb sein Biograph Lord Blake: „Wäre Disraeli nur ein romantischer Verehrer von Englands Traditionen, Institutionen und geschichtlicher Größe gewesen, so hätte er einen leichteren Weg gehabt. Die eine Seele in seiner Brust war dieser Romantiker, die andere war ein leicht spöttischer Beobachter, der mit skeptischem Vergnügen eben die Bühne musterte, auf der er selbst

eine Hauptrolle spielt. Als Erzbischof Tait Endymion 'mit dem schmerzlichen Gefühl' zu
Ende las, 'dass der Verfasser das ganze politische Leben als ein bloßes Schau- und Glücks-
spiel betrachtet', traf er nur eine Halbwahrheit, die von vielen geteilt wurde. Disraelis innerer Pessimismus hinsichtlich der letzten Ziele der Politik bewog ihn oft, sich gerade dieser Art Sprache zu bedienen. Für ihn, mehr als für die meisten seiner Mitbürger, war die
Politik eingestandenermaßen 'das große Spiel'. Aber die Engländer – und das galt besonders für das Viktorianische Zeitalter – haben es lieber, dass der Staatsmann eine ernste
Persönlichkeit ist, welche die Last ihrer Verantwortung mit gewissenhaftem Bedauern und
gesetzter Gebärde auf sich nimmt. Wie Disraeli selbst schrieb: 'Das englische Volk, Nebeln
ausgesetzt und im Besitz eines starken Mittelstandes, braucht feierliche Staatsmänner.'
Deshalb wohl war er so oft in der Opposition und so selten an der Macht. Disraeli war ein
Staatsmann, aber nie ein feierlicher."[29] Er starb am 19. April 1881 in London.

Imperialismus

Niemand betrachtete Gladstone als einen durchschnittlichen Politiker. Er war in den
Augen vieler ein Mann, der Gesinnung groß schrieb und sich mit reiner Interessenpolitik
schwer tat. Das galt auch in einer Zeit, als sich der Nationalismus zum Imperialismus
steigerte und sich die europäische Expansion immer mehr von dem Kolonialismus der
vorangegangenen Jahrhunderte unterschied.[30] Gladstone war ein frommer Mann und
strebte danach, die Welt zu verändern, vor allem das Elend zu mildern. Nichts verurteilte
er mehr als Grundsatz- und Bedenkenlosigkeit. Diese Prinzipien haben ihm in seinem
politischen Leben häufig geholfen, weil sie ihn über die Klippen des Alltags hinwegsehen
ließen. Gladstone hatte ein Gespür für Konflikte, deshalb war er über die Abtrennung
Elsass-Lothringens von Frankreich nach dem Deutsch-Französischen Krieg nicht glücklich, stellten ihn die Resultate des Berliner Kongresses nicht zufrieden, weckten künstliche
Grenzen erst recht seinen Argwohn. Gladstone kämpfte für Irland und die Home Rule.
Und die Irland-Frage galt für viele als das imperialistische Beispiel schlechthin: „If you tell
your Empire in India, in Egypt and all over the world that you have not got the money,
the pluck, the inclination, and the backing to restore order in a country within twenty
miles of your own shore, you may as well begin to abandon the attempt to make British
rule prevail throughout the Empire at all"[31], Gedanken von Edward Carson, einem Ju-
risten und Politiker, besser bekannt als der „Uncrowned King of Ulster". Das war ein
Standpunkt, mit dem sich nordirische Protestanten und konservative „Unionists" identifizieren konnten.

Als die überseeische Ausdehnung gegen Ende des Jahrhunderts das Geschehen prägte
und eine außerordentliche Beschleunigung entwickelte, da weigerte sich Gladstone hartnäckig, dieser im Unterschied zur Vergangenheit zielbewussten imperialistischen Politik
die Hand zu reichen: „And so, gentlemen, I say, that while we are opposed to imperialism,
we are devoted to the Empire."[32] Er erkannte, dass das neue Ziel nicht allein wirtschaftliche Nutzung oder Besiedelung war, sondern nur ein Mittel, um einen Großmachtstatus

zu gewinnen oder zum Weltmachtstatus auszubauen.[33] Der neue (militante) Imperialismus, der sich nicht mehr nur auf Kolonisatoren und Kolonialgesellschaften stützte, speiste sich auch in England aus vielen Quellen: Die Zivilisation sollte verbreitet werden, religiöses Sendungsbewusstsein spielte eine Rolle, der Sozialdarwinismus – zuweilen mit sozialer Reformpolitik verknüpft – trieb Blüten, wirtschaftliche Motive hatten eine ungeheure Bedeutung, ausgedrückt in unzähligen Variationsformen. In seinen Reden dachte Gladstone nicht immer an Parlamentarier, welchen Formen des Imperialismus sie auch huldigen mochten, sondern häufig genug an das Volk, das sein eigentlicher Adressat war. Gladstone misstraute der Elite des Landes, die nach seiner Überzeugung korrupt war, und distanzierte sich von dem liberalen Imperialismus in England, der die eigene Überlegenheit und das überseeische Zusammengehörigkeitsgefühl besonders betonte. Er dachte an Bildung, an eine Verbesserung des Schulsystems, an eine Neuordnung des Staatsdienstes, der prinzipiell allen zugänglich sein sollte; ihm lag an einer Entstaatlichung der irisch-protestantischen Kirche, und er wollte den Gewerkschaften durch Gesetze Sicherheit verschaffen. All diese Ideen standen nicht in den Büchern von Charles Dilke – „Greater Britain" (1868) – oder von John Robert Seeley – „The Expansion of England" (1882).[34]

In Gladstones zweiter Amtszeit (1880–85/86) stand die Spaltung der Liberalen Partei am Horizont, Joseph Chamberlain – scharfsinnig und berechnend – war der anerkannte Führer der radikalen Gruppierung. Im Kabinett bildeten die Whigs zwar die Mehrheit, im Land war das allerdings nicht so. Das öffentliche Erscheinungsbild vertrieb viele aus der Partei. Das neue liberale und zugleich radikale Programm zog keine zusätzlichen Wähler an, im Gegenteil. Auch wenn Gladstone noch nicht ersetzbar war, so sonnte sich Chamberlain doch im Bewusstsein, dass man auf ihn nicht mehr verzichten konnte. In diese Zeit fielen die dritte Reform Bill (1884) und der Redistribution Act (1885). Auch Landarbeiter konnten jetzt wählen. Die Wählerschaft wurde gegenüber der Vergangenheit verdreifacht. Irland blieb ein brisantes Thema. Ein weiterer Härtetest kam, als die britischen Truppen den Buren bei Majuba Hill (27. 2. 1881) unterlagen. Gladstone verzichtete auf den Transvaal – und zog beachtliche Kritik auf sich. Die Besetzung Ägyptens (1882) geschah gegen seine Überzeugung. Der Sudan brachte ihn immer mehr in Gewissenskonflikte. 1885 kam es zur Rebellion, General Charles Gordon und seine Soldaten wurden in Khartum Opfer des Mahdi. Ein großer Teil des politischen Englands zog Gladstone dafür zur Verantwortung. Die sichere Handhabung einiger Dispute mit Russland über die Grenze zu Afghanistan brachte ihm wieder Respekt ein, die (parlamentarische) Niederlage seiner Regierung in der Finanzpolitik im Juni 1885 veranlasste Gladstone indes zum Rücktritt – ohne lange Ruhezeit: Im Februar 1886 übernahm er das Amt wieder. Dennoch: Gladstone wurde in gewisser Weise ein Opfer der Weltprobleme. Häufig waren die Engländer über seine Konzessionsbereitschaft verärgert, mancher Zeitgenosse warf ihm gar völlige Unkenntnis in internationalen Fragen vor. Im Grunde widersprach der Imperialismus seinen moralischen Überzeugungen zutiefst. Cecil Rhodes und Karl Pearson, zwei glühende Vertreter britischer Expansion, fanden bei Gladstone weiterhin kein Gehör.

Der britische Imperialismus trat nicht nur im Gewand einer neuen Machtstrategie auf. Er verband sich mit missionarischen Ideen, artikulierte den Glauben an die „Bürde des

weißen Mannes" und war von der Überzeugung durchdrungen, in alle dunklen Welt-
gegenden Licht bringen zu müssen. Die Vision eines britischen Weltfriedens regte die
Phantasie an, rief zu Entdeckungen auf und erzwang oft genug gewaltsame Lösungen.
Imperialismus war kein Schimpfwort, im Gegenteil, er suggerierte Tugenden. Industrielle
Weltwirtschaft und nationalstaatliche Macht gingen Hand in Hand, sie schufen ein neues
Lebensgefühl, das ein Wert für sich war. Die typischen englischen Imperialisten hielten
von dem Gedanken eines Commonwealth[35] wenig. Das Empire nahm Züge eines ord-
nungs- und sinnstiftenden Machtgebildes an. In diesen Jahren schrieb Bernard Bosanquet
ein viel gelesenes Buch: „The Philosophical Theory of State" (1890). Danach stand der
Staat dem Individuum absolut gegenüber. Erst gemeinschaftliche Leistungen stifteten
Werte auch für das Individuum. Gemeinschaft und Staat gaben dem Individuum erst
seinen Wert. Benjamin Kidd schrieb über die „Social Evolution" (1894) und wurde zum
Repräsentanten eines Neo-Darwinismus. Für die Weltmachtposition sei erforderlich, dass
sich das Individuum der Gesellschaft unterordne. Kidd verlangte bedingungslose Hingabe
und räumte der Nation das Recht auf Gewalt und Erfolg ein. Die Vernunft stellte er in den
Dienst seines Glaubens an eine religiöse und moralische Überlegenheit. Kidd warb für
die Überzeugung, dass die teutonischen Rassen den lateinischen überlegen seien. Auch
für Rudyard Kipling galt in der Welt das Recht des Stärkeren. Die Überlegenheit liege in
der Natur des britischen Empire, so erläuterte er. Dem Farbigen müsse man es ermöglichen, „menschenwürdig" zu leben. Die hier genannten Repräsentanten und ihre Anhänger glaubten an den Segen der Pax Britannica[36] für die beherrschten Völker. Für
Benthams Liberalismus gab es keinen Platz mehr. Der „Daily Chronicle" empfahl einen
Dreibund gegenüber Russland und Frankreich. Joseph Chamberlain verwarf den traditionellen Isolationismus und warb für eine Allianz zwischen Deutschland, England und
den USA. In der bekannten Leicester-Rede vom 30. November 1899 unterbreitete er
ein entsprechendes Angebot. Die machtpolitischen Repräsentanten des Imperialismus
waren Lord Curzon (Vizekönig von Indien: 1899–1905), Lord Cromer (Statthalter in
Ägypten: 1883–1907) und Lord Kitchener (Eroberer des Sudan: 1896–1898, und Sieger
über die Buren: 1900–1902). Sir Alfred Milner war der britische Hohe Kommissar in Südafrika.

Die Geschichte und Größe des britischen Empire bestimmte nachhaltig den englischen
Imperialismus. In Kanada, Australien und Neuseeland lebten meist (eingewanderte)
Weiße. Am Ende hatten sie es immerhin zu einer Art „self-government" gebracht. Doch
in vielen anderen, riesigen Territorien unterschieden sich die Bewohner in Sprache, Kultur und Religion von den Engländern. Die Expansion in den letzten fünfzehn Jahren offenbarte indes einige Widerspüche. Die wirtschaftliche Bedeutung überseeischer Territorien wurde groß geschrieben, für ihre Erschließung standen indes keine ausreichenden
Summen zur Verfügung. Finanzielle Aufwendungen waren nach wie vor nicht beliebt.
Doch das Instrument der alten Charter-Kompanien versagte in Zeiten des neuen Imperialismus. Erforderlich war direktes staatliches Engagement. Es gab viele Debatten über die
Rolle des Empire, begleitet von politischen Pamphleten und populärer Literatur. Alles in
allem kristallisierten sich zwei Themen heraus: Wie konnte das Empire angesichts neuer

Herausforderungen seine Machtposition behaupten? War es für die sich selbst regieren-
den Siedlerkolonien zumutbar, in einem föderativen Verband oder in einer Zollunion
dem gemeinsamen Wohl zu dienen? Und zweitens: Wie ließ sich die wirtschaftliche Erschließung mit dem Anspruch verbinden, das Niveau der Lebensverhältnisse der betroffenen Bevölkerung zu heben? In der Realität blieben diese Überlegungen Visionen. Wer gerade erst ein hohes Maß an Unabhängigkeit gewonnen hatte, mochte nicht sofort wieder
daran denken, sich einer Art „imperial parliament" anzuschließen. Entscheidend für den
britischen Imperialismus war, dass „politisch-strategische und finanziell-kommerzielle
Aspekte der nationalen Sicherheit" (Gustav Schmidt)[37] eine Allianz eingingen. Die Macht
Großbritanniens beruhte auf dem Überseehandel, der englischen Finanzkraft, der City als
Zentrum des Welthandels, der Flotte und den „invisible incomes", die sich aus dem Welt-
handel der Handelsflotte ergaben. Wer die britischen Handelswege bedrohte, musste mit
Krieg rechnen.

Der indische Besitz bereitete viele Schwierigkeiten. Die Schwächen der britischen Herrschaft in Indien wurden – je nach Perspektive – in der „Indischen Meuterei" bzw. der
„Großen Rebellion" (1857) deutlich.[38] Aus englischer Sicht verlangten die Ereignisse eine
Verschärfung bisheriger Einstellungen, vor allem aber eine Reorganisation der politischen
Struktur. Die Ostindische Kompanie musste sich verabschieden, Britisch-Indien wurde
direkt der Krone unterstellt. Eisenbahnbau und Industrialisierung veränderten die Verhältnisse. Lange war die britische Stellung in Indien auf der Verbindung mit dem Hindu-
ismus aufgebaut, es gab eine lockere anglo-indische Verständigung. Als „Kaiserin von Indien" aber trat Viktoria gewissermaßen in die Fußstapfen der Großmoghule. England
suchte damit Annäherung an den Islam. Eine neue gebildete Klasse trat auf, die nach Beschäftigung rief und den westlichen Liberalismus kennen gelernt hatte. Ihre Interessen
griff der Indische Nationalkongress der achtziger Jahre auf. Die Kluft zwischen Hindus
und Muslimen bestand weiter.

Gewaltige Probleme der Infrastruktur waren zu lösen, und bisweilen tauchte schon die
Frage auf, ob ein Volk ein anderes wirklich beherrschen dürfe. Ende des 19. Jahrhunderts
quälte diese Frage die Verantwortlichen aber noch nicht. Die britische Führungsschicht in
Indien hatte eine wirkungsvolle Verwaltung aufgebaut, sie bildete jedoch eine Gruppe für
sich, die mit der eigentlichen Bevölkerung wenig gemein hatte. Anlässlich der Eröffnung
des Suezkanals schrieb Walt Whitman das Gedicht „A Passage to India". Die Zeilen drückten eine optimistische Vision des Fortschritts aus. Nur wenige Jahrzehnte später – 1924 –
veröffentlichte Edward Morgan Forster einen Roman mit demselben Titel, der zu einem
Klassiker der englischen Literatur wurde und viele Detailkenntnisse der indischen Verhältnisse verriet. Zu Beginn des ersten Buches diskutieren der indische Arzt Dr. Aziz und
seine Freunde die Frage, „ob es möglich ist, mit einem Engländer befreundet zu sein". Am
Ende gibt der Roman eine Antwort: „Die zwei Nationen können noch nicht befreundet
sein [...]. Noch nicht." Aziz, seine Freunde und drei Engländer wollen die Kluft zwischen
westlich-britischer und indischer Art überbrücken, immer wieder jedoch fallen sie Miss-
verständnissen und Fehlinterpretationen zum Opfer. Der Roman nennt eine Ursache:
„Wir existieren nicht in uns selbst, sondern so, wie wir von anderen wahrgenommen wer-

den." Eigene Maßstäbe versperren den Blick für komplexe Seelenregungen des Autors. Forsters Sympathien liegen bei den Indern, seinen Landsleuten macht er den Vorwurf, mit geschultem Verstand, aber „ungeschultem Herzen" die Situation lösen zu wollen. Von diesen Gedanken war der Imperialismus indes noch weit entfernt. Indien war ein „first-class British national interest". Großbritannien identifizierte sich mit Indien mehr als mit irgendeinem anderen kolonialen Besitz. Auch nur der Schatten einer Gefahr für die Kron-kolonie wurde mit allergrößter Sorgfalt verfolgt. Die Expansion in Zentral- und Ostafrika resultierte zu einem erheblichen Teil aus der Absicht, die Besetzung Ägyptens und damit den Weg nach Indien zu sichern.

Afrika spielte im Viktorianischen Zeitalter zunächst nur eine untergeordnete Rolle. Daran änderten auch die Entdeckungen des schottischen Missionars und Forschers David Livingstone zunächst nichts. Er vergrößerte das Wissen über den Kontinent und betonte immer wieder die Fähigkeit der Menschen in Afrika, den Anschluss an die „modern world" zu finden. Die Zwillingszentren – „twin centres" – für Reichtum und Macht waren jedoch die Britischen Inseln und Indien. Von Afrika war noch lange keine Rede. Kaufleute und Kolonisten hatten immer einen Weg um den Kontinent herum gesucht, sein Inneres hatte sie wenig angezogen. Ein klassisches Beispiel dafür ist Sansibar, das lange nur als Außenposten von *Indien* gesehen wurde. Britische Politiker sahen in Afrika wenig loh-nenswerte Ziele. Der britische Handel suchte sich vielversprechendere Regionen. 1869 er-hielt Ägypten mit der Eröffnung des Suez-Kanals eine besondere Bedeutung, aber nicht als afrikanisches Land, sondern als „second lifeline" nach Indien. Bis weit in die siebziger Jahre hinein scheuten sich britische Politiker, das Tor zu Afrika offiziell aufzustoßen und Verantwortung zu übernehmen. Bisher hatten englische Privatunternehmen die Kosten der Erschließung getragen. Und es bildeten sich neue Gesellschaften, die Royal Niger Company (1886), die British East Africa Company (1888) und die British South Africa Company (1889). Die Imperial Federation League – 1884 gegründet – warb für ein erd-umfassendes Empire. Rhodes war einer ihrer stärksten Propagandisten. Erst in den neun-ziger Jahren nahm die imperialistische Politik vorausschauende, planende Züge an. Die komplexen Gründe für den Meinungswandel waren schon unter Zeitgenossen umstritten. Gegen alle Vernunft, so räsonierte Lord Salisbury, ergriffen die Menschen von Afrika Be-sitz und steckten „claims" ab. Doch die Hauptströme des britischen Handels mieden nach wie vor den direkten Weg durch das tropische Afrika. Amerika, Australien, Asien, Indien und China regten die Phantasie der Geschäftsleute an, nicht aber Visionen über Afrika.

In der Vergangenheit hatte Großbritannien viele wichtige Knotenpunkte besetzt. Dazu gehörten vor allem Gibraltar (1704/13), Singapur (1819/1824/1867) und das Kap der Guten Hoffnung (1806/1814). Allgemeine Veränderungen in der Weltpolitik stießen auf Argwohn. Die USA, Japan und das Deutsche Reich waren keine gern gesehenen Rivalen. Auch Frankreich und Russland verfolgten hartnäckig ihre Interessen. Der Protektio-nismus in vielen Staaten schadete dem britischen Handel. Die bisherigen politischen Stra-tegien wurden fragwürdig. Lord Rosebery forderte in dieser Situation eine neue Politik – „to peg out claims for posterity"[39]. Joseph Chamberlain, Kolonialminister und Führer der Liberal Unionists, folgte diesem Credo und forderte den Erwerb neuer Territorien. Anfänglich tat sich die englische Regierung schwer damit, die imperialistische Politik offensiv zu vertreten, wie es in den Nachbarländern üblich war. Gleichwohl intervenierte sie oft genug, wenn es darum ging, Rivalen das Wasser abzugraben. Insgesamt ergab sich eine stattliche Liste: Ägypten und Burma (1882/85), Südost-Neuginea/Somaliland (1884), Betchuanaland (1885), Oberburma/Kenia (1886), Rhodesien (1889), Sansibar (1890), Njassaland (1891), Uganda (1894), Waihaiwei (1898), Sudan (1899), Protektorat Nigeria (1900), Burenrepubliken (1902), Südafrikanische Union (1910) – eine unvollständige Aufzählung. All diese Territorien waren auf Landkarten britisch eingefärbt. Die Annexion Ugandas war ein Markstein in der Entwicklung des britischen Imperialismus. Die Regierung entschied sich im Sinne Roseberys und anderer dafür, wirtschaftlich oder strategisch bedeutsame Territorien zu erwerben. Der obere Nil fesselte die Aufmerksamkeit. Sir Edward Grey erhob 1895 den Sudan zur Interessensphäre und wies jedweden ausländischen Einspruch von vornherein als aggressives Verhalten zurück. Als am 10. Juli 1898 der Franzose Jean-Baptiste Marchand in Faschoda die Trikolore hisste, verweigerte die britische Regierung jede Anerkennung und setzte Lord Kitchener in Marsch, um ein britisch-ägyptisches Kondominium im Sudan zu errichten. Ein Krieg zwischen beiden Ländern rückte in greifbare Nähe, bis Frankreich nach fünf Wochen den Rückzug antrat.[40] Empfahl sich die „Splendid Isolation" auch für die Zukunft? Waren Bundesgenossen nicht doch von Wert?[41]

Der Imperialismus schuf eigene Richtlinien. Das Empire und Indien brachten viele britische Politiker und Militärs dazu, die Ausdehnung anderer europäischer Staaten im Bereich des eigenen Einflussgebietes mit Misstrauen zu verfolgen. Dabei ging es nicht immer nur um den konkreten territorialen Besitz, der zum Einsatz nötigte. Oft zwangen die „men on the spot" die Entscheidungsträger in der britischen Metropole, zusätzliche Aufgaben und Verantwortlichkeiten zu schultern. Die Royal Niger Company im westlichen Afrika oder die Imperial British East Africa Company im östlichen Afrika riefen nach staatlicher Unterstützung; in der Regel dann, wenn Kriege mit einheimischen Stämmen drohten. Nicht selten waren „men on the spot" dabei erfolgreich, die Öffentlichkeit in England in Nachdenklichkeit zu stürzen, und diese wiederum veranlasste die Politiker, das Heft in die Hand zu nehmen. Viele Gründe veranlassten die Briten, ihr Empire in der Phase von 1880 bis 1905 zu erweitern: „Nationalistische Strömungen, in Verbindung mit expansiven Tendenzen, die ihren Ursprung jeweils in bestimmten wirtschaftlichen Konstellationen gehabt haben, nicht aber ökonomische Notwendigkeit als solche, gaben dem britischen Imperialismus vor 1914 sein Gesicht."[42] Nach vorsichtigen Schätzungen lebten in den britischen Kolonien 345 Millionen Menschen, in Großbritannien dagegen nur 40 Millionen. Am Ende des 19. Jahrhunderts war der Imperialismus in England eine populäre Bewegung. Ein Grund war auch die Konkurrenz mit anderen Staaten zu einer Zeit, als die industrielle Entwicklung bisweilen stockte. Das Deutsche Reich und die USA waren jetzt mächtige Konkurrenten, die sich nicht ignorieren ließen. Die wirtschaftliche Konkurrenz zwischen Großbritannien und Deutschland beherrschte zeitweilig die Schlagzeilen. Viele konnten sich des Eindrucks nicht erwehren, dass Großbritannien von seinen Nachbarn provoziert werde. Diese Konkurrenz bestand nicht nur in Afrika, son-

dern auch in anderen Regionen der Welt. Die britische Vorherrschaft in China gehörte
der Vergangenheit an, Japan hatte sich hier in den Vordergrund geschoben. Der japanische Sieg über China (1895) setzte die europäischen Großmächte in Alarmbereitschaft,
die wirtschaftliche und militärische Leistungskraft dieses Landes durfte nicht mehr unter-
schätzt werden. Frankreich, Deutschland und Russland meldeten in der Welt Ansprüche
an. Großbritanniens traditionelle Monopolstellung war nicht mehr gesichert, sie wurde
vor allem durch Russland herausgefordert. Und diese Herausforderung erstreckte sich
nicht nur – schlimm genug – auf Indien, sondern auch auf den Norden Chinas. Das „Dia-
mond Jubilee" von 1897 drückte noch eine gewisse Selbstzufriedenheit aus, die britischen
Interessen schienen nicht substantiell gefährdet. Diese Bewertung jedoch war nicht von
langer Dauer.

In den Jahren 1887 und 1897 feierte Viktoria noch viel beachtete Jubiläen, in den Jahren 1896 bis 1902 jedoch konzentrierte sich das öffentliche Interesse am Empire eher auf
allgemeine und militärische Konflikte. Großbritannien kämpfte gegen die Buren in Südafrika, die Konvention von Pretoria aus dem Jahr 1881 und die Londoner Konvention von
1884 hatten das Verhältnis zu Transvaal nicht präzise definiert, Goldfunde bei Johannes-
burg spitzten das Problem 1886 wieder zu.[43] Das komplexe Verhältnis zwischen Briten
und Buren in Südafrika gewann an zusätzlicher Schärfe, insbesondere nach dem „Jame-
son raid", einem Einfall in den Transvaal am 29. Dezember 1895, und den Goldfunden in
Witwatersrand. Der Präsident des Transvaal, Paul Krüger, belegte Goldsucher mit Steuern, ohne ihnen Bürgerrechte zu gewähren. Großbritannien bestand indes auf dem
Schutz der „Uitlanders", weil es um die Solidarität zwischen den Dominien und dem
Mutterland fürchtete. Am 27. September 1899 ergriff der Oranje-Freistaat die Partei
Transvaals, die Buren präsentierten ein scharfes Ultimatum, die britische Öffentlichkeit
wurde aggressiver. Am 11. Oktober 1899 begannen die Kriegshandlungen. Am Anfang
sahen sich die Buren im Vorteil, die britische Überlegenheit in der Ausrüstung kam erst
im Frühjahr 1900 zum Tragen. Im Juni zogen britische Truppen in Pretoria ein, Krüger
setzte sich nach Europa ab. Dort suchte er den Kontakt mit vielen Regierungen, die ihn
zum Teil moralisch unterstützten. Die Buren suchten vergeblich ihr Heil in der Guerilla-
taktik, der Krieg kam im Mai 1902 zu einem Ende. Für die Briten wurde er zu einem der
kostspieligsten Konflikte und Siege des 19. Jahrhunderts. Ungefähr 450 000 britische Soldaten waren in der einen oder anderen Form am Krieg beteiligt, 22 000 Tote zu beklagen.
Wie der Krimkrieg offenbarte auch der Konflikt in Südafrika ein Missmanagement in der
militärischen Planung und Effizienz. Das Kriegsministerium wurde zum Gegenstand des
Spotts. Rufe nach Reformen wurden laut, die Militärs hatten nur wenig Grund, auf ihren
Sieg stolz zu sein. Der Burenkrieg verlieh der britischen Politik ein neues Gesicht: Er bedeutete noch keine Abkehr vom Imperialismus, aber er bremste ihn und bereitete den
Weg zur Idee des Commonwealth. Die britische „Splendid Isolation" ging ihrem Ende
entgegen. Verständigungspolitik schien das Gebot der Stunde.

In den neunziger Jahren standen vor allem Großbritannien und Frankreich in Afrika
miteinander in Konkurrenz, die Auseinandersetzungen zwischen Großbritannien und
Russland ereigneten sich im Fernen Osten. London und Paris waren 1898 nicht weit von

einer militärischen Auseinandersetzung in Übersee entfernt, als sich eine Einigung über den Besitz des „Upper Nile" partout nicht einstellen wollte. Der englisch-russische Gegensatz war ein roter Faden in den bilateralen Beziehungen, und dies seit den dreißiger Jahren. Er wurde durch die Perspektive intensiviert, dass China ein Gegenstand europäischer Interessen wurde. Dabei stimmten die imperialen Wünsche und Abkommen nicht immer mit den europäischen Bündnissen überein. Die Franzosen strebten teilweise nach russischer Hilfe in Afrika – gegen England, sie gingen eine Allianz mit dem Deutschen Reich in China ein, wieder um Englands Einfluss zu reduzieren. Der Boxeraufstand des Jahres 1901 führte zu einem allgemeinen Schulterschluss der europäischen Mächte und Japans, ungeachtet der europäischen Bündniskonstellationen. Nach der Jahrhundertwende indes verloren die kolonialen Interessen und Rivalitäten an Schärfe und Bedeutung. 1902 kam es zu einem britisch-japanischen Flottenbündnis, 1904 ging England ein Bündnis mit Frankreich ein. Beide Länder einigten sich in der Entente cordiale über ihre Interessen in West- und Zentralafrika, Neufundland, Siam, Madagaskar, Ägypten, Marokko und auf den Neuen Hebriden. Ihr Konsens war Gesetz. Die Entente blieb kein koloniales Übereinkommen, sie wirkte sich auch auf die europäischen Konflikte aus. 1907 folgte eine weitgehende Einigung mit Russland über Persien, Afghanistan und Tibet. An dieser allgemeinen Entwicklung hatten die deutsche Flotte und die vage „deutsche Weltpolitik" erheblichen Anteil.[44] Von britischer Bündnisfreiheit war jetzt keine Rede mehr. In diese Umbruchzeit fiel der Tod der britischen Königin.

Viktoria war Königin des Vereinigten Königreichs von Großbritannien und Irland von 1837 bis 1901. 1876 wurde sie zusätzlich „Empress of India". Während ihrer Regierungszeit veränderte sich der Charakter der Monarchie wesentlich. Als Viktoria zehn Jahre alt war, erfuhr sie zum ersten Mal von ihrer zukünftigen Rolle. Schon früh legte sie eine Kombination von Ernsthaftigkeit und Egozentrik an den Tag, die sie zeitlebens beherrschte. Mit vielen viktorianischen Werten tat sie sich schwer. So fühlte sich die Königin immer unwohl in der Gegenwart von Kindern – und dies in einer Gesellschaft, die die Rolle der Mutter und der Familie idealisierte. Die soziale Frage ging ihr nicht zu Herzen, obwohl das 19. Jahrhundert an Reformen nicht arm war. Dem technologischen Wandel vermochte sie nur wenig abzugewinnen. Am wichtigsten war ihre Entschlossenheit, die Macht zu bewahren. Gleichwohl wurde sie Zeuge einer unaufhaltsamen Veränderung der Monarchie, die sich unter ihrer Regentschaft von einer politischen zu einer mehr zeremoniellen wandelte. Als Viktoria den Thron bestieg, war das politische Schicksal der Krone keineswegs geklärt. Als sie starb, hatte niemand mehr Zweifel am Fortbestand der Monarchie. Zeitlebens hielt sich die Königin fern von bedeutenden politischen, sozialen oder intellektuellen Zirkeln ihrer Zeit. Vor allem versöhnte sie sich nie mit dem Gedanken und dem Fortschritt der Demokratie, und den Gedanken des Frauenwahlrechts hätte sie am liebsten verbannt. Sie nahm Anteil am Schicksal des einzelnen Arbeiters, aber für die Arbeiterklasse insgesamt zeigte sie wenig Interesse. Nach dem Tod von Prinzgemahl Albert verschloss sie sich gegenüber allen künstlerischen und geistigen Neuerungen. Industrielle Neuerungen prägten ihre Regentschaft, aber sie wurden von der Königin nicht begrüßt – obwohl sie auf vielen Fahrten nach Osborne und Balmoral davon profitierte. Worin bestand ihre Lebensleistung? Die Fachleute verweisen vor allem auf ihren hartnäckigen Kampf gegen die „demokratische Monarchie". Aber trotz ihrer Ablehnung hat sie vermutlich sehr viel zum Überleben gerade dieser Form der Monarchie beigetragen. Ihre lange Herrschaft schuf Legenden, die von der Bevölkerung geglaubt wurden – unabhängig davon, ob die Königin diesen Vorstellungen nun tatsächlich entsprach. Als sie am 22. Januar 1901 starb, fasste der Schriftsteller Henry James die weit verbreitete Betroffenheit mit den Worten zusammen: „We all feel a bit motherless today, mysterious little Victoria is dead and fat vulgar Edward is King."[45] Wie immer ihr Charakter im Einzelnen bewertet werden mag, die Forscher sind sich in dem Wissen einig, dass ihre Herrschaft, die längste in der englischen Geschichte, der Krone Würde und Popularität verlieh. Pflichtgefühl, Ehrlichkeit, Einfachheit, das waren Eigenschaften, die auch fern vom politischen Alltag ihren Charakter und die englische Monarchie prägten.

Mit der Jahrhundertwende nahm der Imperialismus langsam ein neues Gesicht an. Auf den Schreibtischen in Whitehall türmten sich die Probleme, viele Politiker, die den Stift für Lösungen spitzten, standen unter dem Eindruck, dass man sich in den meisten Bereichen nur noch verteidigen könne. Mehr denn je wurde in diesen Jahren allerdings auch klar, dass die eigenen Mittel zur Verteidigung begrenzt waren. War das Empire den Anforderungen der Zeit noch gewachsen? Die Konkurrenten erschwerten die Herrschaft, immer mehr Kriege belasteten Wirtschaft und Regierung, die ökonomische Suprematie gehörte der Vergangenheit an. Der Burenkrieg hatte bis dahin unvorstellbare Summen gekostet und darüber hinaus die engen Grenzen aufgezeigt, innerhalb deren man sich bewegen konnte. Denkschriften beschäftigten sich mit der Frage, ob die Methoden der englischen Herrschaft noch angemessen waren. Vielleicht konnten andere Organisationsformen die Vorherrschaft eher sichern. Joseph Chamberlain gab eine Antwort. Er zeichnete das Bild einer „imperial federation", die das Empire zu einer Freihandelszone machen sollte. Doch seine Vorschläge stießen sich an der Wirklichkeit. Australien und Kanada dachten überhaupt nicht daran, ihre zäh erworbene Freiheit wieder aufzugeben. Außerdem glaubten sie nicht zu Unrecht, dass die „Federation" erhebliche Kosten aufwerfen würde. Das Empire war hin- und hergerissen. Auf der einen Seite stand der Wunsch nach Stärkung, auf der anderen Seite die Abhängigkeit vom Weltmarkt. Die internen wirtschaftlichen Bande waren wichtig, aber sie waren nur ein Mosaikstein des erfolgreichen britischen Handelsimperiums.

1907 fanden sich Briten und Russen zu einem übergreifenden Abkommen über Persien bereit. Die alten imperialen Rivalitäten lösten sich damit nicht auf, zu Beginn des zwanzigsten Jahrhunderts erhielten sie aber eine neue Qualität. Trotz der Entente cordiale zwischen Großbritannien und Frankreich gab es auch in deren bilateralen Beziehungen eine Reihe an kolonialen Divergenzen, die auf lange Sicht behoben werden mussten. In den Hauptstädten hatte sich der Eindruck zementiert, dass die alten Uneinigkeiten beendet werden mussten, um sich gemeinsam neuen Gefahren zu stellen, und zu diesen gehörte das Deutsche Reich. Das russisch-britische Abkommen hatte zunächst für Entspannung gesorgt, doch es blieben Zweifel, ob die Einigung belastbar war und die Konflikte der Vergangenheit tatsächlich wegschloss. Falls Russland sich dazu entschließen sollte, die Riva-

lität wieder aufzunehmen, dann, so die Befürchtung in London, würden an das britische
Potential beachtliche Herausforderungen gestellt. Doch gab es eine Alternative zu diesem
Abkommen? Allzu großer Pessimismus, so war von manchem Politiker zu hören, führe
nicht weiter. Als 1914 der Krieg ausbrach, waren es denn auch keine (überseeischen) imperialistischen Motive, die ihn erklärten, auch wenn sie im Verlauf der vergangenen Jahrzehnte maßgeblich für Konfliktpotential gesorgt hatten.

Neben den internationalen Konflikten besaß auch die irische Frage für Großbritannien
in den letzten Jahren vor dem Ersten Weltkrieg eine große Bedeutung. Die existentiellen
Gefahren ergaben sich indes aus den internationalen Kontroversen. Die Deutschen waren
mit dem Verlauf der Marokko-Krise nicht zufrieden, der Kaiser und die Anhänger der
Flottenrüstung mochten ihre Ziele, vor allem die Weltpolitik, nicht aufgeben. In Frankreich fanden die Militärs immer mehr Gehör. Das Bündnis mit Russland war fest gefügt.
Russland hatte sich nach seinen Niederlagen wieder erholt. Die Revolution von 1905 war
verkraftet. Die wirtschaftliche Leistungskraft des Landes nahm zu. Militärisch war es
immer mehr zu beachten. Elsass-Lothringen und Marokko waren in französischen Augen
allein kein Anlass für eine Kriegserklärung. Doch sollte es einmal zum Krieg kommen,
dann würden diese Territorien große Bedeutung besitzen. Würde Russland Frankreich im
Falle eines Konfliktes mit dem Deutschen Reich unterstützen? Die deutsche Flottenrüstung allein war wiederum für die Briten kein Anlass, einen Krieg zu erklären. Außerdem hatte die Navy einen Modernisierungsprozess durchlaufen, der ihre Überlegenheit
gegenüber den deutschen Schiffen wieder herstellte.

Aus britischer Sicht liefen die Ereignisse nicht notwendigerweise auf einen Krieg
hinaus. Sicher, die Liberalen waren empört darüber, dass die Russen in das nördliche Persien eingedrungen waren. Das Bündnis aus dem Jahr 1907 schien damit torpediert. Doch
die deutsch-englischen Verhandlungen über die portugiesischen Kolonien[46] boten vielleicht die Möglichkeit, das Verhältnis noch weiter zu bessern. Die Bagdadbahn bot reich-
lichen Gesprächsstoff in den Beziehungen. Keinen Manövrierraum gab es hingegen in der
Flottenrüstung – der britischen Achillesferse. Richard B. Haldane, Kriegsminister in Asquiths erstem Kabinett, kehrte von seinen Unterredungen mit einem Koffer voller Enttäuschung zurück. Die Deutschen boten lediglich eine Verlangsamung an, wenn England
Neutralität im Falle eines französisch-deutschen Konflikts zusicherte. Die Briten begann-
en nun, ihre „home waters“ zu sichern, immer mehr Schiffe kehrten aus dem Mittel-
meerraum nach England zurück. 'Premierminister' Asquith erklärte, dass sich England
nach wie vor an den „Two-Power Standard“ gebunden fühle: Die englische Flotte solle
immer so stark sein wie die Summe der Schiffe der beiden nachfolgenden Seemächte. Das
schwache ottomanische Reich war nicht stabilisiert. In Wien war die Befürchtung groß,
dass im Falle einer Teilung auch das Reich der Habsburger zerbrechen könnte. Würden
die Russen von einer Unterstützung der Serben absehen? Konnte Deutschland die öster-
reichisch-ungarische Monarchie sich selbst überlassen? Wie würde Frankreich reagieren,
wenn Russland von Deutschland angegriffen würde?

Die Aufmerksamkeit der britischen Öffentlichkeit war indes durch die irische Krise ge-
bannt und nicht durch Konflikte auf dem Balkan. Noch im Dezember 1913 hatte die eng-

lische Regierung sichergestellt, dass keine Waffen und Munition nach Irland importiert würden. Nach Ansicht vieler Briten kam der Erste Weltkrieg „out of the blue". Die Beziehungen zu Deutschland hatten sich gebessert, Radikale wünschten sich ein Ende der Bündnisse und die Einheit der westlichen zivilisierten Welt gegen Russland. Der britische Außenminister Sir Edward Grey wiederum sah die Bündnisse als eine „success story", die den Frieden gesichert hatte. Im April 1914 begab er sich mit Georg V. nach Paris. Dort ließ er sich nicht das Versprechen britischer Unterstützung abringen, falls Russland das Ziel deutscher Aggression sein würde. Die englische Zurückhaltung nährte in Paris Zweifel: Wie verlässlich waren die Briten?

Die letzten Friedensjahre

Große Hoffnungen und Befürchtungen leiteten das zwanzigste Jahrhundert ein. Die Menschen blickten einer neuen Epoche entgegen. In dieser Zeit schrieb Herbert George Wells utopische Romane, bekannt wurden seine „Anticipations of the Reaction of Mechanical and Scientific Progress upon Human Life and Thought" (1901) und „A Modern Utopia" (1905). Beide Werke trafen den Nerv der Zeit, sie drückten den weit verbreiteten Glauben aus, dass die neuen Techniken und Technologien der Welt ein neues Gesicht geben würden. Wells galt als Sprecher eines liberalen Optimismus. Allerdings mussten für diesen Glauben auch viele Opfer erbracht werden. Der Tod Viktorias bedeutete das Ende einer Ära, gleichzeitig leitete er eine weniger zurückhaltende, ungehemmtere Phase ein.

Eduard VII. bestieg mit 59 Jahren 1901 den Thron. Das Verhältnis zu seiner Mutter war nie besonders gut gewesen. Sein Leben hatte sich bisher in völlig anderen Bahnen bewegt. Seit 1863 war er mit der dänischen Prinzessin Alexandra verheiratet. Eduard hatte schon früh repräsentative Aufgaben übernommen. Man sah ihn häufig im Ausland, er war bei Empfängen für ausländische Staatsoberhäupter zugegen. Indirekt und informell hatte er an der Entstehung der Entente cordiale und des Petersburger Vertrags (1907) mitgewirkt. Eduard übte sonst aber strikte Zurückhaltung gegenüber Regierungsgeschäften. Als Prinz hing ihm der Ruf eines Lebemannes an, als König belebte er die glanzvolle Selbstdarstellung der Monarchie neu. Auch Eduard gab der Zeit einen Namen, ihre Attribute waren häufig „prunkvoll", „prahlerisch", „vulgär" und „schrill, kreischend". Dennoch schuf er nicht etwas völlig Neues. Das letzte Jahrzehnt des 19. Jahrhunderts teilte viel mit dem ersten des zwanzigsten.

Im Dezember 1905 stellten die Liberalen wieder die Regierung, nachdem der Konservative Arthur James Balfour sein Amt niedergelegt hatte. Nach dem südafrikanischen Krieg hatten sie an Geschlossenheit gewonnen, die Konservativen dagegen rückten immer weiter auseinander. 1906 gewannen die Liberalen unter Führung von Sir Henry Campbell-Bannerman die Wahlen. Sie verfügten über eine Mehrheit von 84 Sitzen. Das neue Kabinett bestand aus radikalen und liberalen Imperialisten, Mitglied war aber auch John Elliot Burns, das erste Kabinettsmitglied aus der „working class". Das House of Lords erstickte in dieser Zeit viele Gesetzesinitiativen. Das galt indes nicht für den Trades Disputes Act von 1906, der den Gewerkschaften beträchtliche Freiheiten für den Fall eines Streiks einräumte. Campbell-Bannerman war es, der am 14. Juni 1901 die „methods of barbarism in South Africa" verurteilt hatte und 1906 dem Transvaal, 1907 der Orange River Colony (vor 1900: Orange Free State) die „self-government" ermöglichte – mit der Folge, dass die Buren in der Zukunft loyal zum Empire standen. 1908 übernahm Herbert Henry Asquith für fast neun Jahre (1908–16) Campbell-Bannermans Amt, der siebzehn Tage nach seinem Rücktritt starb.

1909 machte es sich Schatzmeister Lloyd George zur Aufgabe, mit Geld gegen die Armut in den Kampf zu ziehen. Das neue Budget – das „People's Budget" – rief bei den Konservativen indes beachtlichen Protest hervor, auch außerhalb des Parlaments. Im Januar 1910 konnten sich die Liberalen nur noch auf eine geringe Mehrheit stützen. Im Mai 1910 starb König Eduard, ihm folgte der politisch unerfahrene Georg V. 1911 kam es zur Verabschiedung des Parliament Act mit dem Inhalt, dass „money bills" auch ohne Zustimmung der Lords Gesetze werden konnten, wenn das Unterhaus sie beschlossen hatte und die Bill dreimal innerhalb von zwei Jahren im Oberhaus zurückgewiesen worden war. Diese „Entmachtung" löste bei den Lords bittere Gefühle aus. Sie hatten in der Vergangenheit den Etat abgelehnt und damit die langjährige politische Praxis bewusst ignoriert, die es verbot, sich in Fragen des Budgets einzumischen. Die Liberalen hielten sich an der Macht, doch sie mussten ihre Position gegen extreme Gruppierungen verteidigen. Angeregt durch einen Besuch in Deutschland (1908) hatte Lloyd George Bismarcks Versicherungswesen studiert. Er brachte nun auch in Großbritannien eine bedeutende Gesetzgebung auf den Weg, den National Insurance Act von 1911. Wer weniger als 160 Pfund im Jahr verdiente, musste eine Versicherung für Krankenfürsorge und Arbeitslosenunterstützung abschließen. Von den Ärzten wurde der Act indes nicht ohne Murren hingenommen. Auch die Arbeiter hielten sich mit Zustimmung zurück und misstrauten dem Slogan „ninepence for fourpence": Danach sollte die eine Seite – der Arbeiter – 4/9, die andere Seite – Arbeitgeber und Staat – 5/9 des Beitrags zahlen. Streikwellen erschütterten das Land. Im Juni 1914 bildete sich eine „triple alliance" aus Transportarbeitern, Bergwerksarbeitern und Eisenbahnern, um der Arbeiterschaft insgesamt Solidarität zu signalisieren. Das war nicht die einzige Krise. Suffragetten forderten Frauenrechte und schreckten auch vor militanten Aktionen nicht zurück, die sie mit dem Gesetz in Konflikt brachten.[47] Das Jahr 1903 wurde Zeuge der Gründung der „Women's Social and Political Union", sie forderte zu illegalen Aktionen auf, Gewalt und Gift inbegriffen. Polizei und Gerichte griffen hart ein, Gefängnisstrafen waren häufig die Folge.

Die Vorkriegsjahre wiesen eine beachtliche Zahl innen- und außenpolitischer Konflikte auf. Daran waren die Zeitgenossen gewöhnt. Was überraschte, war die Richtung, aus der sich die europäische Krise im Sommer 1914 entwickelte. In Herbert George Wells' Roman „Mr Britling Sees It Through" (1916) steht der Protagonist für all diejenigen, die eine Auseinandersetzung mit Irland fürchteten, weniger mit Deutschland – sie waren „mightily concerned about the conflict in Ireland, and almost deliberately negligent of the possibility of a war with Germany". Sarajevo erschien urplötzlich als ein neuer Ort auf der politischen Landkarte, in dem der österreichische Erzherzog und Thronfolger Franz Ferdinand ermordet worden war. Das Ereignis zwang zu einer unangenehmen Entscheidung, die den drohenden Bürgerkrieg in Irland in den Hintergrund drängte: Sollte Großbritannien Frankreich (und Russland) gegen die Mittelmächte (Deutsches Reich und Österreich-Ungarn) verteidigen? Zwei Bündnisse standen sich gegenüber: der Dreibund – Deutsches Reich, Österreich, Italien – und die „Triple Entente" – Frankreich, Russland, Großbritannien. Beide Bündnisse stützten sich auf ein ungeheures militärisches Potential und auf eine halb- oder uninformierte Öffentlichkeit. War Großbritannien keine festen Verpflichtungen eingegangen? Es gab das Bündnis mit Frankreich, Gespräche zwischen Militärs beider Länder hatten stattgefunden, zwischen den Flotten bestanden Verabredungen, im Grunde quasi-militärische Übereinkommen. Der verantwortliche Leiter der britischen Außenpolitik war Sir Edward Grey. Von Dezember 1905 bis Dezember 1916 stand er an der Spitze des Foreign Office. Grey hatte sich anfänglich um die Öffentlichkeit wenig Sorgen gemacht. Der Außenminister informierte selbst das Kabinett nicht immer ausreichend. In der Marokko-Krise deutete er an, dass Großbritannien Frankreich gegen Deutschland verteidigen werde. Ähnliches erklärte er im November 1912 gegenüber dem französischen Botschafter Paul Cambon. Seine Annäherung an Frankreich und Russland hatte die Kritik derjenigen hervorgerufen, die den Ausgleich mit dem Deutschen Reich wünschten. Die Haldane-Mission, das Projekt der Bagdadbahn und die deutsch-britischen Verhandlungen über die portugiesischen Kolonien hatten die Verständigung mit Deutschland aber nicht erreicht. Als ‚Premierminister' Asquith dem House of Commons mitteilte, dass Großbritannien in keiner Weise gebunden sei, schwieg der Außenminister. Klar war: Frankreich und Russland rechneten mit britischer Unterstützung, und sie traten Deutschland gegenüber, als hätte Grey sie unmissverständlich versprochen. In den letzten Tagen des Friedens konnte Grey weder öffentlich Hilfe für Frankreich und Russland signalisieren, da in dieser Frage im Kabinett ein Dissens bestand, noch strenge Neutralität ausrufen, was den Abkommen mit Russland von 1907 und 1911 und dem Flottenabkommen von 1912 mit Frankreich widersprochen hätte. Die Wurzeln der „Urkatastrophe" Europas (James Joll) im 20. Jahrhundert reichten weit vor die Jahrhundertwende zurück, sie erhielten zwischen 1902 und 1914 allerdings immer wieder neue Nahrung.

Die Meinung im britischen Kabinett war geteilt. Großbritannien hatte sich in der Vorzeit verpflichtet, Belgiens Unabhängigkeit zu garantieren. Lloyd George sprach von den „little 5-foot-5 nations" – darunter Serbien und Belgien – und davon, wie viel die Welt ihnen verdanke. Churchill benutzte in dieser Situation die Formulierung „business as usual", und Asquith schloss sich dem Gedanken an. Seine Vorstellung eines Krieges trug traditionelle Züge. Seit Jahrhunderten bestand Großbritanniens Rolle bei kontinentalen Kriegen darin, den eigentlichen Kampf den Armeen der Verbündeten zu überlassen, um selbst als „paymaster" zu agieren. Entscheidend war dafür die Bewahrung der ökonomischen und finanziellen Ressourcen.

Am Abend des 29. Juli 1914 – nach der schnellen Kriegserklärung Österreichs an Serbien (28. Juli) – hatten militärische Planungen in Europa eine beträchtliche Eigendynamik entwickelt. Die französischen Generalstäbe glaubten sich nicht unterlegen, die eng-

lische Flotte war zu Auseinandersetzungen bereit. Bereits am 27. Juli war in englischen
Zeitungen zu lesen: „An die in Portland vereinigten Streitkräfte ist der Befehl ergangen,
einstweilen keinen Manöverurlaub zu erteilen. Alle Schiffe der 2. Flotte bleiben in ihren
Heimathäfen, bereit, ihre Ergänzungsmannschaften an Bord zu nehmen."[48] Der Zar hatte
zwei Dekrete unterzeichnet, das eine ordnete die Teil-, das andere die Generalmobil-
machung an, die am 30. Juli proklamiert wurde. Das englische Außenministerium ließ die
eigene Regierung wissen, dass Großbritannien hinter Frankreich und Russland stehen
müsse und die Deutschen nicht darüber im Zweifel gelassen werden dürften, dass Großbritannien nicht neutral bleiben würde. Am 27. Juli wandte sich Grey an das Kabinett und
ersuchte es um eine Entscheidung. Die Frage, ob England Frankreich und Russland in
einem Krieg gegen Deutschland und Österreich-Ungarn unterstützen sollte, wurde kontrovers diskutiert. Die Anti-Kriegspartei mobilisierte alle Kräfte. Am 1. August war in
einem Artikel des „Manchester Guardian" zu lesen, dass Großbritannien nicht verpflichtet sei, für Belgiens Neutralität in einen Krieg einzutreten. Ebenso wenig bestehe eine Verpflichtung, Frankreich zu unterstützen. Hinter dem Artikel war laut und deutlich der Ruf
nach Neutralität zu vernehmen. Am 1. August erklärte das Deutsche Reich Russland den
Krieg, in Frankreich erfolgte die allgemeine Mobilmachung. Deutsche Truppen besetzten
Luxemburg, um die Eisenbahnverbindungen zu sichern. Grey forderte Deutschland dazu
auf, die belgische Neutralität zu respektieren. Für diesen Fall werde England die Neutralität Frankreichs sicherstellen. Am Abend desselben Tages wurde die belgische Regierung
ultimativ aufgefordert, als neutrale Macht den Durchmarsch deutscher Truppen zuzulassen.

Am 2. August fiel im Kabinett eine erste Entscheidung. Zur Beruhigung der 'Friedens-
partei' sollte Frankreich keine Unterstützung garantiert werden. Im selben Atemzug erhielt Grey die Vollmacht, die Franzosen darüber zu informieren, dass ein deutscher Angriff auf die französische Nord- oder Westküste nicht akzeptiert werde.[49] Churchill und
Prinz Louis von Battenberg (ab 1917: Mountbatten), der Zweite Seelord, bereiteten die
Flotte auf einen Einsatz vor. Noch am selben Tag rang sich das Kabinett zu der Entscheidung durch, dass nur die deutsche Verletzung belgischer Neutralität als Casus Belli interpretiert werden könne. Dies war in dem langen Ringen um Entscheidungen ein Wendepunkt. Am 3. August marschierten deutsche Truppen in Belgien ein, nachmittags erfolgte
die deutsche Kriegserklärung an Frankreich. Am 4. August herrschte zwischen dem Deutschen Reich und Belgien Kriegszustand. Er gab Grey die Vorlage, den Kriegseintritt Englands auf den Weg zu bringen. In Großbritannien war man nicht der Ansicht, dass das
eigene Land im Kriegsfall eine bedeutende Funktion auf dem Kontinent ausüben würde.
Niemand dachte zu diesem Zeitpunkt an allgemeine Wehrpflicht, ebenso wenig an ein
weitreichendes Engagement auf dem Kontinent. Grey fürchtete zunächst eine wirtschaftliche Stagnation. Die Generäle sahen nur ungern, dass eine „British Expeditionary Force"
nach Frankreich geschickt werden sollte.

Die Situation in England war in den letzten Tagen vor der Kriegserklärung nicht eindeutig. Die Labour Party, ein Kind der Jahrhundertwende, stimmte gegen eine militärische Intervention, viele Liberale schlossen sich diesem Veto an. Große Menschenmengen

demonstrierten in Westminster für Frieden. Die City vermochte in einem Krieg keinen Vorteil zu sehen. Erst die Verletzung der belgischen Neutralität brachte die Wende. Jetzt stimmte auch Labour dem Kriegseintritt zu. Die Opposition lenkte ein, Einigkeit schien das Gebot der Stunde. Der Konflikt um Ulster und Irland insgesamt spielte in diesem Augenblick keine Rolle mehr. Es gab kaum noch gesellschaftliche Gruppen, die sich der Forderung des Tages, wie sie gesehen wurde, entziehen mochten. Zwei Minister legten indes ihr Amt nieder: der alte „Lib-Lab" John Elliot Burns und John Morley, Gladstones Biograph. Grey erklärte: „The lamps are going out all over Europe; we shall not see them lit again in our lifetime."

7. Weltpolitische Krisen, Konflikte und Kriege

1914   4. August: Eintritt in den Krieg

1915   26. Mai: Bildung einer nationalen Koalitionsregierung mit der Labour Party

1916   Osteraufstand der Sinn-Féin-Bewegung in Dublin

Mai: Military Service Act, Einführung der allgemeinen Wehrpflicht

7. Dezember: David Lloyd George wird neuer Premierminister.

1918   14. Dezember: Bestätigung der liberalkonservativen Regierung mit Konservativen als Wahlsiegern

Frauen über dreißig – mit eigenem Hausstand oder als Ehefrauen eines Haushalts-vorstandes – erhalten das Wahlrecht.

1920   23. Dezember: Dublin lehnt Gesetz zur Teilung Irlands in Nord- und Südirland ab.

1921   6. Dezember: Der Irische Freistaat erhält Dominionstatus. Nordirland wird abge-trennt.

1926   19. Oktober bis 18. November: Imperial Conference definiert Dominionstatus.

1928   Juli: Frauen erhalten Wahlrecht mit Vollendung des 21. Lebensjahres (Equal Franchise Act).

1929   Labour Party wird stärkste Partei.

1931   24./25. August: Labour-Kabinett weicht Allparteienregierung (National Govern-ment).

11. Dezember: Statut von Westminster

1932   29. Februar: Einführung von Importzöllen

1934   Beginn der Wiederaufrüstung unter Betonung von „Appeasement" („Spitfire"-Jäger und „Hurricane"-Bomber)

1935   18. Juni: Deutsch-Britisches Flottenabkommen

1936   20. Januar: Tod Georgs V.; 10. Dezember: Thronverzicht Eduards VIII.; Nachfolger wird Georg VI.

1937   28. Mai: Neville Chamberlain wird Premierminister.

1938   29. September: Münchener Abkommen

1939   26. April: Einführung der allgemeinen Wehrpflicht

1./3. September: Ultimatum und Kriegserklärung an Deutschland

September bis Juni 1941: Europäischer Krieg

1940   10. Mai: Bildung einer Koalitionsregierung unter Premierminister Winston Chur-chill

13. August: Beginn eines verschärften deutschen Luftkriegs gegen Großbritannien

15. September: „Battle of Britain"-Tag – Britische Abwehr vernichtet 56 deutsche Flugzeuge und verliert 26 eigene.

1941   Juni bis Dezember: Ausweitung zum Weltkrieg (Wende vor Moskau; europäisch-
       atlantischer Westkrieg; weltpolitische Entwicklung)
       Dezember – Herbst 1942: Anti-Hitler-Koalition übernimmt Initiative.
1942   Herbst bis Sommer 1944: Ansturm der Anti-Hitler-Koalition auf „Festungen" in
       Europa und Ostasien
1944   Sommer bis September 1945: Endkampf und Kapitulation Deutschlands (7./8. Mai
       1945) und Japans (2. September 1945)

„The Great War"

Am 4. August 1914 befahl Churchill folgenden Funkspruch: „Admiralität an alle Schiffe
Seiner Majestät und an alle Einrichtungen der Flotte. Funkspruch. 4. August 1914. 11 Uhr
abends. Eröffnet Feindseligkeiten gegen Deutschland."[1] In der ersten Kriegswoche zogen
Millionen europäischer Soldaten die Uniformen an, um der Verpflichtung gegenüber dem
Vaterland zu entsprechen. Wochen vergingen, bis den Menschen auch nur ungefähr die
Tragweite dieser Entscheidung klar war. In den letzten Jahren vor dem Krieg waren in
Großbritannien geringere Summen für Rüstung ausgegeben worden als um die Jahrhun-
dertwende. In vielen europäischen Ländern lagen ausgefeilte Rüstungsprogramme in den
Schubladen. Es gab die allgemeine Wehrpflicht und Überlegungen für die Umstellung der
Industrie auf eine Kriegsproduktion. In England schlug man das „War Book" aus dem
Jahr 1911 auf. Hier hatte der Verteidigungsausschuss des Empire Maßnahmen für den
Notfall vorgesehen, die in der Praxis aber unzureichend waren. Sir Herbert Kitchener, der
neue Kriegsminister, war der Mann der Stunde. Überall im Land konnte man sein Gesicht
auf Plakaten sehen mit dem Kürzel „K of K", Kitchener of Khartoum, wie er in An-
spielung auf seine Erfolge in Afrika genannt wurde. Die meisten rechneten damit, dass
Belgien das Schlachtfeld würde. Für Afrika wurden keine großen Auseinandersetzungen
prognostiziert. Als Katastrophe empfanden Militärs in Großbritannien die Tatsache, dass
der Gegner relativ schnell die Festung Namur einnahm. Sie lag immerhin 91 km hinter
der deutschen Grenze und wurde als Tor zu Frankreich betrachtet. Die deutschen Truppen nötigten das britische Expeditionsheer, sich über 250 km zurückzuziehen. Zu einer
Sammlung der Truppen kam es erst wieder vor Paris.[2]
    Allein Großbritannien verfügte zu Beginn des Krieges über eine kleine Armee von Frei-
willigen. In anderen Ländern griffen Wehrpflichtige zu den Waffen. Am 4. August 1914
standen auf der Insel lediglich 120 000 Soldaten bereit. Das Britische Empire verfügte über 20 Schlachtschiffe („Dreadnoughts"), 9 Schlachtkreuzer („Battle cruisers"),
39 Schlachtschiffe („pre-dreadnoughts"), 34 Panzerkreuzer („armoured cruisers"),
64 Kreuzer, 301 Zerstörer und 65 Unterseeboote.[3] Aus der Flottenrivalität mit Deutschland war Großbritannien als Sieger hervorgegangen. Numerisch hatte es einen „two-to-
one"-Vorteil über die Mittelmächte. Dieses Zahlenverhältnis entsprach aber nicht unbedingt einer technischen Überlegenheit. Großbritannien nutzte die Flotte, um den Nah-
rungsmittelimport zu schützen, den Feindmächten den Zugang zu den Weltmärkten zu

erschweren und damit eine Blockade zu errichten, die gegnerische Importe behinderte und den Gegner schwächte.

Mit Kriegsausbruch verstummten die meisten Pazifisten und Neutralisten. Die irischen Konflikte traten in den Hintergrund, die Gewerkschaften protestierten nicht mehr, Syndikalisten und Suffragetten verschonten die Regierung Asquith mit Kritik. In den Kolonien und den Dominions teilte die Bevölkerung zwar nicht vorbehaltlos die Einschätzung Londons, doch insgesamt unterstützte sie das Mutterland, bildete Truppenkontingente und reihte sich in die Gruppe der deutschen Kriegsgegner ein. Mit Kriegsausbruch standen Großbritannien 250 000 Mann zur Verfügung, davon allerdings die Hälfte in Übersee. Die Herrschaft der britischen Flotte auf den Weltmeeren war nicht umstritten, die deutsche Flotte war keine Konkurrenz geworden. Die Eroberung der deutschen Kolonien nahm nur ein Dreivierteljahr in Anspruch. Lloyd George und Haldane taten alles, um möglichst schnell die British Expeditionary Force zusammenzustellen. Am Ende brachten sie vier Infanteriedivisionen und eine Kavalleriedivision zusammen. Feldmarschall Sir John French stand an der Spitze dieser Soldaten, die summa summarum 100 000 Mann zählten. Lord Kitchener und Lloyd George dachten zudem an eine Reform der Armee, um ihre Schlagkraft zu erhöhen. Lloyd George begünstigte die Fortentwicklung der „Tank"-Waffe, des Maschinengewehrs und einer Geleitzug- und Blockadetechnik. Doch die Verantwortlichen konnten sich während des Krieges nicht auf ein einheitliches strategisches Konzept einigen. Die so genannten „Easterners" – unter ihnen Churchill und Lloyd George – verlangten eine Kriegsentscheidung durch Flotte, Blockade und Handelskrieg im östlichen Mittelmeer, die „Westerners" forderten eine Entscheidung durch den Landkrieg im Westen.

Die Auseinandersetzung zwischen den politischen Parteien hatte ein Ende gefunden, wenn auch nur für einen begrenzten Zeitraum. In der ersten Zeit schlug die Kriegsbegeisterung hohe Wogen, Freiwillige drängten zur Front mit dem schnellen Sieg vor Augen. Doch die Stimmung schlug um. Im Frühjahr 1915 war die anfängliche Begeisterung einer erheblichen Ernüchterung gewichen. Nach Ansicht vieler hatte Asquith in den ersten Monaten des Krieges keine gute Rolle gespielt, vor allem vermissten sie Führungskraft. Schlimmer noch war der Vorwurf, dass die Truppen an der westlichen Front nicht gut versorgt würden. Am 15. Mai zog einer der Verantwortlichen, der „First Sea Lord" John Arbuthnot Fisher, die Konsequenz und trat zurück. Dieser Schritt reichte Andrew Bonar Law, dem Führer der Konservativen, allerdings nicht aus. Er verlangte eine grundsätzliche Diskussion über die Strategie des Krieges. Asquith bot eine Kabinettsumbildung an. Die Koalition bestand jetzt aus Liberalen, Konservativen und einem Mitglied der Labour Party. Arthur James Balfour ersetzte Winston Churchill als „First Lord of the Admiralty". Für die Führung des Krieges war allerdings entscheidender, dass ein „Ministry of Munitions" gegründet wurde. David Lloyd George übernahm die Leitung. Doch auch die neue Koalitionsregierung erwarb sich keinen guten Ruf. Zwar bestanden die Versorgungsdefizite nicht mehr, doch die allgemeine Unzufriedenheit mit Asquiths Kriegsführung setzte sich fort. Im Herbst 1915 forderten Kritiker die allgemeine Wehrpflicht, Asquith zögerte. Erst im Mai 1916 entschied er sich für eine entsprechende Gesetzesvorlage, die Männer zwischen 18 und 41 Jahren zu den Waffen rief.

Die ersten Wochen des Krieges hatten zunächst noch einen baldigen Sieg erwarten lassen. Die Royal Navy stieß auf keinen hartnäckigen Widerstand, die deutschen Kolonien waren kein militärisches Problem, die deutsche Schlachtflotte entzog sich dem Rivalen. Die Erfolge des deutschen U-Boot-Krieges ließen sich nicht übersehen, doch die deutschen Boote konnten die Auswirkung der britischen Blockade der Mittelmächte nicht ausgleichen. Ein Geleitsystem minderte die Verluste. Der Landkrieg im Westen korrigierte allerdings schnell die Erwartungen. Bis 1915 standen 600 000 britische Soldaten im Feld. Sir Douglas Haig folgte Sir John French und befürwortete die großen Materialschlachten der Jahre 1916 und 1917. Bis 1918 wurden immerhin 70 Divisionen auf den Kontinent geschickt. Diese Anstrengungen übertrafen alle Vorstellungen, sie waren mit den Mitteln einer Friedensproduktion nicht zu erbringen. England rang sich zu Arbeitsverpflichtungen durch, führte die Wehrpflicht ein und steuerte die Produktion. All diese Maßnahmen standen im Widerspruch zur liberalen Tradition. Die staatlichen Lenkungs- und Kontrollmaßnahmen hatten keine Parallele in der Vergangenheit. Vereinzelt dachten Politiker über die Nationalisierung wichtiger Industriezweige nach. Die Bewältigung der Sonderaufgaben lag meist in den Händen von Interessenverbänden, lediglich die Koordination hatte sich die Regierung vorbehalten. Die Durchführung der Blockade gegen die Mittelmächte erforderte gewaltige Anstrengungen.

Im Januar 1915 hatte Russland Großbritannien vorgeschlagen, die Türkei anzugreifen, um im Kaukasus von türkischen Angriffen entlastet zu werden. Zu Beginn des Krieges galten die Dardanellen-Befestigungen auf der türkischen Halbinsel Gallipoli als völlig veraltet. Das Ergebnis der Gespräche war eine „naval expedition" mit der Aufgabe, die Halbinsel Gallipolli zu bombardieren und einzunehmen. Im Hintergrund stand Konstantinopel als Ziel. Am 19. Februar 1915 begann der Angriff, am Anfang waren britische Truppen allerdings noch nicht beteiligt. Bis Sir Ian Hamilton mit seinen Truppen an der türkischen Küste landete, hatte Otto Liman von Sanders, der deutsche Befehlshaber der türkischen Truppen, die Befestigungen noch einmal verstärkt. Dieses Patt führte in London zu Diskussionen. Churchill hatte die Dardanellen-Offensive immer befürwortet, Fisher dagegen nicht. Am 14. Mai forderte Fisher ultimativ den Abbruch der Operation und trat zurück, als er sich einer Mehrheit gegenübersah. An die Stelle der liberalen Regierung trat eine Koalition. Auch Churchill war schließlich gezwungen, sein Amt aufzugeben, blieb aber weiterhin Mitglied des „War Council of the Cabinet". Im Dezember 1915 wurden die Truppen wieder von den Dardanellen abgezogen. Die Offensive ging als verheerende Niederlage in die Geschichte ein, 214 000 Menschen hatten ihr Leben verloren. Nach wie vor blieben aber 250 000 britische Soldaten in Ägypten stationiert. Groß war die Sorge, dass die Türkei die Herrschaft über den Suez-Kanal erringen könnte. In dieser Situation trat der Archäologe und Schriftsteller Thomas Edward Lawrence auf. Er war britischer Agent und initiierte den Aufstand der Araber gegen die Türkei.

Die öffentliche Aufmerksamkeit war jedoch hauptsächlich von den Ereignissen im Westen gefesselt. Zeppeline über der Insel, Luftbombardements und Gaskrieg schreckten die Menschen. All diese Ereignisse und Gegenmaßnahmen verlangten Anstrengungen, die mit der englischen Freihandelstradition nicht vereinbar waren. Aber auch das Empire veränderte sich insgesamt. Alles in allem nahmen drei Millionen Soldaten aus den Dominions und den Kolonien an dem Krieg teil. Sicher war, dass sie nach einem Friedensschluss Ansprüche stellen würden. Damit war die bisherige britische Vorherrschaft mit einem Fragezeichen versehen. Außerdem hatte England mit einer Reihe von Staaten Abkommen geschlossen, mit Italien 1915, mit Frankreich 1916, mit Russland 1917. Mit Arabern, Indern und Anderen hatte man Verabredungen getroffen, polnische und tschechische Exilpolitiker waren in die Überlegungen einbezogen worden. Die ungeheuren Summen, die für die Ausführung all dieser Pläne nötig waren, wurden nicht mehr allein von Großbritannien aufgebracht. Das Land brauchte amerikanische Finanzhilfe, es wurde zum Schuldner und geriet folglich nach dem Krieg in eine bisher nicht gekannte Abhängigkeit. Die wirtschaftlichen Verluste waren in diese Rechnung noch nicht aufgenommen.

In dieser schwierigen Situation brach am 24. April 1916 zudem noch eine Rebellion in Irland aus, die Aufrührer verlangten die Unabhängigkeit. Der Aufstand war von Gewalt begleitet, nach sechs Tagen fand er sein Ende, die Aufständischen wurden verhaftet. Hinrichtungen wendeten allerdings die Stimmung zugunsten der Aufständischen. Die Getöteten wurden zu Märtyrern, ein schwer zu bekämpfendes Motiv für den Unabhängigkeitskrieg war damit gegeben. Asquith betraute Lloyd George mit der Aufgabe, zwischen den Irish Nationalists und der Unionist Party einen Kompromiss über die Home Rule zu erzielen. Er war greifbar, wurde aber in letzter Minute zerstört, wieder stand die vollständige Unabhängigkeit auf der Tagesordnung. Auch diese Krise schwächte Asquiths Position erheblich.

Aus mehreren Gründen wurde die Kritik immer lauter. Großbritannien konnte Rumänien 1916 nicht helfen, als es den Mittelmächten den Krieg erklärte. Die Schlacht an der Somme (Juli bis Oktober 1916) endete in einer Niederlage. Allein am ersten Tag betrug die Zahl der Getöteten und Verwundeten etwa 60 000.[4] Viele Familien in Großbritannien waren schmerzlich von den Ereignissen betroffen. Jetzt fand der Krieg nicht mehr nur auf dem Kontinent statt, sondern vor der eigenen Haustür. Asquith gelang nichts, um sein angeschlagenes Image wieder aufzubessern und die militärische Lage aufzuhellen. Sein Rücktritt war nur noch eine Frage der Zeit. Im Dezember 1916 trat er mit den meisten liberalen Ministern zurück. Lloyd George wurde sein Nachfolger. Er bildete ein Kabinett, das überwiegend aus Konservativen bestand.

Der neue Premierminister führte einen völlig neuen Führungsstil ein. Er übernahm die Verantwortung für alle Entscheidungen und traf viele auch vergleichsweise souverän. Parlament und Öffentlichkeit waren wichtig, aber Lloyd George war kein Mann, der sich leicht beeinflussen ließ. Schnell attestierte man ihm, dass er es im Gegensatz zu Asquith verstand, den Krieg zu führen. Er stand für „push and go", nicht für „wait and see". Lloyd George war ein überragender Mobilisator und schreckte nicht vor Eingriffen des Staates in Gesellschaft und Wirtschaft zurück. Asquith wehrte sich trotzig gegen diese Tendenz, ohne sie letztlich verhindern zu können. Er stand für die liberale Doktrin, konnte aber mit seiner Überzeugungskraft die Spaltung der Partei nicht verhindern. Lloyd George hatte eine Koalition gebildet aus den ihm nahe stehenden Liberalen, den Konservativen und der rechts stehenden Mehrheit der Labour Party. Diese Parteienkonstellation schuf eine einzigartige Verknüpfung von Staat, Gewerkschaft und Arbeitgebern. Am Ende wurden Bergbau, Eisenbahn und Schifffahrt vom Staat kontrolliert. Dagegen gab es Streiks, beispielsweise in Südwales (1915) und in Schottland (1916/17). Es gab Proteste gegen die allgemeine Wehrpflicht. Aber keine der entscheidenden Maßnahmen wurde dadurch verhindert oder aufgehoben.

Der Start von Lloyd George war deshalb besonders schwer, weil bisher noch kein einziges wichtiges britisches Kriegsziel verwirklicht worden war. Andere hatten ihre Bedeutung verändert. Belgien spielte im Augenblick keine Rolle mehr, Serbien ebenso wenig. Lloyd George trat offensiv an die Öffentlichkeit, zeigte neue Ziele auf und beschwor ein „better Britain" und eine „safer world". 1918 spitzte er seine Vorstellungen noch mehr zu. Sein Programm war „a nation fit for heroes", eine Nation, in der „Helden" mit Stolz leben konnten. So umtriebig der Premierminister auch war, er vergaß dabei, sich seiner parlamentarischen Unterstützung zu vergewissern. Nur noch 100 Liberale standen an seiner Seite, die anderen folgten Asquith. Das hatte zur Folge, dass er sich in Abhängigkeit von den Konservativen begab, und diese Tendenz fand weder bei den Liberalen noch in der Öffentlichkeit ungeteilte Zustimmung.

Im Sommer 1916 kam es zu einer Konfrontation zwischen der deutschen Hochseeflotte und der Royal Navy. Beide Seiten nahmen am Ende den „Sieg" für sich in Anspruch. Zwar gelang es den Deutschen, den Briten größere Verluste zuzufügen, doch die englische Überlegenheit wurde dadurch nicht in Frage gestellt. Nach dieser Schlacht blieb die deutsche Flotte im Schutz der Häfen. Die deutschen U-Boote dagegen brachten den Briten weiterhin erhebliche Verluste bei, die schließlich durch das Konvoi-System und eine bessere „anti-submarine technology" gemildert wurden. Am Ende mussten die deutschen U-Boote den Kanal meiden und den Weg um das nördliche Großbritannien wählen, um in den Atlantik vorzustoßen. Damit hatten die U-Boote erheblich an Durchschlagskraft verloren.

Das Jahr 1917 wartete mit zwei Ereignissen auf, die den Westen zu begünstigen schienen. Die Herrschaft des Zaren fand ihr Ende, und die USA traten in den Krieg ein. Doch ein neuer Widerstand gegen das Deutsche Reich war in Russland nicht auszumachen, und die USA brauchten erhebliche Zeit, um ihr Kriegsmaterial nach Europa zu bringen. Großbritannien, Italien und Frankreich standen Deutschland und seinen Verbündeten gegenüber. Die Verluste waren beträchtlich. Im Monat April beispielsweise verlor England 526 000 Bruttoregistertonnen Schiffsraum. In der dritten Schlacht von Ypern (31. 7.–10. 11. 1917) verloren 245 000 Menschen ihr Leben. Das Jahr 1917 brachte eine Folge von Niederlagen und Siegen. Eine französische Offensive in Lothringen führte zum Tod von 200 000 Menschen, blieb aber ohne militärische Gewinne. Die große Offensive in Flandern unter britischem Befehl scheiterte, Haig musste zusehen, wie seine Soldaten sich in Morast und Stacheldraht verfingen. Am Ende waren 150 000 Tote und 300 000 Verwundete zu beklagen. Der britische Sieg bei Cambrai (20. 11.–6. 12. 1917) war da nur ein schwacher Trost. Erfolgreich wurden „Tanks" eingesetzt. Die italienischen Soldaten mussten ebenfalls eine Kette von Niederlagen verzeichnen. Zeitweilig war ein Zusammenbruch nicht auszuschließen. Im November machten Soldaten-, Bauern- und Arbeiterräte

Schlagzeilen, Wladimir Iljitsch Lenin und Leo Trotzki waren erfolgreich, sie wünschten sich indes Frieden. Der deutsch-russische Waffenstillstand von Brest-Litowsk widersprach alliierten Interessen. Am 28. Oktober 1918 wurde das Deutsche Reich eine parlamentarische Monarchie, der Kanzler konnte sein Amt ohne Reichstag nicht mehr wahrnehmen. Prinz Max von Baden bat um Waffenstillstand, nach sechs Wochen entsprachen die Alliierten diesem Gesuch. Am 9. November erfolgte die Ausrufung der Republik, am 11. November wurde der Waffenstillstand unterzeichnet, um 11.00 Uhr war der Krieg beendet.[5]

Der Weltkrieg trug überwiegend europäische Züge. Die Friedensverhandlungen spiegelten diese Tatsache wider. Natürlich waren alle Kontinente betroffen, doch die Feindseligkeiten waren im Wesentlichen eine Folge europäischer Konflikte. Für die britischen Soldaten war der Krieg ein „Great War" gewesen, zum „First World War" wurde er erst im Nachhinein. „Mit Gefühlen, die man mit Worten nicht beschreiben kann, hörte ich den Jubel der tapferen Menschen, die so viel ertragen und alles gegeben hatten, die nie geschwankt hatten und die gegenüber den Fehlern ihrer Staatsdiener nachsichtig sein konnten, als die Stunde der Rettung gekommen war", so notierte Winston Churchill am Tag des Waffenstillstands. In Mayfair oder Whitechapel, auf dem Leicester Square unter den Augen von Sir Isaac Newton, Sir Joshua Reynolds, William Hogarth und John Hunter und im Regent's Park, dem einstigen königlichen Jagdgelände, überall fanden ähnliche Freudenbekundungen statt. Während der Pariser Friedenskonferenz – 18. Januar bis 28. Juni – warb Lloyd George um Mäßigung, ein europäisches Gleichgewicht sollte hergestellt, Deutschland ein Gegengewicht zu Frankreich werden. Die deutschen Kolonien wurden an England, Frankreich und Belgien verteilt. Ein Problem blieb die Reparationsfrage. Als die britischen Unterhändler im Spiegelsaal von Versailles ihre Aktentaschen wieder packten, hatte Großbritannien weitere 2 560 000 Quadratkilometer auf der Weltkarte britisch einfärben können. In ihnen lebten 13 Millionen Menschen. In Neu-Guinea, in Deutsch-Südwestafrika, in Deutsch-Ostafrika, in Teilen Togos und Kameruns hatten die Briten nun das Sagen. Deutschland trat über hundert Inseln ab. Im Nahen Osten wurden der heutige Irak, Iran, Jordanien und Israel zu britischen oder französischen Mandatsterritorien. Die Briten blickten mit Stolz auf ihre Flotte, in den Augen vieler hatte *sie* dieses Ergebnis erkämpft, weniger die Soldaten auf dem Kontinent. Deren Verluste waren unbeschreiblich, aber sie hatten dem Krieg keine Wende verliehen. Die Engländer pflegten ihre Andersartigkeit, darin sahen sich viele bestätigt, sie legten ihren alten Stolz an den Tag. Noch ein Jahr vor Kriegsende hatte Henry Newbolt das „Book of the Happy Warrior" veröffentlicht. Und Edward Bolland Osborn schilderte in „The Muse in Arms" das angebliche Glück der Soldaten, die am Krieg teilnehmen durften: „Die Deutschen und sogar unsere Verbündeten können nicht begreifen, weshalb diese kühne alte Nation auch heute noch den Krieg als einen Sport ansieht; sie wissen nicht, dass sportliche Haltung etwas für uns Bezeichnendes ist. Sie entsteht aus der Vorliebe unserer Rasse dafür, große Dinge mit kleinen zu vergleichen, und aus der Wertschätzung der ritterlichen Tugenden des Mittelalters."[6]

Zahlen sind Schätzungen. Das Britische Empire hatte 8,9 Millionen Soldaten in diese „Urkatastrophe Europas" geschickt. Von ihnen starben etwa 900 000, verletzt wurden

2 Millionen, gefangen genommen oder vermisst 190 000. Die Verluste summierten sich für die Briten somit auf 3,1 Millionen. In diesem Krieg starben 8 500 000 Soldaten an Verletzungen oder Krankheit. Auch an einem „quiet day" wurden Hunderte von deutschen und alliierten Soldaten getötet. In vier Ländern fanden Revolutionen statt. Die Zahl der getöteten Zivilisten war vermutlich erheblich höher als die der Soldaten, einige Schätzungen liegen bei 13 000 000 Toten durch Hunger, Krankheiten, Massaker und Zusammenstöße mit dem Militär.

Nach dem Waffenstillstand wählte Großbritannien eine neue Regierung. Die Wahl machte Geschichte. Alle Männer über 21 und alle Frauen über 30 Jahren durften ihre Stimme abgeben. Das Thema der Wahlen war nicht eine Erneuerung des Landes, im Vordergrund stand die Bestrafung des Kriegsgegners. Die Mehrheit der Bevölkerung schenkte den Konservativen ihr Vertrauen. Gemeinsam mit den Liberalen verfügten sie über 478 Sitze von insgesamt 707. 133 Liberale unterstützten Lloyd George. Eine liberale Partei nach Asquiths Prägung gab es nicht mehr.

Ökonomische und soziale Entwicklungen

Nach 1918 stand Großbritannien vor riesigen Aufgaben, die sich nicht aufschieben ließen. Im Prinzip gab es keinen Außenhandel mehr. Auf alten britischen Märkten, das wurde mit Bitterkeit vermerkt, tummelten sich jetzt Amerikaner. Die Schiffsbauindustrie hatte einen Infarkt erlitten. Zwei Drittel der Werftarbeiter waren arbeitslos. Die Kohleindustrie atmete schwer, verantwortlich war kontinentale, vor allem deutsche Konkurrenz. Die alte Überlegenheit in Industrie und Handel war kaum noch auszumachen. Im Juni 1921 suchten 2 171 000 Arbeit, Ende der zwanziger Jahre waren es zwischen 1 und 1,5 Millionen. Zölle sollten zunächst schützen, doch der Erfolg war zweifelhaft. Alles forderte eine grundsätzliche Reform der britischen Industrie. Die Produktionskapazität ging zurück, die Techniken waren vielfach überholt, Maschinen fehlten, der Staatsdienst war unproduktiv. Der Industrie-Elite fehlte es an Kraft, Mut und Vision, eine Reorganisation an Haupt und Gliedern vorzunehmen. Sie hoffte auf staatliche Unterstützung und setzte auf ein niedrigeres Lohnniveau.[7]

Der Erste Weltkrieg – die Bezeichnung „First World War" fand sich schon 1920 in einem Buch des Kriegskorrespondenten Charles à Court Repington – hatte Großbritannien und Frankreich sehr unterschiedlich getroffen. Die Veränderungen, die der Krieg nach sich zog, waren gewaltig, und nach Ansicht mancher Historiker tiefgreifender als die Resultate des Zweiten Weltkriegs. Die Regierung hatte in viele Lebensbereiche massiv eingegriffen. Das galt für die Wirtschaft im Allgemeinen, für Versicherungen, Eisenbahnen, den Kohleabbau. Ein neues „Ministry of Munitions" war ins Leben gerufen worden. Die Regierung nahm damit an der Waffenproduktion teil. Gleichzeitig schuf sie neue Bestimmungen – etwa die Wehrpflicht –, die in ihren sozialen Auswirkungen Hunderttausende von Arbeitern, Frauen und Männern betrafen. Nach 1918 gerieten diese Maßnahmen nicht in Vergessenheit. In gewisser Weise entstanden dadurch neue Verpflichtungen.

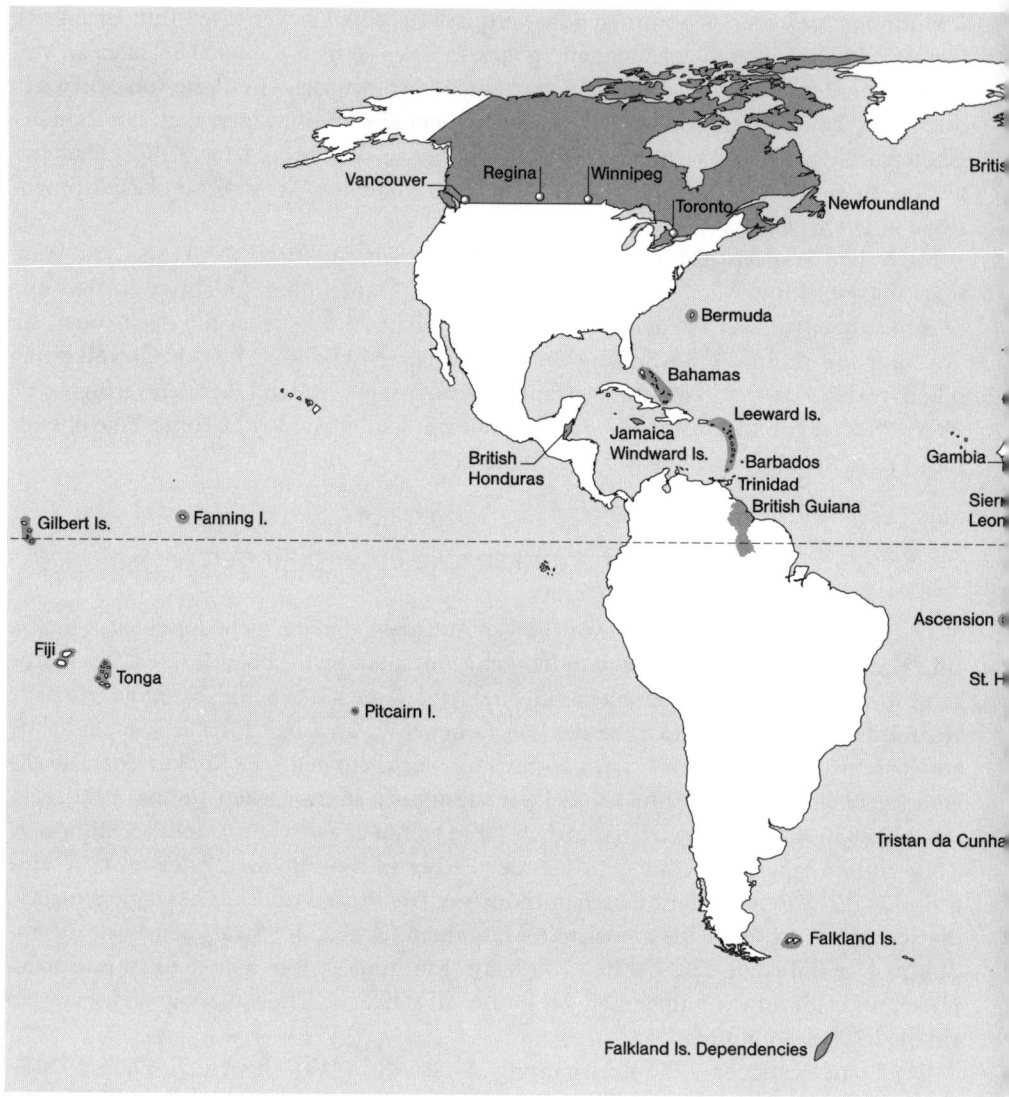

Die Regierung stand nun vor der Aufgabe, sich am Bau von Wohnhäusern und Schulen zu beteiligen und die Rolle von Arbeitgebern zu übernehmen. Der Krieg hatte auf unvorstellbare Weise soziale und wirtschaftliche Veränderungen beschleunigt. Außerdem hatte sich die strenge Teilung in Klassen und Geschlechter gelockert. Die Kameradschaft der Gräben lebte im Zivilleben nicht einfach fort, doch der Arbeiter war sich seiner Bedeutung bewusst. Die soziale Differenzierung der Vorkriegszeit ließ sich nur noch schwer aufrechterhalten. Für die Frauen war dies ein großer Vorteil. Mit Kriegsbeginn hatte die Frauenbewegung auf die Konfrontation mit dem Staat verzichtet. Nach dem Krieg lebten

Das Britische Empire am Ende des Ersten Weltkriegs.

ihre Forderungen umso stärker wieder auf. Der erlittene wirtschaftliche Schaden war nur schwer reparabel. Großbritannien hatte 1923 in Washington eine Schuldsumme von 4,6 Milliarden Dollar akzeptiert – mit Konsequenzen, die sich nicht sofort überblicken ließen. Die Industrie war existentiell angeschlagen. Kohle, Textilproduktion und Schiffsbau hatten eine große und bedeutsame Geschichte, nach der Jahrhundertwende indes litten sie mehr und mehr unter der Überalterung der Produktion. Die Japaner wurden im Bereich des Textilexports zur Konkurrenz, an die Stelle der Kohle waren andere Formen der Energie getreten. Der Vertrag von Versailles erwies sich in wirtschaftspolitischer Hin sicht als große Fehlspekulation. Die ausländischen Märkte lebten nicht schnell genug wieder auf, das galt vor allem für Deutschland. Vor 1914 war das Deutsche Reich einer der größten Kunden Großbritanniens gewesen. Die City hatte einen Krieg nicht befürwortet. Langfristig gab es da nur einen Weg: Deutschland musste wirtschaftlich wieder in das internationale Leben integriert werden und im Kreis der Nationen Akzeptanz finden. In Frankreich applaudierte diesem Gedanken niemand, zu groß war die Furcht vor einem wiedererstarkenden Deutschland. Die Risse in der alten Kriegsallianz wurden immer deutlicher. Paris sah sich in der Isolation.

Auch viele innenpolitische Konflikte warteten auf eine Lösung. Vor dem Ersten Weltkrieg war die Liberale Partei die vorherrschende Regierungsmacht gewesen. 1916 hatte sich Lloyd George von dem Rest dieser Partei getrennt, da er mit der Kriegsführung nicht einverstanden war. Er bildete eine Koalition mit den Konservativen, war Premierminister und herrschte über ein starkes „War Cabinet". Diese Koalition sollte nach dem Krieg fortgesetzt werden; die Wahlen von 1918 gewann Lloyd George noch verhältnismäßig leicht. Die meisten seiner Anhänger waren indes Konservative. Zur Opposition gehörten die Iren – Sinn Féin weigerte sich, das britische Parlament anzuerkennen –, die Labour Party und die Reste der Liberal Party. Während Labour an Bedeutung gewann, sank der Stern des Liberalismus. Die Regierungen blieben zunächst konservative Koalitionen. Doch 1922 weigerten sich die Konservativen, Lloyd George weiter zu unterstützen. Sie nannten viele Gründe: die Erfolglosigkeit von Lloyd Georges Idee der kollektiven Friedensordnung, die fehlenden Erfolge bei der innen- und sozialpolitischen Konsolidierung, die hohe Arbeitslosigkeit, die Abwertung des Pfundes auf ein Drittel des Vorkriegswertes und die außenpolitischen Belastungen (Nahost-Krise, Reparationen, Selbständigkeit der Dominions). Immerhin proklamierte Georg V. am 6. Dezember 1922 den Irischen Freistaat.[8] Doch auch diese Lösung hatte viele Gegner in Irland, viele forderten jetzt die Republik. Lloyd George trat im September 1922 zurück und nahm danach kein Amt mehr wahr. Ihm folgten die Regierungen Law (1922–23), Baldwin (1923) und die erste Labour-Regierung unter Führung von MacDonald (1924). Von 1924 bis 1929 stand wieder Baldwin an der Spitze eines konservativen Kabinetts. In diese Zeit fiel die Beendigung der britischen Streik-Ära und mit Locarno (1925) die erfolgreiche Fortsetzung der Befriedungspolitik.

Das Pfund war aufgewertet worden, die Bergwerksbesitzer kündigten an, dass die Löhne sinken, die Arbeitszeiten aber länger würden. Das erschwerte in gewisser Weise die Lage der Wirtschaft und Industrie. Die deutschen Kohlenexporte, erzwungen zur Tilgung der Kriegsschulden, hatten sich zu einer beachtlichen Konkurrenz entwickelt. Eine Kommission zur Prüfung der Verhältnisse nahm ihre Arbeit auf, Sir Herbert L. Samuel stand an ihrer Spitze und legte am Ende einen Kompromissvorschlag vor. Er regte eine substantielle Reorganisation an, Subventionen sollten gekürzt oder ausgesetzt werden, unrentable Kohlengruben geschlossen und die Löhne für eine befristete Zeit gesenkt werden. Das waren präzise Vorstellungen, die allerdings nur ein verhaltenes Echo fanden. Die Besitzer zögerten, die Bergarbeiter protestierten, die beabsichtigte Senkung des Lohnniveaus fand keine Zustimmung. Die Krise eskalierte, die Regierung war ratlos. Am 3. Mai 1926 begann ein Generalstreik, an dem ein Sechstel der Arbeiter von England, Schottland und Wales teilnahm. Doch der Streik war nicht gut geplant. Die allgemeine Versorgung wurde nicht im Kern getrofffen, der Hyde Park entwickelte sich zum Milchdepot, Freiwillige übernahmen die Arbeit von Zugführern und Busfahrern. Die Gewerkschaftsführer erkannten die Ineffizienz des Streiks, und sie vermuteten richtig, dass die Regierung nicht nachgeben würde. Die Streikmittel waren knapp, die Bergarbeiter verharrten am längsten im Widerstand, aber auch sie gaben Ende Dezember auf.

Im Unterhaus gab sich der Premierminister versöhnlich. Die Regierung beabsichtige keine Schwächung der Gewerkschaften. Große gewaltsame Proteste blieben aus. Die eigentlichen Verlierer waren die Bergleute. Sie mussten nun länger arbeiten, niedrigere Löhne akzeptieren und ihre Arbeitskraft in eine Industrie investieren, die wenig Zukunftsperspektiven besaß. Der geringe Erfolg des Generalstreiks bewirkte, dass in der Zukunft kaum noch zu diesem Mittel gegriffen wurde. Auch in den Augen der Gewerkschaftsführer schied der Streik als geeignetes Mittel mehr und mehr aus. Die Gewerkschaften verlegten sich auf parlamentarische Wege.

Die Ära Baldwin: „Safety First"

Law hatte sein Amt nur kurz ausgeübt. Am 20. Mai 1923 trat er wegen einer Krankheit zurück. Ihm folgte Stanley Baldwin, ein bis dahin eher farbloser Politiker. Immerhin sollte er das politische Geschehen mit Unterbrechungen bis 1937 bestimmen. Baldwin konnte eine fünfzehnjährige Parlamenttätigkeit vorweisen, hatte niemals aber durch irgendeine besondere Aufgabe glänzen können. Dennoch besaß er einen beachtlichen politischen Instinkt, insbesondere für die Empfindungen und Wünsche der Menschen. Baldwin wurde schnell klar, dass die Wähler von den Politikern jetzt Ruhe und Sicherheit erwarteten, niemand wünschte sich radikale Reformen. Aus dieser Haltung sprach eine gewisse Nostalgie, die an die Zeit vor 1914 erinnerte. Sie erweist sich zunehmend als ein Schlüssel zum Verständnis dieser Jahre. Baldwin („Give peace in our time, O Lord") war Premierminister in den Jahren 1923–1924, 1924–1929 und 1935–1937 und stand somit an der Spitze der Regierung während des Generalstreiks 1926, der Äthiopien-Krise 1935 und bei der Abdankung des Königs. Baldwin liebte sein öffentliches Bild als „solid country farmer", tatsächlich verfügte er über solide wirtschaftliche Kenntnisse. Nach der Wahl vom November/Dezember 1923 wurde dann die erste Labour-Regierung ins Leben gerufen, jedoch hing sie von der Unterstützung der Liberalen ab. Ramsey MacDonald wurde 1924 der neue Premierminister, er wandte seinen Blick allerdings zurück und vermittelte keine wirtschaftlichen Impulse. Die Kritiker vermissten ein Programm für die Zukunft. Die Labour-Regierung unterstützte den Dawes-Plan und schloss einen Vertrag mit der Sowjetunion, in dem sie das Land anerkannte. Doch bald übernahm Baldwin erneut das Ruder und ließ den Finanzkonservativismus aufleben. 1925 kündigte Winston S. Churchill im Parlament die Rückkehr zum 1914 aufgegebenen Goldstandard der Währung an (Vorkriegs-Parität zwischen Dollar und Pfund Sterling: ca. 4,4 $ = 1 £). Für die schwierige wirtschaftliche Situation gab es noch keine Lösungen.

Neville Chamberlain profilierte sich in dieser Zeit als Gesundheitsminister. Die Regierung erhöhte die Pensionen für Rentner, Witwen und Waisen. Sie veränderte die lokale Verwaltung und gab Frauen und Männern das gleiche Wahlrecht. Im Frühjahr 1929 war sich Baldwin der Wählergunst sicher. Doch der Wahlausgang im Mai enttäuschte ihn tief, die Labour Party zählte 288 Sitze, die Konservativen erhielten 260, die Liberalen 59. Georg V. betraute MacDonald zum zweiten Mal mit der Regierungsbildung.

Der „Wall Street Crash" (Oktober 1929) konfrontierte MacDonald mit einer überwältigenden Aufgabe. Seit 1924 hatten die USA 5,7 Billionen Dollar an das Ausland geliehen, die Hälfte davon an Europa. Diese Summen wurden nun drastisch gekürzt, auch in England war die Wirkung eine „Great Depression" mit extrem hoher Arbeitslosigkeit. Großbritannien war nach wie vor eine Handelsnation und lebte vom Export, doch den Kunden fehlte jetzt das Geld. Die Exporte sanken von 729 Millionen Pfund im Jahr 1929 auf 389 Millionen 1931. Das Fehlen der amerikanischen Kredite, der Zinsverlust, die Geldknappheit, der Währungsverfall, Absatzschwierigkeiten und Arbeitslosigkeit arbeiteten den 'Schutzzöllnern' in die Hände. 1932 gab es fast drei Millionen Arbeitslose. 34% der Bergarbeiter, 47% der Stahlarbeiter und 62% der Beschäftigten aus der Schiffsbauindustrie waren arbeitslos. MacDonald verlangte die Kürzung öffentlicher Ausgaben, dazu zählte auch die Arbeitslosenversicherung. Die Gehälter von Lehrern, Soldaten, Polizisten und Beamten sollten gekürzt werden. All diese Vorschläge führten zur Spaltung der Labour Party. MacDonald hatte ein Lebensprinzip der Partei verletzen wollen, die „underdogs" der Gesellschaft sollten durch Kürzungen weiter bestraft werden. Die Menschen hatten Metall in der Stimme. MacDonald galt als Verräter. Er wurde im August 1931 Premierminister eines „National Government", einer Koalition mit Konservativen und Liberalen. Sein politisches Ansehen hatte er indes verspielt.

Das Leben war wieder ein Kampf. Wer noch keine Schulden hatte, machte welche. Die Menschen veräußerten Besitz, um zu überleben. Tausende lebten am Rand des Existenzminimums. Ihr einziger Strohhalm war die Arbeitslosenunterstützung. 1931 profitierten über zwei Millionen davon, und in den folgenden Jahren veränderte sich diese Zahl kaum. 1934 war der Zenit der Krise endlich überschritten, auch wenn die Arbeitslosenzahlen in den dreißiger Jahren ein Thema blieben. Das Wohnungswesen beherbergte gewaltige Probleme. 1918 hatten über eine halbe Million Häuser gefehlt. Lloyd George hatte sein Versprechen nicht einhalten können. Die Nation – „fit for heroes" – war nicht entstanden.

Die wirtschaftliche Krise war Teil des Alltags. Dennoch gab es Regionen, in denen die Menschen sich eines höheren Lebensstandards erfreuten als ihre Vorfahren. Dafür gab es verschiedene Gründe. Zum einen waren die Familien kleiner geworden, die Löhne dagegen gestiegen. Für manchen hatte sich die Arbeitszeit reduziert, Gehalt gab es häufig auch in den Ferien. Die sanitären Verhältnisse waren erheblich besser, die Zahl der Krankheiten hatte abgenommen, die Ernährung war gesünder, die Gesundheit stabiler. Die Bevölkerung stieg von 1911 bis 1931 um 4 Millionen auf 44 Millionen, ihre Geburtenrate ging allerdings zurück. Freizeitaktivitäten und Unterhaltung gewannen an Bedeutung.[9] Die Städte hatten zum Teil „sports clubs" und Schwimmbäder. „Cinema-going" entwickelte sich zu einer neuen Freizeitaktivität. Charlie Chaplin, Mary Pickford und Rudolph Valentino wurden gleichsam Familienmitglieder („household names"). Das Radio veränderte die Kommunikation, öffentliche Bibliotheken boten ihre Dienste an, das Zeitungswesen nahm an Popularität zu.

Baldwin gab den zwanziger und frühen dreißiger Jahren seinen Namen. Die Emanzipation der Frauen wurde zu einem großen Symbol der Zeit. Ihr Wahlrecht und ihre Integration in den Wirtschaftsprozess gaben langfristig der britischen Gesellschaft ein neues Gesicht. Außerdem verlagerte sich das wirtschaftliche Schwergewicht vom Norden in den Süden. Kohle und Stahl, Schiffsbau und Maschinenherstellung steckten in einer großen Krise. In den Midlands dagegen blühte der Automobilbau. Im Süden dominierte der Dienstleistungssektor. Hotels und Geschäfte suchten Arbeitskräfte. Und hier waren insbesondere Frauen angesprochen. London kannte keine Grenzen, die Arbeitslosigkeit war bei weitem niedriger als in den meisten anderen Teilen Großbritanniens. Das Land erfuhr eine Zweiteilung. Sie bestimmte die britische Geschichte für viele Jahrzehnte.

Im Juni 1935 wurde MacDonald aus Krankheitsgründen wieder von Baldwin abgelöst. Die Engländer wählten am 14. November, die Konservativen nahmen auf 432 Sitzen Platz, Labour beschränkte sich auf 154. Die neue Koalition umfasste Konservative, „National Liberals" und „National Labour"-Mitglieder. Niemand ahnte, dass dies die letzte Wahl für die nächsten zehn Jahre sein sollte. Baldwin befürwortete „Appeasement", er beobachtete die Abdankung Eduards VIII., als dieser die Amerikanerin Wallis Simpson heiraten wollte, die im Begriff war, sich von ihrem Ehemann scheiden zu lassen. Baldwin warnte, die Öffentlichkeit war missmutig, das Parlament verlegte sich auf Proteste, Eduard sah sich einer breiten gesellschaftlichen Front gegenüber. Am 11. Dezember 1936 dankte der König ab und verließ das Land. Ihm folgte Georg VI. Die Krönungsfeierlichkeiten fanden am 12. Mai 1937 statt. Baldwin trat im Anschluss zurück; Neville Chamberlain übernahm sein Amt am 28. Mai.

Außenpolitik und „Appeasement"

In der Zwischenkriegszeit hatte Europa den Krieg nie in das Reich des Unmöglichen verbannen können. Die Vergangenheit lebte in der Gegenwart; die ungelösten Probleme der Gegenwart würden auf unbestimmte Dauer auch die Zukunft bestimmen. Die zwanziger Jahre galten der Kriegsbewältigung, die dreißiger Jahre standen unter dem Damoklesschwert eines neuen Konfliktes. In dieser Zeit beklagten viele Staatsmänner und Historiker – unter ihnen Winston Churchill – die mangelnde Entschiedenheit gegenüber den internationalen Unruhestiftern. Dabei ignorierten sie die Tatsache, dass das westliche Europa nicht bereit war, im Konflikt schnell zu den Waffen zu greifen. Außerdem verfügten sie nicht über ein entsprechendes militärisches Potential. Und war Gewalt wirklich eine Erfolg versprechende Lösung? Die französische Politik gegenüber dem Deutschland der Weimarer Republik hatte das nicht bestätigt.[10]

Bei den Briten machte sich nach dem Krieg wieder die Abneigung gegen kontinentales

Engagement breit. Die Regierungen identifizierten sich damit. Die Probleme des kontinentalen Europa waren nicht leicht zu lösen; eine britische Intervention, in welcher Form auch immer, war kein Erfolgsrezept. Die Dominions schlossen sich dieser allgemeinen Zurückhaltung an. Schließlich war es die Aufgabe des Völkerbundes, die internationale Kooperation anzustoßen. Diese Funktion war nach Ansicht vieler Briten schon eine Überforderung. In Frankreich dachten die Menschen anders. Sie schrieben Verteidigung und Sicherheitsgarantien groß und wünschten sich – vergeblich – britische Unterstützung.[11] Großbritannien überwand die Krisen. Die Demokratie blieb stabil.

Im Jahr des Börsenkrachs 1929 präsentierte der Dichter Robert Graves seinen Lesern eine schonungslose Schilderung des Krieges. „Goodbye to All That" – Abschied von der Vorkriegszeit – war ein bewegendes Dokument des Horrors in den Gräben der Westfront. Im Grunde handelte es sich um eine Autobiographie, die – so empfanden es viele – *endlich* die Brutalität und Realität des Krieges beschrieb. Doch nach allgemeinem Empfinden erschien dieses Buch um Jahre zu spät. Das war aber das Schicksal der meisten literarischen Bücher, die den „Great War" beschrieben. Robert C. Sherriff konfrontierte das Publikum mit „Journey's End", einem Anti-Kriegsstück, das viele hundert Male in London aufgeführt wurde. Die Zuschauer waren von dem Geschehen auf der Bühne berührt, sie stürzten sich auf die Erinnerungen von Graves, beschäftigten sich mit den „Undertones of War" von Edmund Blunden, lasen „Im Westen nichts Neues" von Erich Maria Remarque („All Quiet on the Western Front") und mit tiefer Erschütterung Siegfried Sassoons „Memoirs of an Infantry Officer".

Allmählich akzeptierten die Zeitgenossen den Tabubruch, sie sprachen offen über den Krieg. Die selbstgerechten und beschönigenden Publikationen der frühen Nachkriegszeit verblassten. Jetzt konnten sich auch diejenigen ein realistisches Bild machen, die nicht aktiv am Krieg teilgenommen hatten. Und immer stärker wurden die Aversionen gegen gewaltsame Konflikte. Die Leser wünschten Frieden, ein Wunsch, der bisweilen an Pazifismus grenzte. Das schloss Überlegungen zur Verteidigung nicht aus. Welche Formen aber sollte sie annehmen? Konnte beispielsweise die britische Flotte ihren Aufgaben noch gerecht werden? Seit 1934 erschien „A Study of History", eine zwölfbändige, vergleichende Darstellung der zyklischen Kultur- und Geschichtsentwicklung der Menschheit aus der Feder des britischen Kulturphilosophen Arnold Joseph Toynbee. Gab die Geschichte eine Antwort auf die Probleme?

All dies fiel in Baldwins Regierungszeit. Und doch galt und gilt er *nicht* als der große Repräsentant des „Appeasement", einer „policy of settling international (or, for that matter, domestic) quarrels by admitting and satisfying grievances through rational negotiation and compromise, thereby avoiding the resort to an armed conflict which would be expensive, bloody, and possibly very dangerous"[12]. Chamberlain wurde zum bekanntesten Verfechter dieser auf Ausgleich bedachten, gewaltfreien, konfliktminimierenden Politik, die viele Gesichter trug. Er trat für „Appeasement" ein, verfolgte die Wiederbewaffnung Deutschlands, verkündete das Scheitern seiner Politik und erklärte Nazi-Deutschland den Krieg. Baldwin wie Chamberlain waren sehr darauf bedacht, Konfrontationen aus dem Weg zu gehen. Beide konnten nicht das Verdienst beanspruchen, die militärische Macht

Großbritanniens stabilisiert zu haben. Mit ihrer Zurückhaltung standen sie jedoch international nicht allein. Stimmen aus dem Empire bestärkten sie. Die Empire-Konferenz von 1937 sprach sich für ein „international appeasement" aus und ließ keine Konfliktbereitschaft erkennen. Außerdem gab es keine starken Verbündeten, die sich den internationalen Aggressoren hätten entgegenwerfen können. Frankreich war kein machtvoller Allianzpartner, die USA waren weit entfernt, die UdSSR litt unter dem stalinistischen Terror.

Und es gab noch genug andere Probleme im britischen Einflussbereich, Krisen in Irland, in Indien und in Palästina. In Großbritannien selbst lagen soziale Sprengsätze. 1926 brach ein harter Generalstreik aus, 1930 wurde der kommunistische „Daily Worker" gegründet, Ramsay MacDonald wurde 1931 als 'Verräter' gebrandmarkt, ein schlimmer Vorgang. 1932 erfolgte die Gründung der British Union of Fascists. Und all diese Ereignisse verliefen parallel zum Anstieg der Arbeitslosenzahlen. Doch der Blick zurück zeigte auch Erfolge. 1921 fand die Gründung der BBC[13] statt, die Familienplanung erhielt 1922 neue Impulse, 1926 begeisterte die Erfindung des Fernsehens, 1928 erhielt das lange erstrebte Frauenwahlrecht Gesetzeskraft. Kurzum, es gab viele Ereignisse, die den Weg zu Frieden und Wohlstand bereiteten. Die Briten, die nach dem Ersten Weltkrieg aufwuchsen, waren der Überzeugung, dass es genug Tragödien und Krisen gegeben hatte.

Seit dem Ende des Ersten Weltkriegs spielte der Nationalismus in vielen britischen Interessengebieten eine große Rolle. Irland war dabei nur ein Konfliktherd, Ägypten ein anderer. Das Land hatte zwar 1922 nominell seine 'Unabhängigkeit' gewonnen, aber noch immer konnte ein britischer Hochkommissar den König kontrollieren. Und Großbritannien behielt sich das Recht vor, Soldaten am Suezkanal zu stationieren. In den Augen der Unabhängigkeitsbewegungen war all dies kein Ausweis für Souveränität. Nationalistische Bewegungen geißelten die Einschränkungen. Die Situation blieb gespannt. Nach der italienischen Invasion in Abessinien stimmte Ägypten einem Vertrag zu, der den Grad der Unabhängigkeit erweiterte, aber dennoch eine Präsenz britischer Truppen am Suez-Kanal erlaubte. 1935 kam es zum India Act, der eine Konföderation aller indischen Provinzen erlaubte. Die Exekutivgewalt übte ein Generalgouverneur aus. Indien sorgte indes immer wieder für Schlagzeilen. Mit dem Irak wurde ein Vertrag geschlossen, der Unabhängigkeit gewährte. Mit Einschränkungen galt dies auch für Transjordanien, von 1921 bis 1949 britisches Mandat. Palästina blieb ein ungemein gefährlicher Krisenherd. Die Buren in Südafrika waren schwer einzuschätzen, ihr Nationalismus bereitete Sorgen. Am 9. Mai 1936 ernannte sich der italienische König Viktor Emanuel zu allem Überfluss noch zum „Kaiser von Äthiopien". Krisen und Konflikte bestimmten die dreißiger Jahre. Die Weltwirtschaftskrise, die aggressive Politik Japans, das imperialistische Vorgehen Italiens und die zunächst nur auf Revision ausgerichtete Politik des Deutschen Reichs machten jedes Abkommen und jeden Vertrag zur Makulatur. 1935 hatte der Vertrag von Versailles im Grunde keine Gültigkeit mehr; 1936 verloren die Locarno-Verträge, die dem französischen Sicherheitsstreben entgegenkommen sollten, jede Bedeutung.[14] Abessinien wurde 1936 zum Konfliktherd. Spanien erlebte eine Revolution. 1937 wurde China ein dominanter Schauplatz – eine fast willkürliche Auflistung von Konflikten.

Die „Imperial Conference" von 1926 hatte aus dem „Imperial Commonwealth" ein „Commonwealth of Nations" gemacht, indem sie Dominions als autonome Gemeinschaften innerhalb des britischen Empire, gleich im Status, in keiner Weise einander in inneren und äußeren Angelegenheiten untergeordnet, definierte. Das Ziel war die vollständige Selbstregierung dieser einzelnen Teile der Gemeinschaft. Das britische Weltreich umfasste ein Viertel der Erde und ein Viertel der Menschheit. Auf den Britischen Inseln lebten 46 Millionen, in den Dominions 25, in den Kronkolonien, Mandatsgebieten und Protektoraten 62 und in Indien 390 Millionen. 1930 wurde das britische Vetorecht gegen die Dominion-Gesetzgebung aufgehoben, fortan war die Krone die einzige verbindende Klammer. Die Generalgouverneure wurden zu Vizekönigen. Das Statut von Westminster (1931) vollendete den Umbau des Empire zu einem neuen Commonwealth, das auf Loyalität, Sprache, Tradition und Geschichte fußte. Das lockere Gefüge wurde durch eine außenpolitische Einheit zusammengehalten, aber auch durch eine gewisse ideologische Überhöhung, die den Charakter eines „third empire" annahm.

Im Februar 1934 legte ein „Defence Requirement Sub-Committee" des Unterhauses einen Bericht mit einem Katalog von Maßnahmen vor, die im Krisenfall zum Tragen kommen sollten. Für die nächsten fünf Jahre empfahl er, 75 Millionen Pfund zu investieren. Ziel war die Modernisierung der Flotte, die Verstärkung der Marine-Basen im Fernen Osten (Singapur) und der Aufbau einer „army expeditionary force", einsetzbar innerhalb eines Monats, sowie eine allgemeine Verstärkung der Verteidigungsmaßnahmen in Großbritannien. Die zuständigen Gremien diskutierten den Bericht und änderten ihn gravierend. Am Ende standen nur noch 50 Millionen Pfund zur Verfügung. Die Ausgaben für die Armee waren am stärksten betroffen. Die Marine musste sich mit Kürzungen abfinden. Für viele war das reduzierte Programm nur noch „window-dressing". Chamberlain blieb ruhig und hoffte auf eine abschreckende Wirkung schon allein des Programms.

Der 30. Januar 1933 löste zunächst in Großbritannien keine großen Reaktionen aus, eher Fragen: „Does Hitler and the true Nazi movement represent something completely new in German History in fact, an entire change of heart which has no resemblance or connection with the old German militarism, Realpolitik, imperialism, glorification of blood and iron, and all other horrors which we knew so well before the war? Or is the whole edifice of pacific assurances and moral uplift merely a facade behind which the old forces are already moving and developing? May we expect that after the present emotional enthusiasms have worked themselves out, the Nazi movement will gradually revert to type, or eventuelly produce a purely militaristic Government? We are faced with two theses, and the question is which is the correct one. On the answer which we give will largely depend the future policy of H(is) M(ajesty's) Government towards Germany."[15]

Der neue Kanzler, Adolf Hitler, war ein relativ unbeschriebenes Blatt, vermutlich lediglich ein Werkzeug der Rechten und nur kurz im Amt. Erst die Abstimmung im Saargebiet 1935 korrigierte diese Einschätzung. Die Vereinigung mit Deutschland stärkte Hitlers Ansehen und symbolisierte seinen Erfolg. Frankreich empfand das Ereignis als Schlag ins Gesicht. Hitler bewegte sich auf einer hohen Welle der Popularität. Allgemeine Wehrpflicht und Aufbau der Luftwaffe standen auf seinem Programm. Die Maßnahmen verstießen klar gegen den Versailler Vertrag. Über kurz oder lang musste London reagieren. Das Ergebnis war ein Treffen von Vertretern Großbritanniens, Frankreichs und Italiens in Stresa (16. März 1935). Die gemeinsame Front hielt 18 Monate und wird häufig als Beginn des „Appeasement" gesehen. 1935 griff Italien zu den Waffen, besetzte Äthiopien und verkündete, Frankreich und Großbritannien seien informiert worden. Die Briten wollten unter allen Umständen den Frieden erhalten.[16] Eine Antwort konnte nur das System der kollektiven Sicherheit geben, das sich allerdings als Fiktion erwies. England lag an ungebrochenen Beziehungen zu Italien. Im Frühjahr 1936 gab es in Äthiopien keinen Widerstand mehr. Am 7. März schickte Hitler Truppen in das Rheinland. Großbritannien blieb wiederum gelassen, das Rheinland war deutsches Territorium, wenn es auch gemäß dem Versailler Vertrag entmilitarisiert sein sollte. Frankreich indes erlitt einen Schock. Er lähmte die französische Außenpolitik, in den folgenden Jahren wurde die Initiative fast vollständig von den Briten übernommen. Frankreich und Großbritannien hatten wieder zueinander gefunden, der Preis war allerdings aus französischer Perspektive hoch.[17]

Mehr und mehr Informationen über den tatsächlichen Stand der deutschen Wiederaufrüstung erreichten London. Die Angaben über den Flugzeugbau waren besonders Besorgnis erregend. Auch die Erkenntnisse über die deutsche Armee und die Seestreitkräfte konnten niemanden beruhigen. Am 29. November 1934 ergriff Churchill im Parlament das Wort, er warnte eindringlich vor dem Diktator und rief zum Kurswechsel auf. Baldwin antwortete, relativierte die Zahlen und malte insgesamt ein helleres Bild. Berlin schlug London 1935 außerdem ein bilaterales Abkommen zur Flottenbegrenzung vor, das „Appeasement" schien Erfolg zu haben.[18]

In den Augen vieler waren die britischen Politiker schlichtweg naiv. Sie schienen kein Konzept zu haben und taten wenig, um nicht als unbedeutende Beobachter des Geschehens zu erscheinen. Die britischen Staatsmänner dachten anders und definierten das „Appeasement" weitaus positiver, als Zeitzeugen und Nachwelt dies taten. Die Politik war, so urteilten viele Verantwortliche in London, realistisch, moralisch vertretbar und mit der britischen Vergangenheit im Einklang. Die Erinnerungen an das Jahr 1914 waren noch nicht verblasst. Das Gebot der Stunde war, einen Rüstungswettlauf zu vermeiden, die „balance of power"[19] zu bewahren und wirtschaftlichem Wettbewerb eine Chance zu geben. Auch stand nicht das militärische und finanzielle Potential zur Verfügung, um zeitgleich den Provokationen Japans, Italiens und Deutschlands zu begegnen. Die Vernunft riet zum Ausgleich mit Hitler, dem Rivalen in unmittelbarer Nähe. Außerdem war niemand bereit, für „Danzig zu sterben"; in England nicht und in den Dominions nicht. Zudem steht fest, dass Repräsentanten der britischen Parteien – Konservative wie Labour-Politiker – Hitlers Politik nicht mit völligem Unverständnis verfolgten. Dessen Ablehnung des Versailler Vertrags war verständlich, wenn nicht sogar vernünftig. Das galt ebenso für die Forderung nach einem geeinten Deutschland. Schließlich war davon auszugehen, dass die Nazis ihr brutales Auftreten ändern würden, sobald sie Erfolg und Anerkennung erlangt hatten. Immerhin konnte man das Deutsche Reich als Bollwerk gegen den Bolschewismus sehen. Außerdem: War es nicht Aufgabe des Völkerbundes, zu vermitteln? Gegenstimmen gehörten natürlich zum Bild der Zeit. Teile von Labour warnten vor dem Faschismus. Churchill verurteilte die „Appeasement"-Politik. Er beklagte den militärischen Machtverlust und wies darauf hin, dass der Kanal nicht mehr Englands bester Verbündeter sei.

Und dennoch verhallten diese und andere Warnungen. Sir John Reith, Direktor der BBC, wählte die Radio-Nachrichten sorgfältig aus. Noch gab es kein Fernsehen. Häufig wandten die Menschen dem Alltag einfach den Rücken zu. Die Wirklichkeit bot keine angenehme Unterhaltung. Amerikanische Filme lenkten ab, der Tonfilm kam auf, Aktionsfilme und Lustspiele waren auf der Leinwand zu sehen. Walt Disney erfreute mit der Mickey Mouse, zuerst vorgestellt in „Steamboat Willie" (1928). Noel Coward drehte bekannte Filme.[20] Der „Empire Day" (24. Mai – Geburtstag von Königin Viktoria) war für die Kinder häufig ein „half-day holiday". Briten, die Patriotismus groß schrieben, trafen sich in der British Empire League oder der British Empire Union. Imperiale Gepflogenheiten standen nach wie vor hoch im Kurs. Die Premierminister der Dominions kamen regelmäßig nach London, um Meinungen und Erfahrungen auszutauschen. Die Schulbücher präsentierten nach wie vor die Inhalte der Vorkriegszeit. Und dennoch hatte die Vergangenheit an Glanz verloren. Ließ sich in der Jugend noch Begeisterung für das Empire wecken? Wer wollte noch die „Bürde des Weißen Mannes" schultern?

Die Vertreter der „Appeasement"-Politik waren zahlreich. Und sie hatten vielfältige Funktionen in der britischen Gesellschaft. Sie redigierten die Schlagzeilen der „Times" und prägten die BBC. Sie gehörten überwiegend zur Oberschicht, hegten Misstrauen gegenüber der UdSSR und sahen in Deutschland einen Widerpart zum Bolschewismus. Die Wiedererstarkung Deutschlands war für sie in diesem Sinne durchaus ein vertretbares Ziel. Niemand billigte die Brutalität und den Antisemitismus. Viele hielten sie für Nebenerscheinungen, die sich in nichts auflösen würden, sobald das Land seinen Machtstatus wieder erlangt haben würde.[21] So schienen viele Kompromisse nötig, und dazu waren die Vertreter des „Appeasement" bereit. Doch gleichzeitig konnten sie sich nicht gegenüber den nagenden Zweifeln verschließen, die der Diktator zunehmend weckte.

Im Juli 1936 fand in Spanien ein Militärputsch statt. Er veränderte die Atmosphäre in Europa, vor allem, als klar wurde, dass Italien und Deutschland General Francisco Franco unterstützten. Diese Hilfe bestand aus Geld, aber auch aus militärischer Logistik und Soldaten. England war um eine Antwort verlegen. Nur eine verschwindend geringe Zahl der Briten wünschte sich Francos Sieg, dennoch verbot die britische Regierung jede Unterstützung für eine der Kriegsparteien. Trotzdem gingen Freiwillige nach Spanien und kämpften auf beiden Seiten. George Orwell fasste seine Erfahrungen in „Homage to Catalonia" zusammen. Die offizielle Antwort lief allerdings auf eine „non-intervention" hinaus. Italiens Freundschaft war nach wie vor erstrebenswert. Chamberlain hoffte auf eine Neuauflage der Stresa-Front. Gleichzeitig reflektierte er eine europäische Friedenslösung, die Deutschland einschloss.

Aus deutscher Sicht war die britische Regierung der ideale Ansprechpartner für die gewünschten Änderungen des Versailler Vertrags. Dabei warf Hitler bewusst die Begrenzung der Flottenrüstung und den Verzicht auf Kolonien als Köder aus, um England auf seine Seite zu ziehen, möglicherweise ein Bündnis zu schließen und im Osten freie Hand zu be-

kommen. Solange die deutschen Wünsche nicht exorbitant waren – und die Rheinland-
besetzung war es nicht –, glaubten Briten und Franzosen an den Sieg von Verhandlungen.
Im November 1937 sprach Lord Halifax mit Hitler, um dessen Absichten auszuloten.
Chamberlain wusste nur zu gut, dass er nicht *allen* machtpolitischen Herausforderungen
gleichzeitig begegnen konnte.[22] Außerdem war er sicher, dass die britische Wirtschaft ein
solches Unterfangen nicht verkraften würde. An eine amerikanische Intervention dachte
in diesen Jahren noch niemand. Großbritannien verfolgte das Geschehen nun aufmerksamer, aber immer mit Blick auf die eigenen Interessen. Ziele waren eine ausgeglichene
Zahlungsbilanz und ein stabiles Pfund. Die Wirtschaft durfte nicht durch eine Kriegsproduktion in ihrer Leistungskraft weiter geschwächt werden.[23] Chamberlain war lange
Schatzkanzler gewesen, mit den Zahlen also gut vertraut. Er war überzeugt, dass ein Krieg
auch im Falle eines Sieges in eine Katastrophe münden würde. Alles in allem schien die
Öffentlichkeit diese Gedanken zu teilen. Chamberlain war zudem gegenüber festen Bünd-
nisverpflichtungen misstrauisch. Eine flexible Reaktion war der gewünschte Handlungs-
modus. Doch Flexibilität bedeutete nicht eine Zweiteilung der Welt in eine deutsche und
eine britische Handlungssphäre. An dieser Vorgabe war nicht zu rütteln.

Der deutsche Wunsch nach Selbstbestimmung fand nach wie vor in England Gehör.
Das bedeutete konkret, dass Minderheiten das Recht haben sollten, sich dem Deutschen
Reich anzuschließen. Als deutsche Truppen im März 1938 in Österreich einmarschierten,
war in Großbritannien niemand richtig empört. Dieselbe Reaktion erfolgte, als die Sude-
tenfrage sich scharf zuspitzte. Chamberlains primärer Gedanke war, die Beziehungen zum
Deutschen Reich friedlich zu gestalten. Zwischen dem 15. und 29. September reiste
Chamberlain dreimal nach Deutschland, um mit Hitler zu sprechen und für die britischen Ansichten zu werben. Nach seinem letzten Besuch verbreitete er die Überzeugung,
dass Deutschlands Ziele nunmehr endgültig erreicht seien. „Peace for our time" – das war
das Schlagwort dieser Tage.[24] Im Münchener Abkommen vom 29. September 1938 (An-
gliederung der sudetendeutschen Gebiete an das Deutsche Reich, Einmarsch deutscher
Truppen nach einem Stufenplan zwischen dem 1. und 10. Oktober) erreichte die „Appeasement"-Politik ihren Höhepunkt.

Trotz allem war dieses Agreement für Großbritannien außerordentlich heikel. Internationaler Kredit stand auf dem Spiel. Englische Politik war und sollte nicht gleichbedeu-
tend sein mit diplomatischen Plaudereien. Churchill plädierte in dieser Stunde für eine
klare Sprache und stellte fest, dass die britische Garantieerklärung gegenüber Polen vom
31. März 1939 in der Zukunft keine Alternative mehr zulasse. Paris hatte in den vergangenen Jahren Großbritannien vollständig die politische Initiative überlassen. Im Grunde
hatte sich die Kontinentalmacht der Insel untergeordnet. Als sich im März 1939 die
Tschechen auf starken deutschen Druck hin unter den „Schutz des Reiches" stellten und
die Slowaken ihre Unabhängigkeit erklärten, gab es für England und Frankreich im europäischen Osten keinen verlässlichen Bündnispartner mehr. Polen konnte kein Ersatz
sein.[25]

Das Bewusstsein der Öffentlichkeit in Großbritannien veränderte sich allmählich; natürlich war der Durchschnittsbürger mit den diplomatischen und rechtlichen Verpflich-

tungen der einzelnen Bündnisse nicht vertraut.[26] Das Parlament diskutierte nicht über Polen. Chamberlain, Halifax und Wilson ließen nach wie vor keine Alternative zum „Appeasement" gelten. Am 22. August schrieb Chamberlain einen persönlichen Brief an Hitler. In Großbritannien werde die Möglichkeit eines Krieges nicht mehr ausgeschlossen, das Land stehe zu seinen Verpflichtungen. Am letzten Freitag im August machte die Regierung den englisch-polnischen Vertrag publik. In Artikel I konnte jeder lesen, dass eine Kriegserklärung unvermeidlich sei, wenn eines der beiden Länder Opfer einer Aggression würde. Der zweite Artikel war noch genauer: Der Bündnisfall greife bereits dann, wenn die Unabhängigkeit eines Landes in Frage gestellt sei.

Andere strategische Überlegungen sollten nicht zum Zuge kommen. Das galt erst recht für eine Juniorrolle gegenüber den USA. Und nur der Frieden konnte garantieren, dass eine solche Entwicklung nicht eintrat. Anfangs hatte Hitler die britischen Interessen nicht berührt. Die britische Reaktion auf die kontinentalen Veränderungen konnte zurückhaltend ausfallen, weil britische Lebensinteressen zunächst nicht betroffen waren. Doch alles in allem fiel die britische Wahrnehmung der Verhältnisse in Deutschland differenziert aus. Hitler und der Nationalsozialismus erzeugten sehr unterschiedliche Bilder. Lange Zeit schien sich der Diktator in einer Grauzone zu bewegen, doch der Nebel löste sich endgültig auf, als das Protektorat Böhmen und Mähren am 16. März 1939 ins Leben gerufen wurde. Hitler hatte offensichtlich nicht nur Revision gewünscht, sondern Expansion. Militärische Überlegungen nahmen nun konkretere Formen an.

Gab es in dieser Situation Lehren, die der „Great War", also der Erste Weltkrieg, für Politiker und Militärs bereithielt? Einige Antworten lagen auf der Hand. Kein Militär würde schnell eine Armee auf den Kontinent schicken. Das Hauptaugenmerk galt dem Empire, für den Kontinent blieben zunächst nur wenig Kräfte. Das „Defence Requirement Committee" hatte der Luftverteidigung höchste Priorität eingeräumt. Als das Münchener Abkommen unterzeichnet wurde, verfügte die Royal Air Force nur über zwei Staffeln („squadrons") von Spitfires und Hurricanes. Nur wenige Sauerstoffmasken konnten über 15 000 Fuß noch gebraucht werden. Eine systematische Nutzung des Radars war noch nicht möglich.

Ab März 1939 setzte sich die Befürchtung auch in der britischen Öffentlichkeit fest, dass ein Krieg wahrscheinlich war. Die Hoffnung auf Frieden bestand nach wie vor, doch die allgemeine Skepsis überwog. Im Gegensatz zu 1914 war nirgendwo Enthusiasmus anzutreffen. Das Überleben hatte jetzt Vorrang. Am 31. März 1939 ließ Chamberlain die Öffentlichkeit wissen, dass die britische Regierung einem angegriffenen Polen „all support in their power" geben würde. Militärisch, das war allerdings klar, war Polen in einer solchen Situation nicht zu helfen. Dessen ungeachtet kannte die englische Geschichte bisher keine Parallele zu dieser Erklärung. Der Premierminister hatte die Kehrtwende eingeleitet. Unklar war, wie sich die Sowjetunion gegenüber einem von deutschen Truppen angegriffenen Polen verhalten würde. Das Misstrauen der Briten gegenüber diesem Land hatte eine lange Geschichte, eine bedeutende militärische Schlagkraft schien es nicht zu haben, an ein russisch-deutsches Bündnis dachte in dieser Situation niemand.

Im Sommer 1939 war die deutsche Propaganda an Aggressivität kaum noch zu übertreffen. Danzig, nach dem Versailler Vertrag „Freie Stadt", sollte wieder zum Deutschen Reich gehören. Die Forderungen bezogen sich auch auf den Korridor, der Ostpreußen vom Reich trennte. Nur die Sowjetunion hätte Polen militärisch wirksam zur Seite stehen können. Im Sommer beschäftigte sich eine britisch-französische Mission mit einem entsprechenden Vertrag. Doch für Polen war es ausgeschlossen, dass sowjetische Truppen auf dem eigenen Territorium stehen sollten. Am 23. August verkündete Hitler indes den Nichtangriffspakt mit der Sowjetunion.[27]

Der Völkerbund hatte eine Antwort auf die Krisen versucht. Aber in den Augen vieler war er von Anfang an ein „dead letter". Kollektive Sicherheit war für Engländer ein schwieriger Begriff, Konservative und Labour taten sich schwer damit. Eine andere theoretische Lösung war ein neues Bündnissystem. Doch mit wem sollte man es aufbauen? Die USA waren neutral, die UdSSR war unzuverlässig, Japan ein Gegner, Italien kein Freund. Frankreich war ein schwieriger Gesprächspartner, es bestand auf Sicherheit und Garantien und warf mehr Probleme auf, als sie zu lösen. Und von der britischen Öffentlichkeit konnte man nicht kontinentales Engagement verlangen. Dazu fand sich keine Regierung bereit. Wenn überhaupt an Garantien gedacht wurde, dann konnten sie auch nur für Westeuropa gelten, nicht für Osteuropa, mit dem Frankreich durch Bündnisse verwoben war. Und schließlich waren die eigenen wirtschaftlichen Probleme nicht gelöst. „Hitlerism" wurde zu einer Bedrohung der Zivilisation. Wie konnte man reagieren? Es gab kein klares militärisches oder politisches Konzept. Welche Alternativen zum „Appeasement" hätte die britische Gesellschaft verkraftet?[28] Am 31. August erklärte die deutsche Reichsregierung, dass alle Verständigungsversuche mit Polen über Danzig und den Korridor gescheitert seien. Am 1. September 1939, um 4.45 Uhr, begann der deutsche Angriff auf das Nachbarland. Der „phoney peace" war zu Ende.[29]

Zweiter Weltkrieg

Der deutsche Diktator hatte gehofft, dass Großbritannien und Frankreich den Überfall auf Polen hinnehmen würden. Stattdessen sah er sich mit dem Ultimatum konfrontiert, die Truppen zurückzuziehen.[30] Am 3. September 1939 erklärte der britische Premierminister mit sorgenschwerer Stimme: „This country is at war with Germany."[31] Chamberlain schonte sich nicht. Er zog ein negatives Resümee seiner Politik, für ihn war sie in jeder Hinsicht gescheitert. Chamberlain versprach mit einer unsicheren Zukunft vor Augen, all seine Kräfte in den Dienst des Vaterlandes zu stellen, um den Tag zu sehen, „when Hitlerism has been destroyed and a liberated Europe has been re-established". Am selben Tag ergriff der Abgeordnete Churchill das Wort und definierte den Charakter des Krieges. England kämpfe nicht für Danzig oder für Polen, sondern um die ganze Welt vor der Nazi-Tyrannei zu schützen und am Ende von ihr zu befreien. Nach seiner Überzeugung kämpften die britischen Soldaten nicht für „imperial aggrandisement"[32], sondern für die Rechte des Individuums, für „the stature of man". Chamberlain wie Churchill dachten nicht primär an die Verteidigung Polens, die militärisch ohnehin unmöglich war;

sie liefen nicht gegen begrenzte territoriale Veränderungen Sturm, die nach ihrem Verständnis durchaus möglich waren, ohne Krieg; bei ihnen festigte sich indes unabweisbar der Eindruck, dass das nationalsozialistische Deutschland das internationale System aufheben wolle, um an seine Stelle eine eigene Ordnung zu platzieren. Der Verdacht war zur Gewissheit geworden und forderte zur Gegenwehr heraus.[33]

Die britische Geschichtsschreibung hat den Zweiten Weltkrieg bisweilen in drei Phasen unterteilt. Die erste begann mit dem „phoney war" (ursprünglich: „bore war"), als deutsche Truppen im Westen siegten und Großbritannien trotz Entsendung eines Expeditionskorps noch zur Untätigkeit verurteilt war. Sie endete mit der französischen Entscheidung am 18. Juni 1940, einen Waffenstillstand mit Deutschland zu unterzeichnen. Jetzt begann die „heroic phase": Großbritannien stand allein und musste sich unter Aufbietung aller Kräfte gegen den Aggressor verteidigen – bis in die erste Dezemberwoche des Jahres 1941, als Moskau den deutschen Truppen widerstand und Japan den USA und Großbritannien am 7. Dezember den Krieg erklärte. Es folgte die „Grand Alliance". So bezeichnete Churchill die letzten Jahre des weltumfassenden Krieges.

Der Kampf um Warschau endete bereits am 27. September 1939, am 6. Oktober streckten die letzten polnischen Verbände die Waffen. Eine polnische Exilregierung unter General Władysław Sikorski konstituierte sich zunächst in Paris, ab Juni 1940 nahm sie dann in London Zuflucht. Am 6. Oktober forderte Hitler Großbritannien und Frankreich auf, die veränderten Verhältnisse zu akzeptieren und sich zum Frieden zu bekennen. Die britischen Militärs sahen bei Kriegsbeginn in der Tat wenig Möglichkeiten, Hitler zu trotzen. Schon früh existierten Überlegungen, Finnland bei seiner Verteidigung gegen die Sowjetunion zu helfen und den Transport schwedischer Erze nach Deutschland zu unterbinden. Das sprach für Stützpunkte im neutralen Norwegen. Die deutsche Marineführung rechnete mit diesem Schritt, sie wünschte sich eigene Stützpunkte in der Auseinandersetzung mit Großbritannien. Am 9. April begann die deutsche Operation gegen Norwegen, die Briten hatten das Nachsehen, eine Verminung der Küstengewässer war nicht mehr möglich. Der norwegische und britische Widerstand war zu schwach, um die deutsche Besetzung zu verhindern. So blieb Großbritannien nichts anderes übrig, als auch die militärische Besetzung Dänemarks am 9. April zu akzeptieren. Schweden spielte eine Sonderrolle, war „souverän" und musste sich dennoch deutschen Wünschen fügen.

Die britischen Militärs sahen sich ebenfalls nicht in der Lage, den Einfall deutscher Truppen am 10. Mai 1940 in die Niederlande, Belgien und Luxemburg zu verhindern. Das deutsche Ziel war vor allem der schnelle Durchbruch zur Kanalküste, um zwischen die britischen und französischen Truppen einen Keil zu treiben. Die Niederlande und Belgien unterwarfen sich am 14. beziehungsweise 28. Mai. Acht Tage zuvor hatten deutsche Truppen die Mündung der Somme erreicht. Dem britischen Expeditionskorps war der Rückzug zum Meer allerdings noch gelungen. Bei Dünkirchen drohte die alliierte Niederlage, doch Hitler bremste den Vorstoß der eigenen Panzertruppen. Nach Ansicht von Hitlers Luftwaffenadjutant Nicolaus von Bredow hatte in Dünkirchen „die englische Armee (...) für ihn keine Bedeutung"[34]. 340 000 britische, französische und belgische Soldaten nutzten die Chance, nach Großbritannien zu fliehen.[35] Am 10. Juni nahm Großbritannien die italienische Kriegserklärung zur Kenntnis. Entgegen Hitlers Hoffnungen gab London den Widerstand in einer scheinbar hoffnungslosen Lage nicht auf. In einer Reichstagsrede am 19. Juli 1940 appellierte der Diktator an die „Vernunft auch in England" und bot an, den britischen Besitzstand zu garantieren, wenn das Land die deutsche Herrschaft über Europa akzeptierte.[36]

In London überschlugen sich die Ereignisse. Am 10. Mai trat Chamberlain von seinem Amt zurück. Der neue konservative Premierminister Winston Churchill bildete unter Beteiligung der Labour Party und der Liberalen eine große Koalition. Die Vertreter des „Appeasement" waren nun zum Schweigen verurteilt.[37] Der alte Churchill personifizierte den Durchhaltewillen und konnte dabei auf die Bevölkerung bauen. Dennoch wusste er nur zu gut, dass der Augenblick keine Alternative zur Defensive bot. Denn auch die Territorien außerhalb Europas riefen nach Schutz und Sicherheit. Der Premier fürchtete, dass die deutsche Herrschaft über Europa und der Ausbau der deutschen Flotte die lebenswichtigen Seeverbindungen durch das Mittelmeer – Malta, Zypern, Suezkanal – und durch den Atlantik zu den Dominions und den Kolonien in Frage stellen würden. So schien Verteidigung das Gebot der Stunde, zumal neben dem Deutschen Reich auch Italien und Japan als Gegner einkalkuliert werden mussten. Churchill rechnete mit einer amerikanischen Intervention und musste bis dahin verhindern, dass deutsche Soldaten auf der britischen Insel Fuß fassten.

Als Frankreich am 22. Juni 1940 einen Waffenstillstand schloss, teilte Churchill der Welt mit, dass Großbritannien allein weiterkämpfen werde. Die zweite Phase des Krieges, die Schlacht um England („Battle of Britain"), begann.[38] Am 16. Juli 1940 ordnete Hitler die Invasion Großbritanniens an, die durch die Luftwaffe vorbereitet werden sollte. Das Unternehmen „Seelöwe" war von Görings Flugzeugen abhängig.[39] Niemand zweifelte daran, dass eine deutsche Lufthoheit der Anfang vom Ende sein würde. Die Royal Air Force leistete ein Glanzstück und sicherte das Überleben. Dabei kamen nur relativ wenige Kräfte zum Einsatz. Es handelte sich um ungefähr 600 einsatzfähige Flugzeuge („frontline fighters"). Ihnen flogen 1300 deutsche Bomber entgegen sowie 900 einmotorige („single-engined") und 300 zweimotorige („twin-engined fighters") Maschinen. Im Juni/Juli 1940 fanden erste Kämpfe statt, der Höhepunkt der Kampfhandlungen lag im August und September, der Ausklang, der so genannte Blitz, im Winter 1940/41. Ein Manko der deutschen Luftwaffe war, dass ihr ein systematisches Konzept fehlte. Schiffe, Häfen, Flug- und Industrieanlagen oder politische Zentren waren Ziele deutscher Bomben.

Die deutschen Bomberflotten konnten kein dauerhaftes Bombardement vornehmen. Tagsüber waren die Spitfires und Hurricanes eine Gefahr, und Radarwarnungen vereitelten jeden Überraschungsangriff. Die ersten Angriffe wählten Häfen und Anlagen der RAF als Ziel. Im Juni/Juli 1940 zielten die Piloten auf das Innere des Landes. Am 8. August erfolgte eines der intensivsten Bombardements, am 11., 12. und 13. des Monats schlossen sich weitere Angriffe an. Die Verluste waren beträchtlich, auf deutscher Seite 145, auf britischer Seite dagegen nur 88 Flugzeuge. Bis Ende August verzeichneten die Deutschen einen Verlust von 600 Maschinen. England beklagte 260 Verluste. Doch auf britischer Seite machte sich jetzt schmerzhaft bemerkbar, dass die Zahl der erfahrenen Piloten be-

November 1940: In einer durch deutsche Bomben zerstörten Bibliothek im Londoner Zentrum stellen einige Bibliophile britische Gelassenheit unter Beweis. Foto: bpk.

grenzt war und auch mehr und mehr Radaranlagen zerstört wurden. Anfang September bombardierten RAF-Piloten Berlin. Hitler ordnete sofort Angriffe auf London und andere Städte an, darunter Coventry und Liverpool. Doch die Deutschen konnten sich nicht der Einsicht verschließen, dass mehr Flugzeuge abgeschossen als produziert wurden. Diese Tatsache entschied die Schlacht. Hitler brach den Versuch der Invasion ab. Einen neuen Termin fasste er noch nicht ins Auge. Im folgenden Winter gab es nur vereinzelte Angriffe der Luftwaffe, die Luftschlacht war entschieden. 23 000 Zivilisten hatten ihr Leben verloren.

Generaloberst Franz Halder, Kriegstagebuch:
„13. 7. 1940: Den Führer beschäftigt am stärksten die Frage, warum England den Weg zum Frieden noch nicht gehen will. Er sieht ebenso wie wir die Lösung der Frage darin, dass England noch eine Hoffnung auf Russland hat. Er rechnet also damit, England mit Gewalt zum Frieden zwingen zu müssen. Er tut so etwas aber nicht gern. Begründung: Wenn wir England militärisch zerschlagen, zerfällt das britische Weltreich. Davon hat aber Deutschland keinen Nutzen. Wir würden mit deutschem Blut etwas erreichen, dessen Nutznießer nur Japan, Amerika und andere sind."[40]

Die Schlacht um England schwächte die britische Verteidigung nicht existentiell. Das Radar leistete eine große Hilfe, die Spitfires und Hurricanes machten sich bezahlt, die britischen Kampfpiloten bewährten sich, doch vor allem: Der Widerstandswille der Bevölkerung war nicht zu brechen. Die Kämpfe setzten der deutschen Luftwaffe Grenzen – und bewirkten noch mehr: Sie beendeten die Selbstzweifel, zementierten den Widerstandswillen und förderten dadurch den Widerstand anderer Länder. Aus vielen Gründen war eine deutsche Landung nicht möglich. Es gab keinen ausreichenden Transportraum, und das Wetter war ungünstig. Doch die deutschen U-Boote zerstörten zwischen Juni 1940 und März 1941 so viel Schiffsraum, wie in kurzer Zeit nicht wieder gebaut werden konnte. In dieser Situation halfen amerikanische Materiallieferungen. Doch die Aussichten blieben zunächst noch dunkel. Am 27. September 1940 schlossen Deutschland, Japan und Italien den Dreimächtepakt, der wechselseitige Unterstützung im Falle eines amerikanisches Angriffs zusicherte.

Die ganze Nation rückte zu einem geschlossenen Widerstandskampf zusammen. Männer und Frauen nahmen daran gleichermaßen teil. Im Jahr 1943 verwendete Großbritannien 54% seiner Bruttoeinnahmen („gross national income") für den Krieg. Die medizinische Versorgung wurde mehr und mehr den Bedürfnissen angepasst. Der zivile Konsum („civilian consumption") blieb bei 80% der Vorkriegszeit stehen. Innenpolitische Zerwürfnisse waren nicht auszumachen. Großbritannien hatte sich zu einem gemeinsamen Kampf zusammengefunden. Churchills Kriegsführung fand nicht immer Beifall, doch insgesamt konnte er sich einer breiten Unterstützung sicher sein.

Großbritannien war zunehmend auf amerikanische Materiallieferungen angewiesen, die bezahlt werden mussten. Der Hinweis auf die bestehende Gold- und Devisenknappheit konnte die finanziellen Forderungen der Amerikaner nicht verdrängen. In dieser Situation mochte die Tatsache eine kleine Hoffnung geben, dass Hitlers Plan zur Eroberung Gibraltars ins Leere lief; zu groß waren die Forderungen, die Spanien gegenüber Deutschland für eine Unterstützung stellte. Doch die große Sorge in London war, dass Hitler die britische Ölversorgung aus dem Nahen und Mittleren Osten unterbrechen und in Nordwestafrika Stellung beziehen könnte. In zwei Schlägen gelang es den Briten, der italienischen Mittelmeerflotte im November 1940 und im März 1941 ihre Schlagkraft zu nehmen. Im Mai 1941 nahmen britische Truppen die Kapitulation der Italiener in Äthiopien an. Im Juni festigten die Engländer ihre Position im Irak und in Syrien. Zwischen Februar und April 1941 mussten sie sich allerdings vor deutschen Truppen unter Führung von General Erwin Rommel aus Libyen zurückziehen und die Front an der Grenze zu Ägypten erneut aufbauen.

Der europäische Krieg hatte sich damit auf Nord- und Ostafrika, den Vorderen Orient und den Atlantik ausgedehnt. Nun wurde auch der asiatisch-pazifische Raum ein Spannungszentrum. Am 7. Dezember überfielen japanische Flugzeuge die amerikanische Pazifikflotte in Pearl Harbor, am 11. Dezember 1941 erklärten Deutschland und Italien den USA den Krieg. Überregionale Kriege entwickelten sich so zu einem weltweiten Krieg. Großbritannien erfuhr eine spürbare Entlastung, als deutsche Truppen am 22. Juni 1941 die Sowjetunion überfielen. Nun bestand Gelegenheit, die Rüstungsproduktion wieder anzuwerfen und die See- und Landstreitkräfte effektiver zu strukturieren. Eine große Hilfe in dieser Situation war das von Roosevelt initiierte Leih- und Pachtgesetz (11. März 1941), das es Großbritannien und anderen Staaten erlaubte, die Bezahlung von amerikanischen Rüstungsgütern zu verschieben. London konnte nun mit zunehmender amerikanischer Unterstützung rechnen. Bereits im März 1941 hatten sich führende Militärs beider Länder für den Fall des amerikanischen Kriegseintritts darauf geeinigt, zunächst Deutschland zu besiegen und die britische Insel dafür als Ausgangspunkt zu wählen. Am 14. August 1941 verkündeten Churchill und Roosevelt die Atlantikcharta. Sie forderte in elf Punkten den Verzicht auf territoriale Vergrößerung, den Respekt vor dem Recht der Menschen, sich eine eigene Regierungsform zu wählen, und unterstrich die Überzeugung, dass Gewalt kein adäquates Mittel der Politik sei. Die Atlantikcharta war aber keine Kriegserklärung der USA.

Nach dem Überfall auf Pearl Harbor drangen die Japaner in Südostasien und im Pazifik rasch vor, am 25. Dezember 1941 nahmen sie Hongkong ein, am 2. Januar 1942 Manila, am 15. Februar Singapur, am 8. März besetzten sie Niederländisch-Indien, am 20. Mai Burma. Die Folge war eine Überbeanspruchung der ohnehin begrenzten japanischen Kräfte. Anfang Juni unterlagen sie amerikanischen Truppen bei den Midway Islands, später erfuhren sie eine weitere Niederlage in der „Battle of Guadalcanal" (August 1942 – Februar 1943); dem japanischen Großreich wurden erste Grenzen gezogen. Seit Januar 1942 gab es eine gemeinsame Einrichtung der britischen und amerikanischen Vereinigten Generalstäbe, der „Combined Chiefs of Staff". Vom 22. Dezember 1941 bis zum 14. Januar 1942 führte Churchill in Washington grundlegende Gespräche. Deutschland sollte der Hauptgegner bleiben, Stalin wurde eine zweite Front im Westen in Aussicht gestellt.[41] Am 26. Mai schlossen Briten und Sowjets einen Beistandsvertrag für 20 Jahre, der die politische Zukunft ausklammerte und sich nur auf militärische Zusammenarbeit bezog. Die Briten und ihre Verbündeten wollten verhindern, dass die UdSSR aus dem Kampf gegen Deutschland ausschied. Das Jahr 1942 brachte eine allgemeine Kriegswende zugunsten der Alliierten. Sie vollzog sich im atlantischen Krieg, im Luftkrieg über Europa, in der UdSSR und in Afrika. Ab 1942 griffen britische Bomber immer häufiger Städte im Norden und Westen Deutschlands an, sie konzentrierten sich zunächst auf die Industriezentren an Rhein und Ruhr. Auch in Afrika nahmen die Kämpfe jetzt einen günstigeren Verlauf. Bei Al Alamain stoppten die Briten die deutsch-italienische Offensive im Juli/ August 1942. Ende Oktober 1942 startete General Montgomery einen Vorstoß und verdrängte Rommel bis nach Tunesien. Im November 1942 unterlagen die Soldaten der sechsten deutschen Armee in Stalingrad sowjetischen Truppen. Auf der Konferenz von Casablanca (14.–26. Januar 1943) forderten Churchill und Roosevelt die bedingungslose Kapitulation Deutschlands, Italiens und Japans. Gleichzeitig einigten sie sich darauf, von Nordafrika aus Sizilien einzunehmen. Europa sollte an seiner schwächsten Stelle – Italien – angegriffen werden. Die Alliierten waren erfolgreich, am 17. August 1943 war die Besetzung Siziliens abgeschlossen, Mussolini war wenige Tage zuvor vom Faschistischen Großrat gestürzt worden.

In Großbritannien hatten sich mittlerweile drei Millionen Soldaten versammelt und die anglo-amerikanische Invasion in der Normandie vorbereitet. Sie begann am 6. Juni 1944 und basierte auf der Luftüberlegenheit und den künstlichen Häfen, die als Brückenkopf dienten. Am 25. August 1944 marschierten alliierte Truppen in Paris ein, am 3. September in Brüssel, am 21. Oktober in Aachen. In dieser Zeit waren sich Churchill und Roosevelt einig: Das Hauptziel war der militärische Sieg, politische Entscheidungen blieben der Zukunft vorbehalten. Schon früh regte sich britisches Misstrauen gegenüber sowjetischen Plänen in Mittel- und Südosteuropa. Doch Churchills Einfluss reichte nicht aus, den amerikanischen Präsidenten von seiner Skepsis zu überzeugen. Die zahlreichen Kriegskonferenzen der Alliierten – in Moskau: 19. bis 30. Oktober 1943, in Teheran: 28. November bis 1. Dezember 1943, in Quebec: 11. bis 16. September 1944, in Moskau: 9. bis 20. Oktober 1944, in Jalta: 4. bis 11. Februar 1945 – brachten keine einschneidenden Entscheidungen für die *Nach*kriegsplanung. Am 7. Mai nahmen Vertreter der westlichen Alliierten die Kapitulationsurkunde der deutschen Wehrmacht mit Wirkung zum 8. Mai in Reims entgegen. In Berlin-Karlshorst wiederholte sich der Kapitulationsakt am 8. Mai gegenüber dem sowjetischen Oberkommandierenden. Im Gegensatz zu Harry S. Truman, Roosevelts Nachfolger, blieb Churchill weiterhin gegenüber sowjetischen Zielen misstrauisch. Am 6. August fiel die erste Atombombe auf Hiroshima, am 9. die zweite auf Nagasaki. Japan bot unverzüglich die Kapitulation an. Sie wurde am 2. September unterzeichnet.

Der Krieg von 1939 bis 1945 zerstörte die Welt in einer bisher unvorstellbaren Dimension. Über die Verluste gibt es nur Schätzungen. Sie belaufen sich auf 50 bis 64 Millionen Tote, das entspricht fast der vollständigen Bevölkerung Großbritanniens oder Frankreichs. Allein in Europa fanden zwischen 15 und 20 Millionen Soldaten den Tod, etwa doppelt so viele wie im Ersten Weltkrieg. Weit über sechs Millionen Menschen wurden Opfer des nationalsozialistischen Rassenwahns. Kaum ein Land blieb von den Gräueln des Krieges verschont. Die meisten wurden Stätten des Grauens und der Vernichtung. Europa ähnelte einer Mondlandschaft, 60 Millionen Zivilisten suchten ein neues Zuhause. Nach dem Krieg mussten 2,5 Millionen Polen und Tschechen unter sowjetischer Herrschaft leben, 12 Millionen Deutsche waren geflohen oder wurden vertrieben.[42]

Am Ende des Krieges waren Großbritanniens Devisen fast aufgezehrt, das Land stand vor der Zahlungsunfähigkeit. Das Leih- und Pachtgesetz der USA hatte freilich das Schlimmste verhindert, Ausrüstung und Lebensmittel wurden über den Atlantik geschafft. Für diese Unterstützung waren die Briten dankbar, aber sie brachte auch das Bewusstsein der Abhängigkeit. Die einstige Weltmacht verlor mehr und mehr ihren Nimbus. Während des Krieges hatte sich die britische Nation behauptet, doch mit dem Frieden tauchten die Rechnungen auf, und die ließen sich kaum bezahlen. Der U-Boot-Krieg im Atlantik hatte der Flotte empfindliche Verluste beigefügt, in Asien hatten die Briten viele Niederlagen hinnehmen müssen, die Eroberung Singapurs durch die Japaner war eine Katastrophe, die Bündnispartner forderten Zugeständnisse, der Indische Nationalkongress verlangte die Unabhängigkeit, Australien, Kanada und Neuseeland lehnten sich an die Macht der Zukunft – die USA – an. Das Jahr 1945 hatte für Großbritannien mindestens zwei Gesichter: Das Land hatte einerseits die schlimmste Bedrohung in seiner Geschichte abgewehrt und war als Sieger aus dem Konflikt hervorgegangen. Andererseits waren die Verluste unübersehbar: 270 000 britische Soldaten waren umgekommen, 60 000 Zivilisten getötet worden. Die britische Volkswirtschaft war existentiell getroffen. Die Exporte betrugen 1945 nur 285 Millionen Pfund, 1938 waren es 471 Millionen gewesen. Die Handelsflotte hatte 11,5 Millionen Tonnen verloren, die Auslandsinvestitionen hatten sich ungefähr um 25 % Prozent verringert. Großbritannien war zum Schuldner geworden. 1946 belief sich die Summe auf 80 Millionen Pfund. Kenner der Verhältnisse mussten sich der Einsicht beugen, dass der Zweite Weltkrieg Großbritanniens machtpolitischen und wirtschaftlichen Niedergang rasant beschleunigt hatte. Aber es kam noch schlimmer. Die (außenpolitischen) Lösungen, die in der Zwischenkriegszeit zum Teil erfolgreich praktiziert worden waren, konnten die Wirklichkeit jetzt nicht mehr korrigieren. Der Weltmachtstatus war verloren, Großbritannien war nur noch eine zweitrangige Macht, „the second best", und das blieb der Welt nicht verborgen.

Noch vor der deutschen Kapitulation am 8. Mai 1945 hatte Churchill im House of Commons zugesichert, dass er nach dem Krieg den König bitten würde, das Parlament aufzulösen. Es blickte auf eine lange Legislaturperiode zurück. Die Abgeordneten tagten immerhin seit 1935. Am 23. Mai löste Churchill seine Regierung auf, berief eine ausschließlich konservative und setzte den Wahltag auf den 5. Juli fest. Die Konservativen wähnten sich sicher und verließen sich auf Churchill, der das Land vor dem Ruin bewahrt hatte. Doch Churchill präsentierte sich in dieser Stunde nicht nur als der große Sieger, der Weltpolitik gemacht hatte. Der Premierminister diskreditierte öffentlich die Labour Party, diffamierte sie als Partei des Sozialismus und versprach eine starke Führung und soziale Reformen für den Fall der Bestätigung seiner Regierung. Ein spezifisches Wahlprogramm bot er nicht an. Trotz des unbestreitbaren Erfolges, den Churchill während des Krieges für sich und sein Land hatte verbuchen können, waren viele britische Wähler über seine Rhetorik außerordentlich verärgert. Sie hatten ein präzises Erinnerungsvermögen, das in die harten zwanziger und dreißiger Jahre zurückreichte. Eine Wiederholung wünschten sie nicht, und was Churchill umsetzen wollte, hatte er im Wahlkampf nicht präzisiert. Die britischen Wähler entschieden auch gegen Stanley Baldwin und Neville Chamberlain. Labour gewann 393 Sitze, die Konservativen nahmen auf nur 213 Sitzen Platz. Am 26. Juli legte Churchill sein Amt nieder, sein Nachfolger wurde Clement Attlee.

Nolens volens musste sich das Land den neuen Supermächten unterordnen. Dennoch blieb es ein bedeutsamer Mosaikstein in der europäischen Nachkriegsgeschichte. Elite und Öffentlichkeit standen vor einer Aufgabe, die lange Jahre in Anspruch nehmen sollte: die Suche nach einer neuen Identität, die für den Verlust der weltpolitischen Bedeutung entschädigte und eine Zukunft versprach. Noch lange konkurrierten das traditionelle Bewusstsein und die Einsicht in notwendige Reformen miteinander. Dennoch kam man an zwei Marksteinen nicht vorbei: der außenpolitischen Anlehnung an die USA und der notwendigen gesellschaftlichen Reform, die alle bisherigen Überlegungen und Erfahrungen in den Schatten stellte.

Die Briten wünschten sich Ordnung, Gesetz und Normalität. Die Kriegsgefangenen sollten in ihre Heimat zurückkehren, die Soldaten wieder in das Zivilleben integriert werden. Dennoch standen an vielen Stellen die Zeichen auf Veränderung. Der Krieg hatte sich auf alle Gesellschaftsschichten ausgewirkt, und zu seinem Erbe gehörte auch, dass die Menschen eine neue und gerechtere Gesellschaft verlangten. In vielen Ländern bildeten sich christlich-demokratische Parteien, in Italien, Deutschland, in den Niederlanden, in Frankreich – in Großbritannien allerdings nicht. Auch die Labour Party teilte nicht die sozialistischen Vorstellungen, die im kontinentalen Europa anzutreffen waren. Gleichwohl bedeutete das nicht die Rückkehr in die Vergangenheit. Die Wahlen von 1945 dokumentierten das allgemeine Bedürfnis nach Veränderung, aber auch nach Stabilität und Sicherheit, ohne die Sorgen der zwanziger und dreißiger Jahre.

Als sich am 25. April 1945 amerikanische und sowjetische Soldaten in Torgau die Hände schüttelten, besiegelte diese Geste den Sieg über Nazi-Deutschland. Sie symbolisierte das Ende des alten Europa. Doch die Menschen, die sich in der Stadt an der mittleren Elbe begegneten, wussten wenig voneinander, vom Sieg abgesehen schien sie nichts zu verbinden. Nach 1945 wurden keine Einladungen zu einer großen west-östlichen Friedenskonferenz mehr ausgesprochen, auch wenn sich Außenministerkonferenzen mit den Problemen der Friedensgestaltung beschäftigten. Die Kommunikation wurde frostiger, unterschiedliche Interessen trennten die Sieger. Bernard Baruch und Walter Lippmann bezeichneten die neue Situation als „Cold War". Der Konflikt begann im besetzten Deutschland, und er wurde nicht durch die Tatsache gemildert, dass am 2. September 1945 der Zweite Weltkrieg endete.

Über das Gesicht des neuen Europa bestand keine Einigkeit. Großbritannien und die USA bestimmten die westliche Hälfte.[43] Doch weder London noch Washington entwickelten Visionen, die im zerstörten Europa begeistert aufgegriffen wurden. Viele blickten auf die Vereinten Nationen. An die Stelle des alten Konflikts schob sich langsam ein neuer: Die Überlebenden fürchteten die Konfrontation mit Stalin, die Abwesenheit großer Visionen registrierten sie nicht sofort. Für die Labour Party waren Churchills Vorstellungen von einer engeren europäischen Zusammenarbeit keine Empfehlungen. Die Partei war allenfalls zu Diskussionen über einen „Council of Europe" bereit. „No iota of British sovereignty" stand auf einem Wahlplakat der Labour Party aus dem Jahr 1950 – unter der Überschrift „European Unity". Der Marshall-Plan füllte das Vakuum nur zum Teil. Als diese Unterstützung versiegte, wurden die unterschiedlichen Konturen britischer und amerikanischer Interessen deutlich. Wieder galten Churchills Kassandrarufe im eigenen Land wenig. Der Staatsmann warnte zwar nicht vor einem bevorstehenden militärischen Konflikt mit der UdSSR, wohl aber vor der drohenden Ausdehnung, die bereits viele Staaten Osteuropas ideologisch umgriffen hatte.

8. Auf dem Weg nach Europa?

1945 5. Juli: Die Labour Party siegt über die Konservativen und erhält 393 Sitze. Attlee wird neuer Premierminister (27. 7.).

1946 6. März: Verstaatlichung der Bank von England

5. Juli: Verstaatlichung des Kohlebergbaues

19. Dezember: Verstaatlichung des Transportgewerbes

1947 30. Juli: Verstaatlichung der Elektrizitätswerke

15. August: Indien wird Mitglied des Commonwealth of Nations.

1948 16. April: Großbritannien wird Gründungsmitglied der OEEC (Organization for European Economic Cooperation).

9. Mai: Verstaatlichung der Eisen- und Stahlindustrie

5. Juli: Errichtung des staatlichen Gesundheitsdienstes

1951 25. Oktober: Sieg der Konservativen

1952 6. Februar: Tod König Georgs VI. – Nachfolgerin wird Elisabeth II.

1955 5. April: Rücktritt Churchills

1956 Oktober: Suezkrieg

1957 9. Januar: Rücktritt Edens

1960 4. Januar: Unterzeichnung der EFTA-Verträge (European Free Trade Association)

1961 10. August: Offizieller Beitrittsantrag zur EWG in Brüssel

1962 2. März: Beantragung der Aufnahme in EGKS (Europäische Gemeinschaft für Kohle und Stahl) und EURATOM

1963 14. Januar: De Gaulle lehnt britische EWG-Vollmitgliedschaft ab.

1964 15. Oktober: Wahlsieg der Labour Party; Harold Wilson wird neuer Premierminister.

1965 11. November: Ian Smith in Südrhodesien erklärt einseitig die Unabhängigkeit.

1968 28. Februar: Gesetz zur Begrenzung von Einwanderung

1971 3. August: Wirtschaftliche und soziale Konflikte bewirken Ausrufung des Notstands. – Aufhebung am 11. März 1974

1973 1. Januar: Großbritannien ist Mitglied der EG.

1974 28. Februar: Keine Partei erringt in Wahlen absolute Mehrheit.

4. März: Harold Wilson bildet Minderheitskabinett.

10. Oktober: Neuwahlen – Knappe Mehrheit für Labour Party

1975 5. Juni: Referendum bestätigt britischen EG-Beitritt (67,2% Ja-Stimmen).

1976 9. Dezember: 1,31 Millionen Arbeitslose – Höchster Stand der Arbeitslosigkeit seit 1939

1979 3. Mai: Margaret Thatcher wird erster weiblicher Premierminister.

1981 26. März: Ehemalige Labour-Minister gründen SDP (Social Democratic Party).

1982	14. März/1. April: Argentinien besetzt Falkland-Inseln, Briten erobern sie bis 1. Mai zurück. August: 3,29 Millionen Arbeitslose
1983	9. Juni: Thatcher geht als Siegerin aus den Parlamentswahlen hervor.
1984	26. September: Abkommen zwischen Großbritannien und China: Ab 1. Juli 1997 untersteht Hongkong wieder China.
1987	11. Juni: Konservative gewinnen Unterhauswahlen.
1990	28. November: Rücktritt Thatchers – Nachfolger: John Major
1991	Britische Truppen nehmen am Ersten Golfkrieg teil.
1992	Sieg der Konservativen bei Unterhauswahlen
1993	20. Mai: Parlament ratifiziert Vertrag von Maastricht.
1994	6. Mai: Eröffnung des „Channel-Tunnel" unter dem Ärmelkanal
1997	1. Mai: Labour Party erreicht absolute Mehrheit in Unterhauswahlen.
1999	Selbstverwaltung für Nordirland, Schottland und Wales
2003	März–April: Britische Truppen nehmen an der Seite der USA am Irakkrieg teil.

Labour und der Wohlfahrtsstaat

Während des Krieges war England der Partner der UdSSR und der USA im Kampf gegen Hitler und Nazideutschland. Churchill hatte gemeinsam mit Stalin und Roosevelt die großen Konferenzen von Teheran und Jalta geprägt. Und dennoch war Großbritannien kein gleicher Partner der beiden neuen Supermächte USA und UdSSR. Macht und Einfluss des Landes, die auf Industrie und Empire basierten, hatten mit dem Ersten Weltkrieg großen Schaden genommen und sich von diesem Schlag nie mehr richtig erholt. Der politische und wirtschaftliche Niedergang hatte sich in der Zwischenkriegszeit fortgesetzt, und die ungeheuren Kraftanstrengungen des Zweiten Weltkriegs taten ein Übriges, um Großbritannien nunmehr endgültig in seiner weltweiten Bedeutung zurückzudrängen.[1] Die Nachkriegsjahre waren folglich von dem Bemühen der Bevölkerung gekennzeichnet, mit diesem Bedeutungsverlust fertig zu werden und die wirtschaftlichen und politischen Konsequenzen zu tragen. Großbritannien hatte ein Weltreich verloren und suchte seine neue Rolle in der Welt. Das Britische Empire gehörte definitiv der Vergangenheit an. Industrie und Handel waren gezwungen, sich den neuen Verhältnissen anzupassen; in Teilbereichen gelang dies mit erstaunlichem Erfolg. Gleichwohl waren sich die Verantwortlichen in Wirtschaft und Politik nur selten einig über den Weg, der einzuschlagen war.

Weit entfernt von der militärischen Bühne hatte Sir William Beveridge, Sozialpolitiker und langjähriger Direktor der London School of Economics, Ende November 1942 einen Bericht vorgelegt, der die Überschrift „Social Insurance and Allied Services" trug. Der Bericht verlangte im Kern eine Bündelung von Großbritanniens Wohlfahrtsprojekten und richtete sich gegen die „five giants", die „fünf Übel", die Beveridge ausgemacht hatte und die er ein für alle Mal aus der Welt schaffen wollte: Not, Krankheit, Unwissenheit, Verwahrlosung und Arbeitslosigkeit. Des Weiteren legte der Bericht einen Plan für die „insurance of industrial injuries" vor. Diese Absicht war ein Novum. Als der Beveridge-

Report bekannt wurde, stimmten viele den Gedanken begeistert zu. Churchill und seine Regierung gehörten nicht dazu. Sie zogen ihre Unterstützung zurück, als nach sorgfältiger Lektüre deutlich wurde, dass eine grundsätzliche Reform der „welfare services" der Inhalt des Plans war. Daher wurde der Bericht nur unter dem Namen des Verfassers bekannt. Das änderte nichts daran, dass der Plan in der Nachkriegszeit bedeutende Impulse aussandte.

Die Regierung hatte gewaltige Probleme zu lösen: Die Hälfte der Handelsflotte vernichtet, fünf Millionen Häuser waren zerstört, Industrie und Wirtschaft noch auf Kriegsproduktion ausgerichtet. Die Soldaten verlangten jetzt ihren Platz im Wirtschaftsleben. Die riesigen Schulden aus der Zeit des Krieges mussten bezahlt werden. Die Bevölkerung setzte ihre Hoffnung mehrheitlich auf Clement Attlee, den neuen Premierminister. Zu seinen ersten Maßnahmen gehörte der National Insurance Act von 1946, der die Arbeiter im Falle von Arbeitslosigkeit, Krankheit und anderen Notlagen schützen sollte. Männer hatten einen Anspruch auf Rente ab 65, Frauen ab 60. Flankierend kam diesem Gesetz die National Assistance von 1948 zur Hilfe. Ein National Assistance Board sollte Bedürftige mit dem Nötigsten versorgen. 1948 trat der National Health Service in Kraft. Jeder hatte nun einen Anspruch auf medizinische Versorgung. Die Ärzte schätzten allerdings die Kontrolle des Staates wenig. Alle drei Maßnahmen – National Insurance, National Assistance, National Health – legten das Fundament für den Wohlfahrtsstaat.

Die Wohnungsnot wurde durch die zurückkehrenden Soldaten verschärft. Aneurin Bevan war der verantwortliche Minister. In den folgenden Jahren baute Großbritannien mehr Häuser als irgendein anderes Land in Europa. Doch der Bedarf an Eigenheimen ließ sich so schnell nicht decken. Eine weitere Leistung der Labour-Regierung war der New Towns Act von 1946. Fern von den alten Städten sollten neue entstehen. Beispiele waren Harlow, Crawley, Stevenage, Basildon, Hemel Hempstead und Skelmersdale. Trotz all dieser Initiativen hielt sich die Wachstumsrate in Grenzen. Da die Soldaten als Sieger nach Hause zurückkehrten, fiel die Einsicht in radikale Reformen schwer. Warum sollten sich traditionelle Institutionen und Denkweisen ändern? Labour gab den Anstoß für Verstaatlichung und Wohlfahrtsstaat, doch die öffentliche Meinung änderte sich damit noch nicht grundlegend. Nach wie vor gab es koloniale Märkte, man kämpfte für „the old parity of sterling" und sah keine Notwendigkeit, den Schulterschluss mit dem kontinentalen Europa zu suchen. Die Verteidigungsausgaben waren und blieben hoch. Die Erschütterung des ohnehin brüchigen wirtschaftlichen Fundaments ließ sich bisweilen noch verschleiern. Doch spätestens die Katastrophe am Suezkanal riss diesen Schleier erbarmungslos nieder. Sie dokumentierte die Schwäche des Pfund Sterling und Großbritanniens Hilflosigkeit in der internationalen Welt. Die Politik der nuklearen Abschreckung mochte über Schwächen hinwegtäuschen. Aber auf lange Sicht ließen sich die wirtschaftlichen Daten nicht unterdrücken. Die britische Wachstumsrate gehörte zu den niedrigsten in ganz Europa.

Der Wunsch nach einem angenehmeren Leben war verständlich. Über das Wie herrschte allerdings Uneinigkeit. Clement Attlee nahm kein Blatt vor den Mund. Das Land, so ließ er allenthalben wissen, befinde sich in einem katastrophalen Zustand. Einen

Ausweg wies die Verstaatlichung – beispielsweise der Bank von England (1945), der Kohleindustrie (1947), der Eisenbahnen und anderer Transportmittel. Der Grundgedanke war, das Transportwesen für ganz Großbritannien zu planen. 1949 war die Eisen- und Stahlindustrie an der Reihe. Die Konservativen liefen gegen diese Maßnahmen Sturm, versprachen für die Wiederwahl die Umkehrung der Verhältnisse, unterschätzten dabei aber, dass viele Schritte durchaus populär waren.

Die Programme für den Wohlfahrtsstaat und die Verstaatlichung wurden vor dem Hintergrund großer ökonomischer Probleme initiiert. 1945 hatte der Journalist und Ökonom John Maynard Keynes – der britischen Öffentlichkeit als Kritiker des Versailler Vertrags bekannt – einen hohen Kredit von den USA und Kanada erhalten, um die dringendsten Aufgaben bewältigen zu können. Brot, Kartoffeln, Zucker, Tee, Fleisch und Butter mussten zeitweilig rationiert werden. An Benzin für den Privatverkehr war nicht zu denken. Viele ehemalige Soldaten fanden zwar schnell Beschäftigung, aber der Lohn war niedrig, die Steuern dagegen hoch. Diese Zeit ging als Phase der „austerity", der Sparmaßnahmen in Notzeiten, in die Geschichte ein. Der kalte Winter der Jahre 1946/47 tat ein Übriges, um das Leben zu erschweren. Die Kohlevorräte wurden knapp, Gas und Elektrizität waren oft für Stunden gesperrt. Im November 1949 schrieb ein deutscher Journalist aus London: „Als ich vor einem Jahr das erste Mal durch eine große Londoner Geschäftsstraße ging, da erschienen mir die gefüllten Schaufenster und die voll gepackten Regale wie ein Wunder, wie ein Märchen aus einer in Wahrheit längst vergangenen Zeit, und ich blieb, obwohl ich die ersten Wirkungen der Währungsreform in Deutschland noch erlebt hatte, doch immer wieder fasziniert vor dem scheinbar unbegrenzten Angebot der Schuhläden oder Bekleidungsgeschäfte stehen. Die Preise erschienen mir, der ich Jahre hindurch an die Zahlen des Schwarzen Marktes gewöhnt war, geradezu verblüffend niedrig. (...) Geschäfte und Auslagen in England sind heute nicht leerer als vor einem Jahr. Vielleicht sind einige ausländische Erzeugnisse seltener geworden. Aber Apfelsinen, Schweizer Büchsenmilch, französischer Käse finden sich noch immer in den Schaufenstern. Im Allgemeinen macht sich die viel genannte 'austerity', die 'Einschränkung', nicht in einem geringeren Angebot bemerkbar, sondern in langsam, kaum erkennbar steigenden Preisen und in einer abnehmenden Käuferzahl. Als ich nach England kam, war die Epoche des Kaufens und Geldausgebens der Nachkriegszeit bereits vorüber. Die Ersparnisse des Krieges näherten sich ihrem Ende, die Käufer zögerten, und die Geschäfte begannen ihre Reklame zu verstärken. Heute scheint mir diese Entwicklung ihren Tiefpunkt erreicht zu haben.

War es im vergangenen Jahr (1948, MF) noch vor allem das Bürgertum, das auf Grund geringer werdender Einnahmen sich einzuschränken begann, so ist diese Entwicklung heute auch bei den Arbeitern spürbar, trotz ihrer hohen, teilweise in der Zwischenzeit gestiegenen Löhne. Aber die Reserven der Kriegsersparnisse sind aufgebraucht, und trotz aller Preisstopps ist eine im Einzelnen kaum zu benennende, aber ständige Verteuerung der Lebenshaltung feststellbar. Vor einem Jahr noch erlebte ich es, wie die Frau eines Bergarbeiters, der zehn Pfund in der Woche verdiente, in einem Laden nach den 'teuersten Obstkonserven' fragte. Heute sind die schweren, reifen Ananasfrüchte, die allenthalben in

den Läden hängen, wegen ihrer hohen Preise kaum zu verkaufen, im Westend wie in den
Arbeitervierteln. Das Bewusstsein der Verarmung, vor einem Jahr eigentlich nur in den
'wohlhabenden' Klassen spürbar, hat sich über das ganze Volk ausgebreitet."[2]

Außen- und innenpolitische Herausforderungen

Bis 1950 hatte sich über diese Entwicklung beträchtlicher Unmut entwickelt, von dem die
Konservativen profitierten. Die Labourregierung musste sich zunehmender Kritik stellen,
vor allem dem Vorwurf zu hoher Steuern. Nicht selten war zu hören, dass die Regierung
das Leben zu sehr reglementiere und Initiativen im Keim ersticke. „Die großen Parteien",
berichtete ein englischer Zeitgenosse, „hätten ihre Rollen vertauscht; die Konservativen
stellten sich heute als Vertreter des Fortschritts dar, während die Sozialisten bestrebt seien,
alles in dem Zustand zu erhalten, in dem es sich zurzeit befinde; und beide fühlten sich in
ihren neuen Rollen noch etwas unsicher und seien daher vorsichtig und zurückhaltend."[3]
Beschäftigungsstandard, Lebensmittelrationierung und Sozialisierung waren die Themen
der politischen Diskussion. Die primäre Sorge beider Parteien galt der Vollbeschäftigung.
Die einzige wirkliche Kontroverse rankte sich um die Frage der Sozialisierung. Die Auseinandersetzung verschärfte sich, als die Labour-Regierung ihre Absicht bekannt gab, die
britische Eisen- und Stahlindustrie zu verstaatlichen. Der britische Eisen- und Stahlver-
band reagierte sofort und verkündete seinen Widerstand gegen die Pläne der Regierung.
Der Verband befürchtete vor allem negative Auswirkungen auf Öffentlichkeit und Wirtschaft.

Mit gemischten Gefühlen verfolgten die Menschen in Großbritannien nach 1950 die
Diskussion über die Aufstellung westdeutscher Divisionen zur Verteidigung Europas.[4] Befürworter wie Gegner teilten ein unverkennbares Unbehagen, das sich zum Beispiel aus
der Frage speiste, ob die Soldaten nur der Verteidigung der westlichen Hälfte Deutschlands dienten oder ob im Stillen auch an den Wiedererwerb Ostpreußens gedacht war.
Hinzu kamen wirtschaftliche Überlegungen. Die wachsenden deutschen Exporte lösten
Sorgen aus beim Vergleich mit englischen Zahlen. Würde die deutsche Wirtschaft ge-
nötigt, ihr Exportprogramm zumindest teilweise auf ein Verteidigungsprogramm umzu-
stellen, dann würde die englische Wirtschaft, so die Hoffnung, von dieser Entscheidung
profitieren können. Wenn die deutschen Einheiten allerdings von den USA finanziert
würden, dann liefen die eigenen Erwartungen zwangsläufig ins Leere.

Die Quittung für all die ungelösten Fragen blieb nicht aus. Der aufgestaute Protest
kostete die Labour Party in den Wahlen des Jahres 1950 einen beträchtlichen Teil ihrer
Mehrheit, die im Parlament auf nur sechs Stimmen zusammenschmolz. Doch Attlee hielt
zäh an seinen Projekten fest, auch wenn er auf die Unterstützung von zwei führenden Ministern, Stafford Cripps und Ernest Bevin, verzichten musste, die aus Krankheitsgründen
zurücktraten. Mit dem Ausbruch des Koreakrieges hielt der Premierminister es für Großbritanniens Pflicht, an dem Konflikt teilzunehmen – gegen massive Proteste. In dieser
Situation entschloss sich Attlee für Neuwahlen, die Ende 1951 stattfanden und die Labour

Party für dreizehn Jahre von der Regierung ausschlossen. Winston Churchill wurde neuer Premierminister. In Europa wurde mit dem Regierungswechsel die Hoffnung verknüpft, dass England eine europafreundlichere Haltung einnehmen würde. Doch die Reden britischer Repräsentanten in Straßburg und London gaben dieser Hoffnung wenig Nahrung.

Am 6. Februar 1952 starb König Georg VI. auf Schloss Sandringham im Alter von 56 Jahren. Sein Tod kam unerwartet. Die Nachricht traf die englische Bevölkerung überraschend. In London brachen Menschen auf offener Straße in Tränen aus, Gerichte und Börsen wurden geschlossen, Theater und Kinos sagten ihre Programme ab. In der großen Halle der Versicherungsgesellschaft Lloyds dröhnte die Glocke der Lutine, die normalerweise nur bei Verlusten auf hoher See ihren Klang vernehmen ließ. Noch am Nachmittag trat der Thronfolgerat zusammen, um Prinzessin Elisabeth zur Königin Großbritanniens, Irlands und der Dominions zu berufen. Der König hatte sich durch Ausgeglichenheit, Ernst, Zurückhaltung und makelloses Pflichtbewusstsein ausgezeichnet. Als er den Thron 1936 bestieg, war Georg VI. eine vergleichsweise unbekannte Persönlichkeit, am Ende seiner Regentschaft war er populär, weithin respektiert, und sein Tod wurde aufrichtig bedauert. Zwar hatte er nicht die vielen konstitutionellen Probleme zu lösen, die der Regentschaft seines Vaters anhafteten, aber Georg VI. war mit der Königin während des Krieges in London geblieben, und der Buckingham Palast wurde insgesamt neunmal bombardiert, auch während sich der König dort aufhielt. Diese Präsenz trug ihm viel Respekt ein. In die Zeit seiner Regentschaft fiel auch die weitgehend friedliche Umwandlung des britischen Empire in das Commonwealth of Nations sowie der Aufbau des Wohlfahrtsstaats.

In den Jahren 1951 bis 1955 verbuchte Anthony Eden eine Reihe außenpolitischer Erfolge. Er genoss großes Ansehen, im Kabinett wagte selten jemand zu widersprechen. Bisweilen kam es zu Auseinandersetzungen mit Churchill, aber sie stellten seinen Ruf nicht in Frage und wurden selten in der Öffentlichkeit ausgefochten. Es gab zahlreiche Konfliktfelder, die Aufmerksamkeit verlangten. Korea, Iran, Ägypten und Indochina waren nicht zur Ruhe gekommen; auf dem Kontinent spielte nach wie vor die deutsche Frage eine Rolle; vor allem galt es, Frankreich für den Fall zu versöhnen, dass eine deutsche Wiederaufrüstung nötig sein sollte. In keiner Angelegenheit konnte Großbritannien autonom handeln. Der Erste und der Zweite Weltkrieg hatten dauerhafte Fesseln angelegt. Es reichte nicht, bei außenpolitischen Entscheidungen lediglich zum Potomac zu schielen. Washington legte die Grundentscheidungen fest, in vielen Fragen existierten Meinungsverschiedenheiten. Waren die Amerikaner zu einer definitiven Entscheidung gekommen, musste sich England mehr oder weniger fügen. Etwas anders sah die Situation aus, wenn die Verantwortlichen in der amerikanischen Hauptstadt zögerten. Doch die militärische Überlegenheit der USA war unstrittig, und diese Tatsache gab oft genug den Ausschlag.

Eden neigte dazu, London als ausgleichendes Element zwischen dem amerikanischen Kontinent, Europa und dem Commonwealth zu betrachten – während die Amerikaner ihren Kontinent als „their monopoly" ansahen, das Commonwealth als überflüssig und Großbritannien lediglich als europäisches Land. Der britische Premierminister dachte noch an Einflusszonen und an traditionelle britische Interessen, die für die USA schon

lange keinen Wert mehr besaßen. Eden sah den Fernen Osten als amerikanische Einflusszone. Zu einem Krieg mit China durfte es allerdings nicht kommen; der Verlust von
Hongkong wäre unvermeidlich. Außerdem hätte ein solcher Konflikt die Sowjetunion
veranlassen können, in Europa die Gunst der Stunde zu nutzen. Der Mittlere Osten gehörte nach englischem Verständnis dagegen zur britischen Domäne. Daher kam nicht der
Gedanke auf, sich aus Ägypten zurückzuziehen – mit Konsequenzen für die Suez-Kanal-
Route. Eine Verstaatlichung der anglo-iranischen Ölgesellschaften wäre eine Katastrophe
gewesen, mit unabschätzbaren Risiken für britische Investitionen in der ganzen Welt. Die
Amerikaner dagegen sahen den Kommunismus auf dem Vormarsch. Das zögerliche britische Verhalten in der Korea-Frage und das Ende des Kolonialkriegs in Indochina weckten
Erinnerungen an das „Appeasement" der dreißiger Jahre, das schließlich in den Krieg ge-
mündet hatte. Schlimmer noch, indem Großbritannien an seiner quasi-kolonialen Herrschaft festhielt, trieb es nach amerikanischer Einschätzung immer mehr Nationalisten in
die Arme des Kommunismus. Es gab viele Differenzen. Während England noch an der
„special relationship"[5] festhielt, neigten Präsidenten wie Eisenhower eher dazu, diese besondere Beziehung als Kapitel der Vergangenheit zu betrachten. Die zahlreichen Versuche
der weltpolitischen Einflussnahme führten immer wieder den eigenen Machtverlust vor
Augen.

Der Wahlsieg der Konservativen im Mai 1955 löste großen Jubel aus. Die Regierungs-
partei war gestärkt aus den Wahlen hervorgegangen. Die Katastrophen zweier Weltkriege
stärkten bei den Wählern das Bedürfnis nach Ruhe und Stabilität. Das Kennzeichen der
fünfziger und frühen sechziger Jahre war die Erholung der Wirtschaft. Dafür zeichneten
nicht unbedingt die Konservativen verantwortlich, aber sie konnten die Konsequenzen
der wirtschaftlichen Prosperität für sich verbuchen. 1959 warb Macmillan mit dem
Spruch „You've never had it so good", und die ökonomische Realität gab ihm Recht. Es
gab kaum einen Bereich der Gesellschaft, der von der allgemeinen Erholung nicht profitierte. Die „upper" und „middle class" waren mit der Entwicklung zufrieden, aber auch
die „working class". Die Durchschnittslöhne stiegen beachtlich und ermöglichten einen
bisher ungeahnten Konsum, den Mitte der vierziger Jahre niemand für möglich gehalten
hätte. Und es gab jetzt viele Artikel, für die man Geld ausgeben konnte – angefangen mit
dem eigenen Auto, dem Fernseher und „continental holidays", die für viele Familien nicht
mehr ausgeschlossen waren. Waschmaschinen erleichterten die Arbeit, Kühlschränke
hielten ihren Einzug, Staubsauger gehörten allmählich zum Alltagsbild. Hinzu kam, dass
wieder mehr Frauen arbeiteten – auch, um das Familieneinkommen und damit den Le-
benskomfort zu erhöhen. Dass diese Lebensqualität Abhängigkeiten hervorrief, war sicher
nur einem Teil der Bevölkerung bewusst. Der wirtschaftliche Boom nach dem Krieg war
maßgeblich vom Öl abhängig. Gut ein Drittel der Ölvorräte wurde von den arabischen
Ländern des Mittleren Ostens gefördert. Welche Brisanz diese wirtschaftliche und letztlich auch politische Abhängigkeit hatte, zeigte spätestens der Yom-Kippur-Krieg 1973.
Nach der eigenen Niederlage entschieden sich die arabischen Staaten, ihre Ölförderung zu
drosseln, zumindest für die Staaten, die Israel unterstützten. Die Folgen waren eine Ener-
giekrise und eine Erhöhung der Inflation.

Großbritannien fiel es nicht leicht, in diesem ökonomischen Wettbewerb Schritt zu halten. Ein Musterbeispiel war die Autoindustrie. 95 Prozent der Autos, die 1965 auf britischen Straßen fuhren, trugen das Siegel „British made". 1980 war die Zahl auf 43 Prozent gefallen. Auch die Produktivität zeigte bedrohliche Schwächen. 1976 produzierte ein Arbeiter in England fünf Autos pro Jahr, in Deutschland waren es acht, in den USA 28. Die niedrige Produktivität entwickelte sich zu einem schwelenden wirtschaftlichen Problem, das sich zu einem gesellschaftlichen ausweiten würde. Diese Entwicklung wurde begleitet von hohen Preisen, unzuverlässiger Auslieferung und schlechtem Service, eine Tendenz, die als „British disease" Eingang in die Geschichte fand.[6] Wer hatte die Entwicklung zu verantworten? Viele Antworten wurden bereitgehalten, aber da der Finger auf jeden zeigte, fiel es schwer, die tatsächlichen Ursachen auszumachen. Es lag nahe, dass die Arbeitgeber in den Gewerkschaften den Sündenbock sahen. Deren primäres Interesse gelte der Sicherung von Arbeit und der Erhöhung der Löhne und nicht – was wichtig wäre – der Effektivität und Modernisierung der Industrie. Die Gewerkschaften drehten den Spieß um, kritisierten die „management attitude" und das „divine right to rule", das die Arbeitgeber für sich in Anspruch nähmen. Die Regierung entging dem Konflikt nicht. Ihr Dilemma bestand in der schwierigen Entscheidung, entweder die Wettbewerbsfähigkeit der heimischen Industrie zu fördern oder den „social service" auszubauen. Vor allem die Kohleindustrie und die Eisenbahnen litten unter diesem Zielkonflikt. Sollten die Preise für Kohle fallen, um der Industrie zu helfen, die auf Kohle angewiesen war, oder sollten sie steigen, um mehr Geld in den Kohleabbau investieren zu können und dadurch die Wettbewerbsfähigkeit dieses Sektors zu steigern? Ähnlich verhielt es sich mit den Eisenbahnen: Sollten sie Profit erwirtschaften oder dem Service der Bevölkerung dienen? Der Beeching Report aus dem Jahr 1963 legte an den Tag, dass 14 500 Kilometer – 40 Prozent des gesamten Eisenbahnnetzes – keinen Gewinn erwirtschafteten, also stillgelegt werden sollten. Doch gegen diesen Vorschlag liefen viele Sturm, vor allem diejenigen, die durch eine Stillegung im wirtschaftlichen Mark getroffen worden wären. Das Ergebnis war ein wenig sinnvoller Kompromiss: Das Netz wurde um 9600 Kilometer verkleinert, die Frage war damit nicht geklärt, wer für die weiteren Verluste aufkommen würde.[7]

Weitere Probleme kamen hinzu. Der Anfang des Wohlfahrtsstaates hatte Begeisterung geweckt. Außerdem hatten auch die Konservativen es nicht gewagt, nach ihrem Wahlsieg Abstriche an diesem Projekt vorzunehmen, ein Kompromiss, der als „Butskellism" in die Geschichte einging; R.A. *But*ler führte die Konservativen, Hugh Gait*skell* die Labour Party. In den fünfziger und sechziger Jahren resultierte ein Problem aus dem vergleichsweise hohen Einkommen; viele verdienten weitaus mehr, als die Unterstützung der National Insurance ihnen im sozialen Notfall gewährte. Wer arbeitsunfähig wurde, musste sich mit einem sehr niedrigen Einkommen begnügen. Untersuchungen ergaben darüber hinaus, dass Armut nach wie vor ein gesellschaftliches Problem war, das sich in den siebziger Jahren allenfalls gut versteckte. Rentner, allein erziehende Eltern und große Familien lebten oft am Rande des Existenzminimums. Vier von zehn Witwern waren auf das Supplementary Benefit angewiesen, um unter halbwegs menschlichen Bedingungen zu leben.

Der Verdacht ließ sich nicht von der Hand weisen, dass weitaus mehr Menschen im Grunde unter dem Existenzminimum lebten, aber keine Ansprüche erhoben.

Großbritannien litt zunehmend unter der Kombination radikaler und militanter Gewerkschaften, einem schlechten Management, einer Stop-and-Go-Politik der Regierungen sowie einer negativen Einstellung gegenüber harter Arbeit und dem Unternehmertum, kurz: Die „englische Krankheit" grassierte, begleitet von einer Abwertung des Pfundes (1967), das nun seine Funktion als internationale Leitwährung aufgab. Vergeblich bemühten sich die Regierungen, die Inflation in den Griff zu bekommen und endlich das Wachstum anzuschieben. Die Automobilindustrie wurde ein Opfer ausländischer Konkurrenz, der Schiffbau geriet ins Hintertreffen. Die Erosion der industriellen Basis war unerbittlich. Der Anschluss an den Gemeinsamen Europäischen Markt brachte nicht die erhoffte Wende. Der britische Markt war noch größerer Konkurrenz ausgesetzt. Der Anteil an der „world manufacturing production" sank von 8,6 Prozent (1953) auf 4,0 Prozent (1980). Der Anteil am Welthandel erlitt noch gravierendere Einbußen: Er sank von 19,8 Prozent (1955) auf 8,7 Prozent (1976). Das Bruttosozialprodukt („gross national product") war 1945 noch das drittgrößte in der Welt, wurde aber bald von Westdeutschland, Japan und Frankreich überholt. In den frühen achtziger Jahren konnte der Niedergang gebremst werden, Großbritannien verfügte noch über die sechstgrößte Volkswirtschaft der Welt[8] und über beachtliche militärische Kräfte. Aber alles in allem war England eine mittlere Macht, keine Großmacht, keine Konkurrenz für die Supermächte.

Die Kosten für die Gesundheitsfürsorge nahmen kontinuierlich zu. 1974 wurde der Service neu organisiert, alle Beteiligten wurden der Aufsicht lokaler Gesundheitsbehörden unterworfen. In den neunziger Jahren warfen die Konservativen das Steuer wieder herum, nun sollten rein wirtschaftliche Gesichtspunkte zu einer Kostendämpfung beitragen. Die achtziger Jahre bildeten eine Zäsur: Das „all-party agreement" bekam Risse. War der Wohlfahrtsstaat wirklich die Antwort auf die Herausforderungen der zweiten Hälfte des 20. Jahrhunderts?[9] Es gab Stimmen, die diesen Gedanken einer vernichtenden Kritik unterzogen, auf die hohen finanziellen Ausgaben verwiesen und dem Welfare State die Fähigkeit absprachen, zur Selbständigkeit zu erziehen. Für sie war der Wohlfahrtsstaat ein „nanny state", ein Kindermädchen-Staat, der den Blick für das Wesentliche verloren hatte. 1973 legte die „Child Poverty Action Group" eine erschreckende Statistik vor. Danach lebten drei Millionen Kinder unter Bedingungen, die von Armut diktiert wurden, und ihre Zahl nahm beständig zu. Die breite Kluft zwischen Reichen und Armen war nicht mehr zu übersehen.[10]

Aber es war nicht nur der wirtschaftliche Niedergang, der einen allgemeinen Meinungsumschwung in Großbritannien erzeugte. Schon in den sechziger Jahren vollzog sich dieser Stimmungswandel. Die Zuversicht der fünfziger Jahre hatte einen Begleiter bekommen, der das eigene Selbstverständnis mehr und mehr in Frage stellte. John Osborne lieferte eine Vorlage. Das Drama „Look back in Anger" wurde Anfang 1956 auf die Bühne gebracht, und einer der Charaktere, Jimmy Porter, schrie dem Publikum entgegen: „People of our generation aren't able to die for good causes any more. We had all that done for us in the thirties and the forties when we were still kids. There aren't any good

Bruttosozialprodukt (in Billionen $)					
	USA	Japan	BRD	Frankreich	Großbritannien	UdSSR
1952	350	16	32	29	44	113
1957	444	28	51	43	62	156
1962	560	59	89	74	81	229
1967	794	120	124	116	110	314
1972	1152	317	229	224	128	439

Quelle: P. Kennedy, The Rise and Fall of British Naval Mastery (1986), p. 344.

brave causes left."[11] Und schlimmer noch, im „Entertainer" (1957) warnte Archie Rice: „Don't clap too hard – it's a very old building." Das waren harte Worte, die eine Gesellschaft nicht missverstehen konnte. Die Beatles bildeten das erfolgreichste Quartett der Popmusik, die „Pilzköpfe" – Paul McCartney, Ringo Starr, John Lennon, George Harrison – wurden modebildend und weltbekannt. Die allgemeine Kritik machte auch vor der Königin nicht Halt, ihre Stimme gleiche der eines eingebildeten Schulmädchens („priggish schoolgirl"), die „toothpaste smiles" der königlichen Familie seien wenig überzeugend, getadelt wurde „schlechter Geschmack". Am Ende mussten sich die Kritiker entschuldigen; es zahlte sich offensichtlich nicht aus, die königliche Familie in den Mittelpunkt gesellschaftlicher Kritik zu stellen. Anders war es mit Harold Macmillan, der oft als gebrechlicher alter Mann („decrepit old man") beschrieben wurde. 1961 erschien zum ersten Mal das Satiremagazin „Private Eye", David Frost glänzte mit der Fernsehsendung „That Was The Week That Was" (TW3). Hier fand die allgemeine Unzufriedenheit mit dem „Establishment" ihren Ausdruck. Michael Shanks erzielte mit seinem Buch „The Stagnant Society" (1961) einen Riesenerfolg. Der Kern der Kritik war nicht politisch im Sinne einer parteipolitischen Auseinandersetzung. Es war vielmehr eine tiefe Unzufriedenheit, die sich hier Bahn brach und mit der sich die Konservativen nicht identifizieren konnten. Denn sie waren es, die in den vergangenen Jahren das Bild des Landes geprägt hatten. Die Partei verlor an Zuversicht, an Stimmen, an Rückhalt. Die Menschen hinter der Kritik und den Satiren waren jung, meist nicht älter als vierzig, und sie hatten im Krieg nicht als Soldaten gekämpft. Sie blickten lieber auf den jungen Kennedy als auf den alten Macmillan. England hatte nach dem Krieg nicht nur den Weltmachtstatus verloren, nur ein Jahrzehnt nach dem Sieg über die Nazis stellten Jüngere in Frage, was Älteren im Leben Halt gegeben hatte.

Die Regierungsjahre von Margaret Thatcher, von 1979 bis 1990, änderten den Lauf der Dinge. Als ihre Partei, die Konservativen, 1979 die Wahlen gewann, blickte sie auf einen Wahlkampf zurück, in dem eine Schwächung der Gewerkschaften und die Förderung von Eigenverantwortung und privaten Unternehmertums propagiert worden waren.[12] Diese Stoßrichtung erfreute sich beachtlicher Popularität, eine Begeisterung, die zunächst noch darüber hinwegsah, dass Thatcher für „monetarism" stand. Ihr Ziel war, die Inflation zu drücken und der Wirtschaft zu Effizienz und Wettbewerbsfähigkeit zu verhelfen. Aber: Diese Politik zog auch ein hohes Maß an Arbeitslosigkeit nach sich, 1982 waren es über drei Millionen, die keine Arbeit mehr hatten. Die anfängliche Popularität schlug schnell in ihr Gegenteil um. Vermutlich hätte sie keinen zweiten Wahlsieg errungen, wenn der „Falkland Factor" ihr nicht zu Hilfe gekommen wäre. Drei Jahre nach Thatchers erstem Wahlsieg, im April 1982, entschied sich die argentinische Regierung dafür, auf den Falkland-Inseln Truppen zu landen. Auf den Inseln, die 1765 von Großbritannien annektiert worden waren, lebten ungefähr 1800 Menschen.[13] Argentinien nannte diese Inseln Malvinas und beanspruchte sie für sich. Die Vereinten Nationen reagierten schnell, verabschiedeten Resolutionen und drohten mit Sanktionen. Thatcher entschied sich für eine gewaltsame Lösung und sandte Kriegsschiffe in den südlichen Atlantik, die jene Inseln nach sechs Wochen zurückeroberten. Beide Seiten beklagten hohe Verluste. Thatchers entschlossene Bewältigung der Krise sicherte ihr noch einmal die Zustimmung der Wähler. Ferner kam ihr der Umstand zu Hilfe, dass die Opposition in England sich spaltete: 1981 gründete sich die Social Democratic Party, die sich von der Labour Party abgesondert hatte.

Innenpolitisch ließ die Premierministerin keinen Zweifel daran, dass sie für „Butskellism" wenig übrig hatte. Im Gegenteil, sie machte ihn für den britischen Niedergang mitverantwortlich, sie sah in ihm die Ursachen vieler industrieller Probleme und einen entscheidenden Faktor für die fehlende Wettbewerbsfähigkeit. Mit einer dreifachen Strategie entschloss sie sich, das Erbe zu reformieren. Zunächst schwächte sie die Gewerkschaften. Eine Reihe von Gesetzen erschwerte Streiks. In einer langen Auseinandersetzung brach sie den Widerstand von Arthur Scargill, dem Führer der National Union of Mineworkers. Privatisierung war eine weitere Maßnahme. Viele verstaatlichte Industrien wurden veräußert, mit der Folge, dass Steuern gesenkt werden konnten. Schließlich ging sie gegen den Gedanken des Wohlfahrtsstaates an. Sie machte keinen Hehl aus ihrer Überzeugung, dass er jede Eigeninitiative nehme. Die Folge waren entscheidende Einschnitte in das soziale System. Die Ergebnisse ihrer Politik waren umstritten. Thatcher erweiterte die Kluft zwischen Armen und Reichen. John Major versuchte als Nachfolger ihre Politik fortzusetzen, scheiterte indes an Skandalen und der Frage der Europäischen Gemeinschaft.

Thatchers Politik traf viele Bevölkerungsschichten, auch die, die in den fünfziger Jahren nach Großbritannien eingewandert waren. Aus Westindien, Pakistan und Indien waren Menschen gekommen, um in Großbritannien zu arbeiten. Sie waren Angehörige von Commonwealth-Staaten und zugleich britische Bürger. Schnell wurden sie Opfer von Rassendiskriminierung. In Beruf und Freizeit begegneten sie Intoleranz und Ungleichbehandlung, die jeder Berechtigung entbehrten. Als Antwort begrenzte die Regierung die Einwanderung und setzte sich das Ziel, die Rassendiskriminierung zu beenden. Der Commonwealth Immigration Act von 1962 erlaubte nur denen die Einwanderung, die Aussichten auf einen Arbeitsplatz oder nahe Angehörige hatten, die sie unterstützen konnten. Der Commonwealth Immigration Act von 1968 setzte die restriktive Tendenz fort und erschwerte all denjenigen britischen Passbesitzern die Einwanderung, die asiatischen Ur-

Nach dem Zweiten Weltkrieg wandelte sich die britische Gesellschaft in eine multiethnische Gemeinschaft. Indische Familie vor dem Brunnen auf dem Trafalgar Square. Paul Almasy, um 1970. Foto: AKG.

sprungs waren. Der Immigration Act von 1971 schlug in dieselbe Kerbe. Doch die soziale Ungleichbehandlung blieb ein gesellschaftlicher Sprengsatz. Viele Einwanderer lebten in den ärmsten Gegenden und Vierteln britischer Städte. Als die Wirtschaft in den späten achtziger Jahren stagnierte, waren die Neuankömmlinge von der Arbeitslosigkeit besonders betroffen. Die Folge waren gewaltsame Unruhen in vielen Städten, in Bristol, Toxteth (Liverpool), Brixton (London), Birmingham und Bradford.

Der Zweite Weltkrieg hatte den Niedergang Großbritanniens gefördert, dennoch hielten viele englische Politiker an (überlieferten) Zielen fest, die für sie unverrückbar und lebenswichtig waren. In der Verteidigungspolitik des Landes gehörte dazu vor allem die Fähigkeit zur (nuklearen) Abschreckung. Großbritannien sollte und wollte eine eigene Atombombe haben. Vor allem sollte sich ihr Einsatz amerikanischen Kontrollen und Vorgaben entziehen. Dieser Anspruch auf eine eigene Atombombe wurde durch viele Krisen gefestigt, vor allem durch das Debakel am Suez-Kanal. Die USA gewährten keine Unterstützung; damit waren langfristig Selbständigkeit und Unabhängigkeit gefragt. 1952 unternahm Großbritannien den ersten Atombombenversuch. In den späten fünfziger Jahren wurden Nuklearraketen entwickelt. 1957 machte sich Großbritannien an die Entwicklung von „Blue Streak“, einer Mittelstreckenrakete; das Unternehmen wurde zwar wenige Jahre später wieder aufgegeben, aber es hatte immerhin 100 Millionen Pfund verschlungen. Anfang der sechziger Jahre regte Macmillan an, von den USA Polarisraketen zu kaufen, die mit englischen Sprengköpfen ausgestattet werden sollten. Auf diese Weise konnte der eigene Anspruch gewahrt bleiben. Die Raketen konnten von britischen Unterseeboten abgefeuert werden. Diese Politik stieß auf Widerstand; in den sechziger Jahren formierte sich die Campaign for Nuclear Disarmament (CND) mit der Forderung nach nuklearer Abrüstung. Während die siebziger Jahre vergleichsweise ruhig waren, belebte die CND in den achtziger Jahren wieder ihre Opposition. Anlass war vor allem die amerikanische Absicht, Cruise Missiles auf britischem Boden zu stationieren. Anlass war aber auch die Absicht einiger britischer Politiker, ein eigenes Raketensystem, Trident, zu entwickeln. In Greenham Common, einer der Basen für Raketen, errichteten vor allem Frauen ein „peace-camp“. Das Ende des Kalten Krieges nahm der Auseinandersetzung ihre Schärfe und der CND den Wind aus den Segeln; das Trident-Programm wurde allerdings nicht aufgegeben.

Das Ende des Empire

In der Geschichte Großbritanniens stand Europa im Schatten des Empire. Doch die Fachleute tun sich schwer damit, dieses Empire in seinen Wesenszügen zu erklären sowie seinen genauen Anfang und sein Ende präzise festzulegen. Einmütigkeit herrscht indes in der Feststellung, dass die Auflösung sich undramatisch vollzog – „undisruptive“, wie in den meisten Darstellungen zu lesen ist. In Frankreich und Portugal dagegen war das nicht der Fall. Politische Unruhen sorgten für Schlagzeilen. Sieht man von den Reaktionen auf die Suez-Krise ab, dann verhielt sich die britische Bevölkerung während der Dekolonisation vergleichsweise ruhig. Das Nervensystem schien von dieser Entwicklung nicht betroffen. Schaut man in Veröffentlichungen der Zeit, dann fällt es schwer, leidenschaftliche Auseinandersetzungen zu entdecken. Und auch in der Folge blieben harte Debatten aus. Spielte das Empire nach 1945 also keine nennenswerte Rolle mehr? Nach dem Ende des Zweiten Weltkriegs hing die britische Politik zunächst traditionellen Vorstellungen an; das galt für die Weltpolitik, aber auch für die Wirtschaftsbeziehungen mit dem Commonwealth. Europäische Perspektiven und Engagements waren nicht auszumachen. In nicht untypischer Weise feierten offizielle Schriften und Analysen das vergleichsweise friedliche Ende der kolonialen Herrschaft als großen Sieg, bisweilen sogar als Ausdruck kluger Staatsführung, als „act of statesmanship"[14]. Es gab Stellungnahmen, die einer solchen Sicht widersprachen, alles in allem behielt die „staatsmännische Sicht" jedoch die Oberhand. Wie auch immer der Übergang bewertet wird, es drängen sich viele Fragen auf, die von den Historikern noch nicht abschließend beantwortet worden sind. Zuallererst erstaunt die Feststellung, dass Großbritannien so vielen Territorien fast zum selben Zeitpunkt die Unabhängigkeit gewährte. Wie ist dieser Umstand zu erklären? Welcher Zusammenhang bestand zwischen der bekannten und eingestandenen ökonomischen Schwäche und der britischen Einstellung gegenüber dem Empire?[15] Welche Bedeutung gewannen die sich entwickelnden ideologischen Gegensätze zwischen Ost und West für das Verhältnis zum Empire? Wann fand es sein Ende? Für die Kenner war das Empire ein „hotchpotch", ein konstitutionelles Durcheinander unabhängiger, halb-unabhängiger und abhängiger Staaten. Aus britischer Sicht war das Empire häufig ein Synonym für weltweite Macht. Nach 1945 konnte davon langfristig keine Rede mehr sein. 1960 hing das Empire angeschlagen in den Seilen, „on the ropes", 1970 war es tot.[16]

Naturgemäß hat über diese Entwicklung eine lange, fast schon historische Diskussion eingesetzt, die sehr unterschiedliche Erklärungsansätze bietet. Dabei sind es vor allem der machtpolitische Niedergang, der wirtschaftliche Abstieg und die erforderliche Neudefinition nationaler Interessen, die in erster Linie als Erklärung genannt werden. Folgt man diesen Überlegungen, dann wurde das Empire in dem Augenblick fragwürdig, als es als Belastung empfunden wurde und keine Vorteile, weder ökonomische noch strategische, mehr versprach. Eine andere Schule weist darauf hin, dass Großbritannien über keinerlei globalen Einfluss mehr verfügte, der nötig gewesen wäre, um einem Empire das Überleben zu ermöglichen. Die Welt hatte sich bipolar entwickelt, die Supermächte mochten von dem alten Imperialismus aus verschiedenen Gründen nichts mehr hören. Die Suez-Krise wurde zum Symbol für Englands Versagen in der Weltpolitik. Sie gab mit den wichtigsten Anstoß für den Fall des Empire. Diese Theorie unterstreicht die Bedeutung internationaler Faktoren. Andere Historiker, vor allem Kenner der überseeischen Geschichte, verweisen auf die antikolonialistischen Nationalbewegungen, die gegen Großbritannien Front bezogen und eine Rückkehr zu alten Machtverhältnissen nicht mehr erlaubten. Auch diese „periphere" Theorie hat viele Anhänger gefunden. Niemand geht heute davon aus, dass eine einzelne Theorie die Dekolonisation überzeugend erklärt. Vielmehr fordern die Fachpublikationen dazu auf, den Machtverfall der Metropole[17], die Auswirkungen internationaler Veränderungen und den antikolonialistischen Widerstand miteinander in Relation zu setzen. Das Empire zerbrach also nicht nur an der allgemeinen britischen

Müdigkeit oder kapitulierte vor kolonialer Opposition. Das Studium der Akten und Ereignisse führt zu der Beobachtung, dass die Gewährung von Unabhängigkeit parallel zu dem Versuch verlief, so viel Macht wie möglich zu bewahren. Doch in der Folge konnten die Briten sich einer niederschmetternden Erkenntnis nicht entziehen: Es war unmöglich, imperiale Bürden abzuwerfen und gleichzeitig imperiale Vorteile zu genießen.[18]

Eine überzeugende allgemeine Interpretation fällt deshalb besonders schwer, weil das Britische Empire zu keinem Zeitpunkt, weder vor noch nach 1783, eine statische Größe darstellte. Die Verantwortlichen waren in ihrem Denken und in ihren Entscheidungen stets beweglich, das Empire passte sich schmiegsam an neue Ereignisse und Entwicklungen an. Wer es charakterisieren möchte, sieht sich einer Fülle an scheinbaren Widersprüchen gegenüber. Es erlebte Expansion und gleichzeitig in vielen Bereichen eine Konzentration. Dezentralisation und Zentralisation gehörten zur allgemeinen Führungsstrategie, Anpassung oder Niederwerfung waren Verhaltensweisen, die britische Politiker in der Geschichte des Empire immer wieder an den Tag legten. Diese Flexibilität machte einen Teil ihres Selbstverständnisses aus, und sie erklärt sicher auch zu einem hohen Prozentsatz das hohe Alter der Kolonialmacht. Ein Musterbeispiel ist der Indian National Congress. In der afro-asiatischen Welt stellte er eine große Bedrohung für Großbritannien dar, auch wenn seine Bedeutung am Anfang nicht erkannt worden war. Aber auch diese Oppositionsbewegung wurde in eine föderale Konstitution aufgenommen, die den Widerstand bremste und das Leben des Empire verlängerte. Damit wird deutlich, dass die Maßnahmen, die nach 1945 praktiziert wurden, durchaus Vorläufer hatten. Bereits nach dem Ersten Weltkrieg waren die Proteststimmen nicht zu überhören. Die Dezentralisation schien ein Ventil für den Unmut zu sein. Diese Maßnahme griff bis zum Zweiten Weltkrieg, danach hatte sie sich verbraucht. Die ursprünglich siegreichen Kolonialmächte hatten viele militärische Niederlagen verkraften müssen, nicht selten nahmen sie den Charakter von Erniedrigungen an. Dazu hatte Japan beigetragen. Auch diese Entwicklungen hatten ihre Vorgeschichte. Entscheidend war, dass der Zweite Weltkrieg die Anwendung traditioneller Strategien und Überlegungen torpedierte. Und das bildete die Zäsur. Nach dem Zweiten Weltkrieg zog sich Großbritannien zunächst wieder aus Europa zurück, doch dieser Weg wies in eine Sackgasse. Am Ende stand der Antrag, Mitglied in der Europäischen Wirtschaftsgemeinschaft zu werden. Der wirtschaftliche Niedergang, die militärische Strapazierung und erhebliche Niederlagen erklären maßgeblich die Auflösung des Empire. Im Mittleren Osten sah sich Großbritannien einem sowjetischen Expansionismus gegenüber, die Situation am Suez-Kanal trieb zur Konfrontation mit dem arabischen Nationalismus – und all das vor dem Hintergrund des Zweiten Weltkriegs, der einen explosiven Sprengsatz aus nationalen, internationalen und kolonialen Interessen intensiviert hatte. Das Wetteifern mit der UdSSR und den USA war aussichtslos, die Welt ließ sich nicht mehr im britischen Sinne 'manipulieren'. Dabei war noch gar nicht berücksichtigt, wie die Briten zu Hause über die Entwicklung dachten. Wer konnte hier zuverlässige Informationen liefern? Die zentrale Frage lautete: Welcher Vorteil konnte für Kolonien darin bestehen, sich einem schwachen Staat zu unterwerfen, der zunehmend das Gesicht verlor?

Das Empire war kein homogener Block, sondern ein „gigantischer Bauplatz" (Franz

Ansprenger), der sehr unterschiedliche Projekte in unterschiedlichen Stadien aufwies. In Südasien hatte die Labour-Regierung noch für das Commonwealth werben können, in Palästina und Ägypten war der Rückzug angesagt, der Suez-Kanal verlangte noch Präsenz, in Malaysia forderte ein Guerilla-Krieg einen schrecklichen Blutzoll, in Westafrika gab es Anzeichen für ein Self-Government, in Ost- und Zentralafrika war wenig Bewegung auszumachen. Die konservative Regierung, ab 1951 wieder im Amt, agierte vorsichtig. Ihre Wahlkampfbroschüre hatte schon 1949 verkündet: „Die Konservative Partei betont erneut, dass Self-Government innerhalb des Britischen Empire und Commonwealth ein Ziel ist, das erreicht werden kann, sobald die Kolonialvölker dazu bereit sind. Es ist unmöglich, schwarz auf weiß den genauen Moment anzugeben, wann ein Land bereit ist, sich selbst zu regieren. Aber die Partei meint, zwei Bedingungen müssten vor Erlangung des vollen Self-Government erfüllt sein: 1. ein Land muss wirtschaftlich gesund sein, und soziale Dienste müssen ein vernünftiges Maß von Wirksamkeit erreichen; 2. es muss möglich sein, die Macht dem gesamten Volk zu übertragen, nicht einer kleinen politischen, rassischen oder religiösen Oligarchie, die nicht repräsentativ wäre." Die Worte dieser Broschüre blieben keine Theorie.

In diesem Zusammenhang muss die Frage gestellt werden, warum die Bevölkerung in Großbritannien in der Phase des Umbruchs vergleichsweise zurückhaltend, in gewisser Weise sogar desinteressiert war. Schnell ist die Erklärung zur Hand, dass das Empire für die Mehrheit kein Faszinosum (mehr) war, dass viele Schichten der Bevölkerung eher an einer unmittelbaren wirtschaftlichen Stabilität interessiert waren als an einem Engagement in Übersee. Hinzu kommt, dass Großbritannien nach dem Zweiten Weltkrieg trotz aller wirtschaftlichen Erschöpfung offiziell eine Siegermacht war und – auf den ersten Blick – seinen globalen Status aufrechterhalten hatte. Warum also hätte der Sieg zu einer umfassenden Diskussion und neuen Definition des Empire führen sollen? Die Leitlinien imperialer Politik standen in der Öffentlichkeit nicht zur Diskussion. Die konservativen Regierungen erschütterten diese Meinung nicht. Die Suez-Krise führte nicht zum sofortigen Regierungswechsel, auch wenn nach diesem Ereignis die diplomatischen und imperialen Koordinaten neu zu setzen waren. Konservative Premierminister klammerten sich häufig an traditionelle Vorstellungen und drängten nicht danach, Großbritannien und dem Empire ein neues Gesicht zu verleihen. Außerdem wirkte das Commonwealth als Klammer, verstärkt durch die Monarchie, die ebenfalls auf Kontinuität setzte. Schließlich ist zu betonen, dass die ehemaligen Kolonien während der Auflösung des Empire nicht in fremde Hände übergingen, sondern unabhängig wurden. Dieser Prozess schien eher akzeptabel als ein 'Besitzerwechsel'. Beispiele für den (emotionalen) Protest, den dieser Übergang in andere Hände hätte finden können, waren die Falklandinseln und Hongkong.

Die imperiale Erfahrung gehört zum Lebenselixier der britischen Geschichte. So bedeutsam sie ist, so schwer fällt es, sie präzise zu beschreiben oder gar zu definieren. Die Tatsache, dass sich das Empire vergleichsweise ruhig von der Bühne der Welt verabschiedete, ist bezeichnend dafür, dass seine essentiellen Merkmale schwer zu fassen sind. Bei genauerem Hinsehen benötigte die britische Dekolonisation nur wenige Jahre, sieht man

einmal von ihrer Vorgeschichte ab. Dieser historisch kurze Zeitraum verdichtet die Eigenarten des Empire offensichtlich so sehr, dass es schwer ist, Ursachen, Veränderungen und
Wirkungen auszuloten. Wirtschaftlicher Gewinn war der ursprüngliche Motor der Entwicklung, die zur direkten und indirekten Herrschaft führte. Das Commonwealth ersetzte
festgezurrte Netze und schuf einen neuen Verband, der vielfach nur schemenhafte Züge
trug. Was folgte, war der Beitritt zur Europäischen Wirtschaftsgemeinschaft, ein Schritt,
der immer umstritten war und dem britischen Selbstverständnis Opfer abverlangte. Aber
auch die Hinwendung zu Europa führte nicht dazu, dass Großbritannien sein weltpoliti-
sches Denken und Engagement aufgab. Diese Eigenschaft förderte die europäische Einigung nicht. Der Sieg am Ende des Zweiten Weltkriegs war ein ambivalenter Triumph, von
dem sich das Land nicht befreien konnte.

Während der Dekolonisation erschienen mehr als fünfzig neue und souveräne Staaten
auf der weltpolitischen Bühne. Vor dem Zweiten Weltkrieg hatten die Länder des westlichen Europa große Gebiete in Übersee verwaltet, beherrscht und einfach ihr Eigen genannt. Die Ausnahme war Spanien, das schon lange sein überseeisches Reich verloren
hatte. Und auch Deutschland hatte sich nach 1918 von den Kolonien trennen müssen.
Belgien, Frankreich, Großbritannien, Italien, die Niederlande und Portugal waren dagegen noch immer „imperial powers" mit (wirtschaftlichen) Interessen in Asien, Westindien, Afrika und im Mittleren Osten. Doch schon nach dem Ersten Weltkrieg hatte ihre
Herrschaft Risse bekommen; die italienischen Kolonien waren vergleichsweise schnell unabhängig geworden. Ägypten erfreute sich seit 1922 formaler Unabhängigkeit, der Irak
folgte 1932, Libanon und Syrien errangen diesen Erfolg 1941. Der Iran erlangte die Selbständigkeit 1942, geschützt von Großbritannien und der UdSSR. Jordanien erhielt die
Souveränität 1946. Die Proklamation des Staates Israel erfolgte 1948. Die Phase von 1957
bis 1963 gilt als Höhepunkt der Dekolonisation. Nach der Unabhängigkeit Indiens identifizierte sich die Regierung von Premierminister Attlee mit dem Cohen-Caine-Plan, der
für eine Vorbereitung des tropischen Afrika auf die Unabhängigkeit plädierte und eine
Übertragung der Autorität der „tribal chiefs" auf die Eliten forderte, die im Westen eine
Ausbildung erfahren hatten. Das Colonial Office brachte viele Verfassungsentwürfe zu Papier, die allerdings nicht Wirklichkeit wurden. Die Wende kam mit dem radikalen Kwame
Nkrumah, der als Führer der Goldküste die sofortige Unabhängigkeit seines Landes forderte und sie 1957 erhielt. Dieses Ereignis bewirkte in gewisser Weise einen Domino-
effekt. Nun konnte den Nachbarstaaten die Unabhängigkeit nicht mehr vorenthalten werden. Die finanziellen Kosten wurden zu einem Damoklesschwert. 1959 rang sich das Kabinett zum Rückzug aus Afrika durch. Am 3. Februar 1960 verkündete Macmillan in
Kapstadt eine neue Politik, blumig sprach er von den „winds of change"[19], die Afrika veränderten, ohne – zumindest in den englischen Kolonien – einen Sturm auszulösen. Nigeria, Togo, Dahomey wurden 1960 unabhängig, Tanganyika, Uganda und Kenia zwischen
1961 und 1963, Malawi und Zambia 1964. Lediglich die „white residents" im südlichen
Rhodesien trotzten der Entwicklung.

In der Folge blieben die Schriftsteller nicht passiv. In einem Artikel der *Times* vom
3. Juli 1982 – „The Empire Writes Back with a Vengeance" – rief der Autor Salman Rush-

die ein Bonmot ins Leben, das einen Neuaufbruch der englischsprachigen Literatur markierte. „Ähnlich wie zuvor die Literaturen der USA und Irlands die Emanzipation von der Kolonialliteratur geschafft hatten", so ein Experte, „konnten seit der Entkolonisierungsphase der Nachkriegszeit nun die Literaturen Kanadas, der Karibik, Afrikas, Indiens, Australiens und Neuseelands eine wohl der englischen Sprache sich bedienende, doch eigene Stimme finden, die zunehmend auch außerhalb der nationalen Grenzen gehört wurde. Wenn Rushdie seinen aufsehenerregenden Roman *Midnight's Children* (1981) als das überfällige Korrektiv eines indischen Autors zur Darstellung Indiens im englischen Roman von Kipling über E. M. Forster bis zu Paul Scott versteht, so identifiziert er sich vor allem als Dritte-Welt-Autor mit der Devise von der konternden Literatur der nachkolonialen neuen Nationen des indischen Subkontinents, Schwarzafrikas und der Karibik. Die angezeigte Wende gilt prinzipiell aber auch für die teils weiter zurückreichenden Literaturen der früher etablierten, mehrheitlich weißen Nationen Kanada, Australien und Neuseeland, die im Zuge der internationalen Machtverschiebungen der Nachkriegszeit ebenfalls zu einer gefestigteren Selbständigkeit fanden."[20]

Europäische Nachbarn

Einige Historiker sind der Meinung, dass Großbritanniens europäische Leistungen nicht weniger doppeldeutig sind als die Russlands. Das Land hat in der europäischen Geschichte eine große Rolle gespielt. Zwischen der normannischen Eroberung und dem Hundertjährigen Krieg war die englische Geschichte mit kontinentalen Fragen eng verknüpft. Das änderte sich. In den folgenden Jahrhunderten war Europa für Großbritannien niemals unwichtig, aber es war auch nicht der erste Adressat, den Diplomaten für ihre Nachrichten wählten. Nachdem die unmittelbaren Nachbarn – Irland, Schottland, Wales – sich dem englischen Diktat gefügt hatten, eröffneten sich Zeit und Raum, ein überseeisches Empire aufzubauen. Kein Zweifel, auch die Engländer waren Europäer, aber sie setzten außereuropäische Prioritäten, die ihre Geschichte prägten. Und dieses weltweite Interesse, das mit großen wirtschaftlichen Erfolgen einherging, schlug sie so lange in den Bann, bis kaum noch Chancen bestanden, das Empire aufrechtzuerhalten. Die imperiale Erfahrung – was immer sie im Detail sein mochte – hatte sie darüber hinaus gelehrt, stets die Handlungsweise der großen Mächte ins Kalkül einzubeziehen. Das Albert Memorial in London, errichtet 1876, zeigt neben der Gestalt Alberts vier Figuren, die europäische Staaten symbolisieren: Großbritannien, Deutschland, Frankreich und Italien.[21] All diese Gründe erklären, warum in historischer Sicht Großbritannien in Europa stets eine Sonderrolle gespielt hat. 1848 blieben Großbritannien und Russland von den europäischen Revolutionen verschont, und als die Begründer einer pan-europäischen Bewegung auf den Plan traten, da dachten sie in erster Linie nicht an diese beiden Länder, die in der Vergangenheit oft genug ihre eigenen Wege gegangen waren.[22]

1945 stand das Land vor einem wirtschaftlichen Dünkirchen, obwohl es Sieger war und seine staatlichen Repräsentanten zu den „Großen Dreien" gehörten. Auch ohne Kenntnis geheimer Denkschriften war jedem klar, dass England in der Zukunft nicht mehr zu den

bestimmenden Mächten in der Welt gehören würde. Eine von vielen Sorgen war, wie sich
die Sowjetunion in Europa verhalten und ob das Mächtegleichgewicht die Chance einer
Wiedergeburt haben würde. Bei diesen Gedanken spielten die Verhandlungen der Vergangenheit eine große Rolle. Immerhin hatte Roosevelt zu erkennen gegeben, dass die amerikanischen Truppen in Europa nicht Wurzeln schlagen würden. Und diese Worte hatten
Stalins Ohr erreicht. Schon gegen Ende des Krieges hatte Churchill versucht, mit dem
sowjetischen Diktator Agreements einzugehen, die den Russen freie Hand auf dem Balkan einräumten, Griechenland dagegen von ihrem Einfluss befreiten. Bei all den Konflikten, die sich auftaten, sahen die britischen Diplomaten und Politiker nur noch den Weg,
die amerikanischen Truppen so lange wie möglich in Europa zu binden.

Die Gründer der Europäischen Wirtschaftsgemeinschaft (EWG) waren davon ausge-
gangen, dass über kurz oder lang auch andere Staaten um Aufnahme ersuchen würden.
Großbritannien hatte dies Anfang der sechziger Jahre versucht, war aber an de Gaulles
Widerspruch gescheitert, der aus vielen Gründen nicht glaubte, dass die Briten sich zu
wirklichen Europäern entwickeln würden.[23] Es war primär der wirtschaftliche Abstieg
nach dem Krieg, der die überzeugten Insulaner bewog, nun doch noch an der Tür in
Brüssel anzuklopfen und die Vorteile eines britischen Beitritts darzulegen. Die wirtschaftliche Entwicklung mit den Commonwealth-Staaten war wichtig, aber entgegen ursprüng-
lichen Erwartungen erreichten die Wirtschaftsbeziehungen nicht eine Dimension, die
eine saturierte Zukunft unabhängig von Europa versprach. In der Vergangenheit hatten
Churchill und Bevin zu einem vereinten Europa aufgerufen; dabei war die Frage nicht im
Detail beantwortet worden, welchen Charakter die britisch-europäische Bindung haben
sollte. Einer übernationalen Verknüpfung stand ein Großteil der Bevölkerung sehr kritisch gegenüber. Das schloss eine vergleichsweise harmlose Mitgliedschaft in europäischen Institutionen nicht aus. Das galt für den Europarat, die OECD und die WEU. Alle
drei Gremien boten eine Plattform, auf der man gemeinsam diskutieren und eigene Interessen wahrnehmen konnte, sofern sie tangiert waren. Das außerordentlich enge Verhältnis mit den Vereinigten Staaten beispielsweise auf dem Gebiet der Rüstung war davon
nicht berührt. Nach wie vor hielten die Engländer zäh an der Vorstellung fest, dass sie
Makler und Vermittler zwischen Europa und den USA sein könnten. Das bedeutete, dass
Großbritannien sich Europa zwar zuwandte, aber letztlich kein intimes Mitglied des europäischen Zirkels sein wollte.

Die Dekolonisation trug ihren Teil dazu bei, dass sich das allgemeine Bewusstsein änderte und sich mehr und mehr Raum für die Einsicht öffnete, dass die europäische Gemeinschaft auch für Großbritannien ein sehr ernst zu nehmender Partner darstellte. Premierminister Macmillan ging den schweren Weg, im August 1961 das Unterhaus von dem Gedanken zu überzeugen, dass eine engere Mitgliedschaft in der europäischen Gemeinschaft
auch für das eigene Land Früchte tragen würde. Am Ende erlangte er nach zähen Kämpfen
die Ermächtigung, den Weg nach Europa weiterzugehen. Dann kam der 14. Januar 1963.
De Gaulle hielt eine Pressekonferenz und ließ die Welt wissen, dass ein Beitritt Großbritanniens zum gegenwärtigen Zeitpunkt verfrüht sei. Diese Stellungnahme war ein indirektes
Veto. Alle weiteren Versuche waren erst einmal zum Scheitern verurteilt. Das bedeutete
allerdings nicht, dass die Gemeinschaft selbst auf dem Stand des Jahres 1963 blieb.

Auszug aus einer Aufzeichnung des Vortragenden Legationsrats I. Klasse Heinz Voigt (Auswärtiges Amt), 18. 1. 1963:

„Der materielle Verhandlungsstand im Lichte der Äußerungen von General de Gaulle am 14. 1. Die französischen Argumente gegen den britischen Beitritt lassen sich im Wesentlichen wie folgt zusammenfassen:
1. Großbritannien sei ein auf die See ausgerichteter Inselstaat. Es sei im Gegensatz zu den EWG-Mitgliedstaaten durch politische und militärische Sonderverträge gebunden.
2. Die wirtschaftliche Struktur Großbritanniens sei von derjenigen der Sechs zu sehr verschieden.
3. *Großbritannien beabsichtige nicht, sich wirklich dem System der EWG anzuschließen.* Dieses gelte insbesondere für den gemeinsamen Zolltarif, die Commonwealth-Präferenzen, die britische Landwirtschaft und das Verhältnis zu den Mitgliedstaaten der EFTA.
4. Ein gemeinsamer Markt zu 11, zu 13 und vielleicht auch zu 18 würde eine Verwässerung der EWG bedeuten und sie in Form einer atlantischen Gemeinschaft unter amerikanische Vormundschaft bringen.
5. Die Sechs und die Briten seien sich noch über wesentliche Punkte nicht einig, so dass mit einem Erfolg der Verhandlungen nicht zu rechnen sei."[24]

Es gab zwei Themen, die die Politiker in Brüssel immer wieder umtrieben und die schließlich auch den Beitritt anderer Staaten berührten. Das war zum einen die Realisierung der Wirtschafts- und Währungsunion und zum anderen die Reform der politischen Strukturen der Gemeinschaft. Die Kommission sollte neue Befugnisse bekommen, das Europäische Parlament direkt gewählt und die politische Union forciert werden. Diese allgemeine Entwicklung begünstigte auch den neuen Versuch Großbritanniens, in der Gemeinschaft Aufnahme zu finden. In einem Weißbuch legte das Land ausführlich die Motive dar, die einen neuen Antrag auf Mitgliedschaft zu Beginn der siebziger Jahre begründen: Europa beziehungsweise die Europäische Gemeinschaft sei der einzige realistische Weg, sich politisch und wirtschaftlich zu behaupten.

1971 bewarben sich vier Staaten um Mitgliedschaft: Großbritannien unter einer Labourregierung, Dänemark, Norwegen und Irland. Die Gemeinschaft hatte sich inzwischen weiter entwickelt, vor allem hatte sie eine politisch festere Gestalt angenommen, die die Aufnahme weiterer Staaten ermöglichte und französischen Widerspruch verhinderte. Am 30. Juni 1970 war die entsprechende Konferenz in Luxemburg eröffnet worden, im Januar 1972 waren die Gespräche abgeschlossen. Am 22. Januar 1972 hatte Großbritannien sein Ziel erreicht.[25] Die Verträge wurden unterzeichnet, und die Signatarstaaten hatten eingewilligt, das Gemeinschaftsrecht in seiner Gesamtheit zu übernehmen, sich mit dem Folgerecht zu identifizieren und sich die Verträge mit Drittländern ebenfalls zu Eigen zu machen. Für Anpassungen oder Änderungen waren feste Fristen vorgesehen, das Gemeinschaftsrecht durfte allerdings nicht geändert werden. Die Weiterentwicklung der EG musste gewährleistet sein, und alle auftretenden Probleme sollten vor Unterzeichnung gelöst sein.

Eine Reihe von Faktoren erleichterte Großbritannien den Beitritt. Die früher so wichtigen Beziehungen mit den Commonwealth-Staaten hatten wirtschaftlich an Bedeutung verloren. Die Sonderbeziehungen zu den Vereinigten Staaten bestanden nach wie vor, hatten aber gegenüber Europa nicht mehr den ausschließlichen Charakter. Die Mitgliedschaft in der EFTA hatte sich nicht zu einem Konkurrenzunternehmen zur Europäischen Gemeinschaft entwickeln können, die Sorgen um die eigene Landwirtschaft waren gemindert. De Gaulle war 1970 gestorben, Frankreich war zwar nicht begeistert, legte aber kein Veto mehr ein.

Als das Beitrittsabkommen im Januar 1972 unterzeichnet wurde, waren nicht nur die Parteien, sondern auch die Öffentlichkeit tief gespalten. Im Sommer und Herbst 1971 sprach sich in Großbritannien eine Mehrheit für den EWG-Beitritt aus, am Vorabend – 1. 1. 1973 – sah das schon wieder anders aus. Nur 38% plädierten für einen Beitritt, 39% stimmten dagegen. Dieses öffentliche Stimmungsbild entsprach dem Ringen im Parlament. Über das Beitrittsgesetz fanden heftige Debatten statt, insgesamt waren mehr als 100 Einzelabstimmungen nötig, um den Beitritt zu realisieren. Auch die Meinungen in den Parteien waren nicht einheitlich. Am Ende beklagte die Regierung das Fehlen von 10% der eigenen Stimmen. Dennoch wurde das Gesetz mit einer Mehrheit von 112 Stimmen verabschiedet. Das hatten 69 Labour-Abgeordnete ermöglicht, die für die Regierungsvorlage gestimmt hatten. Im Ergebnis war der Beitritt ein fragwürdiges Unterfangen: Die öffentliche Meinung war gespalten, das Parlament zerstritten. Von einer souveränen Entscheidung konnte man nicht sprechen. Die Opposition zeigte sich nach wie vor streitlustig. Für den Fall der zukünftigen Regierungsübernahme versprach sie neue Verhandlungen, mehr noch, eine Volksabstimmung sollte über die definitive Mitgliedschaft in der EWG entscheiden.

Nach wie vor bestanden für Großbritannien Schwierigkeiten in der Tatsache, dass die wirtschaftlichen Bande mit dem Commonwealth weiterhin existierten und eine besondere Pflege verlangten. Vor dem Hintergrund der eigenen Erfahrungen standen alle britischen Regierungen Wünschen auf EG-Erweiterung wohlwollend gegenüber. Dabei war allerdings die Überlegung bestimmend, dass Labour- wie konservative Premierminister sich von einer Vergrößerung eine allgemeine Lockerung der EG versprachen, die das supranationale Element schwächen sollte. In dem einen oder anderen Fall – Österreich – hatte Margaret Thatcher Bedenken geltend gemacht, aber sie liefen nie darauf hinaus, die gewünschte Mitgliedschaft auszuschließen. Auch entsprechende Anträge der EFTA-Staaten fanden bei den Briten positive Resonanz, wieder stand die Überlegung im Hintergrund, dass so eine Intensivierung der Integration vermieden werden könne.

Das Jahr 1990 bestärkte die Briten in ihrer Haltung. Auch die osteuropäischen Länder sollten nach ihrem Willen schnell Aufnahme in die EG finden, Thatcher signalisierte Zustimmung, wenn auch nicht für die deutsche Einigung.[26] Am 5. August 1990 hielt sie vor dem Aspen-Institut in Colorado eine bedeutsame europapolitische Rede. Sie warb für ein Europa, das auf freiwilliger Kooperation souveräner Staaten errichtet werden sollte. Wieder ein Schlag ins Gesicht für die europäischen Amtskollegen, die für eine weitergehende Integration plädierten. Alles in allem bestätigte Thatcher bei den Verbündeten den Verdacht, dass sie die Aufweichung der EG einer Vertiefung vorzog. Einer ihrer Gründe war, dass die Forderungen an die beitrittswilligen osteuropäischen Länder nicht zu hoch sein dürften. Darüber hinaus könne man ihnen nicht zumuten, ihre nationale Souveränität zu mindern, die sie soeben erst realisiert hätten. Gewünscht war eine lockere Vereinigung – ohne Einbußen in der Souveränität.[27]

Das „Times Literary Supplement" begrüßte am 9. Mai 2003 die Leser mit den Worten: „Glory, Glory, Gloriana". Ihnen folgte eine Würdigung von Elisabeth I. – „in life and death" (1603). Wie hat sich die britische Geschichte in den letzten vierhundert Jahren entwickelt? Tony Blair jedenfalls bestätigt alte Prioritäten, indem er auf machtvolle Nationalstaaten pocht und den Gedanken einer überstaatlichen Zentrale verwirft. Die Freundschaft mit Amerika dürfe keinen Zweifeln ausgesetzt sein – ein Punkt, der Blair häufig in Gegensatz zu den kontinentaleuropäischen Partnern bringt. Auch heute mag sich Großbritannien nicht zwischen Europa und den USA entscheiden. Eine solche Überlegung anzustellen, ist für den britischen Premierminister auch völlig abwegig. Europäischer Einfluss in der Welt, davon sind seine Anhänger überzeugt, ist nur mit – und nicht gegen – Amerika möglich. In der Euro-Frage gilt es, die Vor- und Nachteile auszurechnen.[28] Ob das präzise möglich ist, stellen viele Kenner der Verhältnisse in Frage. Großbritannien schätzt seine Vergangenheit. Es ist kaum vorstellbar, dass eine gemeinsame Währung die britische Interpretation der Geschichte[29] in Frage stellt.

Nachwort

Die britische Geschichte ist lange ein Familienmitglied gewesen. Am Ende ist es eine angenehme Aufgabe, allen zu danken, die an dem Buch mitgewirkt haben. An erster Stelle ist meine Frau zu nennen, die mich auf den verschlungenen Wegen des Empire stets begleitet hat.

Es folgen Freunde, Kollegen und Experten, die durch Rat, Lektüre und Fachwissen geholfen haben: Frau Ellen Dockter, Bonn; Herr Professor Dr. Hans Fenske, Speyer; Herr Professor Dr. Pierre Hessmann, Antwerpen; Herr Dr. Thomas Kleinknecht, Münster; Herr Studiendirektor Heinrich Latz, Kall, der gemeinsam mit seiner Frau stets eine Übersetzung zur Hand hatte; Herr Gerd-Peter Schick, Schlier; Herr Johannes Stinner, Kleve; Herr Studiendirektor Dieter Teichmann, Bonn, der das Land zwischen dem Caledonian Canal und Middlesbrough besser kennt als der Verfasser.

Last but not least sind die Damen und Herren der Wissenschaftlichen Buchgesellschaft zu nennen, allen voran Herr Daniel Zimmermann, die mit Ermunterung und Geduld die Entstehung des Manuskripts begleitet haben.

Für Fehler und Unrichtigkeiten ist nur der Verfasser verantwortlich.

Bonn, im Herbst 2003   Michael Fröhlich

Die Häuser Tudor und Stuart (England, Schottland)

Heinrich VII. Tudor, Kg. v. England, † 1509

Heinrich VIII., Kg. v. England, † 1536
∞

1. Katharina v. Aragon, † 1536   2. Anna Boleyn, † 1536   3. Jane Seymour, † 1537

Jakob IV. Stuart ∞ 1. Margarete   **Maria I.**   **Elisabeth I.**   **Eduard VI.**
Kg. v. Schottland   † 1514   Kgn. v. England, † 1558   Kgn. v. England   Kg. v. England
† 1513   ∞ Philipp II.   † 1603   † 1553
                                     Kg. v. Spanien, † 1598

Jakob V.   Margarete Douglas
Kg. v. Schottland, † 1542   ∞ Matthäus Stuart
∞ 1. Magdalene, 1537   Ururenkel Jakobs II.
   2. Maria v. Guise-Lothringen, † 1560   Kg. v. Schottland

Jakob Stuart, Gf. v. Murray
Regent v. Schottland, † 1570

Maria Stuart   2. ∞ Heinrich Stuart
Kgn. v. Schottland, † 1587   Gf. v. Darnley
∞ 3. Jakob Hepburn, Gf. v. Bothwell   † 1567
† 1578

Jakob (VI.) I.
Kg. v. Schottland u. v. England, † 1625
∞ Anna v. Dänemark, † 1619

Elisabeth, † 1662   Heinrich Friedrich   **Karl. I.**
∞ Friedrich V.   † 1612   Kg. v. England u. v. Schottland, † 1649
Kfst. v. d. Pfalz   ∞ Henriette
Kg. v. Böhmen, † 1632   T. Heinrichs IV. v. Frankreich, † 1669

Sophia, † 1714   **Karl II.**   Maria, † 1660   **Jakob II.**
∞ Kfst. Ernst August   † 1685   ∞ Wilhelm II.   vertr. 1688
v. Hannover, † 1698   v. Oranien   † 1701
                                        Gen.-Stth. d. Ndld.
                                        † 1650

Georg I.   Sophie Charlotte
† 1727   † 1705
                ∞ Kg. Friedrich I. in Preußen, † 1713

Georg II.   Sophie Dorothea   **Wilhelm III.** ∞ **Maria**   **Anna**   Jakob Eduard
† 1760   † 1757   v. Oranien   † 1695   † 1714   Thronf.
                 ∞ Kg. Friedrich Wilhelm I. Gen.-Stth. d.   Kgn. v. Großbr. † 1766
                 in Preußen   Ndld. 1672   1702
                 † 1740   Kg. v. Großbr.   ∞ Pr. Georg
                                           1689, † 1702   v. Dänemark
                                                                          † 1708

Friedrich Ludwig   Karl Eduard
Pr. v. Wales, † 1751   Thronf., † 1788

Georg III., † 1820

© PLOETZ Verlag bei Herder, Freiburg.

Anmerkungen

1. England zu Beginn der Neuzeit

[1] Neueste Darstellung: A. Fahrmeir, Ehrbare Spekulanten. Aber auch: P. Ackroyd, London. The Biography (2000).

[2] Zur englischen Geschichte im Mittelalter vgl. die neueste Darstellung von J. Sarnowsky, England im Mittelalter (2002).

[3] Zitiert nach: H.-C. Schröder, Der englische Adel, in: A. v. Reden-Dohna/R. Melville (Hrsg.), Der Adel an der Schwelle des bürgerlichen Zeitalters, S. 21–88, hier: S. 30.

[4] Vgl. allgemein: G. Lottes (Hrsg.), Der Eigentumsbegriff im englischen politischen Denken (1995).

[5] Zum Vergleich der Tudor-Parlamente mit seinen Vorgängern siehe J. S. Roskill, Perspectives in English Parliamentary History, in: Bulletin of the John Rylands Library 46 (1964), pp. 448–475.

[6] Grundlegend: P. M. Kennedy, The Rise and Fall of British Naval Mastery.

[7] Zu seiner umstrittenen Bedeutung vgl. J. Guy, The Privy Council: Revolution or Evolution, in: C. Coleman/D. Starkey (Eds.), Revolution Reassessed. Revisions in the History of Tudor Government and administration (1986), pp. 59–85.

[8] Vgl. allgemein: U. Dann, Hannover und England 1740–1760.

[9] Zum Hintergrund: J. Black, Robert Walpole and the Nature of Politics.

[10] Vgl. allgemein: M. Vicinus (Ed.), Suffer and Be Still. Women in the Victorian Age (1972). Allgemeiner: A. Vickery, Golden Age to Separate Spheres? A Review of the Categories and Chronology of English Women's History, in: Historical Journal 36 (1993), pp. 383–414.

[11] Vgl. J. Grego, A History of Parliamentary Election and Electioneering (1892). E. Porritt/A. Porritt, The Unreformed House of Commons. Parliamentary Representation before 1832, 2 Vols. (1903).

[12] Zur kontroversen Deutung bspw. in der Tudor-Zeit vgl. M. Graves, The Tudor Parliaments, Crown, Lords and Commons, 1485–1603 (1985).

[13] Zum weit ins Mittelalter zurückreichenden Konflikt zwischen weltlicher und geistlicher Gewalt in der Zeit Heinrichs VIII. vgl. A. F. Pollard, Henry VIII. (1966).

[14] Grundlegend: P. Collinson, English Puritanism (1984).

[15] Wichtige Quellensammlung: J. R. Tanner (Ed.), Constitutional Documents of the Reign of James I. A. D. 1603–1625. With an Historical Commentary (1930).

[16] Ein aktueller Überblick bei: P. Collinson, The English Reformation, in: M. Bentley (Ed.), Companion to Historiography, pp. 336–360.

[17] Zum Staatshaushalt und seiner Bedeutung vgl. G. R. Elton, Taxation in War and Peace in Early Tudor England, in: J. M. Winter (Ed.), War and Economic Development (1975), pp. 33–48.

[18] Zu seiner Leistung vgl. G. R. Elton, England under the Tudors, London 1974, p. 127. J. Guy, Thomas Wolsey, Thomas Cromwell and the Reform of Henrician Government, in: D. MacCulloch (Ed.), The Reign of Henry VIII. Politics, Policy and Piety (1995), pp. 35–57, 43–48.

[19] Wichtige Quellensammlung: G. R. Elton (Ed.), The Tudor Constitution. Documents and Commentary (²1982).

[20] S. B. Chrimes, Henry VII. ([2]1999).

[21] Zur Rolle der Klöster vgl. D. Knowles, The Religious Orders in England, Vol. 3: The Tudor Age (1959).

[22] Zu ihrem komplexen Charakter vgl. N. Tyacke (Ed.), England's Long Reformation, 1500–1800 (1998).

[23] Neueste Biographie: C. Haigh, Elizabeth I. ([2]1998). Sammelbesprechung neuester Publikationen: K. Duncan-Jones, Regular royal queen, in: The Times Literary Supplement, 9. Mai 2003, p. 3–4.

[24] Zusammenfassende Diskussion in: P. Croft, The Parliament of England, in: Transactions of the Royal Historical Society, 6. ser., VII (1997), pp. 217–234.

[25] Beste Einführung: J. Guy (Ed.), The Tudor Monarchy (1997).

[26] Allgemein: D. Cannadine, Class in Britain.

[27] Grundlegend: E. Schulin, Handelsstaat England. Das politische Interesse der Nation am Außenhandel vom 16. bis ins frühe 18. Jahrhundert (1969).

[28] Vgl. A. I. Daseint, The Speakers of the House of Commons from the Earliest Times to the Present Day with a Topographical Description of Westminster at Various Epochs & a Brief Record of the Principal Constitutional Changes during Seven Centuries (1911).

[29] Neueste Darstellung: Th. Noetzel, Geschichte Irlands (2003).

[30] Wichtige Quellensammlung: K. Lindley (Ed.), The English Civil War and Revolution.

[31] Einen Überblick in die intensive wissenschaftliche Debatte gibt: P. Wende, Literaturbericht zur Englischen Revolution, in: Geschichte und Gesellschaft 20 (1994), pp. 140–155. Zum eigenen Charakter der Revolution vgl. G. Elton, A High Road to Civil War?, in: Historical Journal 16 (1973), pp. 205–208. Ein vorläufiges Resümee zieht C. Russell, The Causes of the English Civil War (1990).

[32] Zum britischen Nationalbewusstsein vgl. L. Colley, Britons. Zusammenfassend: L. Brockliss/ D. Eastwood (Eds.), A Union of Multiple Identities. K. Robbins, Great Britain. Identities, Institutions and the Idea of Britishness (1998).

[33] Sir Thomas Pride († 1658) war „Parliamentary soldier" während des Bürgerkriegs und vertrieb 1648 die Presbyterianer aus dem House of Commons (= Pride's Purge).

2. Die junge Vormacht in Europa

[1] Vgl. A. C. Carter, Britain as a European Power, from her Glorious Revolution to the French revolutionary War, in: J. S. Bromley/E. H. Kossmann (Eds.), Britain and the Netherlands in Europe and Asia (1968), pp. 110–137.

[2] Zum „kontinentalen" Aspekt der Glorreichen Revolution siehe J. Israel, The Dutch Role in the Glorious Revolution, in: idem (Ed.), The Anglo-Dutch Moment. Essays on the Glorious Revolution and its World Impact (1991).

[3] Ein einflussreiches Werk war lange G. M. Trevelyan, The English Revolution. Zur Bedeutung der Whigs siehe R. Beddard, The Unexpected Whig Revolution of 1688, in: idem (Ed.), The Revolutions of 1688

[4] Zur Begründung der konstitutionellen Monarchie vgl. H. Nenner, The Right to be King. The Succession to the Crown of England, 1603–1714 (1995). Auch: L. G. Schwoerer, The Declaration of Rights 1689.

[5] Nur der Anfang der Verfassungsreform, so J. Carter, The Revolution and the Constitution, in: G. Holmes (Ed.), Britain after the Glorious Revolution, pp. 39–58.

[6] Gute Einführung: R. Roberts/D. Kynaston (Eds.), The Bank of England. Money, Power and Influence 1694–1994 (1995).

⁷ Nicht nur eine, sondern mehrere Revolutionen fanden statt, so bilanziert H.-C. Schröder, Die Revolutionen Englands im 17. Jahrhundert.

⁸ Britische oder englische Geschichte? Vgl. dazu J. G. A. Pocock, The Limits and Divisions of British History. R. Asch (Ed.), Three Nations – A Common History? D. Cannadine, British History as a 'new subject': Politics, Perspectives and Prospects, in: A. Grant/K. J. Stringer, Uniting the Kingdom? The Making of British History (1995).

⁹ Zur Entwicklung der Parteien und zum Fortbestand der Adelsherrschaft vgl. vor allem L. Namier, The Structure of Politics at the Accession of George III (1961).

¹⁰ Vgl. D. A. Baugh, Great Britain's Blue-Water Policy, 1689–1815, in: International History Review 10 (1988), pp. 33–58.

¹¹ Zum Charakter der Parteien vgl. W. Speck, Whigs and Tories Dim Their Glories. English Political Parties under the First Two Georges, in: J. Cannon (Ed.), The Whig Ascendancy. Colloquies on Hanoverian England (1981), pp. 51–70.

¹² Zitiert nach A. Briggs, United Kingdom, in: Encyclopaedia Britannica 29 (1998), p. 65.

¹³ Vgl. J. Black, British Policy towards Austria, 1780–93, in: Mitteilungen des Österreichischen Staatsarchivs 47 (1992), S. 188–203. Auch: R. Browning, The British Orientation of Austrian Foreign Policy, 1749–1754, In: Central European History 1 (1968), pp. 299–323. Und idem, The War of the Austrian Succession (1993).

¹⁴ Vgl. R. Pares, War and trade in the West Indies 1739–1763 (1936).

¹⁵ Vgl. M. Schlenke, England und das friderizianische Preußen 1740–1763. Ein Beitrag zum Verhältnis von Politik und öffentlicher Meinung im England des 18. Jahrhunderts (1987).

¹⁶ Eine der besten Darstellungen: P. W. Schroeder, The Transformation of European Politics 1763–1848.

¹⁷ Grundlegend: G. Niedhart, Handel und Krieg in der britischen Weltpolitik 1738–1763.

¹⁸ Vgl. vor allem: L. S. Sutherland, The East India Company and the Peace of Paris, in: English Historical Review 62 (1947), pp. 179–190.

¹⁹ Nach wie vor empfehlenswert: J. Brooke, King George III. (1972).

²⁰ Zitiert nach: Daniel Defoe, The Complete English Tradesman ([1726], 1987), p. 229.

²¹ Vgl. Julian S. Corbett, England in the Seven Years' War, 2 Vols. (1992).

²² Vgl. F. S. Siebert, Freedom of the Press in England 1476–1776. The Rise and Decline of Government Control (1965).

²³ Zur allgemeinen Bewertung vgl. F. Mount, Periwigs and posterity. Pepys chronicled his own time and charms ours: a tercentenary tribute, in: Times Literary Supplement vom 23. Mai 2003, p. 15. Eine Sammelbesprechung neuer Editionen und Biographien bietet F. von Lovenburg, Jeder Tag ein Fest des Geistes und der Sinne. Abenteuerliches Herz in Kurzschrift: Vor dreihundert Jahren starb der englische Tagebuchschreiber Samuel Pepys, in: Frankfurter Allgemeine Zeitung, Nr. 122 vom 27. Mai 2003, S. 38.

²⁴ Für Text und Ursprung siehe T. F. Mayo, The Authorship of „The History of John Bull", in: Publications of the Modern Language Association of America 45 (1930), pp. 247–282; W. Michael, Who is John Bull?, in: Contemporary Review 144 (1933), pp. 314–319.

3. Aufstieg des Empire

¹ Captain Robert Jenkins behauptete vor einem Ausschuss des House of Commons, dass ihm „Spanish coast guards" in Westindien im April 1731 ein Ohr amputiert hätten.

[2] Vgl. allgemein: J. Osterhammel (Hrsg.), Britische Übersee-Expansion und Britisches Empire vor 1840. Aber auch: W. L. Bernecker, Spanische Geschichte. Von der Reconquista bis heute (2002), S. 61–81.

[3] Vgl. allgemein: R. Middleton, The Bells of Victory. The Pitt-Newcastle Ministry and the Conduct of the Seven Years' War 1758–1762 (1985).

[4] Vgl. P. Moon, The British Conquest and Dominion of India (1989).

[5] Vgl. A. M. Birke/K. Kluxen (Hrsg.), England und Hannover.

[6] Vgl. G. H. Alder, Britain and the Defence of India: The Origins of the Problem, 1798–1815, in: Journal of Asian History 6 (1972), pp. 14–44. Auch: E. Ingram, The defence of British India, in: Journal of Indian History 48 (1970–1), pp. 57–78.

[7] Für Quellen vgl. J. Fortescue (Ed.), The Correspondence of King George the Third from 1760 to December 1783 (1927/28), 6 Vols. (1967).

[8] Vgl. H. M. Scott, British Foreign Policy in the Age of the American Revolution.

[9] Der Begriff „Dominion" wurde erst 1907 fester Bestandteil der Sprache des Empire. Ursprünglich war ein „Dominion" eine Kolonie, deren weiße Einwohner ihr Schicksal selbst bestimmen konnten.

[10] Das Zuckergesetz vom 5. April 1764, zitiert nach: A./W. P. Adams (Hrsg.), Die Amerikanische Revolution und die Verfassung 1754–1791 (1987), S. 25 f.

[11] Petition des Kolonialparlaments von New York gegen das Zuckergesetz, 18. Oktober 1764, zitiert nach: ebd., S. 26–28.

[12] Boykottbeschlüsse der New Yorker 'Söhne der Freiheit', 11. Januar 1764, zitiert nach: ebd., S. 42.

[13] Townshend-Zollgesetz, 29. Juni 1767, zitiert nach: ebd., S. 58.

[14] Zitiert nach: ebd., S. 66–68.

[15] Zitiert nach: ebd., S. 79.

[16] Zitiert nach: ebd., S. 125.

[17] Zitiert nach: ebd., S. 129–131.

[18] Zitiert nach: ebd., S. 157 f.

[19] The Unanimous Declaration of the Thirteen United States of America in Congress Assembled, 4. 7. 1776, in: Der Wöchentliche Pennsylvanische Staatsbote, 9. 7. 1776, abgedruckt in: Angela/Willi Paul Adams (Hrsg.), Die Amerikanische Revolution und die Verfassung 1754–1791 (1987), S. 213–218.

[20] Vgl. J. Black, War for America: The fight for Independence, 1775–1783 (1991).

[21] Vgl. P. Mackesy, Could the British Have Won the War of Independence? (1976).

[22] Vgl. R. W. Tucker, Fall of the First British Empire: Origins of the War of American Independence (1982).

[23] Für Quellen vgl. J. Russell (Ed.), Memorials and Correspondence of Charles James Fox, 4 Vols. (1853–1857).

[24] Eine der besten Darstellungen: R. Hyam, Britain's Imperial Century.

[25] Vgl. U. Bitterli, Die 'Wilden' und die 'Zivilisierten'. Die europäisch-überseeische Begegnung (1976), S. 105.

[26] Vgl. S. Drescher, Econocide. British Slavery in the Era of Abolition (1977).

[27] Vgl. J. P. Halstead, The Second British Empire: Trade, Philanthropy and Good Government, 1820–1890 (1983). Und: V. T. Harlow, The Founding of the Second British Empire, 1763–1793, 2 Vols. (1952–64).

[28] Guter Überblick: T. O. Lloyd, The British Empire 1558–1983.

[29] Vgl. P. Clark, British Clubs and Societies 1500–1840. The Origins of an Associational World (2000).

[30] Vgl. B. Perkins, Prologue to War: England and the United States, 1805–1812 (1963); und idem (Ed.), The Causes of the War of 1812: National Honor or National Interest? (1962).

[31] Der Begriff wurde von C. R. Fay in die Diskussion eingeführt – siehe Cambridge History of the British Empire (1940), Vol. 2, p. 399 – und fester Bestandteil der historischen Diskussion. Vgl. J. Gallagher/R. Robinson, The Imperialism of Free Trade, in: The Economic History Review 6 (1953), pp. 1–15.

[32] Vgl. P. W. Fay, The Opium War, 1840–1842 (1975).

[33] Zum Folgenden vgl. D. Fieldhouse, The Colonial Empires, pp. 244 ff.

[34] J. Gallagher/R. Robinson, The Imperialism of Free Trade, pp. 1–15.

[35] Zum Folgenden vgl. D. Fieldhouse, The Colonial Empires, pp. 242 ff., 271 ff.

4. Wege zur Industrialisierung

[1] Zum Folgenden die vorbildliche Darstellung von G. Niedhart, Geschichte Englands im 19. und 20. Jahrhundert, S. 15–39.

[2] London 1798.

[3] Zur Problematik des Begriffs siehe L. Clarkson/D. C. Coleman, Proto-Industrialization: A Concept Too Many, in: Economic History Review 36 (1983), pp. 435–448.

[4] Hard Times For These Times (1854). With an introduction by D. Craig (1979), p. 65.

[5] R. Hyam, Britain's Imperial Century, 1815–1914 (1975), p. 47; hier nach P. Kennedy, In Vorbereitung auf das 21. Jahrhundert (1993), S. 22.

[6] Vgl. hierzu J. C. D. Clark, Revolution and Rebellion, p. 39.

[7] Zur Anpassungsfähigkeit des Adels siehe W. D. Rubinstein, Wealth, Elites and the Class Structure of Modern Britain, in: Past and Present 76 (1977), pp. 99–126.

[8] So R. M. Hartwell (Ed.), The Causes of the Industrial Revolution in England.

[9] Diese Bezeichnung wurde von den Zeitgenossen allerdings nicht immer unkritisch rezipiert. Vgl. Th. Kleinknecht, England als Modell: Nachahmung – Kritik – Ablehnung, in: Westfälische Forschungen 44 (1994), S. 1–23.

[10] Zitiert nach: E. M. Forster, The Longest Journey (1907; 1989), p. lxx. Hat es die „Industrielle Revolution" wirklich gegeben? So fragt M. Forres, The Myth of a British Industrial Revolution, in: History 66 (1981), pp. 181–198. Eine Antwort gibt D. N. McClosky: „The Industrial Revolution was the central event in modern history, British or other, more in memory than in happening"; zitiert nach: P. Wende, Großbritannien 1500–2000, S. 154.

5. Großbritannien zur Zeit der Französischen Revolution

[1] Zur umgekehrten Sicht vgl. A. D. Harvey, European Attitudes to Britain during the French Revolutionary and Napoleonic Era, in: History 63 (1978), pp. 356–365.

[2] Empfehlenswerte Biographien: S. Ayling, Edmund Burke. His Life and Opinions (²1990); F. P. Lock, Edmund Burke, Vol. 1: 1730–1784 (1988).

[3] Hier und im Folgenden zitiert nach: M. Perry/J. R. Peden/Th. H. Von Laue (Eds.), Sources of the Western Tradition, Vol. 2 (1999), p. 144 f.

[4] Vgl. H. T. Dickinson, British Radicalism and the French revolution, 1789–1815 (1985).

[5] Vgl. C. Emsley, British Society and the French Wars, 1793–1815.

[6] Vgl. A. Goodwin, The Friends of Liberty: The English Democratic Movement in the Age of the French Revolution (1979).

[7] Vgl. M. Duffy, British Policy in the War against Revolutionary France, in: C. Jones (Ed.), Britain and Revolutionary France, passim.

[8] Vgl. D. G. Chandler, The Campaigns of Napoleon; C. Barnett, Napoleon; G. E. Rothenberg, The Art of Warfare in the Age of Napoleon (1978).

[9] Vgl. J. A. Houlding, Fit for Service: The Training of the British Army, 1715–1795 (1981).

[10] Vgl. P. O'Brien, British Financial and Fiscal Policy in the Wars against France.

[11] Vgl. C. Emsley, British Society and the French Wars, 1793–1815.

[12] Vgl. auch M. Elliott, Ireland and the French Revolution, in: H. T. Dickinson (Ed.), Britain and the French Revolution, pp. 83–101. Auch: H. Gough/D. Dickson (Eds.), Ireland and the French Revolution (1990).

[13] Zu den weltweiten Auswirkungen vgl. S. Förster, Weltkrieg und Imperialismus: Der Einfluß der Revolutionskriege auf den Beginn der britischen Expansion in Indien 1798/99, in: R. Melville, Deutschland und Europa in der Neuzeit, Bd. 1 (1988), S. 505–521.

[14] Vgl. P. Mackesy, War without Victory: The Downfall of Pitt, 1799–1802 (1984).

[15] Vgl. E. L. Presseisen, Amiens and Munich: Comparisons in Appeasement.

[16] Vgl. D. Syrett, The role of the Royal Navy in the Napoleonic Wars after Trafalgar, 1805–1814, in: US Naval War College Review 32 (1979), pp. 71–83.

[17] Vgl. A. Ryan, The Causes of the British Attack upon Copenhagen in 1807, in: English Historical Review 68 (1953), pp. 37–55.

[18] Neueste Darstellung: H. Fenske, Deutsche Geschichte. Vom Ausgang des Mittelalters bis heute (2002).

[19] Vgl. G. R. Hueckel, The Napoleonic Wars and their Impact on Factor Returns and Output Growth in England, 1793–1895 (1985).

[20] Vgl. F. Crouzet, The Impact of the French Wars on the British Economy, in: H. T. Dickinson (Ed.), Britain and the French Revolution, pp. 189–210. Auch: S. Deane, The French Revolution and Enlightenment in England 1789–1832 (1988). Allgemein: M. Duffy, British Diplomacy and the French Wars 1789–1815, in: H. T. Dickinson (Ed.), Britain and the French Revolution, pp. 127–145.

[21] Vgl. N. Gnash, After Waterloo: British Society and the Legacy of the Napoleonic Wars, in: Transactions of the Royal Historical Society 28 (1978), pp. 145–157.

[22] Vgl. allgemein J. Innes/Jonathan Clark, Social History and England's „Ancien Regime", in: Past and Present 115 (1987), pp. 165–200.

[23] Vgl. A. Doering-Manteuffel, Vom Wiener Kongreß zur Pariser Konferenz.

[24] Dazu W. D. Gruner, Europäischer Friede als nationales Interesse: Die Rolle des Deutschen Bundes in der britischen Politik 1814–1832, in: Bohemia. Jahrbuch des Collegium Carolinum 18 (1977), S. 96–128.

[25] Vgl. G. Lange, Die Rolle Englands bei der Wiederherstellung und Vergrößerung Hannovers 1813–1815, in: Niedersächsisches Jahrbuch für Landesgeschichte 28 (1956), S. 144–163.

[26] Sir Edward Poynings (1459–1521) war Statthalter König Heinrichs VII. in Irland.

[27] So N. Davies, Europe. A History (1996), p. 637.

[28] Vgl. A. Blackstock, The [British-Irish] Union [of 1801] and the Military, 1801–c 1830, in: Transactions of the Royal Historical Society 2000, pp. 329–352.

6. Das 19. Jahrhundert (1815–1914)

[1] Vgl. W. D. Gruner, Großbritannien und die Julirevolution von 1830, in: Francia 9 (1982), S. 369–410.

[2] Kritisch über die Zeit nach 1832 urteilt N. Gnash, Reaction and Reconstruction in English Politics, 1832–1852 (1965). Skeptisch auch J. Vernon, Politics and the People. A Study in English Political Culture, c. 1815–1867 (1993). Anders urteilen J. A. Phillips und Ch. Wetherell, The Great Reform Act of 1832 and the Political Modernization of England, in: The American Historical Review 100 (1995), pp. 411–436.

[3] Vgl. N. McCord, The Anti-Corn Law League, 1838–1846 ([2]1968).

[4] Vgl. D. Nicholls, Richard Cobden and the International Peace Congress Movement 1848–1853, in: Journal of British Studies 30 (1991), pp. 351–376.

[5] Das lange dominierende Werk: E. P. Thompson, The Making of the English Working Class. Ein weiteres Standardwerk: E. J. Hobsbawm, Labouring Men. Studies in the History of Labour (1964).

[6] Vgl. J. Saville, 1848: The British State and the Chartist Movement (1987, repr. 1990).

[7] Revisionistisch: G. Stedman Jones, Languages of Class. Studies in English Working Class History, 1832–1982 (1983).

[8] Zu ihrer politischen Kultur siehe J. Vernon, Politics and the People. A Study in English Political Culture, c. 1815–1867 (1993).

[9] Vgl. J. R. Davis, The Great Exhibition (1999).

[10] Vgl. W. P. Morrell, British Colonial Policy in the Mid-Victorian Age. South Africa, New Zealand, and the West Indies (1969).

[11] Vgl. C. Booth (Ed.), Life and Labour of the People in London (1889), 5 Vols. (1969).

[12] Vgl. E. P. Thompson, Eighteenth-Century English Society. Class Struggle without Class?, in: Plebeische Kultur und moralische Ökonomie. Aufsätze zur englischen Sozialgeschichte des 18. und 19. Jahrhunderts (1980), pp. 169–202.

[13] Vgl. D. M. Goldfrank, The Origins of the Crimean War (1994); W. Baumgart, The Crimean War. 1853–56 (1999).

[14] Zitiert nach: R. J. Mayne, European History and Culture, in: Encyclopaedia Britannica 29 (1998), p. 698.

[15] Hier und im Folgenden zitiert nach: L. Thrilling, The Portable Matthew Arnold (1949, 1980), p. 248 f.

[16] Vgl. u. a. A. Sked, Britain and the German Question 1848–1890, in: A. M. Birke/M.-L. Recker (Hrsg.), Das gestörte Gleichgewicht, S. 49–65.

[17] Vgl. G. Heydemann, Reform und Revolution: Britische Deutschlandpolitik 1815–1848, in: A. M. Birke/M.-L. Recker (Hrsg.), Das gestörte Gleichgewicht, S. 17–49.

[18] Wichtige Quellensammlung: W. Baumgart (Hrsg.), Englische Akten zur Geschichte des Krimkriegs, 7 Bde. (1979–1994).

[19] Vgl. M. Taylor, The 1848 revolutions and the British Empire.

[20] Vgl. H. Wentker, Zerstörung der Großmacht Rußland? Die britischen Kriegsziele im Krimkrieg (1993). Und: W. Baumgart, Der Krimkrieg 1853–56, in: B. Wegner (Hrsg.), Wie Kriege entstehen. Zum historischen Hintergrund von Staatenkonflikten (2000), S. 191–209.

[21] Vgl. auch G. Hollenberg, Englisches Interesse am Kaiserreich; K. Hildebrand, Die deutsche Reichsgründung im Urteil der britischen Politik, in: Francia 5 (1977), S. 399–424.

[22] Vgl. grundlegend: K. Hildebrand, No intervention. Die Pax Britannica und Preußen 1865/1866–1869/70.

[23] Zur Offentlichkeit vgl. Th. Schaarschmidt, Außenpolitik und öffentliche Meinung in Großbritannien während des deutsch-französischen Krieges von 1870/71 (1993).

[24] Vgl. H. L. Hoskins, British Routes to India (1928, repr. 1966).

[25] Eine tatsächliche Parteiendemokratie existierte nicht vor 1880, so E. J. Feuchtwanger, Disraeli, Democracy, and the Tory Party. Conservative Leadership and Organization after the Second Reform Bill (1968).

[26] G. J. Billy, Palmerston's Foreign Policy: 1848 (1993).

[27] Zitiert nach A. Gauland, Gemeine und Lords. Porträt einer politischen Klasse (1989), S. 125f.

[28] Vgl. E. Ashley, The Life of Henry John Temple, Viscount Palmerston. Vol. 1–2 (1879).

[29] Zitiert nach: R. Blake, Disraeli (1966, repr. 1980), S. 638.

[30] C. C. Eldridge, England's Mission. The Imperial Idea in the Age of Gladstone and Disraeli 1868–1880 (1973).

[31] Zitiert nach: G. Schmidt, Der europäische Imperialismus (1985), S. 66.

[32] Zitiert nach: Th. Kleinknecht, Imperiale und Internationale Ordnung. Eine Untersuchung zum anglo-amerikanischen Gelehrtenliberalismus am Beispiel von James Bryce (1838–1922) [1985], S. 174.

[33] Vgl. auch G. Schöllgen, Imperialismus und Gleichgewicht. Deutschland, England und die orientalische Frage 1871–1914 (1984).

[34] Neuere Darstellungen: P. J. Cain/A. G. Hopkins, British Imperialism. Crisis and Deconstruction 1914–1990 (1993); idem, British Imperialism. Innovation and Expansion 1688–1914 (1993).

[35] Vgl. M. Kitchen, The British Empire and Commonwealth. A Short History (1996).

[36] Kritisch: M. E. Chamberlain, 'Pax Britannica'? British Foreign Policy 1789–1914 (1988).

[37] G. Schmidt, Der europäische Imperialismus (1985), S. 60.

[38] Vgl. I. Klein, Materialism, Mutiny and Modernization in British India.

[39] Rosebery am 1. 3. 1893; zitiert nach R. Koebner/H. D. Schmidt, Imperialism. The Story and Significance of a Political Word 1840–1960 (1964), p. 202.

[40] Zum englisch-französischen Imperialismus vgl. W. Baumgart, Imperialism. The Idea and Reality of British and French Colonial Expansion, 1880–1914 (1975, 1982).

[41] Vgl. C. Howard, Britain and the Casus Belli 1822–1902. A Study of Britain's International Position from Canning to Salisbury (1974).

[42] W. J. Mommsen, Nationale und ökonomische Faktoren im britischen Imperialismus 1880–1914 (1968), in: idem, Der europäische Imperialismus, S. 57.

[43] Zur Vorgeschichte: Reluctant Empire. British Policy on the South African Frontier 1834–1854 (1963).

[44] Vgl. R. Lahme, Großbritannien und die Anfänge des Neuen Kurses in Deutschland, in: A. M. Birke/M.-L. Recker (Hrsg.), Das gestörte Gleichgewicht, S. 65–81. Nach wie vor ein Standardwerk: P. M. Kennedy, The Rise of the Anglo-German Antagonism, 1860–1914 (1980).

[45] Zitiert nach: E. T. Williams/M. Veldman, Victoria and the Victorian Age, in: Encyclopaedia Britannica 29 (1998), p. 489.

[46] Vgl. dazu M. Fröhlich, Von Konfrontation zur Koexistenz: Die deutsch-englischen Kolonialbeziehungen in Afrika zwischen 1884 und 1914 (1990), S. 182–214.

[47] Vgl. J. Bennett, „History that stands still": Women's Work in the European Past, in: Feminist Studies 14 (1988), pp. 269–284.

[48] Zitiert nach: E. Hölzle (Hrsg.), Quellen zur Entstehung des Ersten Weltkriegs (1978), S. 411.

[49] David Reynolds betont, der Kriegseintritt Englands sei nicht auf die Verletzung der belgischen Neutralität zurückzuführen. Grey ging es, so der Verfasser, um „continental commitment". Für eine

kritische Beurteilung Greys vgl. auch J. W. Langdon, July 1914. The Long Debate, 1918–1990 (1991), passim.

7. Weltpolitische Krisen, Konflikte und Kriege

[1] Zitiert nach: W. Manchester, Winston Churchill. Der Traum vom Ruhm 1874–1932 ([2]1989), S. 595.

[2] Eine Sammelbesprechung der neuesten Literatur bietet S. O. Müller, The Never Ending Story: The Unbroken Fascination of the History of the First World War, in: German Historical Institute London – Bulletin 25/1 (2003), pp. 22–55.

[3] Vgl. J. Roberts, Battlecruisers (1997), passim.

[4] Zu dieser und anderen Zahlen vgl. S. O. Müller, The Never Ending Story: The Unbroken Fascination of the History of the First World War, in: German Historical Institute London – Bulletin 25/1 (2003), p. 35.

[5] Vgl. u. a. P. Alter, Der Erste Weltkrieg in der englischen Erinnerungskultur, in: H. Berding (Hrsg.), Krieg und Erinnerung. Fallstudien zum 19. und 20. Jahrhundert (2000), S. 113–126. Und: D. Dutton, Britain and France at war, 1914–1918, in: A. Sharp/G. Stone (Eds.), Anglo-French Relations in the Twentieth Century, pp. 71–88.

[6] Zitiert nach: W. Manchester, Winston Churchill. Der Traum vom Ruhm 1874–1932 ([2]1989), S. 819.

[7] Für den Zusammenhang zwischen Unternehmergeist und kulturellen Traditionen siehe M. J. Wiener, English Culture and the Decline of the Industrial Spirit, 1850–1980 ([2]1987): „The end result of the nineteenth-century transformation of Britain was indeed a peaceful accommodation, but one that entrenched premodern elements within the new society, and gave legitimacy to anti-modern elements" (p. 7). – Gegen Wiener wendet sich u. a. H. James, The German Experience and the Myth of British Cultural Exceptionalism, in: B. Collins/K. Robbins (Eds.), British Culture and Economic Decline (1990), pp. 91–128. – Allein wirtschaftliche Ursachen für den Niedergang sehen B. Elbaum/W. Lazonick (Eds.), The Decline of the British Economy (1986), p. 2.

[8] Neueste Darstellung: N. Braun, Terrorismus und Freiheitskampf. Gewalt, Propaganda und politische Strategie im Irischen Bürgerkrieg 1922/23 (2003).

[9] Vgl. allgemein: P. Clark, Culture and Leisure 1700–1840, in: idem (Ed.), The Cambridge Urban History of Britain. Vol. 2: 1540–1840 (2000), S. 575–613.

[10] Zur Weimarer Republik vgl. M.-L. Recker, Demokratische Neuordnung oder „Prussianism" in neuem Gewand? Großbritannien und die Weimarer Republik, in: A. M. Birke/M.-L. Recker (Hrsg.), Das gestörte Gleichgewicht, S. 97–113.

[11] Vgl. C. Kitching, The search for disarmament, 1929–1934, in: A. Sharp/G. Stone (Eds.), Anglo-French Relations in the Twentieth Century, pp. 158–179.

[12] P. Kennedy, The Tradition of Appeasement in British Foreign Policy, 1865–1939, p. 16.

[13] Vgl. A. Briggs, The BBC. The First Fifty Years (1985).

[14] Vgl. A. Sharp, Anglo-French relations from Versailles to Locarno, 1919–1925: The quest for security, in: A. Sharp/G. Stone (Eds.), Anglo-French Relations in the Twentieth Century, pp. 120–138.

[15] Orme G. Sargent, Leiter des „Central Department" im Foreign Office (1928–33), 28. 10. 1933; zitiert nach: D. Clemens, Herr Hitler in Germany, S. 346; auch: A. Schwarz, Die Reise ins Dritte Reich. Britische Augenzeugen im nationalsozialistischen Deutschland 1933–1939 (1993).

[16] Vgl. D. Reynolds, Great Britain and the Third Reich, 1933–1940. Appeasement, Intelligence and Misperceptions, in: A. M. Birke/M.-L. Recker (Hrsg.), Das gestörte Gleichgewicht, S. 113–135.

[17] Vgl. allgemein: R. Meyers, Das Dritte Reich in britischer Sicht. Grundzüge und Determinanten britischer Deutschlandbilder in den dreißiger Jahren, in: B. J. Wendt (Hrsg.), Das britische Deutschlandbild im Wandel des 19. und 20. Jahrhunderts, S. 127–144. Und: L. Kettenacker, Preußen-Deutschland als britisches Feindbild im Zweiten Weltkrieg, ebd., S. 145–170.

[18] Vgl. G. T. Waddington, Hitler, Ribbentrop, die NSDAP und der Niedergang des Britischen Empire 1935–1938, in: Vierteljahrshefte für Zeitgeschichte 40 (1992), S. 273–307.

[19] Vgl. M. Wright (Ed.), Theory and Practice of the Balance of Power 1486–1914. Selected European Writings (1975). Und: M. Sheehan, The Balance of Power. History and Theory (1996).

[20] Allgemein: R. Low (Ed.), The History of the British Film, 7 Vols. (1948–1985).

[21] Vgl. K. Hildebrand, Innenpolitische Antriebskräfte der nationalsozialistischen Außenpolitik, in: W. Michalka (Hrsg.), Nationalsozialistische Außenpolitik (1978), S. 175–197.

[22] Die Weltpolitik erforderte ein britisches Appeasement. Zu dem Schluss kommt K. Robbins, Appeasement, p. 6: „Appeasement, on such an analysis, was neither stupid nor wicked: it was merely inevitable."

[23] Zum Verhältnis von wirtschaftlicher Krise und notwendiger Modernisierung – unter Ausschluss einer Aufrüstung – vgl. G. Schmidt, England in der Krise. – Die Beziehungen zwischen Handelshemmnissen und Welthandel hat B. Wendt erforscht: Economic Appeasement, Handel und Finanz in der britischen Deutschlandpolitik 1933–1939.

[24] Zu Chamberlains katastrophaler Fehleinschätzung seines politischen Gegners vgl. A. Adamthwaite, The Making of the Second World War.

[25] Vgl. H. Metzmacher, Deutsch-englische Ausgleichsbemühungen im Sommer 1939, in: Vierteljahrshefte für Zeitgeschichte 14 (1966), S. 369–412.

[26] Vgl. allgemein: D. Aigner, Das Ringen um England. Das deutsch-britische Verhältnis. Die öffentliche Meinung 1933–1939. Tragödie zweier Völker (1969).

[27] Vgl. K. Hildebrand, Das Ungewisse des Zukünftigen. Die Bedeutung des „Hitler-Stalin-Paktes" für den Beginn und Verlauf des Zweiten Weltkrieges 1939–41. Eine Skizze, in: K. D. Bracher u.a. (Hrsg.), Staat und Parteien. Festschrift für R. Morsey zum 65. Geburtstag (1992), S. 727–743.

[28] Zu den vorrangigen Überlegungen der Außenwirtschaftspolitik vgl. R. Meyer, Die Revision des Revisionismus: Eine Wende in der Appeasement-Historiographie?, in: K. D. Bracher/M. Funke/H. P. Schwarz (Hrsg.), Deutschland zwischen Krieg und Frieden. Beiträge zur Politik und Kultur im 20. Jahrhundert (1990), S. 31–42.

[29] Zum Hintergrund vgl. K. Hildebrand, Deutsche Außenpolitik 1933–1945. Kalkül oder Dogma? ([5]1990).

[30] Zum Zweiten Weltkrieg aus deutscher Sicht: H. Fenske, Deutsche Geschichte. Vom Ausgang des Mittelalters bis heute (2002), S. 189–196.

[31] Hier und im Folgenden zitiert nach Chamberlains Erklärung vor dem britischen Unterhaus am 3. September 1939 in: Dokumente zur Deutschlandpolitik, I. Reihe/Band 1, hrsg. vom Bundesministerium für Innerdeutsche Beziehungen (1984), S. 3 f.

[32] Zitiert nach der Erklärung des Abgeordneten Winston Churchill im britischen Unterhaus am 3. September 1939 in: ebd., S. 4.

[33] Einführend: A. J. Crozier, The Causes of the Second World War. Und: H. Graml, Europas Weg in den Krieg. Hitler und die Mächte 1939 (1990).

[34] Zitiert nach: I. Kershaw, Hitler 1936–1945 ([2]2000), S. 401.

[35] Nach Dünkirchen erschien „Guilty Men" (1940), eine Kampfschrift von Michael Foot, Frank Owen und Peter Howard. Sie machten das Appeasement für die Katastrophe verantwortlich. – Der Vorwurf wurde später von S. Aster aufgegriffen: Guilty Men, in: R. Boyce/E. M. Robertson (Eds.), Paths to War. New Essays on the Origin of the Second World War (1989), pp. 233–268.

[36] Allgemein: A. Hillgruber, England in Hitlers außenpolitischer Konzeption, in: idem, Deutsche Großmacht- und Weltpolitik im 19. und 20. Jahrhundert ([2]1979), S. 180–197. J. Henke, England in Hitlers politischem Kalkül 1935–1938 (1973).

[37] Warum hat Churchill nicht den Frieden mit Hitler gesucht – zum Wohle des Landes? Dieser Frage geht J. Charmley nach: Churchill. The End of Glory. A Political Biography (1993).

[38] Neueste Publikation: P. Addison/J. Crang (Eds.), Battle of Britain (2000).

[39] Vgl. K. Klee, Das Unternehmen „Seelöwe". Die geplante deutsche Landung in England 1940 (1958).

[40] Zitiert nach: Detlef Junker, Kampf um die Weltmacht. Die USA und das Dritte Reich, 1933–1945 (1988), S. 95.

[41] Vgl. dazu L. Kettenacker, Wollen sich die Deutschen etwa als Opfer sehen? Die britische Debatte um den Luftkrieg – Churchills Bombenoffensive diente zunächst nur der Beruhigung Stalins, in: Die Zeit, Nr. 50 vom 5. Dezember 2002, S. 46.

[42] Umfassend: G. L. Weinberg, Eine Welt in Waffen. Die globale Geschichte des Zweiten Weltkriegs (1994, dt. Übers. 1995).

[43] Vgl. H. Fromm, Deutschland in der öffentlichen Kriegszieldiskussion, Großbritannien 1939–1945 (1982); L. Kettenacker, Krieg zur Friedenssicherung; idem, Planung und Realität der britischen Besatzungsherrschaft in Deutschland (1942–1946), in: A. M. Birke/M.-L. Recker (Hrsg.), Das gestörte Gleichgewicht, S. 135–149.

8. Auf dem Weg nach Europa?

[1] Früher Erfolg als Ursache für späteren Niedergang, so argumentiert A. Sked, Britain's Decline. Problems and Perspectives (1987).

[2] Zwölf Monate England, Frankfurter Allgemeine Zeitung, 1. 11. 1949, S. 2.

[3] P. Grubbe, Die große Unbekannte. Englands Weg zur Mitte, Frankfurter Allgemeine Zeitung, 16. 2. 1950, S. 2.

[4] Vgl. F. Cameron, Britain and Germany as European Partners 1949–1989, in: A. M. Birke/M.-L. Recker (Hrsg.), Das gestörte Gleichgewicht, S. 177–188.

[5] Vgl. dazu U. Lehmkuhl, Determinanten der „special relationship", in: dies., Pax Anglo-Americana, S. 55–111.

[6] Vgl. dazu K. Rohe, Die „englische Krankheit" als Problem der (politischen) Kultur, in: idem/G. Schmidt (Hrsg.), Krise in Großbritannien?, S. 9–29.

[7] Zur Diskussion des ökonomischen Niedergangs vgl. P. Clarke, Hope and Glory.

[8] Für einen internationalen wirtschaftlichen Vergleich siehe N. Crafts, The Assessment: British Economic Growth over the Long Run, in: Oxford Review of Economic Policy 4/1 (1988), pp. I–XXI.

[9] Für den vermuteten Zusammenhang zwischen britischem Sozialstaat und wirtschaftlichem Machtverfall vgl. C. Barnett, The Audit of War. Illusion and Reality of Britain as a Great Nation (1986).

[10] Der Beginn des wirtschaftlichen Niedergangs liegt allerdings erst nach 1945, so urteilt B. Supple, British Economic Decline since 1945, in: R. Floud/D. McCloskey (Eds.), The Economic History of Britain since 1700, 3 Vols. ([2]1994), pp. 318–346.

[11] Akt 3, Szene 4.

[12] Gute Einführung: R. Sturm (Hrsg.), Thatcherismus – Eine Bilanz nach zehn Jahren. D. Geppert, Thatchers konservative Revolution.

[13] J. L. Goebel, The Struggle for the Falkland Islands. A Study in Legal and Diplomatic History (1927, repr. 1982).

[14] Selbstzweifel und Machtverlust als Erklärung? So C. Barnett, The Collapse of British Power.

[15] Zur Verbindung zwischen (internationaler) ökonomischer Entwicklung und imperialer Machteinbuße siehe B. R. Tomlinson, The Contraction of England: National Decline and the Loss of Empire, in: Journal of Imperial and Commonwealth History 11 (1982), pp. 58–72.

[16] Grundlegend: J. Darwin, Decolonization and the End of Empire, in: R. W. Winks (Ed.), Historiography (1999), pp. 541–557.

[17] Der Anfang vom Ende, so A. J. P. Taylor („The British did not relinquish their Empire by accident. They ceased to believe in it") in: W. R. Louis, Imperialism at Bay. The United States and the Decolonization of the British Empire, 1914–1945 (1977), p. 25.

[18] Beste Darstellungen: J. Darwin, Britain and Decolonization, und idem, The End of the British Empire.

[19] Vgl. R. Ovendale, Macmillan and the Wind of Change in Africa, 1957–60, in: The Historical Journal 38 (1995), passim.

[20] E. Kreutzer, Die weltweite Auffächerung englischsprachiger Literatur in nachkolonialer Zeit, in: H. U. Seeber (Hrsg.), Englische Literaturgeschichte (²1993), S. 394–438, hier: S. 394.

[21] Vgl. K. Hildebrand, Die britische Europapolitik zwischen imperialem Mandat und innerer Reform 1856–1876 (1993).

[22] Allgemeine Einführung: K. Rohe/G. Schmidt/H. Pogge von Strandmann (Hrsg.), Deutschland – Großbritannien – Europa.

[23] Vgl. D. Baker/D. Seawright (Eds.), Britain For and Against Europe (1998). Und: S. George, An Awkward Partner: Britain in the European Community (1998).

[24] Akten zur Auswärtigen Politik der Bundesrepublik Deutschland 1963. Hrsg. im Auftrag des Auswärtigen Amts vom Institut für Zeitgeschichte (1994), Bd. 1, S. 98.

[25] Dazu grundlegend: C. O'Neill, Britain's Entry into the European Community: Report on the Negotiations of 1970–1972 (2000).

[26] Dazu M. Thatcher, Die deutsche Wiedervereinigung, in: dies., Downing Street No. 10. Die Erinnerungen (²1993), S. 1096 ff. Dazu auch L. Kettenacker, Großbritannien – Furcht vor deutscher Hegemonie. Englische Spekulationen über die Deutschen, in: G. Trautmann (Hrsg.), Die häßlichen Deutschen? Deutschland im Spiegel der westlichen und östlichen Nachbarn (1991), S. 194–209.

[27] Einen Ausblick gibt H. Wallace, At Odds with Europe, in: Political Studies 4 (1997), pp. 677–688; dies., Possible Futures for the European Union: A British Reaction, in: C. Joerges et alii (Eds.), What kind of constitution for what kind of polity? (2000), passim.

[28] Vgl. für einen Überblick: H. Young, This Blessed Plot: Britain and Europe from Churchill to Blair; C. Schubert, Großbritannien am Scheideweg. Der Euro: Bleibt London seiner europäischen Außenseiterrolle treu?, in: Frankfurter Allgemeine Zeitung, Nr. 9 vom 11. Januar 2003, S. 10. Und: J. Krönig, Auf zu neuen Ufern. Großbritannien verabschiedet sich von Europa und vom Euro. Seit der Irak-Krise setzt das Land auf wechselnde Bündnisse, in: Die Zeit, Nr. 9 vom 20. Februar 2003, S. 5.

[29] Vgl. K. Burk, Britische Traditionen internationaler Geschichtsschreibung, in: W. Loth/J. Osterhammel (Hrsg.), Internationale Geschichte. Themen – Ergebnisse – Aussichten (2000), S. 45–59. Und nach wie vor das alte Problem: E. Meehan, Britain's Irish Question: Britain's European Question: British-Irish Relations in the Context of the European Union: the Belfast Agreement, in: Review of International Studies 26 (2000), pp. 83–98.

Literaturverzeichnis

Spezialtitel aus Fußnoten werden nicht wiederholt

Adams, R. J. Q., British Politics and Foreign Policy in the Age of Appeasement 1935–39 (1993).

Adams, S., England und die protestantischen Reichsfürsten 1599–1621, in: F. Beiderbeck (Hrsg.), Dimensionen der europäischen Außenpolitik zur Zeit der Wende vom 16. zum 17. Jahrhundert (2003), 61–84.

Adamthwaite, A., The Making of the Second World War (^{2}1979).

Addison, P./J. Crang (eds.), Battle of Britain. The Burning Blue. A New History of the Battle of Britain (2000).

Adler, G. J., Britain and the Defence of India – the Origins of the Problem, 1798–1815, in: Journal of Asian History 6 (1972), 14–44.

Anderson, J. L., Aspects of the Effects on the British Economy of the War Against France, 1793–1815, in: Australian Economic History Review 12 (1972), 1–20.

Asch, R. (ed.), Three Nations – A Common History? England, Scotland, Ireland and British History, c. 1600–1920 (1993).

Asch, R., Der Hof Karls I. von England. Politik, Provinz und Patronage 1625–1640 (1993).

Ashton, R., Counter-Revolution. The Second Civil War and its Origins, 1646–1648 (1994).

Bach, M., Luftfahrtindustrie im Ersten Weltkrieg: Mobilisierung und Demobilisierung der britischen und deutschen Luftfahrtindustrie im Ersten Weltkrieg (2003).

Bayly, C. A., Imperial Meridian: The British Empire and the World, 1780–1830 (1989).

Beddard, R. (ed.), The Revolutions of 1688 (1991).

Beetham, M./J. W. Huston/S. Cox (eds.), The strategic air war against Germany, 1939–1945: report of the British Bombing Survey Unit (1998).

Beloff, M., Imperial Sunset, 2 vols. (1987–1989).

Bentley, M. (ed.), Companion to Historiography (1997).

Benz, W., Emigration als Rettung und Trauma: Zum historischen Kontext der Kindertransporte nach England, in: ders./C. Curio/A. Hammel (Hrsg.), Die Kindertransporte 1938/39: Rettung und Integration (2003), 9–16.

Berg, M., The Age of Manufactures, 1700–1820. Industry and Work in Britain (^{2}1994).

Berger, Stefan/P. Lambert/P. Schumann (Hrsg.), Geschichte, Mythos und Gedächtnis im deutsch-britischen kulturellen Austausch 1750–2000 (2003).

Berghahn, M., Jewish refugees in Britain, in: J.-D. Steinert (ed.), European immigrants in Britain, 1933–1950 (2003), 87–104

Best, G. F. A., Mid-Victorian Britain, 1851–1875 (^{8}1989).

Birke, A. M./K. Kluxen (Hrsg.), England und Hannover – England and Hanover (1986).

Birke, A. M./M.-L. Recker (Hrsg.), Das gestörte Gleichgewicht. Deutschland als Problem britischer Sicherheit im neunzehnten und zwanzigsten Jahrhundert (1990).

Black, J., British Foreign Policy in an Age of Revolutions, 1783–1793 (1994).

Black, J., Robert Walpole and the Nature of Politics in Early Eighteenth-Century England (1990).

Bliss, R. M., Restoration England. Politics and Government 1660–1688 (1985).

Bond, B., British Military Policy Between Two World Wars (1980).

Bourne, K., Britain and the Balance of Power in North America 1815–1908 (1967).

Boyce, D. G., Decolonization and the British Empire, 1775–1997 (1999).

Bradshaw, B./P. Roberts (eds.), British Consciousness and Identity. The Making of Britain, 1533–1707 (1998).

Brewer, J., The Sinews of Power. War, Money and the English State, 1688–1783 (1989).

Briggs, A., The Age of Improvement, 1873–1867 ([11]1994).

Brivati, B./H. Jones (eds.), From Reconstruction to Integration. Britain and Europe since 1945 (1993).

Brockliss, L./D. Eastwood (eds.), A Union of Multiple Identities. The British Isles, 1750–1850 (1997).

Burk, K., Britain, America and the Sinews of War 1914–1918 (1985).

Byrd, P. (ed.), British Foreign Policy under Thatcher (1988).

Cain, P. J., Economic Foundations of British Overseas Expansion 1815–1914 (1980).

Cairncross, A., Years of Recovery: British Economic Policy 1945–51 (1985).

Calder, A., Revolutionary Empire: The Rise of the English-Speaking Empires from the Fifteenth Century to the 1780's (1981).

Cannadine, D., Class in Britain (1998).

Charmley, J., Splendid Isolation? Britain, the Balance of Power and the Origins of the First World War (1999).

Childs, D., Britain since 1945. A Political History ([4]1998).

Christie, I. R., Stress and Stability in Late Eighteenth-Century Britain: Reflection on the British Avoidance of Revolution (1984).

Christie, I. R., Wars and Revolutions: Britain 1760–1815 (1982).

Churchill, W. S., The Second World War, 6 vols. (1948–1954).

Clark, J. C. D., English Society, 1688–1832. Ideology, Social Structure and Political Practice during the Ancien Regime (1985; 2000).

Clarke, P., Hope and Glory. Britain 1900–1990 (1997).

Clarkson, L. A., Proto-Industrialization. The First Phase of Industrialization? (1985).

Clay, C. G. A., Economic Expansion and Social Change: England 1500–1700, 2 vols. (1984).

Clemens, D., Herr Hitler in Germany. Wahrnehmung und Deutungen des Nationalsozialismus in Großbritannien 1920 bis 1939 (1996).

Cohen, D., The war's returns: Disabled veterans in Britain and Germany, 1914–1939, in: R. Chickering (ed.), The shadows of total war: Europe, East Asia, and the United States, 1919–1939 (2003), 113–127.

Coleman, D. C., Myth, History and the Industrial Revolution (1992).

Colley, L., Britons. Forging the Nation, 1707–1837 (1992).

Colley, L., In Defiance of Oligarchy. The Tory Party, 1714–1760 (1982).

Connelly, M., Die britische Öffentlichkeit, die Presse und der strategische Luftkrieg gegen Deutschland 1939–1945, in: L. Kettenacker (Hrsg.), Ein Volk von Opfern?: Die neue Debatte um den Bombenkrieg 1940–45 (2003), 72–92.

Constantine, S. (ed.), The First World War in British History (1995).

Coward, B., The Stuart Age: A History of England 1603–1714 (1980).

Crafts, N. F. R., British Economic Growth during the Industrial Revolution (1985).

Crouzet, F., L'Economie britannique et le Blocus Continental 1806–1813, 2 vols. (1958).

Crozier, A. J., The Causes of the Second World War (1997).

Curtis, M., The Ambiguities of Power. British Foreign Policy since 1945 (1995).

Darwin, J., Britain and Decolonization. The Retreat from Empire in the Post-War World (1988).

Darwin, J., The End of the British Empire. The Historical Debate (1991).

Davis, J., A History of Britain 1885–1939 (1999).

Deane, Pl., The First Industrial Revolution (1965).

Dickinson, H. T. (ed.), Britain and the American Revolution (1998).

Dickinson, H. T. (ed.), Britain and the French Revolution (1989).

Doering-Manteuffel, A., Vom Wiener Kongress zur Pariser Konferenz. England, die deutsche Frage und das Mächtesystem 1815–1856 (1991).

Dutton, D., British Politics since 1945. The Rise and Fall of Consensus (²1997).

Ellis, S. G./S. Barber (eds.), Conquest and Union. Fashioning a British State, 1485–1725 (1995).

Emsley, C., British Society and the French Wars, 1793–1815 (1979).

Ensor, R. C. K., England, 1870–1914 (1936, repr. 1985).

Fahrmeir, A., Ehrbare Spekulanten. Stadtverfassung, Wirtschaft und Politik in der City of London (1688–1900) [2003].

Ferguson, N., The Rise and Demise of the British World Order and the Lessons for Global Power (2003).

Fetscher, I., Großbritannien. Gesellschaft, Politik, Wirtschaft. Eine Einführung (³1978).

Fieldhouse, D., The Colonial Empires. A Comparative Survey from the Eighteenth Century (1966).

Flesch, C. F., „Woher kommen Sie?“: Hitler-Flüchtlinge in Großbritannien damals und heute (2003).

Fletcher, A., The Outbreak of the English Civil War (1981).

Freedman, L., Britain and Nuclear Weapons (1980).

Gardiner, S. R., History of the Great Civil War, 1642–1649, 3 vols. (1886–91).

Geggus, D., The Cost of Pitt's Caribbean Campaigns, 1793–1798, in: Historical Journal 26 (1983), 691–706.

George, St., An Awkward Partner: Britain in the European Community (1998).

Geppert, D., Thatchers konservative Revolution. Der Richtungswandel der britischen Tories (1978–1979) [2002].

Glover, M., The Napoleonic Wars: An Illustrated History 1792–1815 (1979).

Gourvish, T. R./A. O'Day (eds.), Britain since 1945 (1994).

Greyerz, K. v., England im Jahrhundert der Revolutionen 1603–1714 (1994).

Growing, M., Independence and Deterrence: Britain and Atomic Energy 1945–1952, 2 vols. (1974).

Gruner, W. D./B.-J. Wendt (Hrsg.), Großbritannien in Geschichte und Gegenwart (1994).

Haan, H./G. Niedhardt, Geschichte Englands vom 16. bis zum 18. Jahrhundert (1993).

Halévy, E., A History of the English People in the 19th Century (²1952).

Handcock, W. D. (ed.), English Historical Documents, 1874–1914 (1977).

Harding, N., Sir Robert Walpole and Hanover, in: Historical Research 76 (2003), 164–188.

Harrison, J. F. C., Early Victorian Britain, 1832–1851 (1979).

Harrison, J. F. C., Late Victorian Britain, 1875–1901 (1990).

Hartwell, R. M. (ed.), The Causes of the Industrial Revolution in England (1967).

Hibbard, C., Charles I and the Popish Plot (1983).

Hildebrand, K., No intervention. Die Pax Britannica und Preußen 1865/66–1869/70. Eine Untersuchung zur englischen Weltpolitik im 19. Jahrhundert (1997).

Hill, C., Change and Continuity in Seventeenth-Century England (1991).

Hill, C., The World Turned Upside Down: Radical Ideas During the English Revolution (1972, 1984).

Hobsbawm, E. J., The Age of Revolution. Europe 1789–1848 (1962).

Hoff, H., Großbritannien und die DDR 1955–1973: Diplomatie auf Umwegen (2003).

Holland, R., The Pursuit of Greatness. Britain and the World Role, 1900–1970 (1991).

Hollenberg, G., Englisches Interesse am Kaiserreich (1974).

Holmes, G. (ed.), Britain after the Glorious Revolution, 1689–1714 (1969).

Holmes, G., British Politics in the Age of Anne (1987).

Hope-Jones, A., Income Tax in the Napoleonic Wars (1939).

Hoppen, K. T., The Mid-Victorian Generation, 1846–1886 (1998).

Horn, D. B., Great Britain and Europe in the Eighteenth Century (1967).

Horwitz, H. G., Parliament, Policy, and Politics in the Reign of William III (1977).

Houghton, W. E., The Victorian Frame of Mind, 1830–1870 (1957).

Howard, M., The Continental Commitment. The Dilemma of British Defence Policy in the Era of Two World Wars (1974).

Hueckel, G., War and the British Economy, 1793–1815: A General Equilibrium Analysis, in: Explorations in Economic History 10 (1973), pp. 365–396.

Hutton, R., The British Republic, 1649–1660 (1990).

Hutton, R., The Restoration: A Political and Religious History of England and Wales, 1658–1667 (1985).

Hutton, R., The Royalist War Effort 1642–1646 (1981).

Hyam, R., Britain's Imperial Century, 1815–1914. A Study of Empire and Expansion (rev. ed. 1993).

Hynes, S., The Edwardian Turn of Mind (1968).

Ingram, E., Commitment to Empire: Prophecies of the Great Game in Asia, 1797–1800 (1981).

Jones, C. (ed.), A Pillar of the Constitution. The House of Lords in British Politics, 1640–1784 (1989).

Jones, C. (ed.), Britain and Revolutionary France: Conflict, Subversion and Propaganda (1983).

Jones, H./M. Kandiah (eds.), The Myth of Consensus. New Views on British History 1945–64 (1996).

Jones, J. R., Britain and Europe in the Seventeenth Century (1966).

Jones, J. R., Britain and the World, 1649–1815 (1980).

Jones, J. R., The First Whigs: The Politics of the Exclusion crisis, 1678–1683 (1961, repr. 1985).

Jones, J. R., The Revolution of 1688 in England (1972, repr. 1984).

Kastendiek, H./K. Rohe/A. Volle (Hrsg.), Großbritannien. Geschichte, Politik, Wirtschaft, Gesellschaft (²1999).

Kennedy, P. M., The Rise and Fall of the Great Powers: Economic Change and Military Conflict from 1500 to 2000 (1987).

Kennedy, P. M., In Vorbereitung auf das 21. Jahrhundert (1993).

Kennedy, P. M., The Tradition of Appeasement in British Foreign Policy, 1865–1939, in: idem, Strategy and Diplomacy 1870–1945 (1983), pp. 13–41.

Kennedy, P. M., The Rise and Fall of British Naval Mastery (repr. 1986).

Kennedy, P. M., The Rise of the Anglo-German Antagonism 1860–1914 (1980; 1982).

Kenyon, J. P., Stuart England (²1985).

Kettenacker, L., Krieg zur Friedenssicherung. Die Deutschlandplanung der britischen Regierung während des Zweiten Weltkrieges (1989).

Kettenacker, L., The repatriation of German political emigrés from Britain, in: J.-D. Steinert (ed.), European immigrants in Britain, 1933–1950 (2003), 105–118.

Kidd, C., British Identities before Nationalism. Ethnicity and Nationhood in the Atlantic World, 1600–1800 (1999).

Kishlansky, M. A., A Monarchy Transformed. Britain 1603–1714 (1996).

Kishlansky, M. A., Parliamentary Selection: Social and Political Choice in Early Modern England (1986).

Kitson Clark, G., The Making of Victorian England (1962).

Kluxen, K., Geschichte Englands. Von den Anfängen bis zur Gegenwart (1991).

Kraus, H.-C., Politische Historie: Macaulay und einige seiner deutschen Zeitgenossen, in: U. Muhlack (Hrsg.), Historisierung und gesellschaftlicher Wandel in Deutschland im 19. Jahrhundert (2003), 31–48.

Kyle, K., Suez (1991).

Langford, P., Modern British Foreign Policy. The Eighteenth Century, 1688–1815 (1976).

Langton, J./R. J. Morris (eds), Atlas of Industrializing Britain, 1780–1914 (1986).

Lawson, The East India Company. A History (1993).

Lehmkuhl, U., Pax Anglo-Americana. Machtstrukturelle Grundlagen anglo-amerikanischer Asien- und Fernostpolitik in den 1950er Jahren (1999).

Lindley, K. (ed.), The English Civil War and Revolution. A sourcebook (1998).

Lloyd, T. O., The British Empire 1558–1983 (1997).

Lloyd, T. O., Empire, Welfare-State, Europe. English History 1906–1992 (^{4}1993).

London, L., Britain and refugees from Nazism: Policies, constraints and choices, in: J.-D. Steinert (ed.), European immigrants in Britain, 1933–1950 (2003), 73–85.

Lord, C., British Entry to the EC under the Heath Government of 1970–1974 (1993).

Louis, W. R. (ed.), The Oxford History of the British Empire.

Vol. 1: Canny, N. (ed.), The Origins of Empire. British Overseas Enterprise to the Close of the Seventeenth Century (1998).

Vol. 2: Marshall, P. J. (ed.), The Eighteenth Century (1998).

Vol. 3: Porter, A. (ed.), The Nineteenth Century (1999).

Vol. 4: Brown, J. M./W. R. Louis (eds.), The Twentieth Century (1999).

Vol. 5: Winks, R. W. (ed.), Historiography (1999).

Louis, W. R., The British Empire in the Middle East, 1945–1951 (1984).

Mackesy, P., Statesmen at War: The Strategy of Overthrow, 1798–1799 (1974).

Manning, B., The English People and the English Revolution (1978).

Mansergh, N., The Commonwealth Experience (^{2}1982).

Marshall, A., The Age of Faction. Court Politics, 1660–1702 (1999).

Martland, P., Lord Haw Haw: The English voice of Nazi Germany (2003).

Mathias, P./J. A. Davis (eds.), The First Industrial Revolution (1989).

Maurer, M., Kleine Geschichte Englands (1997).

McCord, N., British History (1991).

McIntyre, W. D., British Decolonization, 1946–1997. When, Why and How Did the British Empire Fall? (1999).

McIntyre, W. D., The Commonwealth of Nations. Origins and Impact 1869–1971 (1977).

Mommsen, W. J./J. Osterhammel (eds.), Imperialism and After. Continuities and Discontinuities (1986).

Mommsen, W. J./L. Kettenacker (eds.), The Fascist Challenge and the Policy of Appeasement (1983).

Morgan, K., The Birth of Industrial Britain. Economic Change 1750–1850 (1999).

Morgan, K. O., Labour in Power 1945–1951 (1984).

Morgan, K. O., The People's Peace. British History since 1945 (²1999).

Morrill, J. (ed.), Oliver Cromwell and the English Revolution (1990).

Morrill, J. S., The Revolt of the Provinces: Conservatives and Radicals in the English Civil War, 1630–1650 (1976).

Mößlang, M., British envoys to Germany: Britische Gesandtenberichte aus den Staaten des Deutschen Bundes, 1816–1866; ein Editionsprojekt des Deutschen Historischen Instituts London, in: Jahrbuch der historischen Forschung in der Bundesrepublik Deutschland (2003), 28–33.

Mowat, C. L., Britain between the Wars 1918–1940 (1955).

Neilson, K., The defence requirements sub-committee, British strategic foreign policy, Neville Chamberlain and the path to appeasement, in: English Historical Review 118 (2003), 651–684.

Nicholls, A., Das wiedervereinigte Deutschland: Die britische Perspektive, in: J. Elvert (Hrsg.), Deutschland 1949–1989: Von der Zweistaatlichkeit zur Einheit (2003), 206–215.

Nicholls, M., A History of the Modern British Isles, 1529–1603 (1999).

Niedhardt, G., Geschichte Englands im 19. und 20. Jahrhundert (²1996).

Niedhart, G., Handel und Krieg in der britischen Weltpolitik 1738–1763 (1979).

Noetzel, Th., Geschichte Irlands. Vom Erstarken der englischen Herrschaft bis heute. Grundzüge. Herausgegeben von Michael Fröhlich (2003).

O'Brien, P., British Financial and Fiscal Policy in the Wars against France, 1793–1815 (1984).

Ogg, D., England in the Reign of Charles II, 2 vols. (1955, 1984).

Ogg, D., England in the Reign of James II and William III (1955, 1984).

Osterhammel, J. (Hrsg.), Britische Übersee-Expansion und Britisches Empire vor 1840 (1987).

Overton, M., Agricultural Revolution in England. The Transformation of the Agrarian Economy, 1500–1850 (1996).

Parker, R. A. C., Chamberlain and Appeasement. British Policy and the Coming of the Second World War (1993).

Paterson, W./C. Jeffery, Großbritannien nach dem Machtwechsel. New Labour, Devolution und Europapolitk (1997).

Pelling, H. M., Britain and the Second World War (1970).

Plumb, J. H., The Growth of Political Stability in England: 1675–1725 (1967, 1980).

Pocock, J. G. A. (ed.), Three British Revolutions: 1641, 1688, 1776 (1980).

Pocock, J. G. A., The Limits and Divisions of British History: In Search of the Unknown Subject, in: The American Historical Review 87 (1982), 311–336.

Porter, B., Britain, Europe and the World, 1850–1986: Delusions of Grandeur (²1987).

Porter, R., English Society in the Eighteenth Century (1982; 1990).

Presseisen, E. L., Amiens and Munich: Comparisons in Appeasement (1987).

Pugh, M., Britain since 1789. A Concise History (1999).

Read, D., Edwardian England, 1901–15 (1972).

Reden-Dohna, A. v./R. Melville (Hrsg.), Der Adel an der Schwelle des bürgerlichen Zeitalters 1780–1860 (1988).

Reynolds, D., Britannia Overruled. British Policy and World Power in the Twentieth Century (1991).

Ritter, Gerhard A./P. Wende (Hrsg.), Rivalität und Partnerschaft. Studien zu den deutsch-britischen Beziehungen im 19. und 20. Jahrhundert. Festschrift für Anthony J. Nicholls (1999).

Robbins, K., Appeasement (1988).

Robbins, K., Nineteenth Century Britain. Integration and Diversity (1988).

Robbins, K., The Eclipse of a Great Power: Modern Britain, 1870–1975 (1983).

Rodger, A. B., The War of the Second Coalition, 1798–1801 (1964).

Rohe, K./G. Schmidt (Hrsg.), Krise in Großbritannien? Studien zu Strukturproblemen der britischen Gesellschaft und Politik im 20. Jahrhundert (1987).

Rohe, K./G. Schmidt/H. Pogge von Strandmann (Hrsg.), Deutschland – Großbritannien – Europa. Politische Traditionen, Partnerschaft und Rivalität (1992).

Ross, S. T., European Diplomatic History 1789–1815: France against Europe (1981).

Rothwell, V., Britain and the Cold War 1941–47 (1982).

Rubinstein, W. D., Britain's Century. A Political and Social History, 1815–1905 (1998).

Russell, C., Parliaments and English Politics, 1621–1629 (1979).

Salzmann, S., Great Britain, Germany and the Soviet Union: Rapallo and after, 1922–1934 (2003).

Scammell, G. V., The First Imperial Age. European Overseas Expansion, c. 1400–1715 (1989).

Schmidt, G., England in der Krise. Grundzüge und Grundlagen der britischen Appeasement-Politik (1930–1937) [1981].

Schröder, H.-C., Die Revolutionen Englands im 17. Jahrhundert (1986).

Schröder, H.-C., Englische Geschichte (²1995).

Schroeder, P. W., The Transformation of European Politics 1763–1848 (1994).

Schwoerer, L. G. (ed.), The Revolution of 1688–1689. Changing Perspectives (1992).

Schwoerer, L. G., The Declaration of Rights 1689 (1981).

Scott, H. M., British Foreign Policy in the Age of the American Revolution (1990).

Seaver, P. S. (ed.), Seventeenth Century England. Society in an Age of Revolution (1975).

Seton-Watson, R. W., Britain in Europe, 1789–1914: A Survey of Foreign Policy (1937, repr. 1968).

Sharp, A./G. Stone (eds.), Anglo-French Relations in the Twentieth Century. Rivalry and cooperation (2000).

Sherwig, J. M., Guineas and Gunpowder: British Foreign Aid in the Wars with France 1793–1815 (1969).

Sommerville, J. P., Politics and Ideology in England, 1603–1640 (1986).

Später, J., Vansittart: Britische Debatten über Deutsche und Nazis 1902–1945 (2003).

Speck, W. A., The Birth of Britain. A New Nation, 1700–1710 (1994).

Steiner, J.-D./I. Weber (eds.), European immigrants in Britain, 1933–1950 (2003).

Steiner, Z. S./K. Neilson, Britain and the origins of the First World War. 2nd ed. (2003).

Steinert, J.-D./I. Weber-Newth, The legacy of war: Germans in post-war Britain, in: J.-D. Steinert (ed.), European immigrants in Britain, 1933–1950 (2003), 201–218.

Stevenson, D., The Scottish Revolution, 1637–1644: The Triumph of the Covenanters (1973).

Stevenson, J., British Society, 1914–1945 (1990).

Stone, L., The Causes of the English Revolution, 1529–1642 (1972; 1986).

Sturm, R. (Hrsg.), Thatcherismus – Eine Bilanz nach zehn Jahren (1990).

Sturm, R., Großbritannien. Wirtschaft, Gesellschaft, Politik (²1997).

Timmins, N., The Five Giants. A Biography of the Welfare State (1995).

Taylor, A. J. P., English History 1914–1945 (1965).

Taylor, A. J. (ed.), The Standard of Living in Britain in the Industrial Revolution (1975).

Taylor, M., The 1848 revolutions and the British Empire, in: Past and Present 166 (2000), pp. 146–180.

Thompson, E. P., The Making of the English Working Class (1963; 1987).

Trevelyan, G. M., The English Revolution, 1688–1689 (1938).

Tunzelmann, G. N. v., Steam Power and British Industrialisation to 1860 (1978).

Tyacke, N., Anti-Calvinists: The Rise of English Arminianism, c. 1590–1640 (1987).

Vandervort, B., Wars of imperial conquest in Africa, 1830–1914 (1998).

Walwin, J., Slaves and Slavery. The British Colonial Experience (1992).

Webb, R. K., Modern England: From the Eighteenth Century to the Present (²1980).

Wedgwood, C. V., The Great Rebellion. 2 vols. (1955–58).

Wellenreuther, H., Der Aufstieg des ersten Britischen Weltreiches. England und seine nordamerikanischen Kolonien 1660–1763 (1987).

Wende, P., Großbritannien 1500–2000 (2001).

Wendt, B. J. (Hrsg.), Das britische Deutschlandbild im Wandel des 19. und 20. Jahrhunderts (1984).

Wendt, B. J., Economic Appeasement, Handel und Finanz in der britischen Deutschlandpolitik 1933–1939 (1971).

Winter, J., The Great War and the British People (1985).

Woodward, L., The Age of Reform, 1815–1870 (1962, repr. 1979).

Wrigley, E. A., Continuity, Chance and Change. The Character of the Industrial Revolution in England (1988).

Wylie, N., Britain, Switzerland, and the Second World War (2003).

Young, G. M., Portrait of an Age: Victorian England (new annotated ed. 1977).

Young, G. M./W. D. Handcock (eds.), English Historical Documents, 1833–1874 (1956).

Young, H., This Blessed Plot. Britain and Europe from Churchill to Blair (1998).

Young, J. W., Britain, France and the Unity of Europe 1945–51 (1984).

Personenregister

In der Reihe GRUNDZÜGE sind bisher erschienen:

Hans Fenske
Deutsche Geschichte
Vom Ausgang des Mittelalters bis heute
2002. 256 S., 6 s/w Abb., 2 Karten, kart.
ISBN 3-89678-423-4

Walther L. Bernecker
Spanische Geschichte
Von der Reconquista bis heute
2002. 248 S., 11 s/w Abb., 2 Karten, kart.
ISBN 3-89678-422-6

Thomas Noetzel
Geschichte Irlands
Vom Erstarken der englischen Herrschaft
bis heute
2003. 236 S., 10 s/w Abb., 4 Tab. und
2 Karten, geb.
ISBN 3-89678-461-7

Gustav Schmidt
Geschichte der USA
2004. 248 S., 2 s/w Abb., zahlreiche Tab.
und 1 Karte, geb.
ISBN 3-89678-480-3

Die Reihe wird fortgesetzt.